COMMUNIQUER et INTERAGIR

COMMUNIQUER et INTERAGIR

TERI KWAL GAMBLE ■ MICHAEL GAMBLE

ADAPTATION : CAROLINE ST-JACQUES,
LAURIE STEWART FORTIER ET JOSÉE JACQUES

CONSULTATION :
MARIE-CLAUDE HANNON

CONCEPTION ET ÉLABORATION
DES OUTILS PÉDAGOGIQUES EN LIGNE :
MARIE-CLAUDE HANNON, CAROLINE ST-JACQUES,
JOSÉE JACQUES, ELIANE LAFONTAINE, CLAUDINE BEAUPRÉ,
MARIE-CHRISTINE PACAUD ET SANDRA POULIOT

Achetez
en ligne
En tout temps,
simple et rapide !
www.cheneliere.ca

Chenelière
McGraw-Hill

CHENELIÈRE ÉDUCATION

Communiquer et interagir

Traduction et adaptation de : *Communication Works, 10ᵗʰ edition*
    de Teri Kwal Gamble et Michael Gamble, © 2010 McGraw-Hill
    (ISBN 978-0-07-340672-5)

© 2011 Chenelière Éducation inc.

Conception éditoriale : Luc Tousignant
Édition : Frédéric Raguenez
Coordination : Julie-Anne Richard
Recherche iconographique : Marie-Chantal Laforge
Traduction : Louise Drolet
Révision linguistique : Catherine Baron
Correction d'épreuves : Christine Langevin
Conception graphique et infographie : Josée Poulin (Interscript)
Conception de la couverture : Tatou communication visuelle
Impression : Imprimeries Transcontinental

Édition des activités interactives Odilon : Frédérique Grambin
Coordination des outils pédagogiques en ligne : Marie-Michèle Martel

Dans cet ouvrage, le masculin est utilisé comme représentant des deux sexes, sans discrimination à l'égard des hommes et des femmes, et dans le seul but d'alléger le texte.

Le matériel complémentaire mis en ligne dans notre site Web est réservé aux résidants du Canada, et ce, à des fins d'enseignement uniquement.

**Catalogage avant publication
de Bibliothèque et Archives nationales du Québec
et Bibliothèque et Archives Canada**

Gamble, Teri Kwal

    Communiquer et interagir
    Traduction de la 10ᵉ éd. de : Communication Works.

    Comprend des réf. bibliogr. et un index.

    ISBN 978-2-7651-0593-0

    1. Communication. 2. Relations humaines. ɪ. Gamble, Michael,
1943-   . ɪɪ. St-Jacques, Caroline, 1970-   . ɪɪɪ. Fortier, Laurie.
ɪᴠ. Jacques, Josée, 1967-   . ᴠ. Titre.

P90.G3514 2011   302.2   C2011-940415-X

**Chenelière
McGraw-Hill**

CHENELIÈRE ÉDUCATION

7001, boul. Saint-Laurent
Montréal (Québec) Canada H2S 3E3
Téléphone : 514 273-1066
Télécopieur : 450 461-3834 / 1 888 460-3834
info@cheneliere.ca

ISBN 978-2-7651-0593-0

Dépôt légal : 2ᵉ trimestre 2011
Bibliothèque et Archives nationales du Québec
Bibliothèque et Archives Canada

Imprimé au Canada

1 2 3 4 5 ITIB 15 14 13 12 11

Nous reconnaissons l'aide financière du gouvernement du Canada par l'entremise du Programme d'aide au développement de l'industrie de l'édition (PADIÉ) pour nos activités d'édition.

Gouvernement du Québec – Programme de crédit d'impôt pour l'édition de livres – Gestion SODEC.

Membre du CERC

Membre de
l'Association nationale
des éditeurs de livres

ASSOCIATION NATIONALE DES ÉDITEURS DE LIVRES

AVANT-PROPOS

Les technologies de l'information prennent de plus en plus de place dans nos vies. Il est devenu courant pour de nombreuses personnes de regarder plusieurs fois par heure leur téléphone cellulaire afin d'y lire des messages textes ou de naviguer sur Internet. Les médias sociaux, comme Twitter et YouTube, ont littéralement révolutionné la manière dont on communique. On n'écrit plus de longues lettres pour déclarer notre amour ou pour mettre un terme à une relation, mais l'on change notre statut sur Facebook, informant du coup des centaines de personnes de l'état de notre vie amoureuse!

Dans un tel contexte, il est primordial de bien comprendre les bases de la communication interpersonnelle. Un être humain qui communique par courriel reste un être humain qui a des émotions, des besoins et des croyances parfois irrationnelles sur lui-même et sur le monde. Le livre *Communiquer et interagir* propose une exploration de la communication humaine dans ce qu'elle a de plus fondamental.

Le titre *Communiquer et interagir* n'a pas été choisi au hasard. Il est formé de deux verbes d'action qui montrent que la communication n'est pas une réalité statique. C'est dans cette optique qu'est placée, au début de chaque chapitre, une mise en situation inspirée de l'actualité. Ces histoires ont pour but de permettre au lecteur de situer la communication interpersonnelle dans un contexte actuel. La communication est active et en constante évolution; il est donc intéressant de saisir comment elle s'articule dans des situations réelles. Cette compréhension de l'expérience humaine est enrichie par des théories et des concepts qui ont pour fonction de favoriser le développement de compétences permettant au lecteur d'améliorer sa communication, tant dans sa vie personnelle que scolaire et professionnelle.

Les employeurs cherchent de plus en plus à recruter des gens possédant des habiletés en communication interpersonnelle. Pour cette raison, une attention toute particulière a été accordée, dans cet ouvrage, à la communication au travail. Que ce soit dans les sections consacrées à la communication en public ou dans celles dédiées à l'entrevue de sélection, aux conflits, aux groupes ou au leadership, l'étudiant trouvera de nombreux exemples, des théories et plusieurs exercices pratiques lui permettant d'acquérir les compétences et les attitudes qui favorisent une communication efficace dans un cadre professionnel.

Communiquer et interagir cherche à fournir à l'étudiant des théories ayant fait leurs preuves et à lui permettre de faire des liens entre ces théories et ses expériences de vie, ses émotions et ses croyances. À cet égard, les exercices intitulés «Mieux se connaître» et «En pratique» favorisent une réelle appropriation de la théorie.

Les nombreux encadrés («Communic@tion», «Pensez-y!», «Tout le monde en parle» et «Regard sur l'autre») permettent pour leur part d'approfondir des thèmes liés à la communication dans différents contextes intimement liés au monde dans lequel nous vivons aujourd'hui: la communication virtuelle, l'éthique, les médias et les différences socioculturelles. De même, la section «Pour aller plus loin», se trouvant en fin de chapitre, offre au lecteur quelques pistes pour approfondir le contenu du manuel en proposant des chansons, des films et des œuvres littéraires qui mettent en scène les concepts théoriques explorés dans le corps du chapitre.

Finalement, le matériel complémentaire en ligne offre une gamme impressionnante d'activités permettant à l'étudiant de s'approprier la matière théorique. Les tests de lecture, les ateliers interactifs et les activités d'intégration représentent de bons outils favorisant la compréhension des notions abordées et l'acquisition efficace des habiletés communicationnelles.

REMERCIEMENTS

Cet ouvrage n'aurait pu voir le jour sans les apports importants de nombreux collaborateurs et collaboratrices. Nous désirons premièrement exprimer notre gratitude à Louise Drolet pour sa traduction de l'ouvrage original, *Communication works, 10th edition*, de Teri Kwal Gamble et Michael Gamble. Grâce à son souci du mot juste et à son professionnalisme, elle a grandement facilité notre travail d'adaptation.

Nous tenons également à remercier les professeurs de psychologie qui ont participé aux consultations menées par l'éditeur au printemps et à l'automne 2009. Par leurs commentaires pertinents, ils ont su inspirer cette première adaptation et nous ont permis de cerner efficacement les besoins des étudiants des secteurs préuniversitaires et techniques.

De même, nous voulons souligner l'apport majeur de Marie-Claude Hannon (cégep de Granby Haute-Yamaska) qui a accepté de relire les manuscrits à différentes étapes d'écriture. Ses commentaires nous ont permis d'apporter de nombreuses améliorations. Elle nous a de plus fait bénéficier de son talent d'écriture dans la rédaction du matériel complémentaire – notamment les tests de lecture, les ateliers interactifs et les activités d'intégration.

Merci également à Eliane Lafontaine (cégep régional de Lanaudière à Joliette) pour la réalisation des présentations PowerPoint ; à Claudine Beaupré et Marie-Christine Pacaud (campus Notre-Dame-de-Foy) et à Sandra Pouliot (cégep de Sainte-Foy) pour les activités d'intégration.

Finalement, nous nous considérons choyées d'avoir pu jouir du soutien indéfectible de l'équipe de Chenelière Éducation. Nos plus sincères remerciements sont adressés à Luc Tousignant (éditeur concepteur), qui a su croire au projet et qui, de manière à la fois structurée et créative, lui a donné son premier souffle. Merci aussi à Frédéric Raguenez (éditeur) qui, par sa patience, sa confiance en nous et sa rigueur, nous a permis de nous sentir très bien encadrées, tout au long du travail d'adaptation. Finalement, merci à Julie-Anne Richard (chargée de projet), Catherine Baron (réviseure), Interscript (infographie), Christine Langevin (correctrice) et Daphné Marion-Vinet (éditrice adjointe).

Caroline St-Jacques, Laurie Stewart Fortier et Josée Jacques

LES AUTEURS ET LES ADAPTATRICES

Les auteurs de l'ouvrage original

Teri Kwal Gamble et **Michael Gamble** sont tous deux détenteurs d'un doctorat en communication décerné par l'Université de New York. Lauréats d'un prix d'excellence en enseignement, ces deux professeurs titulaires enseignent la communication, Teri, au College of New Rochelle, et Michael, au New York Institute of Technology, à Manhattan. Parallèlement à leurs activités d'enseignement, ils animent des séminaires au sein d'entreprises et d'organisations professionnelles à travers les États-Unis, tout en publiant de nombreux ouvrages et articles dans des revues professionnelles.

Les adaptatrices

Caroline St-Jacques est titulaire d'une maîtrise en psychologie de l'Université de Montréal et enseigne au Collège préuniversitaire Nouvelles Frontières de Gatineau depuis 1999. Elle travaille auprès des adolescents et des jeunes adultes depuis plus de 20 ans et se spécialise en relation d'aide et en animation de groupe. Elle est également titulaire d'un certificat en initiation à la rédaction professionnelle de l'Université du Québec en Outaouais et a assumé la direction de l'adaptation de *Communication et interactions, 3ᵉ édition* de Ronald B. Adler et Neil Towne, publiée chez Beauchemin.

Laurie Stewart Fortier est titulaire d'une maîtrise en éducation de l'Université Stanford en Californie et d'un baccalauréat en psychologie de l'Université Vassar à New York. Elle enseigne depuis 25 ans au niveau collégial, dont 18 au cégep François-Xavier-Garneau. Elle y enseigne des cours variés dans les programmes techniques et préuniversitaires. Passionnée autant par la pédagogie que par la psychologie, elle encadre depuis 10 ans des stagiaires en enseignement et des nouveaux enseignants tout en agissant comme personne-ressource pour le programme PERFORMA de l'Université de Sherbrooke.

Josée Jacques est titulaire d'une maîtrise en psychologie de l'Université de Montréal. Elle a aussi complété un diplôme de deuxième cycle en études sur la mort et un certificat en pédagogie. À la fois psychologue et professeure au département de psychologie du Collège de Rosemont depuis plus de 20 ans, elle s'intéresse particulièrement aux relations interpersonnelles. Elle est l'auteure de nombreux livres et articles abordant les thèmes de la communication, de la réussite et du changement.

LES CARACTÉRISTIQUES DE L'OUVRAGE

Chaque chapitre de cet ouvrage propose plusieurs composantes favorisant un apprentissage structuré et stimulant.

En ouverture de chapitre

Les **objectifs d'apprentissage** permettent à l'étudiant de se situer par rapport aux connaissances à acquérir et aux habiletés à maîtriser.

La **mise en situation** illustre le thème à l'étude, en s'appuyant sur un cas concret et réel qui permet à l'étudiant de situer la communication interpersonnelle dans un contexte actuel. La mise en situation se termine par des questions qui visent à susciter l'intérêt de l'étudiant et à favoriser la réflexion.

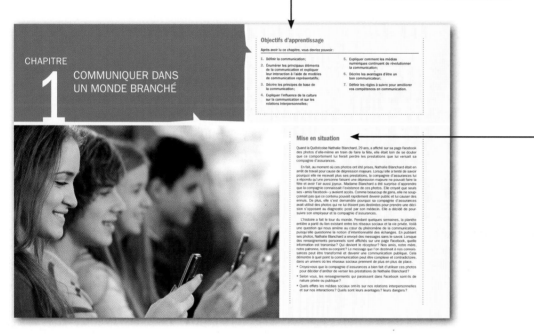

Au cours du chapitre

Les exercices

Les exercices **En pratique** ont pour but de permettre à l'étudiant de vérifier sa compréhension d'une problématique du chapitre.

EXERCICE 1.3   En pratique

Les rétroactions

Tentez de vous souvenir de messages de rétroaction que vous avez reçus depuis les 24 dernières heures.

1. Quel genre de rétroaction recevez-vous habituellement de votre entourage?
2. Comment réagissez-vous à ces différentes sortes de rétroactions?
3. Quel genre de rétroaction avez-vous l'habitude de vous faire?
4. Inventez un exemple de rétroaction positive interne, de rétroaction négative interne, de rétroaction positive externe et de rétroaction négative externe, dans une situation particulière (liée à votre emploi ou à vos relations avec vos parents, par exemple).

L'objectif des exercices **Mieux se connaître** est d'amener l'étudiant à se poser des questions sur lui-même afin de mieux se comprendre et, le cas échéant, à modifier sa communication.

EXERCICE 1.4   Mieux se connaître

Une analyse de vos interactions!

Afin de bien saisir les nuances qui existent entre les six types de communication et les six éléments de base de la communication, trouvez des exemples personnels illustrant chacun des types de communication. Pour chacune de ces catégories, indiquez ensuite en quelques mots comment les éléments du processus de communication y sont présents. Inscrivez finalement vos résultats dans un tableau ressemblant à celui présenté ci-contre, en suivant l'exemple qui est donné pour la communication interpersonnelle.

Les encadrés

L'encadré **Communic@tion** cherche à provoquer une prise de conscience des effets de la communication virtuelle sur nos relations interpersonnelles.

COMMUNIC@TION

LES ÉMOTIONS DANS LE CYBERESPACE

ENCADRÉ 4.5

Dans un monde virtuel, on n'a pas accès aux composantes physiologique et comportementale des émotions. Ne pouvant traduire en mots toutes les nuances de leurs émotions, les internautes ont créé des symboles au moyen de caractères informatiques. Ces dessins, appelés «binettes», contribuent à personnaliser et à rendre plus expressifs les échanges assistés par ordinateur en évoquant la chaleur et l'intimité des interactions réelles. Les binettes servent aussi parfois à indiquer un changement d'humeur subtil. C'est ainsi que la frimousse :-) traduit l'intention humoristique de l'émetteur. Elle affiche parfois un clin d'œil malicieux ;-), ou une moue boudeuse :-(, selon que le commentaire doit être interprété avec humour ou sarcasme. De plus, les internautes ont recours aux majuscules et aux astérisques, comme «SUPER» et «***», pour souligner l'importance de leurs messages et exprimer leur enthousiasme.

La liste ci-dessous présente d'autres binettes reflétant l'état physique ou émotionnel de l'émetteur ou décrivant des émotions et des actions que les mots seuls ne peuvent transmettre. La plupart des internautes connaissent ces symboles.

:-P: tirer la langue

=:-O: pousser un cri de frayeur, cheveux dressés sur la tête

:-&: mes lèvres sont scellées

En général, l'univers virtuel ne permet pas aux utilisateurs d'entendre la voix de leur interlocuteur. Ils ont donc aussi inventé une forme de sténographie faite de sigles et d'abréviations pour décrire leurs réactions. Par exemple, ils utilisent le sigle «MDR» pour indiquer qu'ils sont morts de rire. L'élaboration de tous ces procédés reflète bien le besoin universel de communiquer ses émotions.

L'encadré **Pensez-y!** vise à permettre un questionnement (théorique ou éthique) au sujet des notions présentées dans le chapitre.

PENSEZ-Y !

LE LANGAGE ET LA TECHNOLOGIE

ENCADRÉ 5.5

Imaginez que vous vous trouvez à une autre époque, dans un ancien bureau de télégraphie. Le télégraphiste capte un message et fond en larmes. Vous entendez les mêmes combinaisons de points et de traits que lui, mais restez de glace. Pourquoi? Parce que si vous ne connaissez pas le morse, cette information ne signifie rien pour vous, même si vous l'entendez très clairement.

Le même scénario pourrait se reproduire aujourd'hui, en concernant cette fois-ci la compréhension et l'interprétation des messages textes.

Voici un texte publicitaire conçu par une société de télécommunication: «slt cav? kestufé? j'tapL dkej'pe A+». Ce texte est suivi de la question: «Parlez-vous le texto?» Le sens d'un message ne réside pas dans les symboles qui atteignent nos sens, mais plutôt dans les associations que l'on fait.

L'encadré **Tout le monde en parle** cherche à faire prendre conscience de la façon dont les médias de masse influencent notre façon de communiquer et d'interagir.

TOUT LE MONDE EN PARLE

LES MÉDIAS: MIROIR, STÉRÉOTYPES OU IDÉAL DE LA SOCIÉTÉ?

ENCADRÉ 3.4

Si l'on en croit le livre *Glued to the Set: The 60 Television Shows and Events That Made Us Who We Are Today* (Strak, 1997), on est défini en grande partie par les émissions de télévision et, par conséquent, on devient ce que l'on regarde. Les publicités télévisées tentent de tirer profit de ce phénomène en montrant de plus en plus souvent des exemples de socialisation multiculturelle: des Américains jouant et vivant ensemble, toutes races confondues. Dans le but d'atteindre une grande diversité de consommateurs, ces publicités mettent en scène des scénarios dans lesquels des communautés ethniques diverses se mêlent sans effort. Nous voyons le même phénomène au Canada où la série d'animation canadienne *6teen* est très populaire auprès des jeunes. Six adolescents de 16 ans sont des amis inséparables. Dans le groupe, on retrouve une fille blonde passionnée par le magasinage, une fille blanche athlétique et studieuse, une fille asiatique, marginale et rebelle avec des perçages, un garçon noir musicien, un garçon hispanique tombeur de filles et un garçon blanc amateur de planche à roulettes. D'après vous, ces publicités et émissions reflètent-elles la réalité? Le désir d'inclure tout le monde dans l'émission *6teen* peut être louable, mais des amitiés semblables sont-elles réalistes? La chercheuse Barbara Mueller (2008) affirme que ce n'est pas le cas. Ses recherches démontrent qu'en Amérique du Nord la plupart des quartiers sont encore ségrégés et habités par une majorité disproportionnée de blancs ou de membres d'un groupe ethnique. En dépit de cela, la professeure de marketing Sonya Grier (citée dans Texeira, 2005, p. A24) soutient qu'en laissant entendre que «le multiculturalisme est socialement souhaitable», les médias diffusent une vision de ce que la vie pourrait être, non de ce qu'elle est vraiment.

L'encadré **Regard sur l'autre** aborde la théorie selon différentes perspectives et permet une ouverture sur les différences culturelles et entre les sexes.

REGARD SUR L'AUTRE

COMPARONS LES POINTS DE VUE !

ENCADRÉ 1.1

1. Le milieu culturel dans lequel vous vivez est-il plus globalement individualiste ou collectiviste? La communication y est-elle riche ou pauvre en contexte? hiérarchisée ou non? La communication y est-elle plus féminine ou masculine?

2. Analysez le milieu d'une collègue de classe ou d'un ami provenant d'un milieu culturel différent du vôtre après lui avoir posé les questions présentées ci-dessus.

3. Quelles sont les ressemblances et les différences entre cette personne et vous? Quels effets les différences entre vos milieux respectifs ont-elles sur vos échanges?

Les éléments visuels

Des figures et des tableaux apportent un complément d'information, facilitent la compréhension des concepts abordés ou illustrent de façon concrète des aspects particuliers de la matière présentée.

TABLEAU 2.1	Les caractéristiques de l'estime de soi négative et positive	
	Estime de soi négative	**Estime de soi positive**
Perception de soi	• Impression de mal se connaître • Jugement sur soi plutôt flou et instable • Jugement sur soi influencé par les circonstances et les interlocuteurs	• Impression de bien se connaître • Jugement sur soi plutôt positif et stable • Jugement sur soi peu influencé par les circonstances et les interlocuteurs
Atteinte de ses objectifs	• Prises de décision laborieuses ou différées • Inquiétudes par rapport aux conséquences d'un choix • Renoncement lors de difficultés • Comportement soumis à l'influence de l'environnement	• Prises de décision plus faciles et immédiates • Assurance de réussite par rapport au choix effectué • Persévérance lors de difficultés • Affranchissement de l'influence de l'environnement
Sensibilité à l'échec	• Traces émotionnelles durables après un échec • Besoin de se justifier après un échec • Sentiment de rejet lié aux critiques • Forte anxiété d'évaluation par les autres	• Traces émotionnelles peu durables après un échec • Refus de se justifier après un échec • Refus du sentiment de rejet lié aux critiques • Faible anxiété d'évaluation par les autres
Sensibilité au succès	• Peur d'échouer • Réussite dérangeante pour l'image de soi • Émotions incertaines • Préférence pour une réussite moyenne en tout	• Désir de réussir • Réussite confirmant l'image de soi • Émotions positives • Préférence pour l'excellence dans un domaine de compétences et une réussite moindre dans d'autres

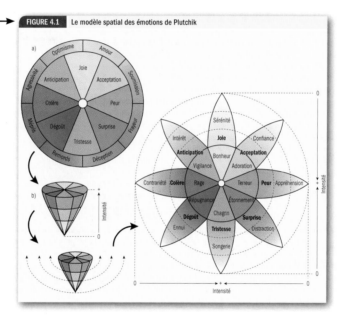

FIGURE 4.1   Le modèle spatial des émotions de Plutchik

Définitions en marge

Pour bien comprendre la matière, certains mots et concepts clés sont écrits en bleu et définis dans la marge.

1.1.3 Les éléments de la communication

Six éléments permettent de définir le processus de communication durant un échange. En effet, une communication implique toujours des personnes, des messages, des canaux, des bruits, un contexte ainsi que des rétroactions. Plus tôt on comprend ces six éléments de base, plus tôt on améliore sa communication.

Les personnes

Manifestement, la communication humaine fait intervenir des personnes. La communication prend place entre toutes sortes d'émetteurs (qui encodent des messages) et de récepteurs (qui décodent les messages). Les émetteurs et les récepteurs envoient et reçoivent des messages respectivement. Bien qu'il soit facile d'imaginer une expérience de communication qui commence avec un émetteur et finit avec un récepteur, il faut comprendre qu'au cours de la communication, le rôle d'émetteur n'appartient pas exclusivement à une personne et le rôle de récepteur, à l'autre. En réalité, les processus d'émission et de réception s'inversent constamment.

Élément de base de la communication
Élément présent dans chaque situation de communication

Émetteur
Personne qui formule, encode et transmet un message

Récepteur
Personne qui reçoit, décode et interprète un message

À la fin du chapitre

La section **En bref** fait ressortir les points essentiels du chapitre, en revenant sur les objectifs présentés au début.

La section **Pour aller plus loin** présente des suggestions de chansons, de films et d'œuvres littéraires qui mettent en scène les concepts théoriques explorés dans le corps du chapitre.

À la fin du livre

Un **glossaire** reprend, par ordre alphabétique, toutes les définitions des mots et des concepts clés définis en marge dans les chapitres.

La **bibliographie** présente, par ordre alphabétique, les références complètes des ouvrages auxquels on fait référence dans le manuel.

Un **index** complet et détaillé simplifie le repérage des concepts présentés dans le manuel.

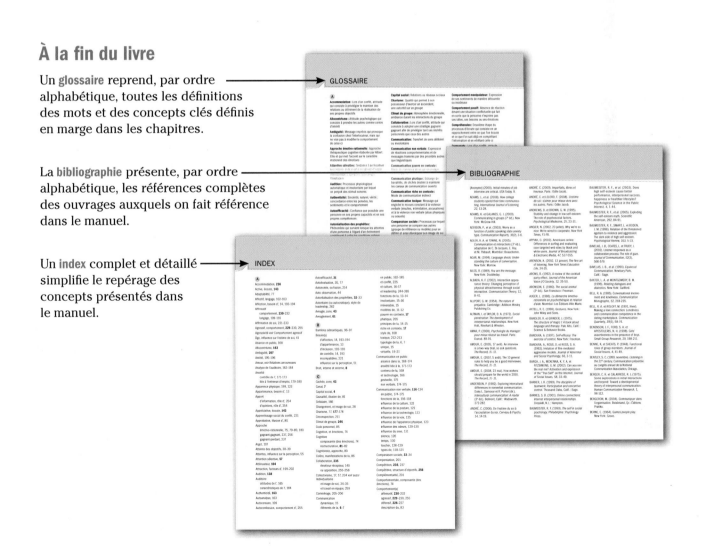

TABLE DES MATIÈRES

PARTIE II L'ÉMISSION ET LA RÉCEPTION DE MESSAGES

PARTIE III   LES RELATIONS INTERPERSONNELLES

Chapitre 10 LES CONFLITS 218

Chapitre 11 LA COMMUNICATION EN GROUPE ET LE LEADERSHIP 242

PARTIE I

LA CONNAISSANCE DE SOI ET DES AUTRES

COMMUNIQUER DANS UN MONDE BRANCHÉ

Objectifs d'apprentissage

Après avoir lu ce chapitre, vous devriez pouvoir:

1. Définir la communication;

2. Énumérer les principaux éléments de la communication et expliquer leur interaction à l'aide de modèles de communication représentatifs;

3. Décrire les principes de base de la communication;

4. Expliquer l'influence de la culture sur la communication et sur les relations interpersonnelles;

5. Expliquer comment les médias numériques continuent de révolutionner la communication;

6. Décrire les avantages d'être un bon communicateur;

7. Définir les règles à suivre pour améliorer vos compétences en communication.

Mise en situation

Quand la Québécoise Nathalie Blanchard, 29 ans, a affiché sur sa page Facebook des photos d'elle-même en train de faire la fête, elle était loin de se douter que ce comportement lui ferait perdre les prestations que lui versait sa compagnie d'assurances.

En fait, au moment où ces photos ont été prises, Nathalie Blanchard était en arrêt de travail pour cause de dépression majeure. Lorsqu'elle a tenté de savoir pourquoi elle ne recevait plus ses prestations, la compagnie d'assurances lui a répondu qu'une personne faisant une dépression majeure ne pouvait faire la fête et avoir l'air aussi joyeux. Madame Blanchard a été surprise d'apprendre que la compagnie connaissait l'existence de ces photos. Elle croyait que seuls ses « amis Facebook » y avaient accès. Comme beaucoup de gens, elle ne soupçonnait pas que ce contenu pouvait rapidement devenir public et lui causer des ennuis. De plus, elle s'est demandée pourquoi sa compagnie d'assurances avait utilisé des photos qui ne lui étaient pas destinées pour prendre une décision s'opposant au diagnostic posé par son médecin. Elle a décidé de poursuivre son employeur et la compagnie d'assurances.

L'histoire a fait le tour du monde. Pendant quelques semaines, la planète entière a parlé du lien existant entre les réseaux sociaux et la vie privée. Voilà une question qui nous amène au cœur du phénomène de la communication, puisqu'elle questionne la notion d'intentionnalité des échanges. En publiant ses photos, Nathalie Blanchard a envoyé des messages sans le savoir. Lorsque des renseignements personnels sont affichés sur une page Facebook, quelle information est transmise? Qui devient le récepteur? Nos amis, notre mère, notre patronne, notre ex-conjoint? Le message que l'on destinait à nos connaissances peut être transformé et devenir une communication publique. Cela démontre à quel point la communication peut être complexe et contradictoire, dans un univers où les réseaux sociaux prennent de plus en plus de place.

- Croyez-vous que la compagnie d'assurances a bien fait d'utiliser ces photos pour décider d'arrêter de verser les prestations de Nathalie Blanchard?

- Selon vous, les renseignements qui paraissent dans Facebook sont-ils de nature privée ou publique?

- Quels effets les médias sociaux ont-ils sur nos relations interpersonnelles et sur nos interactions? Quels sont leurs avantages? leurs dangers?

Bienvenue dans *Communiquer et interagir*. Si vous êtes comme beaucoup de vos contemporains, vous interagissez avec les autres, tant en personne que dans le cyberespace. Vous vivez votre vie de tous les jours, mais vous avez peut-être aussi une « seconde vie », différente ou fantaisiste, que vous créez et vivez en ligne. Vous pouvez communiquer avec plusieurs personnes en tout temps. Est-ce dire que vous savez bien communiquer ? Vous désirez probablement mener une vie enrichissante. Pour cela, vous pouvez apprendre à communiquer efficacement, tant dans le monde réel que virtuel.

Dans une société où tout le monde est constamment branché, quelle est la pertinence d'apprendre à communiquer ? Pour certains, établir un rapport avec un autre comporte un risque : celui de devoir parler directement à une personne. L'envoi de messages textes permet de contourner ce risque et de dire tout ce que l'on veut sans crainte d'être interrompu, ni trahi par le non-verbal. Cependant, n'est-ce pas très souvent le contact avec des personnes en chair et en os qui rend l'expérience humaine stimulante ?

Pourquoi apprendre à communiquer si tout ce dont on a besoin se trouve à un clic de souris de distance ? En effet, Internet a démocratisé l'information. Combler les lacunes dans nos connaissances est devenu beaucoup plus facile. Quiconque possède un ordinateur peut « googler » ce qu'il désire et ainsi recueillir presque autant de renseignements que la CIA, accéder à autant de données que celles contenues dans la Grande Bibliothèque et engager la conversation avec des personnes du monde entier à toute heure du jour et de la nuit (Murray, 2000). Bien sûr, cette technologie présente des avantages, mais, poussée à l'extrême et utilisée de manière inconsidérée, elle peut renforcer la réticence de certaines personnes à écouter les autres et à interagir avec eux. La communication directe, en revanche, implique souvent une réciprocité, un échange de points de vue. C'est ce qui expliquerait, en partie, son efficacité.

Capital social
Relations ou réseaux sociaux

Aujourd'hui, les compétences particulières, l'expertise technique et le fait d'être diplômé d'une école prestigieuse ne garantissent aucunement l'atteinte de nos objectifs professionnels. Plusieurs décrochent un emploi grâce à leur **capital social**, c'est-à-dire leurs relations ou leurs réseaux sociaux plutôt que grâce à ce qu'ils savent (Putnam, 2000). Les lieux de travail sont des endroits privilégiés pour établir des rapports avec d'autres. La plupart des personnes qui gravissent les échelles professionnelles et personnelles du succès manifestent des aptitudes supérieures en communication. Les bons communicateurs ont plus de chances d'être promus rapidement, de nouer plus facilement des relations harmonieuses et de maintenir celles-ci.

Les communicateurs expérimentés arrivent à convaincre des personnes qui autrement seraient insensibles à leurs idées (Lauder, cité dans Bradshaw, 2008). Sans leur incontestable talent de communicateurs, Barack Obama et René Lévesque auraient-ils été élus ? Il est permis d'en douter.

Quels que soient notre âge, notre sexe, notre état civil et nos antécédents professionnels, il n'est jamais trop tard pour acquérir des compétences qui enrichiront et amélioreront notre qualité de vie. Même les plus grands communicateurs ne sont pas nés en sachant communiquer. Apprendre et développer des compétences en communication est un processus qui se poursuit tout au long de la vie.

Pensez-vous que les aptitudes à la communication de grands orateurs, tel Barack Obama, sont innées ou acquises ?

Le présent manuel peut contribuer à atteindre cet objectif, car il propose un programme d'apprentissage permanent. Si vous voulez améliorer votre capacité d'établir des liens avec les membres de votre réseau social, professionnel ou scolaire, le moment est venu d'apprendre à communiquer efficacement !

1.1 Quelques concepts-clés

Dans notre société branchée, on communique sans relâche. Pourtant, il est rare que l'on s'attarde au processus de la communication. En observant plus attentivement les principaux types d'échanges, les éléments à la base de toute interaction et certains modèles théoriques, on sera en mesure de définir le processus complexe et fascinant que représente la communication humaine.

1.1.1 La communication : un survol

Que l'on soit en train d'écouter un professeur donner un cours ou que l'on envoie un courriel à un ami, on communique. Le mot « communication » provient du mot latin *communicare,* qui signifie « partager ». La **communication** se définit comme un transfert de sens, effectué de manière délibérée ou involontaire. Chaque fois que l'on envoie, consciemment ou non, un message verbal ou non verbal à quelqu'un et que l'on reçoit un message en retour, il y a communication. Ces messages peuvent être des renseignements, des idées, des sentiments ou des perceptions. Pour qu'il y ait un message, il faut un émetteur (qui transmet un message) et un récepteur (qui le reçoit). Le processus de la communication s'enclenche chaque fois qu'une personne reçoit un message et lui attribue un sens. Dans la mesure où ce qu'une personne dit ou fait est interprété comme un message, il y a communication. En classe, par exemple, vous communiquez tout autant lorsque vous posez une question que lorsque vous êtes complètement silencieux ou que vous bayez aux corneilles. Dans tous ces cas, vous transmettez des messages qui ont une influence sur les personnes qui les reçoivent, soit vos collègues et votre professeur.

> **Communication**
> Transfert de sens délibéré ou involontaire

Nous allons commencer cette exploration de la communication en vous encourageant à vous interroger sur votre conception de la communication efficace (*voir l'exercice 1.1*).

EXERCICE 1.1 | **Mieux se connaître**

Les communicateurs efficaces

1. Nommez un membre de votre entourage immédiat qui est, selon vous, un communicateur efficace. Expliquez, en donnant des exemples précis, ce qui justifie votre choix. En quoi aimeriez-vous ressembler à cette personne ? Comment pouvez-vous vous inspirer de celle-ci ?

2. Nommez une personne célèbre qui se démarque par ses talents de communicateur ou de communicatrice et justifiez votre choix.

3. Connaissez-vous des gens qui ont du succès au point de vue professionnel grâce à leurs habiletés de communication ? Comment expliquez-vous ce succès ? Comment pouvez-vous vous inspirer de ces personnes ?

1.1.2 Les types de communications

Comme on passe plus de temps à communiquer qu'à faire quoi que ce soit d'autre, notre aptitude à communiquer façonne nos relations personnelles, sociales et professionnelles.

Il existe six types de communications qui mettent en scène des messages très différents par leur forme et leur contenu.

1. La communication intrapersonnelle consiste à se juger soi-même positivement (les croyances constructives) ou négativement (les croyances autodestructives). Elle joue un rôle au niveau de l'estime de soi (*voir le chapitre 2*), de la perception d'autrui (*voir le chapitre 3*) ainsi qu'au point de vue des émotions (*voir le chapitre 4*).

2. La communication impersonnelle permet de dialoguer avec les autres dans des situations d'échange d'information sans désir de développer et d'approfondir cette relation. Par exemple, lors d'un dialogue avec un commis, un piéton, un conducteur d'autobus ou un guide touristique.

3. La communication interpersonnelle permet de dialoguer avec les autres, d'apprendre à les connaître et de se connaître en maintenant une relation ou en y mettant fin. Nous aborderons, dans ce manuel, certains types de communications interpersonnelles : l'entrevue de sélection (*voir le chapitre 8*), l'intimité (*voir le chapitre 9*) ainsi que les conflits (*voir le chapitre 10*).

4. La communication en petit groupe permet d'interagir avec un petit nombre de personnes pour partager de l'information (par exemple, lors d'un cours ou d'une conférence), de développer de nouvelles idées, de prendre des décisions, de résoudre des problèmes (au sein d'une équipe de travail, d'un comité de sélection, ou lors d'une discussion en famille), d'offrir du soutien (dans un groupe d'entraide) ou de se divertir (dans une association, une équipe sportive, une ligue d'improvisation). Nous traiterons en profondeur ce type de communication au chapitre 11.

5. La communication en public permet d'informer, de divertir ou de persuader un auditoire d'adopter certaines attitudes, valeurs ou croyances qui l'amèneront à penser, à croire ou à agir d'une manière particulière. C'est le type de communication utilisé par les animateurs de télévision, les politiciens lors de discours, ou les artistes pendant un spectacle. Elle sera abordée plus en détail au chapitre 8.

6. La communication en ligne est un échange établi au moyen d'un ordinateur ou d'Internet et qui consiste à naviguer dans le cyberespace afin de travailler, de chercher de l'information, de bavarder, d'échanger des idées ainsi que d'établir et de maintenir, malgré la distance, des relations avec d'autres internautes. Nous aborderons ce type de communication entre autres dans les encadrés « Communic@tion ».

Quel que soit le type de communication, l'acte de communiquer est caractérisé par l'interaction de certains éléments de base.

1.1.3 Les éléments de la communication

Six éléments permettent de définir le processus de communication durant un échange. En effet, une communication implique toujours des personnes, des messages, des canaux, des bruits, un contexte ainsi que des rétroactions. Plus tôt on comprend ces six **éléments de base**, plus tôt on améliore sa communication.

Élément de base de la communication
Élément présent dans chaque situation de communication

Émetteur
Personne qui formule, encode et transmet un message

Récepteur
Personne qui reçoit, décode et interprète un message

Les personnes

Manifestement, la communication humaine fait intervenir des personnes. La communication prend place entre toutes sortes d'**émetteurs** (qui encodent des messages) et de **récepteurs** (qui décodent les messages). Les émetteurs et les récepteurs envoient et reçoivent des messages respectivement. Bien qu'il soit facile d'imaginer une expérience de communication qui commence avec un émetteur et finit avec un récepteur, il faut comprendre qu'au cours de la communication, le rôle d'émetteur n'appartient pas exclusivement à une personne et le rôle de récepteur, à l'autre. En réalité, les processus d'émission et de réception s'inversent constamment.

À ce sujet, la linguiste Deborah Tannen écrit dans *That's Not What I Meant!* (1986) : « La communication est un flot continu dans lequel chaque élément est à la fois une réaction et une incitation, une incitation et une réaction » (traduction libre). Par conséquent, lorsqu'on communique, on émet et reçoit des messages simultanément, grâce au langage non verbal (*voir le chapitre 6*).

Les messages

Au cours de chaque communication en direct ou virtuelle (avec une webcaméra), on émet et reçoit des **messages** tant verbaux que non verbaux. Le sujet abordé, les mots qui servent à exprimer nos pensées, nos besoins et nos sentiments, les sons que l'on produit, notre posture, notre gestuelle, nos mimiques, notre toucher et notre odeur transmettent de l'information. En effet, un message se définit comme l'information transmise au cours d'un acte de communication. Le contenu de cette information peut être une idée, un besoin ou une émotion. Certains messages sont intimes (par exemple, un baiser accompagné d'un « Je t'aime »), d'autres sont publics et peuvent s'adresser à des centaines voire des milliers de personnes (par exemple, un discours patriotique prononcé lors de la fête nationale du Québec). Des messages sont volontaires (par exemple, « Je veux que tu comprennes que... »), d'autres sont accidentels (par exemple, « Oups ! tu ne savais pas qu'on t'organisait une fête... »). Tout ce qu'un émetteur ou un récepteur dit ou fait est un message potentiel dans la mesure où quelqu'un est là pour l'interpréter. Lorsqu'on sourit, fronce les sourcils, crie, chuchote ou se détourne, on communique et cette communication a probablement un effet sur quelqu'un.

Dans la mise en situation présentée en début de chapitre, le message de Nathalie Blanchard qui, au départ, était intime (des photos d'elle prises en train de fêter, placées sur sa page personnelle, qui ne devaient être vues que par ses contacts) est devenu un message public. En faisant part à ses proches, de manière volontaire, de sa joie de faire la fête, elle a informé, de façon accidentelle, sa compagnie d'assurances qu'elle s'amusait alors qu'elle recevait des prestations d'invalidité pour cause de dépression majeure.

Message

Information transmise lors d'une communication

Le canal

Le **canal** est le média qui sert à acheminer le message. On peut classer les canaux en fonction de divers éléments : premièrement, lequel de nos cinq sens envoie ou reçoit le message ? Deuxièmement, celui-ci est-il verbal ou non verbal, ou les deux ? Et troisièmement, quel en est le principal moyen de transmission : l'interaction directe, la communication assistée par ordinateur (CAO), la communication téléphonique, ou un média de masse comme les journaux, la télévision ou le cinéma ? On peut communiquer de multiples façons. Par exemple, dans une salle de classe, on reçoit des messages grâce à nos sens : l'ouïe (on entend la voix de l'enseignant), la vue (on voit ce qui est écrit au tableau et l'apparence de l'enseignant), le goût (on savoure un bon café), l'odorat (on sent le parfum de notre voisine) et le toucher (on ressent la vibration de notre téléphone cellulaire portatif).

Comme l'a affirmé un théoricien canadien de la communication, Marshall McLuhan, en 1967 : « Le médium est le message. » Selon McLuhan, le choix du canal de communication influe sur la façon dont l'émetteur **encode** un message et dont le récepteur **décode** et réagit au message. Les mêmes mots transmis de personne à personne, sur papier, par la radio ou par la télévision ne constituent pas le même message. Le canal de communication modifie les choses. Comme nous l'avons vu dans la mise en situation présentée en début de chapitre, une page Facebook est un nouveau canal de communication qui peut provoquer de mauvaises surprises. Le même message peut être interprété de différentes façons par les personnes qui regardent la page en question. Une photo imprimée que l'on montre à quelques amis n'aura pas le même effet qu'une photo affichée sur sa page Facebook.

Canal

Média qui sert à acheminer le message

Encoder

Constituer, produire selon un code

Décoder

Analyser le contenu d'un message selon le code partagé par l'émetteur et le récepteur

Dans un monde où les réseaux sociaux sont omniprésents, plusieurs personnes sont de plus en plus conscientes de l'importance de contrôler l'information qu'elles diffusent en fonction du canal utilisé.

Bruit

Toute perturbation qui nuit à la bonne émission ou à la bonne réception du message

Les communicateurs efficaces passent d'un canal à l'autre et en utilisent plusieurs en même temps de façon experte. Et vous, quel canal utilisez-vous le plus souvent? Pourquoi? Dans quelle mesure vous fiez-vous à un ou plusieurs canaux tout en excluant d'autres canaux? Quel canal utiliseriez-vous pour dire « Au revoir », « Je suis désolé » ou « Je t'aime »? Pensez-vous que la transmission de certains messages est incompatible avec le canal virtuel? De quels genres de messages s'agit-il?

Le bruit

Dans le contexte de la communication, le **bruit** est tout ce qui nuit à la bonne transmission ou à la bonne réception d'un message. Le bruit, c'est comme du brouillage ou des « parasites » sur une ligne téléphonique qui empêchent une personne de bien comprendre ce que l'autre personne lui dit. Bien que l'on ait l'habitude de considérer le bruit comme un son ou un groupe de sons particuliers, il est important de comprendre que les bruits peuvent avoir des sources tant internes qu'externes.

Il existe deux types de bruits internes: les bruits physiologiques et les bruits psychologiques. Si en ce moment on a faim, il se peut que l'on ait de la difficulté à se concentrer et à comprendre ces lignes. Il s'agit d'un bruit physiologique qui s'estompera lorsqu'on aura mangé. Certains enfants ne déjeunent pas avant d'aller à l'école et leur rendement scolaire en souffre, puisqu'ils sont moins en mesure de se concentrer sur les messages envoyés par leur enseignant.

Quel type de bruit cette photo représente-t-elle?

Dans un autre ordre d'idées, la gêne peut nous empêcher d'aller discuter avec une personne que l'on trouve intéressante, lors d'une fête, ou de nous sentir à l'aise devant un employeur, lors d'une entrevue de sélection. Il s'agit alors d'un bruit psychologique. Il existe des bruits psychologiques cognitifs, c'est-à-dire liés à nos pensées (on se dit que l'on ne sera jamais capable d'aborder telle personne), émotifs (on est trop en colère pour régler un problème avec notre colocataire), et de personnalité (on est timide et, pour cette raison, on a peur de s'imposer lors d'une réunion de groupe). Pouvez-vous vous rappeler une situation où un tel bruit a nui à votre capacité de bien envoyer ou de bien recevoir un message?

Le bruit externe provient, quant à lui, des distractions présentes dans notre environnement. Il peut s'agir de facteurs environnementaux, comme le hululement d'une sirène, ou de facteurs sémantiques, comme l'incertitude quant à la signification des propos de l'émetteur. De plus, si l'on tente d'être attentif au message complexe que notre enseignant veut nous transmettre et que l'on ne cesse de recevoir des messages textes, la vibration nous annonçant la réception d'un message et la complexité du message représentent des bruits externes.

Le contexte

La communication se produit toujours dans un contexte, ou un environnement. Ce contexte est parfois tellement naturel qu'on le remarque à peine. À d'autres moments, toutefois, ce contexte peut produire une impression si vive qu'il influe fortement sur notre comportement. Les voyageurs savent qu'ils ne peuvent se comporter de la même façon dans tous les pays qu'ils visitent. En Italie, par exemple, il est primordial de se couvrir les épaules et de s'abstenir de prendre des photos dans plusieurs églises. De même, le voyageur qui visite l'Inde doit obligatoirement se déchausser en entrant dans un temple hindou. On agit différemment lorsqu'on se promène sur Bourbon Street, à La Nouvelle-Orléans, sur l'avenue des Champs-Élysées, à Paris, sur la place Saint-Pierre, à Rome ou sur la rue Sainte-Catherine après une victoire des Canadiens de Montréal en séries éliminatoires!

Dans quelle mesure l'environnement actuel influe-t-il sur notre conduite à l'égard des autres ou détermine-t-il la nature de nos communications avec eux? Jusqu'à quel point certains environnements nous amènent-ils à modifier notre posture, notre façon de parler, notre tenue ou nos types d'interactions? Il ne faut pas oublier que le moment et l'endroit peuvent parfois modifier notre style de communication à notre insu. L'exercice 1.2 vous permettra de déterminer l'influence du contexte sur différentes interactions.

EXERCICE 1.2 | En pratique

Les interactions en contexte

Relevez les ressemblances et les différences entre les types de communications les plus susceptibles de se produire dans chacun des contextes ci-dessous. Décrivez la nature de chaque interaction et le comportement probable de chaque personne.

- Les premières minutes d'une soirée entre amis.
- Les premières minutes d'une soirée chez des collègues de vos parents que vous ne connaissez pas.
- Le premier midi dans une cafétéria, lorsque vous venez d'arriver dans une nouvelle école.
- Une réunion de travail avec le PDG de la compagnie pour laquelle vous travaillez depuis un mois.
- Un salon funéraire.
- Une classe (de maternelle, de primaire, de secondaire, de cégep, d'université).
- Un rassemblement politique.
- Un aréna, le soir d'une partie de hockey.
- Un bar, à l'occasion d'une fête célébrant la fin de la session.

La rétroaction

Chaque fois que l'on communique avec une ou plusieurs personnes, on reçoit de l'information en retour. Les messages verbaux et non verbaux que le récepteur renvoie à l'émetteur s'appellent une « **rétroaction** ». Cette rétroaction indique si le message est bien ou mal reçu. Une rétroaction non verbale (un sourire, un froncement de sourcils, un marmonnement ou un silence) ou verbale (une remarque sarcastique ou un compliment) qui accueille le propos ou les actions peut inciter à modifier, à poursuivre ou à terminer une interaction. Par exemple, si l'interlocuteur en face de nous bâille ou se met à regarder son téléphone cellulaire lorsqu'on lui raconte une histoire, il est probable que l'on finisse notre histoire plus rapidement que prévu.

Une rétroaction qui encourage à poursuivre la communication s'appelle une « **rétroaction positive** ». Elle renforce la communication en cours par des signaux qui peuvent être soit verbaux (une série de questions, une demande de reformulation) ou non verbaux (un hochement de la tête, un contact visuel). En revanche, la **rétroaction négative**, qui peut aussi être de nature verbale ou non verbale, joue un rôle d'éteignoir. Elle corrige plutôt que de renforcer, contribuant ainsi à éliminer les

Rétroaction

Ensemble des messages verbaux et non verbaux qui sont renvoyés par le récepteur en réponse ou en réaction au message de l'émetteur

Rétroaction positive

Réaction qui renforce le comportement en cours

Rétroaction négative

Réaction qui corrige le comportement en cours

Parfois, nos rétroactions verbales ou non verbales ne sont pas immédiatement comprises par notre interlocuteur.

Rétroaction interne
Réaction intérieure d'une personne au cours d'une communication

Rétroaction externe
Réaction de l'autre personne engagée dans la communication

comportements non désirés. Par exemple, si l'on bavarde avec un collègue de classe durant un cours, il est possible que l'enseignant nous regarde d'une telle façon que nous n'ayons d'autre choix que de cesser notre conversation. Il s'agit alors d'une rétroaction non verbale négative. Il faut noter que les termes «positif» et «négatif» ne signifient pas «bon» et «mauvais». Ils reflètent simplement l'influence des réactions du récepteur sur le comportement de l'émetteur. La rétroaction tant positive que négative peut provenir de sources internes ou externes. La **rétroaction interne** est celle que l'on se donne tout en surveillant son comportement ou sa performance au cours d'une communication. Elle représente un bon exemple de communication intrapersonnelle. La **rétroaction externe** provient des autres personnes engagées dans la communication. Les communicateurs efficaces sont sensibles aux deux types de rétroactions. Ils sont attentifs à leurs propres réactions ainsi qu'à celles des autres. Lors d'un exposé oral, par exemple, on peut se dire que tout va mal, que l'on va probablement échouer à la fin de la session et que l'on sera la risée de nos collègues (la rétroaction interne). Quelle ne sera pas notre surprise lorsque la classe entière nous applaudira et que notre enseignant nous félicitera chaleureusement, à la fin de notre exposé (la rétroaction externe). L'exercice 1.3 vous aidera à déterminer les types de rétroactions dont vous faites l'expérience quotidiennement. L'exercice 1.4 vous permettra quant à lui de disséquer vos interactions en vous servant des différents éléments de base de la communication que vous venez de voir.

EXERCICE 1.3   En pratique

Les rétroactions

Tentez de vous souvenir de messages de rétroaction que vous avez reçus depuis les 24 dernières heures.
1. Quel genre de rétroaction recevez-vous habituellement de votre entourage?
2. Comment réagissez-vous à ces différentes sortes de rétroactions?
3. Quel genre de rétroaction avez-vous l'habitude de vous faire?
4. Inventez un exemple de rétroaction positive interne, de rétroaction négative interne, de rétroaction positive externe et de rétroaction négative externe, dans une situation particulière (liée à votre emploi ou à vos relations avec vos parents, par exemple).

EXERCICE 1.4   Mieux se connaître

Une analyse de vos interactions!

Afin de bien saisir les nuances qui existent entre les six types de communication et les six éléments de base de la communication, trouvez des exemples personnels illustrant chacun des types de communication. Pour chacune de ces catégories, indiquez ensuite en quelques mots comment les éléments du processus de communication y sont présents. Inscrivez finalement vos résultats dans un tableau ressemblant à celui présenté ci-contre, en suivant l'exemple qui est donné pour la communication interpersonnelle.

Les éléments de base présents dans les différents types de communications

Types de communications		Éléments de base de la communication					
	Description générale de la situation	Personnes	Message	Canal	Bruit	Contexte	Rétroaction
Interpersonnelle	Juste avant un cours de psychologie (le professeur s'apprête à prendre les présences), je demande à mon père si je peux utiliser son auto cette fin de semaine.	Mon père et moi	Question : «Est-ce que je peux utiliser l'auto cette fin de semaine?»	Téléphone cellulaire	Je suis pressé, car mon cours commence bientôt et la ligne est mauvaise. Mon père est au bureau et il est entouré de personnes qui parlent.	Moi : La salle de classe, juste avant un cours Mon père : Son bureau	Réponse : «Non, je te l'ai prêtée la semaine dernière et tu es revenu en retard. Peut-être la semaine prochaine...»
Intrapersonnelle							
Impersonnelle							
En petit groupe							
Publique							
En ligne							

Pour mesurer l'efficacité de votre communication, évaluez maintenant chaque interaction sur une échelle de 1 (extrêmement inefficace) à 5 (extrêmement efficace) et expliquez les raisons de chaque résultat.

Si vous en aviez la possibilité, que changeriez-vous dans chaque interaction?

1.1.4 Les modèles de communication

Après ce survol des principaux éléments de la communication, il est temps maintenant de regarder comment ceux-ci peuvent être représentés dans différents modèles du processus de la communication. On échange de l'information avec autrui en envoyant et en recevant des messages, volontairement ou involontairement. La communication englobe tout élément susceptible de toucher deux ou plusieurs personnes qui sont en relation. Un acte de communication adéquat a lieu chaque fois qu'une personne interprète correctement le comportement d'une autre personne. Connaître les composantes de la communication permet d'établir des rapports plus satisfaisants avec son entourage. Lorsqu'on comprend les mécanismes qui aident les humains à communiquer entre eux, on a de meilleures chances de devenir un communicateur compétent.

Les modèles de communication comme ceux présentés dans les figures 1.1 et 1.2 (*voir p. 12*) permettent de visualiser les mécanismes en action lorsqu'on établit et *comprendre* ↓

maintient des liens de communication avec autrui. Ces modèles sont des outils pertinents pour découvrir comment fonctionne la communication. Le modèle de la figure 1.1 montre que la communication est un cercle et que les communicateurs partagent la responsabilité d'envoyer et de recevoir des messages. Les messages peuvent être envoyés au moyen de divers canaux, et l'interaction se produit dans un contexte précis qui a une influence sur elle. Il faut noter que les différents types de bruits peuvent perturber l'interaction à tout moment et influer sur la capacité d'émettre ou de recevoir des messages. De plus, le bruit peut être causé par le contexte, être présent dans le canal ou surgir de façon inattendue dans le message lui-même.

FIGURE 1.1 **Le modèle de communication de Gamble et Gamble**

Émetteur / Reçoit / Envoie / Récepteur

Canal/canaux

Message

Bruit

Récepteur / Envoie / Reçoit / Émetteur

Canal/canaux

Message

Contexte

Bruit

Bruit

Un autre modèle de communication, élaboré par le théoricien de la communication Frank Dance, en 1967 (*voir la figure 1.2*), dépeint le processus de communication d'une manière plus abstraite. La spirale, ou hélice de Dance, représente l'évolution de la communication chez une personne depuis sa naissance jusqu'au moment présent. Ce modèle met en valeur le fait que le comportement actuel de chaque personne est influencé par ses expériences passées et aura un impact sur ses actions futures. L'hélice de Dance indique que la communication n'a pas de début ni de fin clairement observables.

En manipulant le modèle de Dance, on peut imaginer deux spirales de communication qui se rencontrent de diverses manières, dont l'une est illustrée dans la figure 1.3. L'endroit où les spirales se touchent est le point de contact ; chaque fois qu'un contact se produit, les personnes envoient et reçoivent des messages. Certaines spirales se touchent seulement une fois au cours d'une vie entière, tandis que d'autres s'entrecroisent ou s'entrelacent dans un modèle qui illustre une relation durable. En outre, il arrive que les spirales (les interactants) évoluent de façon similaire (grandissent ensemble) ou différente (s'écartent l'une de l'autre). La figure 1.4 illustre ce modèle.

FIGURE 1.2 **La spirale de communication de Dance**

FIGURE 1.3 **La rencontre des spirales**

FIGURE 1.4 **Un modèle de communication dans les relations**

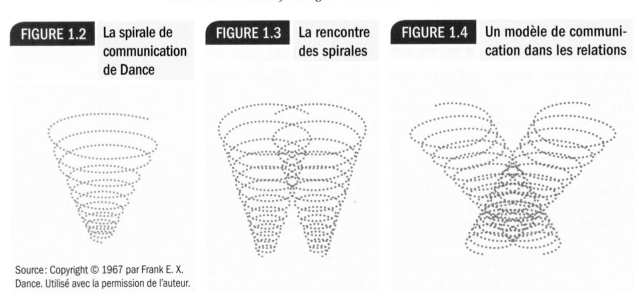

Source : Copyright © 1967 par Frank E. X. Dance. Utilisé avec la permission de l'auteur.

1.2 Les fonctions de la communication

Pourquoi communiquer? Afin de répondre à cette question, on peut imaginer une situation où il serait impossible, d'aucune façon, de communiquer avec qui que ce soit. Comment se sentirait-on? Aujourd'hui, plusieurs personnes ne peuvent jamais se départir, même durant leurs vacances, de leur connexion Internet et de leur téléphone cellulaire! On peut supposer qu'une vie sans communication représenterait leur pire cauchemar. Et pour cause! La communication relie un grand nombre de personnes que la distance géographique peut parfois séparer et remplit un certain nombre de fonctions. Elle peut nous aider à découvrir qui nous sommes ou à établir des relations significatives et nous inciter à scruter et à changer nos attitudes et nos comportements ou ceux des autres. Elle peut également contribuer à satisfaire de nombreux besoins.

1.2.1 La connaissance de soi et des autres

Une fonction-clé de la communication est d'aider les gens à se comprendre et à comprendre les autres. Quand on apprend à connaître quelqu'un, on apprend aussi à se connaître soi-même (*le chapitre 2 abordera la notion de jugement réfléchi*). De plus, quand on se connaît soi-même, on apprend à reconnaître l'influence que les autres ont sur soi. C'est grâce à la communication que l'on développe sa conscience de soi.

On a constamment besoin des rétroactions des autres et les autres ont un besoin constant de nos rétroactions. Toutes les formes de communication offrent de multiples occasions de se connaître et de connaître les autres. Les échanges nous éclairent sur les raisons de notre confiance ou de notre méfiance et nous révèlent les situations dans lesquelles on a le pouvoir d'influencer les autres. Ils mettent en lumière notre capacité ou notre incapacité à clarifier nos pensées, nos sentiments et nos besoins (par exemple, le bébé communique ses besoins primaires en pleurant, avant d'apprendre à parler), à prendre des décisions judicieuses, à gérer des conflits et à résoudre des problèmes efficacement.

1.2.2 Les relations véritables

Lorsqu'on établit des relations, on ne peut pas se soucier uniquement de soi, il faut aussi tenir compte des besoins et des désirs des autres. La communication efficace comble les principaux besoins physiologiques et sociaux.

Des psychologues, tel William Glasser (1965), affirment que l'on a besoin des autres au même titre que l'on a besoin d'eau, de nourriture et d'un abri. Privés de contacts humains, on devient désorientés et inadaptés, et notre vie peut même être en danger. Les personnes isolées de leurs semblables, qui n'ont pas de relations sociales satisfaisantes, sont plus susceptibles d'avoir des problèmes de santé et de mourir prématurément que celles qui entretiennent un grand nombre de relations satisfaisantes. La communication donne la

Quels besoins sont comblés par ce genre d'interactions?

possibilité de combler ce que le psychologue William Schutz (1966) appelle les «besoins d'appartenance, de contrôle et d'affection». Le **besoin d'appartenance** est le besoin d'être entouré, d'avoir des contacts sociaux. On aime sentir que les

Besoin d'appartenance
Besoin de contacts sociaux

Besoin de contrôle

Besoin de se sentir compétent et responsable

Besoin d'affection

Besoin d'aimer et d'être aimé

autres nous acceptent et nous apprécient, et l'on veut être des partenaires égaux dans nos relations. Plusieurs personnes choisissent de pratiquer des sports en groupe plutôt que des sports individuels, car ils s'y sentent appréciés et développent une fierté de faire partie d'une équipe. Le **besoin de contrôle** est le besoin de sentir que l'on est compétents et responsables, que l'on peut faire face à son environnement et le gérer. On aime aussi sentir que l'on peut influencer les autres. Le **besoin d'affection** est le besoin d'aimer et d'être aimé. Comme la communication permet de combler ces besoins, on a moins de risques de se sentir rejetés, mal aimés ou incompétents si l'on arrive à communiquer clairement avec nos semblables (*voir l'exercice 1.5*).

EXERCICE 1.5	Mieux se connaître

Des relations importantes

Dressez une liste de cinq personnes importantes pour vous. Il peut s'agir de membres de votre famille, d'amis ou de collègues.

Comment ces relations vous aident-elles à combler les besoins suivants :

- Le besoin d'appartenance ;
- Le besoin de contrôle ;
- Le besoin d'affection ?

Remarquez-vous des différences et des constantes dans la façon dont ces personnes vous aident à combler ces divers besoins ? Y a-t-il des besoins qui sont plus difficiles à combler ? Pourquoi ?

Comment aidez-vous ces personnes à combler ces mêmes besoins ?

1.2.3 L'influence et la persuasion

La communication fournit de multiples occasions de s'influencer les uns les autres ouvertement ou subtilement. En effet, on passe beaucoup de temps à tenter de persuader les autres de penser comme nous, de faire comme nous et d'aimer ce que l'on aime. Nos efforts sont parfois, mais pas toujours, couronnés de succès. Quoi qu'il en soit, nos tentatives de convaincre les autres (*nous parlerons de leadership au chapitre 11*) nous donnent la possibilité de les influencer afin d'atteindre nos propres objectifs.

1.2.4 Le développement professionnel

Selon Morreale et Pearson (2008), il existe un lien positif entre l'aptitude à communiquer et la réussite professionnelle. Il semble en effet que les employeurs engagent plus volontiers les gens qui savent communiquer et qui maîtrisent les principales aptitudes interpersonnelles relevées par Morreale et Pearson, soit : parler de façon à être écouté, écouter les autres, évaluer de façon critique les informations écrites ou verbales, s'adapter aux différentes perspectives culturelles ; gérer les conflits et résoudre les problèmes, et ainsi prendre des décisions judicieuses.

1.3 Les principes de base de la communication

Même si l'on communique fréquemment, cela ne signifie pas qu'il est possible de saisir toutes les nuances et les facteurs d'un message, qu'il s'agisse d'une simple conversation entre amis ou de messages complexes que s'échangent des participants à une conférence scientifique. Si l'on est attentif aux cinq principes qui sont abordés dans la section suivante, on constate que la communication est moins simple qu'elle n'en a l'air au premier regard.

1.3.1 Une communication dynamique

La communication est dynamique parce que tous ses éléments interagissent et s'influencent constamment (Nussbaum, 1989). Comme on est tous liés les uns aux autres, ce qui arrive à l'un détermine en partie ce qui arrive aux autres. Ce principe sera particulièrement utile pour comprendre la dynamique des relations interpersonnelles intimes (*voir le chapitre 9*).

Comme les humains qui les nouent, les relations évoluent constamment. Rien n'est statique dans la communication. On communique toute notre vie durant. Par conséquent, chacune de nos interactions s'inscrit dans des événements interreliés. Comme le montre le modèle de Dance, nos expériences de communication actuelles peuvent être vues comme les points d'arrivée de nos rencontres passées et les points de départ de nos rencontres futures. Votre expérience confirme-t-elle cette idée?

1.3.2 Une communication unique et irréversible

Chaque contact humain que l'on vit est unique. Il ne s'est jamais produit auparavant et ne se reproduira jamais tout à fait de la même façon. «On ne se baigne jamais deux fois dans la même rivière», dit l'adage: l'expérience de la baignade transforme radicalement celui qui la vit et la rivière. De même, toute communication touche et transforme de sorte qu'elle ne peut jamais se reproduire de façon identique. Par exemple, il peut arriver que l'on ait à faire la même allocution en public à deux reprises. Lors de la première présentation, on fait des blagues qui font rire le public. Or, le lendemain, malgré que l'on fasse les mêmes blagues, on laisse le public complètement de glace. Ainsi, même si l'on dit exactement la même chose lors des deux présentations, la communication reste unique.

La communication est également irréversible. On ne peut retirer une parole dite ni en effacer les conséquences. Même si l'on est parfois fortement influencés par le passé, il est impossible de revenir en arrière. On essaie quelquefois de se racheter en prétextant que nos paroles ont dépassé notre pensée, mais le mal est fait. Un proverbe chinois dit: «Même l'empereur ne peut pas racheter une seule de ses journées.» Dans le cas présenté en début de chapitre, même si Nathalie Blanchard poursuit sa compagnie d'assurances et son employeur, elle ne pourra pas effacer le fait que des photos d'elle ont envoyé au monde entier un message contradictoire au diagnostic de dépression qu'elle avait reçu. D'ailleurs, plusieurs personnes, célèbres ou non, constatent qu'il est très difficile d'éliminer une information ou une photographie de soi alors qu'elle a commencé à circuler sur la Toile. De nos jours, un message peut devenir, en quelques secondes, mondialement connu et irréversible.

1.3.3 Une communication involontaire

On présume souvent que la communication est intentionnelle et que l'on communique uniquement parce qu'on le veut. Si cela est vrai, à l'occasion, il est aussi possible de dire que l'on communique parfois sans en être conscients, et tout aussi souvent sans même en avoir eu l'intention.

Chaque fois que l'on prend part à une interaction, on réagit d'une certaine manière. Même si l'on ne réagit pas verbalement, que l'on garde un silence absolu et que l'on reste impassible, notre absence de réaction est en soi une réaction: elle envoie un message, influence les autres et constitue une communication. On ne peut pas arrêter volontairement une réaction, parce que celle-ci est involontaire. On a beau faire des efforts, il est impossible de ne pas communiquer parce que tout comportement revêt la valeur d'un message. Si un enseignant demande aux étudiants, par exemple, de se présenter à un examen le samedi et que personne ne s'objecte, est-ce que cela veut dire que personne n'a de réaction au sujet de cette proposition ? Au contraire, il est probable que ce silence communique un profond désaccord avec ce que l'enseignant vient d'annoncer.

1.3.4 La communication et l'influence du groupe culturel

En 1954, le grand psychologue américain Gordon Allport, qui est l'un des fondateurs de la psychologie de la personnalité, a écrit le dialogue suivant dans son ouvrage devenu un classique, *The Nature of Prejudice* (*La nature des préjugés*) :

— Tu vois l'homme là-bas ?

— Oui.

— Eh bien, je le déteste.

— Mais tu ne le connais même pas.

— Justement, c'est pour cela que je le déteste (traduction libre).

Pourquoi éprouve-t-on parfois de la haine en présence d'une culture ou d'un groupe qui nous sont peu familiers ? Bien qu'Allport ait écrit son livre il y a longtemps, son dialogue est encore d'actualité. Pourquoi ? Dans quelle mesure une meilleure connaissance de soi et des autres peut-elle nous aider à reconsidérer ce genre d'attitude ?

Aujourd'hui, il est entendu que l'on devra un jour ou l'autre interagir avec des personnes issues d'autres cultures. Tenter de se protéger de ces contacts interculturels est virtuellement impossible et n'est pas souhaitable. C'est à travers la communication que l'on peut révéler aux autres les valeurs qui comptent pour nous et découvrir les valeurs auxquelles ils tiennent. Dans le chapitre 5, qui porte sur la communication verbale, nous aborderons cette question plus en détail avec, entre autres, l'étude de cas du code de vie mis de l'avant par l'administration de la petite municipalité d'Hérouxville, en 2007. Cette situation a permis d'ouvrir le débat sur l'immigration et les accommodements raisonnables et de démontrer l'importance de la communication dans la connaissance de l'autre.

Comment la culture respective de ces personnes influence-t-elle leurs interactions ?

La façon de formuler et d'interpréter les messages dépend de notre culture. La diversité culturelle, qui englobe des facteurs comme la race, le groupe ethnique, le sexe et l'âge, détermine le sens que l'on prête aux messages. Des différences culturelles existent non seulement entre des personnes de langues différentes mais aussi entre celles de même langue. Chaque groupe culturel possède ses propres règles ou préférences en matière d'interaction. Si on ne les connaît pas ou que l'on n'en tient pas compte, on risque de mal interpréter la signification des messages que l'on reçoit et de mal évaluer l'impact de ceux que l'on envoie.

Il existe quatre dimensions qui servent à distinguer les groupes culturels : 1) le degré d'individualisme ou de collectivisme ; 2) la communication riche en contexte ou pauvre en contexte ; 3) la distance hiérarchique ; et 4) le degré de masculinité et de féminité. Établies par Hofstede (1991, 1998, 2001), Kluckhohn et Strodtbeck (1960) ainsi que Hall (1976), ces variables mettent en lumière les valeurs d'un groupe culturel donné et permettent de comparer ces groupes entre eux.

Préféreriez-vous vivre dans une culture qui favorise l'individualisme ou le collectivisme ? Pourquoi ?

L'individualisme et le collectivisme

La dimension culturelle de l'individualisme et du collectivisme révèle la façon dont les gens se définissent dans leurs relations avec autrui. Les cultures individualistes, comme celles de la Grande-Bretagne, des États-Unis, du Canada, de la France et de l'Allemagne, mettent l'accent sur les objectifs individuels, tandis que les cultures collectivistes, représentées par de nombreux pays arabes, africains, asiatiques et latino-américains, accordent la priorité aux objectifs du groupe. Les cultures individualistes soutiennent les initiatives et les réalisations individuelles, tandis que les cultures collectivistes ont tendance à soutenir l'influence du groupe. Donc, si le « je » prédomine dans les cultures individualistes, le « nous » est la force dominante des cultures collectivistes. Dans celles-ci, on attend de l'individu qu'il se conforme au groupe, tandis que dans les cultures individualistes, on privilégie le développement de son caractère unique. Nous reviendrons au chapitre 2 sur ces différences culturelles et leurs effets sur le concept de soi.

La communication riche ou pauvre en contexte

La préférence pour une **communication riche en contexte** ou **pauvre en contexte** représente la deuxième dimension qui distingue un groupe culturel. Les cultures à contexte riche sont centrées sur les traditions qui façonnent le comportement et le mode de vie des membres du groupe. C'est ce qui peut expliquer que des membres de ces cultures puissent sembler excessivement polis et neutres dans leurs rapports avec autrui. La plupart des cultures asiatiques privilégient ce type de communication. Les Japonais, par exemple, ont toujours accordé beaucoup de valeur au silence et voient les personnes peu bavardes comme étant réfléchies, dignes de confiance et respectables. C'est ce qui explique pourquoi ils passent beaucoup moins de temps à parler que les Occidentaux et pourquoi ils considèrent que parler de soi-même au cours d'un échange est un comportement social inapproprié. En effet, les cultures occidentales typiques favorisent un mode de communication pauvre en contexte et encouragent généralement leurs membres à adopter un style de communication plus direct. Ceux-ci ont souvent l'impression qu'ils doivent tout expliquer en détail plutôt que de se fier à l'information non verbale et contextuelle.

Communication riche en contexte
Mode de communication indirect

Communication pauvre en contexte
Mode de communication qui encourage le franc-parler

La distance hiérarchique

La distance hiérarchique mesure le degré auquel les individus sont prêts à accepter les différences de pouvoir. Les membres des **cultures à forte distance hiérarchique**, comme l'Arabie saoudite, l'Inde et la Malaisie, voient le pouvoir comme une réalité de la vie et ont tendance à l'utiliser comme moyen de contrainte ou à titre de référence. Dans ces pays, supérieurs et subordonnés se considèrent comme inégaux ; les subordonnés sont prompts à s'incliner devant leurs supérieurs. Par contre, les membres des **cultures à faible distance hiérarchique**, comme Israël, la Suède et les États-Unis, croient que le pouvoir ne doit être utilisé que s'il est légitime. Par conséquent, ils sont portés à utiliser un pouvoir de prééminence ou légitime. Les supérieurs et

Culture à forte distance hiérarchique
Culture qui accepte les différences de pouvoir et dans laquelle les subordonnés et les supérieurs se considèrent comme inégaux

Culture à faible distance hiérarchique
Culture qui croit que le pouvoir doit être utilisé seulement s'il est légitime

les subordonnés des pays à faible distance hiérarchique mettent l'accent sur leur interdépendance en affichant une préférence pour la consultation ; les subordonnés vont même jusqu'à contredire leurs supérieurs au besoin (Hofstede, 1991).

La masculinité et la féminité

Culture masculine
Culture qui privilégie l'agressivité, la force et les symboles matériels de la réussite

Culture féminine
Culture qui privilégie la tendresse et les relations harmonieuses

Hofstede (1998) considère que les cultures n'ont pas toutes la même attitude à l'égard des rôles attribués aux sexes. Les sociétés orientées vers une **culture masculine** encouragent la force, l'agressivité et la réussite matérielle. Par contre, les sociétés orientées vers une **culture féminine** privilégient les relations, la tendresse entre les membres des deux sexes et une bonne qualité de vie. Le Japon, l'Italie, l'Allemagne, le Mexique et la Grande-Bretagne sont des cultures très masculines, tandis que la Suède, la Norvège, les Pays-Bas, la Thaïlande et le Chili sont des cultures plus féminines. Les sociétés masculines mettent l'accent sur la domination et la compétition. Leurs membres abordent les conflits de front et recourent à des stratégies gagnant-perdant en cas de conflit. En revanche, les membres des sociétés féminines sont davantage enclins aux compromis et à la négociation en cas de conflit, et recherchent des solutions gagnant-gagnant.

Pour en savoir plus au sujet des influences culturelles sur la communication, on pourra consulter les encadrés « Regard sur l'autre » qui sauront, tout au long de ce manuel, expliquer comment les différences culturelles teintent nos interactions. Grâce au premier encadré présenté ci-après (*voir l'encadré 1.1*), il sera possible de déterminer comment la communication diffère d'une culture à l'autre dans notre milieu de vie.

REGARD SUR L'AUTRE

COMPARONS LES POINTS DE VUE !

ENCADRÉ 1.1

1. Le milieu culturel dans lequel vous vivez est-il plus globalement individualiste ou collectiviste ? La communication y est-elle riche ou pauvre en contexte ? hiérarchisée ou non ? La communication y est-elle plus féminine ou masculine ?

2. Analysez le milieu d'une collègue de classe ou d'un ami provenant d'un milieu culturel différent du vôtre après lui avoir posé les questions présentées ci-dessus.

3. Quelles sont les ressemblances et les différences entre cette personne et vous ? Quels effets les différences entre vos milieux respectifs ont-elles sur vos échanges ?

1.3.5 La communication et l'éthique

Éthique
Principes de morale, valeurs et croyances que se donne une société

Chaque fois que l'on communique, on prend la décision, de manière implicite ou explicite, de le faire de façon éthique ou non. L'**éthique** est l'ensemble des principes moraux, des valeurs et des croyances qui guide les comportements des membres d'une société. Comme la communication a des conséquences, elle implique des jugements sur ce qui est bien ou mal. Lorsqu'on viole les normes de comportement convenues, notre comportement est jugé contraire à l'éthique. On attend de ses interlocuteurs qu'ils soient honnêtes, qu'ils jouent franc-jeu, respectent les droits et assument la responsabilité de leurs actes. La notion de conduite authentique, en lien avec la communication éthique, sera abordée au chapitre 2. En outre, vous serez appelés tout au long de la lecture de ce manuel, au moyen des encadrés « Pensez-y ! », à poser un regard critique et éthique sur certaines situations liées à la communication. La pensée critique fait partie des aptitudes nécessaires pour communiquer efficacement. La personne qui fait preuve de sens critique peut utiliser la réflexion et décider quoi croire et ne pas croire, penser ou faire dans un ensemble de circonstances précises (Wade et Tarvis, 1990).

1.3.6 La révolution des médias et de la technologie

La technologie accélère les communications en faisant entrer le monde entier dans les salons et les chambres à coucher, les bureaux et les voitures. Cette accélération comporte toutefois des inconvénients. On s'est éloignés de la compréhension par étapes successives et du raisonnement soigné pour privilégier la satisfaction immédiate et l'implication émotionnelle. De plus, la technologie donne la capacité d'interagir de multiples façons, plus rapidement et avec plus de gens que jamais auparavant. Par exemple, on a été témoins du tremblement de terre à Haïti en janvier 2010 ou de l'éruption d'un volcan en Islande en avril de cette même année au moment précis où ces événements se produisaient. Grâce au courrier électronique et aux appareils photo numériques, on peut communiquer avec des gens du monde entier. Les technologies numériques permettent d'entrer en relation de manière différente. Enfin, grâce à celles-ci, on ne cesse d'apprendre des choses sur soi-même, sur notre société et sur les autres cultures. Alors que notre répertoire d'outils de communication réels et virtuels s'élargit, il importe que l'on se pose un certain nombre de questions : Quels changements les médias numériques entraînent-ils ? Que signifie être un communicateur à l'ère numérique ? Comment les nouvelles technologies modifient-elles notre désir d'entrer en contact avec les autres ?

Le premier changement que l'on remarque est la facilité avec laquelle la communication virtuelle nous permet de trouver des gens qui nous ressemblent et qui deviendront des amis ou même des partenaires amoureux dans le monde réel. Avec ces gens, on peut décider de conserver l'anonymat ou choisir les aspects de soi-même que l'on veut révéler. De plus, à moins d'afficher sa photo, on a plus de chances d'être jugé en fonction de nos écrits que de notre apparence. Et, si l'on affiche une photo, on peut choisir celle qui camouflera les aspects moins flatteurs…

Cependant, la communication virtuelle ne fait pas que nous faciliter la vie. Plusieurs personnes, comme Nathalie Blanchard, présentée en début de chapitre, constatent le danger que peut représenter le caractère permanent des messages laissant des marques très difficiles à effacer sur la Toile. Que l'on utilise le courrier électronique ou la messagerie instantanée, que l'on visite un *chatroom* (clavardoir) ou que l'on tienne un blogue, les messages électroniques y restent en permanence. Malgré la nature virtuelle de cette forme de communication, elle demeure bien permanente. Par ailleurs, l'information qu'on laisse sur le Web peut être utilisée contre nous. Des individus peuvent accéder illégalement à nos fichiers, et nos messages personnels peuvent être diffusés à tous et nous causer bien des ennuis. La fraude, l'usurpation d'identité, le harcèlement ne sont que quelques crimes pouvant être commis à l'aide d'Internet. La communication virtuelle a donc son lot d'avantages et d'inconvénients, et il est important d'en faire un usage responsable.

Un autre changement provoqué par le développement des technologies concerne la quantité grandissante de liens qui se tissent entre notre vie virtuelle et nos interactions en chair et en os avec les gens qui nous entourent. Ce phénomène nous incite à nous interroger sur la manière dont les médias numériques influencent nos interactions avec le monde « réel ». Internet et les médias numériques sont des outils à portée sociale qui prennent de plus en plus de notre temps. Bien que la messagerie électronique et l'envoi de messages textes contribuent à accroître le nombre d'interactions humaines, ils en limitent peut-être certaines

La technologie aide-t-elle cette personne à communiquer efficacement?

autres (Wellman et Haythornthwaite, 2002). L'utilisation d'Internet influe sur nos interactions en tête-à-tête et sur notre sociabilité. Certains observateurs croient que l'utilisation d'Internet nous rend plus sociables, puisqu'elle offre une nouvelle façon de communiquer avec nos collègues, nos amis et les membres de notre famille tout en nous permettant de nouer de nouvelles relations. D'autres répliquent qu'Internet nous isole et que c'est un piètre substitut des activités sociales et des interactions en tête-à-tête. Ils prétendent que plus on utilise Internet, moins on passe de temps avec nos amis et nos proches. Le tableau 1.1 permet d'obtenir une vue d'ensemble des activités en ligne des étudiants, selon une étude effectuée par Burst Media, en 2007.

L'envoi de messages textes au moyen du cellulaire a transformé notre façon de communiquer. On hésite parfois à passer un coup de téléphone pour transmettre certains messages, mais on est disposés à les acheminer sous forme de textes. Y a-t-il des messages que l'on préfère communiquer sous forme de textes plutôt qu'en personne? Plus on souffrira d'anxiété sociale, plus il est probable que l'on évitera de prendre des risques en privilégiant l'envoi de messages textes pour établir des relations intimes et les gérer (McKenna, Green et Gleason, 2002). Une chose est certaine: les médias électroniques nous offrent de nouveaux choix et l'on ne fait que commencer à mesurer les effets énormes de ces nouveaux moyens de communication sur la qualité de nos interactions.

TABLEAU 1.1	Les activités en ligne des étudiants		
Activité		**Étudiantes**	**Étudiants**
Envoyer des messages textes		57,2 %	62,3 %
Télécharger de la musique/des fichiers MP3/des concerts		51,2 %	55,0 %
Faire des travaux scolaires/du travail		60,2 %	44,9 %
Jouer à des jeux en ligne		49,3 %	46,4 %
Lire des chroniques et des potins sur le monde du divertissement		47,8 %	44,9 %
Écouter la radio sur Internet		45,8 %	43,5 %
Lire les nouvelles régionales/nationales/internationales		46,3 %	42,5 %
Regarder des vidéos en continu		34,3 %	49,3 %
Magasiner		41,8 %	35,3 %
Chercher de l'information sur la santé		32,8 %	21,7 %
Lire les nouvelles et les résultats sportifs		10,4 %	34,8 %
Chercher des listes de restaurants ou de bars locaux		16,9 %	23,6 %
Suivre les nouvelles tendances de la mode		23,9 %	17,4 %
Lire son horoscope		22,9 %	9,1 %
Consulter les prévisions météorologiques		5,5 %	6,8 %

Note: Les répondants étaient des étudiants de 18 à 24 ans.

Source: Reproduit avec la permission de Burst Media.

Ceux qui sont friands de communication virtuelle apprécieront, grâce aux encadrés «Communic@tion» comme l'encadré 1.2 ci-dessous, d'avoir la chance de s'interroger au sujet des effets de la technologie sur leur vie de tous les jours. Si l'univers médiatique les intéresse, ils pourront pousser leur réflexion plus loin à l'aide des encadrés «Tout le monde en parle» qui abordent plus particulièrement le thème de la communication médiatique.

COMMUNIC@TION

LA COMMUNICATION VIRTUELLE ET LES RELATIONS VÉRITABLES

ENCADRÉ 1.2

En petit groupe, échangez des idées et répondez aux questions suivantes :

1. La technologie favorise-t-elle ou entrave-t-elle les contacts sociaux ? Les innovations technologiques vous rapprochent-elles ou vous séparent-elles des membres de votre entourage ? Comment ?

2. Comment décrivez-vous la place qu'occupent les interactions en ligne dans votre vie ? Occupent-elles une place différente dans la vie des hommes et des femmes, selon vous ?

3. Comment la communication virtuelle peut-elle vous aider à combler vos besoins d'appartenance ? de contrôle ? d'affection ?

4. Décrivez les effets des interactions en ligne sur la communication hors ligne. Dans quelle mesure l'utilisation d'Internet a-t-elle modifié, si c'est le cas, le temps que vous passez avec vos proches ou vos amis ?

5. Comment réagiriez-vous si vous étiez privés de communication virtuelle pendant une journée ? une semaine ? un mois ? un an ? pour le restant de votre vie ?

1.4 Mettre en pratique ses aptitudes à la communication

Afin d'empêcher la communication d'échouer, il est important d'opérer des choix judicieux. Dans une situation donnée, des messages peuvent convenir à certains récepteurs, mais pas à d'autres. Même si les forces et les faiblesses de chacun sont différentes, tous peuvent profiter d'une meilleure aptitude à communiquer. Si l'on améliore nos connaissances et si l'on développe les aptitudes nécessaires pour appliquer ces connaissances à un vaste éventail de situations ou de contextes, on deviendra des communicateurs plus compétents.

L'objectif premier du présent ouvrage est d'aider chaque personne à mieux comprendre la communication et à développer ses aptitudes à la communication interpersonnelle, en petit groupe, publique, de masse et en ligne. Pour réaliser ces objectifs, il est suggéré de bien lire les étapes suivantes.

1.4.1 Étudier activement la communication

Le contenu du présent ouvrage sera profitable uniquement si l'on se sert des principes qui y sont énoncés. À la première page de chaque chapitre, on trouve tout d'abord des objectifs qui énoncent ce que l'on doit avoir appris après avoir lu le chapitre. Il est recommandé de se servir de ces listes pour clarifier ses objectifs en matière de communication à mesure que l'on progresse dans la lecture de ce manuel. Le texte est ensuite enrichi d'encadrés («Regard sur l'autre», «Communic@tion», «Tout le monde en parle», «Pensez-y!») et d'exercices («En pratique» ainsi que «Mieux se connaître») qui aident à explorer la communication et indiquent ce que l'on doit savoir et faire pour devenir un communicateur plus compétent. On y propose des exercices d'autoanalyse et des échelles d'auto-évaluation qui permettent l'assimilation de nouvelles connaissances et leur application aux expériences de communication. Si l'on suit les instructions, on a de meilleures chances de progresser parce que l'on met en pratique les notions théoriques apprises. On pourra ainsi cerner les aspects de nos échanges avec les autres et les améliorer.

1.4.2 Se fixer des objectifs à atteindre

Pour améliorer notre compétence en communication, on doit maintenir ou maîtriser un certain nombre d'aptitudes et s'efforcer d'éliminer certains comportements inefficaces. Si l'on veut communiquer efficacement, on doit :

- apprendre à se connaître et à communiquer avec soi-même (*voir le chapitre 2*) ;
- comprendre l'influence des idées, des besoins et des émotions sur les relations (*voir le chapitre 4*) ;
- reconnaître l'effet du langage sur soi et sur les personnes avec qui l'on est en relation (*voir le chapitre 5*) ;
- être sensible aux messages non verbaux, les siens et ceux des autres (*voir le chapitre 6*) ;
- être capable d'écouter, d'analyser et d'interpréter de l'information (*voir le chapitre 7*) ;
- comprendre l'influence des croyances, des valeurs et des attitudes sur la formulation et la réception des messages et l'établissement de liens entre un orateur et son auditoire (*voir le chapitre 8*) ;
- comprendre comment les relations évoluent (*voir le chapitre 9*) ;
- être capable de faire face aux conflits en sachant exprimer son désaccord sans se montrer désagréable (*voir le chapitre 10*) ;
- connaître l'influence du genre, de la culture, des médias et des nouvelles technologies sur la communication (*voir les encadrés « Tout le monde en parle », « Communic@tion » et « Regard sur l'autre »*) ;
- vouloir appliquer toutes ses aptitudes et ses perceptions à chaque expérience et domaine de communication (*voir les exercices « Mieux se connaître » et « En pratique »*).

1.4.3 Croire en sa réussite

Par-dessus tout, il faut être convaincu de sa réussite et consacrer du temps et des efforts à l'acquisition d'aptitudes à la communication. Cet apprentissage améliorera grandement notre qualité de vie et notre estime de soi.

En bref

Révision des objectifs du chapitre

1 **Définir la communication.** La communication est un transfert de sens délibéré ou involontaire. Il existe six types de communication : intrapersonnelle (avec soi-même), impersonnelle (avec personne en particulier), interpersonnelle (de personne à personne), en petit groupe (d'une personne à quelques personnes), publique (d'une personne à un grand nombre de personnes) et en ligne (assistée par ordinateur).

2 **Énumérer les principaux éléments de la communication et expliquer leur interaction à l'aide de modèles de communication représentatifs.** Les principaux éléments de la communication sont les personnes (dans le rôle d'émetteur ou de récepteur), le message (des idées, des besoins, des émotions), les canaux (l'ouïe, la vue, l'odorat et le toucher), les bruits (qui peuvent être internes : physiologiques et psychologiques, ou externes :

bruits environnementaux), le contexte et la rétroaction. Les modèles de communication (*voir les figures 1.1 et 1.2, p. 12*) illustrent bien les mécanismes de la communication.

3 **Décrire les principes de base de la communication.** La communication reflète un certain nombre de principes généraux. Tout d'abord, comme la communication est un processus dynamique, chaque interaction fait partie d'une série d'événements de communication interreliés. Deuxièmement, chaque expérience de communication est unique et irréversible. Ensuite, la communication est involontaire. Quatrièmement, le groupe culturel et ses caractéristiques influent sur la communication. Enfin, la communication est modulée par l'éthique.

4 **Expliquer l'influence de la culture sur la communication et sur les relations interpersonnelles.** Nos interactions sont, souvent inconsciemment, influencées par la culture dans laquelle on vit. Le fait que l'on ait été éduqué dans une culture individualiste ou collectiviste, riche ou pauvre en contexte, masculine ou féminine a un effet indéniable sur notre façon d'entrer en relation avec les autres. De même, l'importance que l'on accorde à la distance hiérarchique influe sur nos comportements dans la vie de tous les jours.

5 **Expliquer comment les médias numériques continuent de révolutionner la communication.** Les nouvelles formes de communication modifient la nature de nos expériences de communication. Les façons d'établir des rapports avec les autres se sont multipliées et sont plus nombreuses que jamais auparavant. À mesure que notre répertoire d'outils de communication virtuels s'élargit, grâce entre autres à l'utilisation du courrier électronique et de messages textes, on privilégie certaines formes de communication au détriment d'autres formes.

6 **Décrire les avantages d'être un bon communicateur.** La communication remplit un certain nombre de fonctions essentielles dans notre vie. Elle favorise la satisfaction de nos besoins, la compréhension de soi et des autres, nous aide à établir des relations véritables, nous permet d'étudier et de tenter d'influencer les attitudes et les comportements des autres, et soutient le perfectionnement professionnel. Développer des aptitudes à la communication est l'affaire de toute une vie. Le présent manuel propose des stratégies pour évaluer nos compétences en communication, rendre nos relations de communication plus efficaces et améliorer notre qualité de vie et notre estime de soi.

7 **Définir les règles à suivre pour améliorer ses compétences en communication.** Une fois que l'on a entrepris d'étudier activement la communication, que l'on s'est fixé des objectifs, qu'on les suit et que l'on croit en soi, on est en voie de maîtriser les aptitudes à la communication et de les mettre en pratique toute sa vie.

Pour aller plus loin

Chansons

Comment traite-t-on la notion de bruit dans les chansons énumérées ci-dessous?
- « Silence », Fred Pellerin, *Silence,* 2009
- « Parle-moi », *Douze hommes rapaillés,* 2008
- « Le monde est stone » et « La complainte de la serveuse automate », Luc Plamondon, *Starmania,* 1978
- « Tu parles trop », La Rue Kétanou, *En attendant les caravanes,* 2003

Livres

Comment les livres ci-dessous mettent-ils en lumière la culture d'origine de leur auteur? Comment cette culture influence-t-elle les messages qu'ils nous adressent?
- *Iphigénie en Haute-Ville,* François Blais, 2006
- *L'élégance du hérisson,* Muriel Barbery, 2006
- *Ensemble, c'est tout,* Anna Gavalda, 2004
- *Ce que le jour doit à la nuit,* Yasmina Khadra, 2008

Films

Comment les films suivants représentent-ils l'aspect interactif de la communication?
- *De père en flic,* Émile Gaudreault, 2009
- *Les aimants,* Yves Pelletier, 2004
- *Entre les murs,* Laurent Cantet, 2008
- *Le réseau social,* David Fincher, 2010

CHAPITRE

2 LE SOI

Mise en situation

Martin Deschamps, chanteur québécois francophone, se qualifie de chanteur rock à tendance *hard*. Avec sa voix rocailleuse et ses cheveux longs, il partage en effet plusieurs attributs de l'image plutôt stéréotypée des chanteurs rock. Or, son handicap physique lui donne une image unique.

En effet, l'absence d'une jambe, d'un avant-bras et une main réduite à deux doigts sont des éléments qui ne peuvent passer inaperçus. Cependant, la joie de vivre qui émane de Martin Deschamps nous fait rapidement voir en lui un modèle de détermination et une source d'inspiration.

Dès sa naissance, le chanteur rock a appris à vivre avec ses limites motrices. Aujourd'hui, bien qu'il soit porte-parole lors de la semaine dédiée aux personnes handicapées, il se voit davantage comme un rockeur et un papa que comme un handicapé. En effet, l'artiste précise : «J'ai toujours ressenti une grande indifférence vis-à-vis de ma condition de personne handicapée, je n'ai pas de retenue, d'inhibition. Petit, je jouais déjà les vedettes, j'aimais attirer l'attention. Évidemment, on me remarquait pour ma différence, mais j'attirais les gens par mon attitude enjouée, positive, animée. C'est là qu'est la magie. Je me sens très privilégié de faire ce que je fais, les autres le comprennent vite, ils réalisent que mon handicap ne m'handicape [sic] pas beaucoup, qu'il est une force, et si je ne peux pas faire du patin à glace, je m'en fous !» (M. Deschamps, cité dans www.yanous.com/tribus).

Martin Deschamps a donc un concept de soi qui va bien au-delà de son apparence physique. Il a su développer une estime de lui-même qui a contribué au succès qu'il connaît aujourd'hui. Dans sa biographie, l'artiste mentionne que ses parents ont joué un rôle déterminant dans son développement. Ils lui ont laissé beaucoup de liberté et ils ont encouragé ses intérêts. Son père lui a notamment appris à avoir recours à des stratagèmes qui lui ont permis de skier et de jouer de la batterie.

Depuis le début de sa carrière musicale, en 1996, les succès ne cessent de ponctuer son parcours. Non seulement le chanteur a une perception de lui-même qui dépasse largement ses contraintes motrices, mais son entourage voit en lui un homme talentueux, courageux et énergique. Sa créativité et son enthousiasme lui permettent de se réaliser et d'être fier de ce qu'il est devenu.

- Selon vous, quel est l'élément qui définit principalement le concept de soi de Martin Deschamps ?

- Quels facteurs ont favorisé l'estime de soi du chanteur ?

- Comment Martin Deschamps fait-il montre d'une conduite stratégique dans l'image qu'il présente aux autres ?

L es émissions comme *Star Académie, Du talent à revendre* et *So You Think You Can Dance* mettent en vedette des gens qui sont convaincus qu'ils peuvent chanter, danser ou présenter un numéro spécial. Ils croient qu'ils ont tout ce qu'il faut pour réussir et ils sont prêts à démontrer leur talent à des millions de spectateurs. Estimez-vous être assez talentueux pour participer à ce genre d'émission? Seriez-vous prêts à faire étalage de votre savoir-faire à l'ensemble de la population? L'image de soi, l'estime de soi et la présentation de soi sont des éléments qui jouent un rôle important chez les participants de ce genre d'émission.

Comme nous l'avons vu au chapitre 1, la communication intrapersonnelle (ou discours intérieur) consiste à s'analyser ou à se parler à soi-même; ce type d'introspection est le fondement de tous les autres modes de communication et l'élément le plus important de la communication. La façon dont on se perçoit (l'image de soi) et dont on se parle à soi-même aujourd'hui découle de toutes nos expériences de communication. Elle reflète aussi le rapport à soi-même. Quels mots emploie-t-on pour se décrire? Ces mots révèlent-ils une bonne ou une mauvaise estime de soi-même? Quels liens y a-t-il entre la conscience de soi et la façon de se présenter (conduite authentique ou stratégique)? Le présent chapitre permettra d'explorer ces questions.

2.1 L'image de soi

La réponse à la question «Qui suis-je?» revêt une importance cruciale, puisque la perception que l'on a de soi-même détermine dans une large mesure nos actions, nos comportements, les personnes avec qui l'on choisit de communiquer, la façon de communiquer et même notre désir ou notre refus de communiquer. Si l'on vous demandait à 10 occasions distinctes: «Qui êtes-vous?» – et que vous deviez chaque fois donner une réponse différente –, quelles seraient ces réponses? Pourriez-vous les classer en catégories? Cet ensemble de perceptions subjectives que l'on a à l'égard de soi-même et que l'on utilise pour se décrire correspond à l'**image de soi**. Voici ses principales caractéristiques et les facteurs qui contribuent à son développement.

Image de soi
Ensemble de perceptions subjectives que l'on a à l'égard de soi-même

2.1.1 Les caractéristiques de l'image de soi

René L'Écuyer, un psychologue québécois, a travaillé pendant toute sa carrière sur un seul et même sujet: l'image de soi. Il a cherché à en comprendre et à en définir l'évolution, de l'enfance à la vieillesse (Michaud, 2003). Voici les principales caractéristiques découvertes par ce chercheur (L'Écuyer, 1994) qui permettent de mieux définir l'image de soi.

L'image de soi expérientielle

L'image de soi correspond à un ensemble de perceptions subjectives qu'une personne a d'elle-même. Ainsi, on peut se décrire comme ayant un trait de personnalité, tel que la timidité, ressentir l'expérience de la gêne (les émotions) et vivre les circonstances en fonction de cette émotion (par exemple, échouer à une entrevue d'emploi ou à un premier rendez-vous). Or, les gens autour de nous peuvent nous percevoir différemment. Les perceptions que l'on entretient sur soi peuvent être réalistes ou non et correspondre ou non aux perceptions de notre entourage. Nos perceptions sont toutefois ressenties et vécues comme partie intégrante de ce que l'on est.

Notre image de soi se construit par nos expériences.

L'image de soi multidimensionnelle

L'image de soi réfère aux différentes catégories dans lesquelles une personne se classe, aux mots qu'elle emploie pour se décrire. Il peut s'agir de:

- son apparence et de sa condition physique;
- ses aspirations;
- ses sentiments et de ses émotions;
- ses goûts et de ses intérêts;
- ses qualités et de ses défauts;
- ses rôles et de son statut;
- ses convictions;
- ses compétences;
- son caractère;
- ses capacités intellectuelles;
- son comportement social;
- ses possessions matérielles.

Puisqu'il s'agit d'un ensemble varié de perceptions, on dit de l'image de soi qu'elle est multidimensionnelle (*voir l'exercice 2.1*).

On a tous tendance à se catégoriser et à catégoriser les autres. Pour le meilleur ou pour le pire, cette catégorisation fait partie intégrante de la communication interpersonnelle (*voir le chapitre 1*).

EXERCICE 2.1	Mieux se connaître

Qui êtes-vous?

Décrivez-vous à l'aide des catégories suivantes:

- Apparence et condition physique
- Aspirations
- Sentiments et émotions
- Goûts et intérêts
- Qualités et défauts
- Rôles et statut
- Convictions
- Compétences
- Caractère
- Capacités intellectuelles
- Comportement social
- Possessions matérielles

Décrivez maintenant une personne significative de votre entourage selon les mêmes catégories.

Quelles catégories de l'image de soi vous semblent les plus importantes?

Laquelle compte le plus aux yeux des personnes significatives de votre vie?

L'image de soi active et adaptative

Le langage, l'attitude et l'apparence que l'on présente aux autres, tout cela change aussi en fonction des masques que l'on porte et des rôles que l'on joue. Notre soi change lorsqu'on passe d'un ensemble de conditions à un autre. Plus on s'efforce d'être soi-même, plus on découvre de «soi» différents. Les conditions et les circonstances influent sur l'image de soi. Ainsi, on ne découvre pas seulement qui l'on est, mais on pose des actions pour confirmer, conserver ou renforcer nos perceptions.

L'image de soi changeante et stable

L'image de soi n'est pas statique. Elle est relativement flexible et changeante. Elle permet ainsi à la personne d'évoluer et de s'adapter. Or, paradoxalement, l'image de soi est aussi stable. La personne se reconnaît d'un moment à l'autre et, bien que des changements soient possibles, ils se font subtilement et progressivement. Par exemple, des photos prises à différentes périodes de vie permettent de constater des changements physiques (la taille, la coiffure, etc.). Toutefois, on remarque également des ressemblances (la couleur des yeux, la forme du visage, etc.) d'une photo à l'autre.

L'image de soi par rapport au changement

Même si l'on change constamment, une fois construite, l'image que l'on a de soi-même demeure assez stable. Par exemple, nous est-il possible de modifier l'opinion que nos parents et amis ont d'eux-mêmes ? À mesure que l'on avance en âge, l'idée que l'on se fait de soi-même est de plus en plus résistante au changement. D'ailleurs, les gens ont tendance à privilégier les renseignements qui confirment leur image de soi et à fréquenter des personnes qui approuvent ce qu'ils croient être. Cette tendance s'appelle le « **conservatisme cognitif** ».

Conservatisme cognitif
Tendance à privilégier l'information qui confirme l'image de soi et à fréquenter des personnes qui approuvent ce que l'on croit être

L'image de soi : un produit social

L'image de soi évolue au fil de nos interactions avec différentes personnes, selon les situations que l'on vit et les liens que l'on crée. L'image de soi est une combinaison des perceptions de soi-même, de la façon dont les autres nous perçoivent et de la manière dont on croit que les autres nous perçoivent.

2.1.2 Le développement de l'image de soi

Bien que l'image de soi ne soit pas innée, on joue un rôle-clé dans le développement de celle-ci (Hamachek, 1992). Plusieurs facteurs contribuent d'ailleurs à la façonner. Parmi ceux-ci, notons l'influence des stimulateurs et des détracteurs, l'image que les autres ont de nous (le jugement réfléchi), notre autoévaluation (l'estime de soi), nos attentes et celles des autres vis-à-vis de nous-mêmes (l'autoréalisation des prophéties) et les messages culturels que l'on intériorise (l'importance de l'individu ou de la collectivité).

Les autres jouent un rôle important dans la construction de l'image de soi.

Les stimulateurs et les détracteurs

L'image de soi se construit dès la naissance grâce aux interactions et aux expériences que l'on vit avec les autres. Au cours de notre développement, on rencontre des personnes qui favorisent ou découragent l'édification d'une image de soi. Ce sont les stimulateurs et les détracteurs (Dweck, 2000). On peut aussi jouer ce rôle envers soi-même. Ainsi, un individu peut être son pire détracteur en entretenant sans cesse des pensées autodestructrices. Dans le cas de Martin Deschamps, ses parents ont sûrement joué un rôle important de stimulateurs pour l'édification de son image de soi.

Stimulateur
Personne qui contribue positivement à l'image de soi par son attitude non verbale et son expression verbale

Le **stimulateur** contribue positivement à l'image de soi par son attitude non verbale (sourire, câlin) et son expression verbale (encouragement, compliment). Le stimulateur est donc la personne qui nous fait confiance, nous valorise et nous témoigne son amour. Il nous permet de prendre conscience de nos émotions, de mieux comprendre ce que l'on vit et nous incite à adopter des comportements qui seront bénéfiques pour soi et pour les autres.

Détracteur
Personne qui nuit à l'image de soi par son attitude non verbale et son expression verbale

Au contraire, le **détracteur** nuit à l'image de soi par son attitude non verbale (ton brusque, regard menaçant, agression) et son expression verbale (commentaires désobligeants, humiliants). Ainsi, lorsqu'une personne juge négativement ce que l'on fait, se moque de nous, nous décourage ou encore ne cesse de nous contredire, elle joue le rôle de détracteur.

Une même personne peut jouer à la fois le rôle de stimulateur et de détracteur, selon les personnes avec qui elle se trouve ou les situations dans lesquelles elle est placée (*voir l'exercice 2.2*). Ainsi, un père peut agir en tant que stimulateur avec ses collègues de travail, mais se transformer en détracteur avec son fils. Au même titre, une mère peut être très stimulatrice à l'égard de sa fille lorsqu'il s'agit de ses compétences scolaires, mais jouer un rôle de détractrice en ce qui concerne l'image physique qu'elle lui renvoie.

Lorsqu'on se trouve en présence de stimulateurs, on se sent bien et on a l'impression d'être important. Il y a des avantages à s'entourer de ces personnes. Parallèlement, on peut s'éloigner, dans la mesure du possible, des personnes qui jouent un rôle de détracteurs en nous ridiculisant ou en tentant de diminuer ce que l'on est.

Or, si les autres jouent un rôle considérable dans le développement de notre image personnelle, il faut se rappeler que l'on joue également un rôle actif dans l'édification de l'image de soi des gens qui nous entourent. Il arrive aussi que l'on soit stimulateur et détracteur tout à la fois. Habituellement, une personne qui a une estime positive d'elle-même est plus encline à percevoir les autres positivement et, par le fait même, à être stimulatrice (Baumeister, 1999). Il faut être attentif aux rôles que l'on joue et observer dans quelles circonstances et avec quelles personnes on les exerce. On sera ainsi plus conscients du pouvoir que l'on détient les uns sur les autres.

EXERCICE 2.2	Mieux se connaître

Vos stimulateurs et vos détracteurs

1. Quelles personnes ont joué ou jouent actuellement le rôle de stimulateurs dans votre vie ?

2. Quelles personnes ont joué ou jouent actuellement le rôle de détracteurs dans votre vie ?

3. Comment ces personnes influent-elles sur votre image de soi ?

4. Avec qui et dans quelles situations ressentez-vous le plus de facilité à être un stimulateur ?

5. Avec qui et dans quelles situations avez-vous tendance à être un détracteur ?

6. Vous arrive-t-il d'être votre propre stimulateur et votre propre détracteur ?

Le jugement réfléchi

Dans une large mesure, l'image de soi est façonnée par l'environnement et l'entourage, y compris les parents, la famille, les enseignants, les supérieurs, les amis et les collègues de travail. Si les personnes significatives de notre vie ont une estime positive de nous, on a de bonnes chances de se sentir accepté, apprécié, digne de valeur et d'amour, et important, et donc de développer une estime de soi positive. En revanche, si les personnes qui nous sont chères ont une estime négative de nous, on aura tendance à se sentir isolé, petit, sans valeur, peu aimé ou insignifiant et, en conséquence, à développer une estime de soi négative.

Au début du XXᵉ siècle, le psychologue Charles Cooley a utilisé la métaphore du miroir pour expliquer le développement de l'image de soi. Selon lui, lorsqu'on rencontre quelqu'un, on a tendance à se percevoir de la façon dont on croit que cette personne nous voit et à agir en conséquence (*voir la figure 2.1, p. 30*). Il s'agit du **jugement réfléchi** (Cooley, 1902).

Jugement réfléchi
Tendance à se percevoir de la façon dont on croit que les autres nous voient et à agir en conséquence

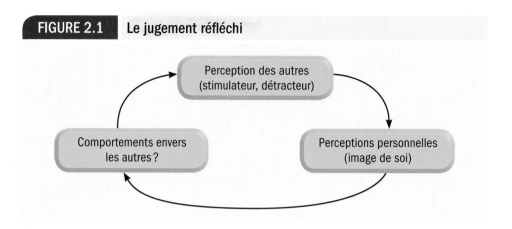

FIGURE 2.1 Le jugement réfléchi

Perception des autres
(stimulateur, détracteur)

Comportements envers
les autres ?

Perceptions personnelles
(image de soi)

Prenons l'exemple suivant: les membres de votre famille vous considèrent comme une personne drôle. Vous croyez donc avoir un bon sens de l'humour. Par contre, dans votre milieu de travail, vous avez l'impression d'être perçu comme quelqu'un de timide et de sérieux. Vous avez tendance à être plutôt introverti et, par le fait même, vous prenez rarement la parole et faites encore moins de l'humour. Ainsi, il paraît évident que la perception des autres, l'image de soi et les comportements que l'on adopte sont trois aspects liés entre eux.

Le regard (l'attitude non verbale) du parent sur son enfant est déterminant pour l'image de soi de celui-ci.

Heureusement, dès que l'on transforme une composante du schéma du jugement réfléchi, tout se met à changer. Aussitôt qu'une personne change son comportement, les autres la perçoivent alors différemment et son image de soi se modifie également. Parallèlement, dès que l'on modifie l'image que l'on se fait d'une personne, sa perception à notre égard change, tout comme sa façon de se comporter. Cela démontre comment un parent a tout avantage à percevoir positivement son enfant, puisque celui-ci développera alors une estime positive de lui-même et adoptera un comportement plus agréable. Il en va de même pour toutes les relations interpersonnelles.

Ainsi, la nature du soi à n'importe quel moment est une combinaison de tous les facteurs en interaction dans un environnement particulier. Par conséquent, notre perception de nous-mêmes est influencée par notre regard sur les autres, par le regard que les autres portent sur nous et par la manière dont on croit être perçu par les autres (*voir l'encadré 2.1*).

L'autoévaluation de son efficacité

Au milieu du siècle dernier, le célèbre psychologue suisse Jean Piaget a remarqué au cours de ses recherches que le soi se construit quand une personne agit sur son environnement et détermine ce qu'elle peut ou ne peut pas faire (Piaget, 1954). Ainsi, la personne qui réfléchit à l'image de soi et à la personne qu'elle aspire à être (le soi idéal) se rangera parmi les pessimistes ou les optimistes. Ces derniers voient les échecs comme des revers temporaires qu'ils attribuent aux circonstances du moment, à la malchance ou à d'autres personnes. Les optimistes sont résilients: ils ne s'attribuent pas la responsabilité de leurs échecs et les perçoivent comme une source d'apprentissage. On peut penser à la patineuse Joannie Rochette, dont la mère est décédée quelques jours avant sa participation aux Jeux olympiques, ou à Martin Gray qui a perdu à deux reprises toute sa famille, soit dans les camps d'extermination nazis, puis dans un incendie. Malgré de terribles épreuves de vie, ils ont su s'adapter.

QUAND LE « SOI » A UN SEXE !

ENCADRÉ 2.1

Les recherches démontrent que les autres nous traitent différemment selon notre sexe. Le fait que l'on habille les poupons en rose ou en bleu selon leur sexe en est un exemple. Les émissions de télévision, les films, les livres, les jeux et les sites Internet que l'on fréquente renforcent l'image de soi et la conception traditionnelle de la masculinité et de la féminité.

Les expériences que l'on vit pendant nos années de développement influent sur notre vision adulte de la masculinité et de la féminité, et contribuent à définir notre image de soi. En grandissant, les filles délaissent souvent les rôles stéréotypés. Au lieu de jouer avec des poupées ou des animaux en peluche, elles choisiront plutôt les sports ou les jeux informatiques. Les garçons, en revanche, demeurent souvent plus typiquement masculins dans leurs choix. Toutefois, si personne ne les observe, ils se tourneront vers des jouets « féminins » aussi souvent que vers des jouets « masculins » (Orenstein, 2008). Cette liberté est entravée, surtout quand d'autres personnes, et en particulier leur père, les observent.

Parallèlement, la société attend des femmes qu'elles soient très présentes, douces, respectueuses et qu'elles expriment leurs émotions. En vertu de ces attentes, on récompense les jeunes femmes qui ont une belle apparence, manifestent leurs sentiments, et se montrent indulgentes et obligeantes. Si les femmes de tous âges semblent accorder de l'importance aux relations, les adolescentes sont si préoccupées par le désir de plaire qu'elles se conforment souvent aux attentes des autres. Les filles se critiquent et doutent davantage d'elles-mêmes que les garçons (Hales, 1999). Les hommes sont plus susceptibles de développer un sentiment de soi indépendant. Comme les hommes sont censés être forts, résilients, ambitieux, maîtres de leurs émotions — des qualités fortement prisées par la société nord-américaine —, ils sont récompensés lorsqu'ils affichent ces attributs. Leur indépendance est cruciale pour eux et fait qu'ils ont souvent une meilleure estime de soi que les femmes (Faludi, 2008). Par contre, les femmes démontrent une plus grande habileté à organiser et à remplir des fonctions multitâches (Kleinfeld, 2009). Remarquez-vous ces différences ? Selon vous, est-ce encore vrai aujourd'hui ?

Selon le psychologue Albert Bandura, une confiance en ses capacités et en ses compétences engendre un sentiment d'**autoefficacité**. Ainsi, la personne qui éprouve un fort sentiment d'autoefficacité a confiance en elle-même. Elle est plus persévérante, moins angoissée et moins déprimée. Si un projet tourne mal, elle ne s'apitoie pas sur son incompétence, mais cherche plutôt des solutions. Les personnes persévérantes accomplissent davantage. Elles renforcent ainsi leur croyance en elles-mêmes et développent une image de soi positive (Bandura, 1997).

Autoefficacité
Confiance que possède une personne en ses propres capacités et en ses propres compétences

Au contraire des optimistes, les pessimistes manquent de résilience. Ils sont persuadés de n'avoir aucune prise sur leur destin qui, selon eux, est déterminé par des forces extérieures. En réalité, ils « ne peuvent pas parce qu'ils croient qu'ils ne peuvent pas » (l'illusion d'impuissance), contrairement aux optimistes qui « peuvent parce qu'ils croient qu'ils peuvent ». Le psychologue Martin Seligman (1994) raconte l'histoire suivante : « Nous avons testé l'équipe de natation de l'université de Californie à Berkeley pour déterminer quels nageurs étaient optimistes et lesquels étaient pessimistes. Pour tester les effets de l'attitude, nous avions demandé à l'entraîneur d'attribuer un score "perdant" à chaque nageur. Dès qu'un nageur avait terminé l'épreuve, l'entraîneur lui communiquait son temps – qu'il avait falsifié et abaissé de façon marquée. Les optimistes ont réagi en augmentant leur vitesse au cours de l'épreuve suivante, tandis que les pessimistes ont ralenti leur cadence » (traduction libre). Heureusement, selon Seligman, les pessimistes peuvent apprendre à devenir optimistes. Il s'agit d'augmenter la connaissance de soi en étant ouvert aux informations que les autres nous donnent, d'être notre propre stimulateur en ayant une autoévaluation favorable et positive de ce que l'on est.

L'autoréalisation des prophéties

L'**autoréalisation des prophéties** est le phénomène qui survient lorsque les attentes d'une personne à l'égard d'un événement contribuent à créer les conditions mêmes qui provoquent cet événement (*voir la figure 2.2*).

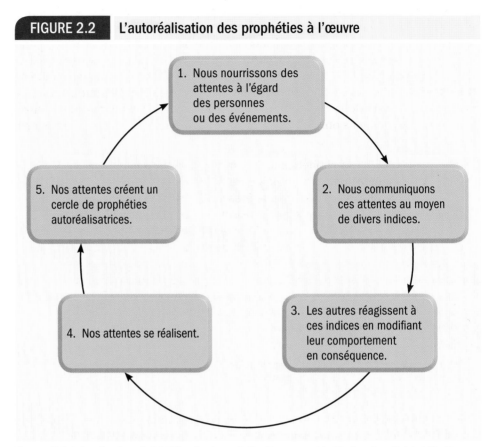

FIGURE 2.2   **L'autoréalisation des prophéties à l'œuvre**

Source: Tiré de Len Sandler, «Self-Fulfilling Prophecy: Better Management by Magic», dans *Training: The Human Side of Business,* février 1986. Propriété littéraire et artistique (1986) de VNU Business Publications, USA. Reproduit avec la permission de VNU Business Publications par l'intermédiaire du Copyright Clearance Center.

En d'autres termes, nos prédictions peuvent influer sur notre comportement et celui des autres au point d'accroître la probabilité que survienne un événement à l'origine peu probable. Par exemple, on a peur d'échouer à une présentation orale et c'est ce qui se produit réellement. On présume qu'une personne nous sera antipathique, puis on constate que l'on avait raison. Est-il possible que l'on ait peut-être inconsciemment fait ce qu'il fallait pour que notre prédiction se réalise?

L'exemple sans doute le plus célèbre d'autoréalisation des prophéties est l'**effet Pygmalion**, une expression inspirée de la mythologie grecque. Pygmalion, un sculpteur, s'éprend d'une belle statue qu'il a lui-même façonnée. Il l'habille et l'orne comme si elle était vivante. Il va jusqu'à s'étendre à ses côtés. La déesse Aphrodite, émue de constater à quel point Pygmalion est obsédé par sa statue, vient à son secours et donne vie à celle-ci.

Un exemple réel des résultats étonnants de l'effet Pygmalion, c'est-à-dire le principe selon lequel on réalise les attentes des autres, provient d'une expérience scolaire menée par les psychologues Robert Rosenthal et Leonore Jacobson (1968, 1992). Dans le cadre de cette expérience, les chercheurs signalent aux enseignants qu'un pourcentage de leurs élèves sont surdoués et que ces derniers se surpasseront certainement au cours de l'année scolaire. Les enseignants ignorent que cette affirmation n'a aucun fondement réel, les chercheurs ayant simplement sélectionné les «surdoués» au hasard. Ces élèves se sont-ils vraiment surpassés? Bien sûr! Leurs résultats ont dépassé les attentes et les élèves ont amélioré leurs scores aux tests de QI.

Comment cela s'explique-t-il? En premier lieu, les attentes des enseignants ont vraisemblablement influencé le comportement de ceux-ci à l'égard des élèves désignés. En effet, les professeurs ont utilisé davantage le renforcement verbal et non verbal positif, ont attendu patiemment les réponses des enfants lorsqu'ils hésitaient et n'ont pas réagi négativement à leurs réponses erronées. En second lieu, l'attitude des enseignants à l'égard des élèves a eu un impact majeur sur la façon dont ces derniers se percevaient et reconnaissaient leurs aptitudes. Les surdoués ont réagi à la prédiction que l'on avait faite à leur égard en la réalisant (Rosenthal, 2002).

L'autoréalisation des prophéties a des implications importantes, non seulement dans le domaine de l'éducation mais aussi dans notre vie personnelle. Vous êtes-vous déjà joint à un groupe tout en étant persuadé que ses membres ne vous apprécieraient pas? Que s'est-il passé? Votre prédiction s'est probablement réalisée. Vous vous êtes sans doute conduit d'une manière qui a découragé les autres de vous aimer. L'autoréalisation des prophéties se manifeste aussi dans les familles. Si un parent (détracteur) dit à son enfant qu'il est incapable de réussir quoi que ce soit, l'enfant intégrera très vite cette idée dans son image de soi et échouera à la plupart de ses tâches. En revanche, si un parent (stimulateur) montre sans relâche à son enfant qu'il est digne d'amour ou compétent, l'enfant se montrera sans doute à la hauteur de cette attente (Watzlawick, 2001).

Dubmatique est un groupe de référence auquel plusieurs jeunes se comparent et s'identifient.

De la même façon, les attentes élevées de certains gestionnaires à l'égard de leurs subordonnés entraînent généralement un rendement supérieur de ceux-ci, tandis que des attentes peu élevées produisent l'effet contraire. En effet, il n'est pas rare que les subordonnés réalisent les attentes de leurs supérieurs (Livingston, 1992). C'est pourquoi, comme on le verra au chapitre 11, quand on endosse un rôle de leader, on peut produire un effet Pygmalion positif ou négatif (Amar, 2008). Lequel est le plus efficace?

Qu'en est-il des messages que l'on s'adresse? Il existe une variante de l'effet Pygmalion appelée «effet Galatée» (du nom que Pygmalion donna à sa statue devenue vivante). L'effet Galatée se rapporte à nos attentes envers nous-mêmes plutôt qu'à celles des autres à notre endroit. On a tendance à réaliser nos attentes à notre égard. On réagit aux messages internes que l'on s'adresse constamment (la communication intrapersonnelle). Notre perception de notre compétence et de nos aptitudes peut agir sur notre comportement de la même façon que les attentes faibles ou élevées des autres envers nous peuvent influer sur notre rendement.

Effet Galatée

Exemple d'autoréalisation des prophéties selon lequel on réalise ses propres attentes

La comparaison sociale

La **comparaison sociale** est le processus par lequel une personne se compare aux autres pour se définir et ainsi développer son image de soi. Les gens ont tendance à se comparer de différentes façons, soit en termes de similarité, de normalité, de différence, de supériorité, d'équité ou d'infériorité. En effet, ils se comparent pour déterminer s'ils sont semblables ou différents, au-dessus ou au-dessous de la moyenne (Festinger, 1954). Par exemple, avant même de recevoir leur note d'examen, les élèves veulent immédiatement connaître la moyenne du groupe.

Comparaison sociale

Processus par lequel une personne se compare aux autres (groupe de référence ou modèle) pour se définir et ainsi développer son image de soi

Certains se disent peut-être : je réussis moins bien à l'école que mes camarades, mais je suis plus performant dans les activités sportives ou j'entretiens des liens plus significatifs avec mes parents que mes amis ne le font.

Groupe de référence

Groupe composé d'un ensemble de personnes avec lequel on se compare et qui varie selon le milieu, la culture ou l'époque

Modèle

Personne déterminante à qui l'on s'identifie et l'on se compare (ami, vedette, héros)

Ces comparaisons se font souvent en fonction d'un groupe de référence. Ce groupe se compose d'un ensemble de personnes à qui l'on se compare. Les groupes de référence varient d'un milieu à l'autre, d'une culture à une autre et d'une époque à l'autre. Les comparaisons peuvent aussi se faire en fonction d'un modèle, c'est-à-dire d'une personne déterminante à qui l'on s'identifie et l'on se compare (ami, vedette, héros, etc.).

Par exemple, dans la culture nord-américaine, une personne mince représente le critère de beauté féminine le plus courant ; quant au modèle masculin, il est associé à une musculature développée et bien proportionnée (Santé Canada, 2002). Dans les pays en voie de développement où les aliments sont rares, une apparence robuste est perçue comme plus attrayante. Toujours en Occident, au XIXe siècle, les femmes craignaient d'être trop maigres, puisque l'image de la femme voluptueuse était alors associée à la beauté. Aujourd'hui, les femmes s'inquiètent plutôt d'un surplus de poids (Rand et Kuldan, 1990).

Les études démontrent que les jeunes filles commencent à se comparer aux images de la beauté véhiculées par les médias dès l'âge de neuf ans. Elles présentent alors déjà une distorsion de leur image corporelle et s'inquiètent de leur poids, ce qui nuit considérablement à leur image d'elles-mêmes (Hill, Oliver et Rogers, 1992). La comparaison sociale façonne ainsi l'image de soi de façon déterminante, puisqu'une personne qui se perçoit comme différente ou inférieure au groupe de référence entretient une perception défavorable à l'égard d'elle-même. Heureusement, certaines compagnies comme Dove font des efforts en proposant des modèles plus naturels dans leur publicité. Selon vous, quels dangers y a-t-il à se comparer aux autres ? Quels avantages les compagnies ont-elles à véhiculer des images plus ou moins réalistes dans leur publicité ? Est-ce plus facile de changer notre image de soi à l'aide de la technologie (*voir l'encadré 2.2*) ?

Les messages culturels intériorisés

L'identité ne se forge pas de la même façon dans toutes les sociétés (Martin et Nakayama, 2008). Ce que nous sommes, du moins en partie, découle de notre appartenance à une culture donnée (*voir l'exercice 2.3, p. 36*). Dans les sociétés occidentales, comme en Amérique du Nord et dans les pays d'Europe de l'Ouest, le soi occupe une place primordiale. L'accent est mis sur la personne, l'égalité de tous et le pouvoir de l'autorité personnelle (Gratton, 2009). Même la culture populaire prône l'autonomie (« Je l'ai fait à ma façon »), la réalisation de soi (« Je dois être moi-même ») et l'amour de soi (le plus grand amour qui soit). Il s'agit de sociétés individualistes.

Dans les cultures africaines, la famille est la priorité. Elle peut même guider les choix amoureux des membres.

Dans les sociétés collectivistes, au contraire (par exemple, l'Asie, l'Afrique et l'Amérique centrale et du Sud), l'accent est mis sur le soi interdépendant plutôt que sur l'autonomie. L'identité n'est pas définie individuellement, mais plutôt en relation avec les autres. La hiérarchie est importante et la famille est élargie plutôt que de type nucléaire, c'est-à-dire composée des parents et des enfants (Gratton, 2009). Pour les membres des cultures collectivistes, le soi n'est pas primordial. Le groupe, et non la personne, constitue l'unité sociale

COMMUNIC@TION

L'IMAGE DE SOI ET LA TECHNOLOGIE

ENCADRÉ 2.2

L'ordinateur permet plus facilement de choisir l'information que l'on veut révéler ou dissimuler aux autres. Par exemple, si l'on utilise le courrier électronique, on peut corriger le propos, adapter le message jusqu'à ce qu'il produise l'impression que l'on recherche ou encore choisir de ne pas l'envoyer. « Certains communicateurs sont tout bonnement meilleurs quand ils peuvent enfoncer la touche Suppression » (Tapscott, 2009). En ligne, on peut aussi communiquer des messages qui seraient trop difficiles à livrer en vis-à-vis, surtout si l'on est timide. Lors d'un sondage, 43 % des répondants ont indiqué qu'ils utilisaient la messagerie instantanée pour communiquer des choses qu'ils éviteraient de dire en personne. D'autres y avaient recours par crainte du rejet. En effet, il est beaucoup plus facile de fermer la fenêtre et de disparaître si quelqu'un nous rejette en ligne que si l'on se trouve en sa présence physique (Fram et Tompson, 2007). De même, si le récepteur n'aime pas notre message, il peut l'ignorer volontairement plutôt que de nous insulter ou de nous abandonner sur place.

Certaines personnes utilisent aussi Internet pour modifier leur image de soi en habitant des mondes virtuels (Turkle, 1995). Beaucoup d'internautes s'inventent un certain nombre de soi imaginaires et expérimentent différents types de relations sociales, ce qui leur permet d'explorer des aspects cachés d'eux-mêmes. Certains font semblant d'appartenir au sexe opposé, dissimulent leur origine ethnique ou l'endroit où ils vivent et jubilent en cachant la totalité ou une partie de leurs caractéristiques physiques ou psychologiques. La sociologue Sherry Turkle (1995) remarque que, « dans le cyberespace, les obèses peuvent être minces, les beautés, quelconques, et les "quétaines", raffinés ». Par conséquent, la cybercommunication donne à certaines personnes la possibilité d'améliorer leur opinion d'elles-mêmes (Bargh, McKenna et Fitzsimons, 2002). De plus, certains chercheurs croient que les interactions en ligne peuvent influer sur la santé psychologique des internautes. Si certains d'entre eux ont établi une corrélation directe entre Internet, la dépression et la solitude, d'autres prétendent que l'utilisation d'Internet diminue ces états et renforce l'estime de soi (Shaw et Gant, 2002).

primaire. Ainsi, les parents japonais sont avares d'éloges à l'égard de leurs enfants, car ils craignent que des louanges excessives les poussent à penser beaucoup trop à eux-mêmes et pas assez au groupe. Dans les cultures africaines, asiatiques et latines, la famille est la priorité et peut même guider les choix professionnels et amoureux des membres.

Par conséquent, tandis que les cultures individualistes associent la réussite à la réalisation personnelle, les cultures collectivistes la relient à la cohésion et à la loyauté envers le groupe. Cette différence fondamentale est illustrée par le fait que, dans la langue chinoise écrite, le caractère qui veut dire « je » est très semblable à celui qui signifie « égoïste » (Samovar et Porter, 1991).

Comme on le constate, l'image de soi est influencée par les expériences personnelles uniques de même que par l'appartenance à un ou plusieurs groupes. Au même titre que la culture, ces influences jouent un rôle crucial en aidant à bâtir un sens du soi. En vertu de la **théorie du particularisme**, les personnes appartenant à une minorité sont plus conscientes de leurs traits distinctifs (cheveux roux, gauchers) que des caractères plus communs en Occident (race blanche, cheveux châtains, droitiers) des membres de leur entourage immédiat. Ainsi, en Amérique du Nord, les membres des minorités ethniques sont très conscients de leur ethnicité. En effet, un Blanc à qui l'on demande de se définir sera beaucoup moins porté à mentionner son ethnicité qu'un membre d'une minorité ethnique. Une femme afro-américaine qui se trouve au milieu d'une multitude de femmes blanches aura sans doute une conscience aiguë de sa couleur de peau. Par contre, au milieu d'un grand nombre d'hommes afro-américains, elle sera davantage consciente de son sexe (Appiah, 2002). Vous est-il déjà arrivé d'être minoritaire dans un groupe ? Quels effets cela a-t-il eu sur vous et sur les autres ?

Théorie du particularisme

Théorie selon laquelle les personnes appartenant à une minorité sont plus conscientes de leurs traits distinctifs que des caractères plus courants des membres de leur entourage immédiat

---

EXERCICE 2.3 | **Mieux se connaître**

Individualiste ou collectiviste?

Évaluez dans quelle mesure vous affichez une attitude individualiste ou collectiviste. Mesurez ensuite l'importance à vos yeux de chacun des énoncés ci-dessous en utilisant l'échelle de points suivante:

1 (totalement insignifiant); 2 (plutôt insignifiant); 3 (ni important ni insignifiant);
4 (plutôt important); 5 (très important)

Je suis important

1. Je veux prouver ma compétence. _____

2. Je dois être moi-même. _____

3. Je veux être perçu comme une personne de grande envergure. _____

4. J'ai besoin de m'épanouir. _____

TOTAL _____

Nous sommes importants

1. Si je vous blesse, je me blesse moi-même. _____

2. Je désire l'harmonie plus que tout dans mes relations avec les autres. _____

3. Je veux préserver le bien-être d'autrui même si c'est à mon détriment. _____

4. Je suis fidèle aux traditions. _____

TOTAL _____

Pour calculer vos points, faites le total des valeurs de chaque catégorie. Quel résultat est le plus élevé? Un résultat supérieur pour les énoncés «Je suis important» indique des tendances individualistes. Un résultat supérieur pour les énoncés «Nous sommes importants» indique des tendances collectivistes.

2.2 L'estime de soi

Estime de soi

Jugement positif ou négatif que pose une personne sur son image de soi, indiquant dans quelle mesure cette personne s'aime et s'apprécie, ou se déteste et se dénigre

L'**estime de soi** est le jugement positif ou négatif qu'une personne porte sur son image de soi; elle indique dans quelle mesure une personne s'aime et s'apprécie, ou se déteste et se dénigre. L'estime de soi se bâtit généralement au fil de nos réussites et de nos échecs, elle projette une teinte positive ou négative sur notre image de nous-mêmes. Selon le chercheur Chris Mruk (2005), l'estime de soi comporte cinq dimensions, qui influent sur nos sentiments à l'égard de nous-mêmes et nos communications avec autrui:

- La compétence (la perception de notre aptitude à agir): je suis bon en maths, en menuiserie et en cuisine;

- La valeur (la perception du degré d'appréciation des autres à notre égard): je suis aimé de Julien, apprécié de mes collègues;

- La dimension cognitive (la perception de notre caractère et de notre personnalité): je pense que j'ai un bon sens de l'humour, que je suis altruiste, généreux;

- La dimension affective (notre autoévaluation et les sentiments qu'elle engendre): je suis triste, en colère, enthousiaste, heureux;

- La stabilité ou le changement (notre stabilité par rapport aux difficultés et aux échecs): je m'en tire assez mal devant l'imprévu.

Un entraîneur sportif (stimulateur) remarque: «Si je complimente certains élèves individuellement, je détruis (détracteur) l'estime de soi des autres à cause de la comparaison sociale.» Dans certains systèmes scolaires, on croit que la promotion de l'estime de soi devrait être un objectif central de l'éducation (Bryant, 1997). Dans d'autres, on conteste la valeur des programmes d'études qui favorisent à tout prix l'estime de soi, et l'on déplore la tendance qui consiste à marcher sur des œufs pour ne pas blesser l'amour-propre des élèves (Baumeister, et al., 2005).

Pourquoi l'estime de soi est-elle considérée comme aussi cruciale ? Quel impact a-t-elle sur nous ? Comment l'améliorer de façon appropriée ?

2.2.1 Les caractéristiques de l'estime de soi

Nathaniel Branden, un pionnier dans la recherche sur l'estime de soi, s'est intéressé aux effets nocifs d'une piètre estime de soi. Il a découvert que l'anxiété, l'échec scolaire, la dépression, les difficultés à vivre des relations d'intimité, l'alcoolisme, la toxicomanie, un rendement inadéquat au travail et la passivité chronique en sont les principaux effets (Branden, 1994).

Les principales caractéristiques d'une estime de soi négative et positive permettent notamment de constater des différences significatives dans les façons dont une personne se voit, atteint ses objectifs et vit les échecs et les succès (*voir le tableau 2.1*).

TABLEAU 2.1   Les caractéristiques de l'estime de soi négative et positive

	Estime de soi négative	Estime de soi positive
Perception de soi	• Impression de mal se connaître • Jugement sur soi plutôt flou et instable • Jugement sur soi influencé par les circonstances et les interlocuteurs	• Impression de bien se connaître • Jugement sur soi plutôt positif et stable • Jugement sur soi peu influencé par les circonstances et les interlocuteurs
Atteinte de ses objectifs	• Prises de décision laborieuses ou différées • Inquiétudes par rapport aux conséquences d'un choix • Renoncement lors de difficultés • Comportement soumis à l'influence de l'environnement	• Prises de décision plus faciles et immédiates • Assurance de réussite par rapport au choix effectué • Persévérance lors de difficultés • Affranchissement de l'influence de l'environnement
Sensibilité à l'échec	• Traces émotionnelles durables après un échec • Besoin de se justifier après un échec • Sentiment de rejet lié aux critiques • Forte anxiété d'évaluation par les autres	• Traces émotionnelles peu durables après un échec • Refus de se justifier après un échec • Refus du sentiment de rejet lié aux critiques • Faible anxiété d'évaluation par les autres
Sensibilité au succès	• Peur d'échouer • Réussite dérangeante pour l'image de soi • Émotions incertaines • Préférence pour une réussite moyenne en tout	• Désir de réussir • Réussite confirmant l'image de soi • Émotions positives • Préférence pour l'excellence dans un domaine de compétences et une réussite moindre dans d'autres

Source : Inspiré d'ANDRÉ et LELORD. (2008). *L'estime de soi.* 30, 37, 42.

L'évaluation de soi

Les personnes qui se mésestiment se définissent en grande partie en fonction de leurs limitations. Elles ont une attitude négative à l'égard des autres et des événements. En revanche, les personnes qui ont une bonne opinion d'elles-mêmes sont souvent beaucoup plus heureuses que leurs homologues qui s'estiment peu (Baumeister, *et al.,* 2003).

Par ailleurs, la personne qui se surestime a aussi tendance à ignorer ses propres faiblesses. Ce type de personnes nourrit un sentiment exagéré au sujet de sa valeur, qui se traduit par une confiance excessive et inappropriée dans ses capacités. Cela peut s'expliquer par le fait que, durant son enfance, son entourage la couvrait d'éloges et louait tout ce qu'elle faisait à tort ou à raison. Ce genre de personne tolère mal les critiques de ses supérieurs : elle devient rapidement perturbée si on lui dit qu'elle a tort ou qu'une aptitude lui fait défaut (Jayson, 2005).

Les personnes qui jouissent d'une estime de soi très positive et celles dont l'estime de soi est très négative ont aussi un point en commun : elles sont souvent renfermées. De plus, les personnes ayant une estime de soi négative se connaissent moins bien (une zone cachée plus importante) et craignent davantage le jugement social que les personnes ayant une estime positive d'elles-mêmes (André et Lelord, 2008). Les personnes ayant une estime négative d'elles-mêmes sont donc plus susceptibles d'être grandement influencées par le jugement des autres que les personnes ayant une estime positive d'elles-mêmes.

L'atteinte de ses objectifs

L'estime de soi est un élément important pour atteindre ses objectifs personnels. Le fait de réaliser de petits projets améliore le sentiment de compétence et la reconnaissance des autres, ce qui rehausse l'estime de soi. Pour y arriver, il faut toutefois taire la petite voix intérieure du détracteur en soi qui critique, dissuade ou dévalorise les actions entreprises. La figure 2.3 illustre bien comment les actions contribuent à rehausser l'estime de soi et, à l'inverse, comment l'inertie diminue l'estime de soi.

FIGURE 2.3   Le développement de l'estime de soi

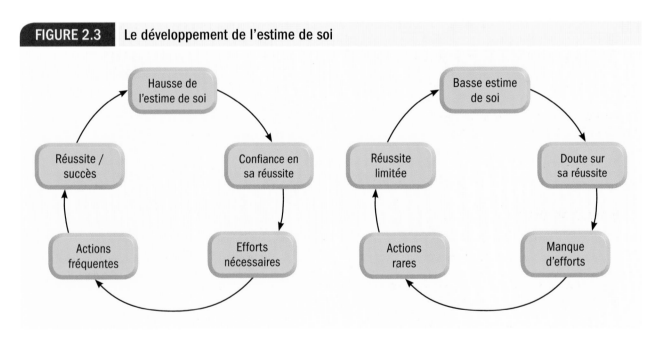

De plus, la capacité à demander de l'aide et la persévérance caractérisent davantage les personnes qui ont une estime de soi positive. Les autres ont tendance à abandonner dès qu'elles vivent des difficultés ou qu'elles se rendent compte que l'on rejette leur avis (André et Lelord, 2008). Au cours d'une diète alimentaire, par exemple, les gens qui ont une estime de soi négative ont tendance à abandonner plus rapidement leur résolution et à se culpabiliser (Heatherton et Polivy, 1992). De plus, les gens qui ont une estime de soi négative ne cherchent pas à dépasser leurs limites lorsqu'un objectif est atteint.

Par ailleurs, les personnes qui ont une estime de soi négative persistent dans des choix qui sont contraires à leurs objectifs ou à leurs intérêts. Leur comportement est alors dicté par le conformisme social. Elles peuvent rester dans une relation de couple insatisfaisante ou un travail ennuyant parce qu'elles ont de la difficulté à prendre des décisions et qu'elles doutent de leurs choix (André, 2009).

La sensibilité à l'échec et au succès

Les personnes qui ont une saine estime de soi n'ont pas un sentiment exagéré de leurs capacités et ne sont pas submergées par un « amour-propre injustifié » (Zuk, 2005). Au contraire, elles sont conscientes tant de leurs forces que de leurs faiblesses et sont capables de tolérer la frustration. De nature optimiste, elles persévèrent après un premier échec. Elles sont à la fois confiantes et résilientes, deux traits essentiels à la réussite (Kanter, 2004). Les chercheurs croient désormais qu'une estime de soi positive n'est pas la cause d'un bon rendement, mais plutôt sa conséquence. Selon J. D. Hawkins, président de la National Self-Esteem Association (NSEA), l'estime de soi est bien plus qu'une simple appréciation de sa valeur. Elle se traduit par un sens des responsabilités individuelles et sociales (Baumeister, *et al.*, 2003). Les personnes bénéficiant d'une estime de soi positive ne se sentent donc pas rejetées même si elles sont critiquées.

Il existe une corrélation entre l'estime de soi et l'emploi que l'on occupe.

Elles appréhendent peu l'évaluation des autres et elles sont résilientes à l'égard de l'adversité. Elles sont stimulées par les nouvelles expériences et cherchent constamment à progresser (André et Lelord, 2008).

2.2.2 L'amélioration de l'estime de soi

Il est possible d'améliorer durablement l'estime de soi (André, 2009) et il y a plusieurs avantages à le faire, puisqu'il existe une corrélation entre l'estime de soi, l'amélioration des relations interpersonnelles et l'emploi que l'on occupe (Andrews et Brown, 1995). Deux domaines peuvent être explorés pour améliorer l'estime de soi : le rapport à soi-même et le rapport aux autres. Il est toutefois suggéré de se limiter à un seul objectif réaliste et de s'y tenir, puisque le fait d'atteindre un petit objectif hausse l'estime de soi (André et Lelord, 2008).

Le rapport à soi-même

Certaines personnes sont plus conscientes d'elles-mêmes que d'autres (*voir l'exercice 2.4, p. 40*). Cette connaissance de soi, c'est-à-dire la capacité d'observer ses comportements et de les analyser, tout comme la capacité d'être honnête envers soi-même et d'apprendre à accepter ses limites contribuent à rehausser l'estime de soi (André et Lelord, 2008).

Le psychiatre Éric Berne (1964), dans son livre *Des jeux et des hommes,* croit que l'on reproduit des scénarios de vie, c'est-à-dire des règles de vie que l'on a apprises en grandissant et qui définissent nos rôles et notre façon de les jouer. Il soutient que l'on modélise parfois nos interactions de telle sorte que l'on rejoue sans cesse le même scénario avec différents joueurs. En d'autres termes, on tente souvent de « mettre en scène » des drames où évoluent des personnages issus de diverses périodes de notre vie. C'est ainsi que certaines personnes reproduisent continuellement les mêmes scénarios. Cela renforce leur croyance que les autres leur en veulent ou sont jaloux d'elles. Ce besoin de répéter les mêmes situations peut devenir problématique s'il conduit à l'échec plutôt qu'au succès. La solution consiste à prendre conscience des scénarios que l'on élabore, à reconnaître ceux qui sont improductifs et à les réécrire. Lorsqu'on maîtrise les scénarios que l'on monte et que l'on y prend part activement plutôt que de les subir, on est en mesure d'écrire le roman de notre propre vie. Et vous, quels types de situations trouve-t-on dans votre scénario?

EXERCICE 2.4 | **Mieux se connaître**

Votre estime personnelle

Évaluez chaque énoncé en utilisant l'échelle de points suivante:

1 (jamais); 2 (rarement); 3 (parfois); 4 (souvent); 5 (très souvent)

1. Je suis blessé par les critiques. _____

2. Je suis agressif. _____

3. J'essaie de cacher mes émotions ou mes sentiments. _____

4. J'ai peur ou j'évite d'entretenir des relations d'intimité avec les autres. _____

5. Je considère les autres comme responsables de mes erreurs. _____

6. J'ai une bonne excuse pour éviter de changer. _____

7. J'évite les nouvelles expériences. Je préfère la sécurité. _____

8. Je ne me plais pas physiquement. _____

9. Je suis modeste ou je ne reconnais pas mes réussites personnelles. _____

10. Je ressens une petite joie devant les échecs des autres. _____

11. Je considère que les autres valent mieux que moi. _____

12. J'ai une opinion négative de moi-même. _____

13. Je néglige ma santé. _____

14. Je me blâme pour mes erreurs ou mes échecs. _____

15. Je crains le regard des autres. _____

Additionnez les points que vous avez inscrits pour chaque énoncé. Plus la note est basse, plus votre estime de soi est positive; plus le résultat se rapproche de 75, plus votre estime de soi est négative.

Comment pourriez-vous concrètement améliorer un ou plusieurs de ces aspects?

Le rapport aux autres

Le sentiment d'être aimé et apprécié nourrit directement l'estime de soi. Pour établir des relations significatives, André (2008) propose de ne pas hésiter à demander du soutien, à diversifier et à prendre soin régulièrement de son réseau social. Par ailleurs, il existe des thérapies qui visent à hausser l'estime de soi. Grâce à de petits exercices qui aident à attirer l'attention d'autrui, les gens apprennent à affronter le regard et les évaluations des autres. Ainsi, quand ils réalisent que ces événements n'entraînent aucune répercussion dramatique, ils deviennent peu à peu moins sensibles au jugement ou au rejet des autres (André, 2006).

Jean Monbourquette (2002), un psychologue québécois, de même que ses collaborateurs (2003), proposent de nombreux exercices pratiques visant à développer l'estime de soi. Selon eux, il importe de cultiver l'estime de soi pour sa personne (beauté, qualité, entregent, charme, etc.) et pour son agir (réalisation, travail, compétence, discipline, etc.). Monbourquette propose également la notion d'estime du Soi définie par le soin de l'âme, c'est-à-dire les aspirations spirituelles et la découverte d'expériences-sommets. Ces expériences-sommets, appelées aussi «expériences optimales», sont des activités dans lesquelles la personne s'engage, perd la notion du temps et oublie tout, y compris «soi». Il peut s'agir, par exemple, de périodes de jeux, de sport, de création artistique ou de lecture. La préoccupation du Soi disparaît pendant la réalisation de ces activités, mais, paradoxalement, le sens du Soi est accru par la suite. Ainsi, pour éviter de tomber dans un vide existentiel, l'estime de soi doit notamment être accompagnée d'une dimension spirituelle et optimale (estime du Soi) afin que l'individu soit pleinement satisfait. Selon vous, est-ce que les personnes âgées sont plus satisfaites d'elles-mêmes et bénéficient par le fait même d'une meilleure estime de soi (*voir l'encadré 2.3*)?

PENSEZ-Y!

L'ÂGE ET L'ESTIME DE SOI

ENCADRÉ 2.3

On vit dans une société obsédée à la fois par l'âge et par le vieillissement. Craignant d'être traités différemment à cause de leur âge et encouragés par les médias, beaucoup de gens font tout pour paraître jeunes. En Occident, plusieurs personnes ont recours aux teintures capillaires et parfois à la chirurgie plastique pour rajeunir leur apparence. Dans d'autres pays, notamment la Chine et les pays arabes, c'est l'âge plutôt que la jeunesse qui est vénéré et respecté. En Amérique du Nord, un citoyen âgé est parfois traité de «vieux bonhomme», alors que dans les cultures chinoises et arabes, on emploie des mots affectueux plutôt que condescendants pour parler des personnes âgées. Ainsi, dans le cadre d'un programme d'échange culturel, la Chine a envoyé des érudits dans la cinquantaine et la soixantaine aux États-Unis. La Chine a été offensée de voir qu'en retour les États-Unis lui envoyaient de jeunes adultes (Martin et Nakayama, 2008). Dans les cultures arabes, la perception du vieillissement est illustrée par le proverbe suivant: «Une maison sans personne âgée est comme un verger sans puits.» On ne peut s'empêcher de comparer cette attitude avec la tendance en Amérique du Nord «à isoler les personnes âgées du reste de la société» en les encourageant à vivre dans des centres d'hébergement et de soins de longue durée (Nussbaum, Thompson et Robinson, 1989).

Comment voyez-vous le vieillissement? Quels messages vos parents, vos amis plus âgés et les membres de votre famille vous ont-ils transmis concernant leur sens du soi à mesure qu'ils vieillissaient? Êtes-vous d'accord avec Ann E. Gerike (1997), selon qui le vieillissement apporte une intuition plus fiable, une acceptation du côté parfois injuste de la vie et une volonté d'assumer la responsabilité des événements de sa vie au lieu de la rejeter sur les autres? Quels messages envoyez-vous aux personnes âgées avec qui vous êtes en relation en ce qui concerne votre appréciation de leur valeur et de leurs capacités?

2.3 La conscience et la présentation de soi

À un moment donné de notre vie, on souhaite tous mieux se connaître ou mieux connaître les autres. On peut alors explorer la prise de conscience de soi, fondement de toutes les fonctions et formes de communication, au moyen d'un outil d'évaluation psychologique appelé «**fenêtre de Johari**». Cette prise de conscience de notre image de soi permet d'influencer notre façon de s'ouvrir et de se présenter aux autres. Parallèlement, notre façon de se présenter aux autres influera sur notre conscience de soi. Avant d'aller plus loin, voyons ce qu'est la fenêtre de Johari.

Fenêtre de Johari

Différentes façons d'apprendre à se connaître et de se dévoiler aux autres

2.3.1 **La fenêtre de Johari**

La fenêtre de Johari tire son nom de ses inventeurs, Joseph Luft et Harry Ingham. Selon ces derniers, l'image d'une fenêtre divisée en quatre cases ou quadrants (*voir la figure 2.4*) peut aider à examiner à la fois notre perception de nous-mêmes et la perception que les autres ont de nous (Luft, 1984). La fenêtre représente différentes composantes du soi et elle est aussi un miroir de ce que l'on présente aux autres (*voir l'exercice 2.5*).

FIGURE 2.4 **La fenêtre de Johari**

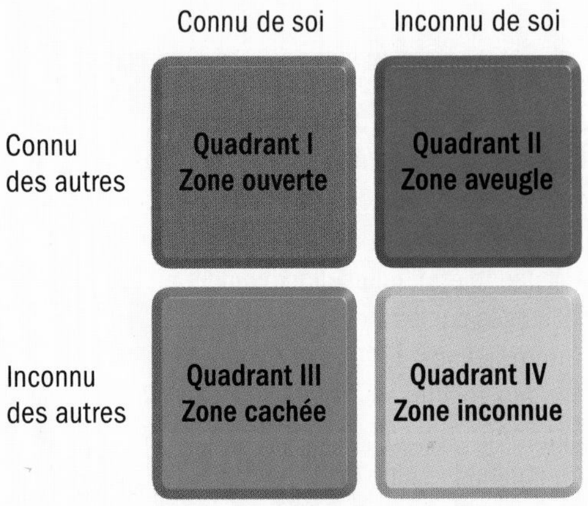

Savoir quoi sa veut dire

	Connu de soi	Inconnu de soi
Connu des autres	**Quadrant I Zone ouverte**	**Quadrant II Zone aveugle**
Inconnu des autres	**Quadrant III Zone cachée**	**Quadrant IV Zone inconnue**

Source : Tiré de LUFT, J. (© 1984, 1970, 1963). *Group Processes : An Introduction to Group Dynamics.* Tous droits réservés. Reproduit avec la permission de The McGraw-Hill Companies.

EXERCICE 2.5 | **Mieux se connaître**

Votre fenêtre de Johari

Avec l'aide d'un bon ami, remplissez votre fenêtre de Johari.

- Est-ce qu'un parent proche représenterait votre fenêtre de Johari de la même façon? Comment la représenterait-il?
- Existe-t-il plusieurs «moi»?
- Quels aspects de vous révélez-vous le plus facilement?
- Imaginez que vous devez passer une entrevue d'emploi. Quelles informations divulguerez-vous à l'intervieweur?
- Quelles informations garderez-vous secrètes?
- Comment les aspects aveugles de vous-même peuvent-ils nuire à vos chances de décrocher le poste?
- Comment ces aspects peuvent-ils nuire à vos relations interpersonnelles?

La zone ouverte

Zone ouverte

Partie de soi qui est connue de soi et des autres

Le quadrant I, la **zone ouverte**, représente ce qui est connu de soi et des autres : le nom, l'âge, l'appartenance religieuse et les préférences alimentaires, entre autres. La taille et le contenu de ce quadrant varient d'une relation à l'autre en fonction du degré d'intimité que l'on partage avec l'autre personne, de notre personnalité et du contenu du message (les opinions politiques, l'emploi, les relations avec nos parents, la sexualité). Se révèle-t-on davantage à certaines personnes qu'à d'autres?

La zone aveugle

Le quadrant II, la **zone aveugle**, contient des informations connues uniquement des autres (les tics, les manies, les défauts). Certaines personnes ont une zone aveugle très étendue et sont inconscientes de leurs défauts et de leurs qualités. À certains moments, ces personnes peuvent être poussées à rechercher une aide extérieure, une aide thérapeutique, par exemple, afin de diminuer l'étendue de leur zone aveugle. Savez-vous quelque chose sur un proche qu'il ne connaît pas ? Vous sentez-vous libre de lui révéler cette information ? Pourquoi ? Quel effet votre révélation aura-t-elle sur l'image de soi de cette personne selon vous ?

Zone aveugle

Partie de soi qui est connue uniquement des autres

La zone cachée

Le quadrant III, la **zone cachée**, représente notre soi caché et contient de l'information connue uniquement de nous. Il s'agit de faits que l'on désire cacher aux autres (les anciens amoureux, les problèmes de toxicomanie, les échecs scolaires). Il faut parfois déployer de grands efforts pour éviter de se faire connaître, mais à un moment donné, chaque personne ressent le besoin d'être reconnue et acceptée telle qu'elle est par les personnes significatives de sa vie.

Zone cachée

Partie de soi qui est connue de soi, mais non des autres

La personne qui déplace de l'information du quadrant III vers le quadrant I s'engage dans un processus d'ouverture de soi. Ce processus consiste à révéler volontairement à une autre personne des détails sur soi qu'elle ne connaîtrait pas autrement (par exemple, donner son nom ou son numéro de téléphone). Cela ne signifie pas que la zone cachée ne devrait pas exister en chacun de nous. Chacun a droit à son jardin secret et est libre de choisir le moment approprié pour partager ses pensées et ses sentiments. À chacun aussi de discerner les moments où une ouverture complète pourrait lui causer du tort.

La personne qui communique révèle autant d'informations sur elle-même que sur le contenu qu'elle partage.

Beaucoup de gens choisissent de télécharger sur Facebook et YouTube des photos d'eux-mêmes ou de leurs amis participant à diverses activités. Certaines personnes tiennent un blogue que n'importe qui peut lire. Garder pour soi certains renseignements personnels ne semble plus aussi important qu'autrefois. Au contraire, révéler leurs secrets intimes donne même de la force à certaines personnes (Funk, 2007).

Bien que révéler des choses sur soi-même soit un processus que l'on peut généralement maîtriser, qu'arrive-t-il lorsqu'il échappe à notre contrôle ? Qu'arrive-t-il lorsqu'une personne révèle sans notre permission une information provenant de notre zone cachée ? Quiconque nous connaît bien peut le faire, mais certains spécialistes des médias font fortune grâce à des révélations soutirées par la ruse.

La zone inconnue

Le quadrant IV de la fenêtre de Johari est la **zone inconnue** de notre personnalité. Elle contient de l'information inconnue de nous et des autres (les désirs, les besoins, la mission, les peurs, le contenu de notre inconscient, les oublis, les réalisations futures). À la longue, l'éducation et les expériences de vie contribuent parfois à mettre au jour quelques-uns des mystères contenus dans ce quadrant. C'est à ce moment uniquement que son contenu pourra être examiné. Avez-vous déjà fait un geste qui vous a surpris et a étonné vos proches ? Vous êtes-vous déjà exclamé au sujet d'un ami : « Je ne savais pas que tu étais capable de faire ça ! »

Zone inconnue

Partie de soi qui est inconnue de soi et des autres

2.3.2 **Les conduites stratégique et authentique**

Conduite stratégique
Attitude qui consiste à se fabriquer une image positive pour influencer la perception des autres

Conduite authentique
Attitude qui consiste à se présenter aux autres sous son vrai jour, en affirmant son identité

Il est tout à fait normal de vouloir se montrer sous un jour flatteur. Toutefois, cela soulève quelques questions : Quand on affirme une chose publiquement, correspond-elle toujours à ce que l'on ressent intérieurement ? Présente-t-on aux autres une image différente de notre vrai soi ?

Quand on crée une image positive de soi-même pour influencer la perception que les autres ont de nous, on utilise une **conduite stratégique**. Parmi les stratégies que l'on utilise pour influencer la perception des autres, on peut mentionner l'amélioration de l'image de soi. Cette stratégie vise à présenter aux autres une image publique qui soit la plus favorable possible. Parallèlement, lorsqu'on se présente aux autres sous notre vrai jour, en affirmant notre identité, on utilise une **conduite authentique**.

Souvent, on montre divers aspects de nous-mêmes à différentes personnes. À certains moments, ce choix est conscient. Dans ce cas particulier, notre communication est stratégique, c'est-à-dire qu'elle a un but précis. À d'autres moments, ce choix est inconscient et l'on fonctionne en mode automatique.

Ce qui importe le plus, c'est de savoir si le côté que l'on affiche est une présentation de soi authentique et s'il reflète vraiment notre image de soi.

Dans les médias, les politiciens se présentent souvent avec une conduite stratégique afin de créer une image positive.

L'auto-observation

Les êtres humains sont les seules créatures à pouvoir observer leurs propres comportements. Les personnes douées pour l'auto-observation pratiquent avec constance

Monitorage de soi
Attention portée aux indices provenant des autres afin d'ajuster ses propres actions

la conduite stratégique appelée le « **monitorage de soi** ». Elles sont attentives aux indices provenant d'autrui afin d'ajuster leurs propres actions à ce qu'elles remarquent. Inversement, les personnes peu douées pour l'auto-observation se soucient peu des réactions des autres à leurs messages. Certaines personnes croient qu'il est inapproprié de vouloir maîtriser artificiellement une communication en s'efforçant de présenter aux autres une image de soi idéalisée. Il leur paraît hypocrite de traiter les relations avec autrui comme une performance. Dans quel camp vous rangez-vous ?

Les facteurs d'influence

Tout au long de ce chapitre, nous avons insisté sur l'idée que, où que l'on aille, on transporte tous avec nous des images symboliques de nous-mêmes et d'autrui. Ces images mentales forment un collage composé d'images passées, actuelles et futures de nous-mêmes – seuls ou en interaction avec d'autres.

Si l'on examine de près différentes images de soi, on remarquera sans doute que notre apparence sur chacune d'elles varie en fonction du moment où la photo a été prise, de l'environnement où l'on était et de la personne avec qui l'on communiquait. Même les médias ont une influence sur notre image de soi (*voir l'encadré 2.4*) ! Bien que des ressemblances soient présentes, chaque image révèle un soi légèrement différent parce que l'on change et évolue à chaque instant, dans chaque situation et d'une année à l'autre.

On oublie parfois que notre image de soi et notre perception d'autrui peuvent changer. Si l'on compare une photo de soi prise à différents moments de notre vie (enfance, adolescence, jeune adulte) à une photo prise récemment, on constatera qu'il n'est pas facile de garder à jour ses «autoportraits», avec leurs ressemblances et leurs différences. Rendre plus nette une image floue, recentrer une image ancienne et construire une nouvelle image de soi, tout cela permet de se débarrasser de ses perceptions dépassées de soi-même et des autres.

Il existe différents facteurs qui peuvent contribuer à améliorer l'image que les autres auront de nous. Il s'agit des facteurs d'influence. Ainsi, certains messages verbaux et non verbaux sont plus susceptibles de présenter une image favorable de soi. L'apparence et des biens personnels spécifiques influent aussi sur la façon dont les autres nous voient (Vander Zanden, 1987). Par exemple, en début de chapitre, Martin Deschamps précise que, petit, il attirait les gens par son attitude enjouée, positive et animée. Le jeune garçon pouvait alors user de présentation de soi stratégique pour séduire son entourage. N'est-ce pas encore aujourd'hui des qualités remarquées et appréciées chez cet artiste?

Certains jeux renforcent l'image traditionnelle de la féminité.

TOUT LE MONDE EN PARLE

LE MIROIR MÉDIATIQUE OU VIRTUEL

Les médias populaires et l'environnement numérique dans lequel on a grandi façonnent notre image et notre estime de soi de différentes façons. En voici quatre.

Premièrement, de nombreux contenus des médias et d'Internet nous exposent à un niveau de vie que peu d'entre nous peuvent espérer atteindre. Par conséquent, notre estime de soi en tant que personnes ayant réussi est parfois fortement affectée par ce que l'on voit dans les médias (comparaison sociale).

Deuxièmement, les contenus médiatiques et électroniques peuvent influer sur la façon dont les parents et les enfants se perçoivent eux-mêmes et mutuellement. Après tout, les parents comme les enfants sont exposés à un défilé ininterrompu de personnages médiatiques. Ces derniers semblent si parfaits que même leurs erreurs deviennent la matière première d'une relation intime ou si absurde que leurs petites manies donnent lieu à de charmantes émissions comme *Les Parent*.

Troisièmement, les médias visuels comblent notre besoin de jouir d'une image personnelle plus imposante, meilleure, plus intelligente, et plus belle (le soi idéal). Quand on est plus jeunes, il est facile et amusant d'imiter les personnages de la télévision et du cinéma. C'est ainsi que l'on peut se glisser dans la peau de Harry Potter ou de Superman. En vieillissant, toutefois, ce processus devient plus subtil. Adolescents, on tente d'imiter nos héros populaires en copiant leur style, leur manière de parler et leur gestuelle. En faisant cela, on révèle notre image de soi ou celle à laquelle on aspire (le soi idéal).

Quatrièmement, les adolescents et les jeunes adultes modernes sont souvent très habiles en matière de communication virtuelle et leur expertise surpasse celle de plusieurs adultes. Ils sont des utilisateurs et des créateurs de contenu, pas seulement des spectateurs ou des auditeurs comme l'étaient leurs parents. Ils disposent d'outils nouveaux et puissants pour s'exprimer, y compris Facebook, MySpace et YouTube. Les membres des générations X et Y ne semblent pas posséder les mêmes filtres que les générations précédentes pour censurer ou limiter la diffusion de renseignements personnels. Ainsi, les contenus des médias et d'Internet peuvent susciter en nous un sentiment de bien-être et de compétence, ou un sentiment d'infériorité (la comparaison sociale).

2.4 Mettre en pratique ses aptitudes à la communication

Comment améliorer sa conscience de soi? Une conscience de soi est importante, puisqu'elle permet de tirer parti de ses forces et faiblesses dans ses relations avec les autres.

2.4.1 S'observer en action

On peut élargir sa conscience de soi en continuant d'examiner son image de soi et son rapport aux autres. Acquérir une perception claire de la personne que l'on est constitue l'un des objectifs les plus valables que l'on puisse se fixer. Soyez donc disposé à vous observer en action. Examinez régulièrement les perceptions que vous avez de vous-même ainsi que les idées fausses que vous entretenez à cet égard. Étudiez l'image composite qui se dégage des différentes images que vous projetez vers l'extérieur. Dans quelle mesure vous rapprochez-vous de la personne que vous voudriez être?

2.4.2 Être sensible à la perception des autres

La manière dont on nous perçoit peut être très différente de la perception que l'on a de nous-mêmes. En se renseignant auprès des gens qui nous entourent, on est mieux à même d'évaluer si notre image de soi est réaliste ou non. Les personnes qui nous connaissent depuis quelque temps peuvent déceler en nous des forces qui nous ont échappé, des traits que l'on sous-estime ou des faiblesses que l'on ignore, volontairement ou non. Quoi qu'il en soit, il n'est pas nécessaire d'accepter toutes ces images que les autres ont de vous. En essayant de vous voir tel qu'ils vous perçoivent, vous vous ouvrirez simplement à la possibilité de changer.

2.4.3 S'entourer de stimulateurs

On peut modifier son image et son estime personnelle en changeant la nature des gens que l'on fréquente. Ainsi, si l'on souhaite acquérir une estime positive de soi, il est préférable de s'entourer de gens qui nous motivent et nous encouragent à devenir la personne souhaitée. En somme, il vaut mieux s'entourer de stimulateurs que de détracteurs.

En bref

Révision des objectifs du chapitre

1 **Définir l'image de soi.** L'image de soi réfère aux différentes catégories dans lesquelles une personne se classe, aux mots qu'elle emploie pour se décrire. Il peut s'agir de son apparence et de sa condition physique, ses aspirations, ses sentiments et ses émotions, ses goûts et ses intérêts, ses qualités et ses défauts, ses rôles et son statut, ses convictions, ses compétences, son caractère, ses capacités intellectuelles, son comportement social, ses possessions matérielles.

2 **Expliquer les facteurs contribuant au développement de l'image de soi.** L'image de soi n'est pas innée. Elle est façonnée par notre environnement et les membres de notre entourage. Les principaux facteurs qui contribuent au développement de l'image de soi sont: l'influence des stimulateurs et des détracteurs, l'image que les autres ont de nous (le jugement réfléchi), l'autoévaluation de son efficacité, l'autoréalisation des prophéties, la comparaison sociale et les messages culturels intériorisés.

3 **Définir l'estime de soi.** L'estime de soi est l'évaluation (le jugement positif ou négatif) qu'une personne porte sur sa compétence et sa valeur; elle indique la mesure dans laquelle une personne s'aime et s'apprécie, ou se déteste et se dénigre.

4 **Déterminer les caractéristiques d'une estime de soi positive et négative.** La personne qui a une estime de soi négative a l'impression de mal se connaître (la zone cachée). Elle a une perception d'elle-même instable et influencée par l'environnement. L'atteinte de ses objectifs est plus difficile, car elle a de la difficulté à prendre des décisions. Sensible à l'échec et au succès, elle a le sentiment d'être rejetée si elle est critiquée et elle a peur d'échouer. La personne qui a une estime d'elle-même positive a les caractéristiques contraires.

5 **Expliquer comment améliorer l'estime de soi.** Pour améliorer son estime de soi, la personne peut apprendre à mieux se connaître (ses forces et ses limites). Elle a aussi avantage à créer des liens significatifs et à combler ses lacunes.

6 **Définir les liens entre la fenêtre de Johari et la présentation de soi.** L'image de soi peut être changée et améliorée en développant sa connaissance de soi. La fenêtre de Johari peut aider à définir les zones ouverte, aveugle, cachée et inconnue de chacun.

7 **Expliquer les conduites authentique et stratégique.** Quand on agit et que l'on se présente de façon honnête et naturelle, on utilise la conduite authentique. Si l'on crée une image de nous-mêmes pour influencer la perception des autres et leur opinion à notre égard, on pratique la conduite stratégique. On utilise alors certains facteurs d'influence interpersonnelle, par exemple soigner son apparence, ses comportements non verbaux et sa communication.

Pour aller plus loin

Chansons

Expliquez le lien entre les paroles des chansons suivantes et les concepts théoriques qui ont été abordés dans le chapitre.

- « C'est moi », Marie Mai, *Version 3.0*, 2009
- « Dans mon corps », Les Trois Accords, *Dans mon corps*, 2009
- « Je veux tout », Ariane Moffat, *Tous les sens*, 2008
- « Dégénération », Mes Aïeux, *En famille*, 2004

Films

Expliquez comment l'image de soi, l'estime de soi et la présentation de soi jouent un rôle déterminant pour les protagonistes de ces films.

- *Piché : Entre ciel et terre*, Sylvain Archambault, 2010
- *La véritable Precious Jones*, Lee Daniels, 2009
- *Persepolis*, Marjane Satrapi, 2007
- *Souvenirs de Brokeback Mountain*, Ang Lee, 2005

Livres

Expliquez les facteurs qui ont aidé ou nui aux personnages de ces livres pour qu'ils puissent vivre leur véritable identité.

- *Le ciel de Bay City*, Catherine Mavrikakis, 2008
- *Chagrin d'école*, Daniel Pennac, 2007
- *Le journal de Bridget Jones*, Helen Fielding, 1996
- *Demian*, Hermann Hesse, 1919

Objectifs d'apprentissage

Après avoir lu ce chapitre, vous devriez pouvoir :

1. Définir la perception et en expliquer les étapes ;

2. Reconnaître les obstacles à la perception ;

3. Expliquer comment la culture et le sexe façonnent la perception ;

4. Analyser l'influence des médias et de la technologie sur la perception ;

5. Adopter les moyens pour améliorer la justesse de votre perception.

Mise en situation

Le 9 août 2008, dans un parc de l'arrondissement de Montréal-Nord, alors que deux policiers interrogeaient des adolescents d'origine hispanique qui jouaient aux dés, une dispute a éclaté entre eux. Un policier a braqué son arme en direction des jeunes et a fait feu. Un adolescent a été tué, deux autres ont été blessés. À la suite de cet incident, de violentes émeutes ont eu lieu dans la nuit du 10 au 11 août.

Voici un récit factuel, c'est-à-dire un événement décrit uniquement à partir des faits. Vous avez sûrement reconnu ce que les médias appellent « l'affaire Villanueva ». Mais que s'est-il vraiment passé ce soir-là ? Y a-t-il, dans ce récit, l'explication d'un geste aussi grave ? Bien sûr que non. Il s'agit d'une situation extrêmement complexe sur laquelle tout le monde a une opinion. Dans les jours suivant les émeutes, les accusations ont fusé de toutes parts. Certains pensaient que les policiers étaient racistes et violents, alors que d'autres considéraient les jeunes comme de dangereux criminels, presque tous des immigrants illégaux. Il y en avait aussi pour dire qu'ils étaient des victimes de la pauvreté, oubliées par la société. Les émeutes ont été provoquées par la mort de Freddy Villanueva, mais les citoyens de Montréal-Nord se sont soulevés pour dénoncer les problèmes endémiques de leur quartier : la discrimination, la violence, la pauvreté, l'exclusion sociale. Au-delà de la tragédie de la mort d'un adolescent, cette « affaire » nous démontre à quel point la vérité nous échappe. Est-ce que cette ving-taine de jeunes ont menacé les policiers ? Est-ce que les policiers sont arrivés sur la scène avec des idées préconçues sur ce qu'ils allaient trouver dans le parc ? On ne saura jamais ce qui s'est vraiment passé ce soir-là malgré les témoignages et les commissions d'enquête. Les faits sont et seront toujours teintés par les perceptions individuelles.

- Pourquoi prête-t-on des significations différentes à la même expérience ? Est-ce que l'on ressent ou voit les mêmes choses ?

- Que révèlent les différentes versions d'un même événement sur la perception ?

- Et si personne ne s'entend sur une seule version d'un événement, comment peut-on arriver à communiquer ?

L a perception et la communication sont deux mécanismes intimement liés, puisqu'ils interagissent et s'influencent mutuellement. D'une part, la perception influe sur notre façon d'appréhender les situations, les autres et nous-mêmes. Ainsi, on ne perçoit pas nos amis et des inconnus de la même manière. D'autre part, la communication conditionne toutes nos perceptions. Notre interprétation de la réalité et les messages que l'on communique aux autres façonnent la compréhension des événements de ces derniers et l'image qu'ils se créent de nous-mêmes. Habitants de divers pays, membres de générations différentes, individus de couleurs de peau, de religions, de classes sociales ou de sexes différents (pour ne nommer que quelques groupes), toutes ces personnes ont sans aucun doute une manière différente de percevoir la réalité. Peu importe le sujet que l'on aborde, notre façon de l'interpréter reflète notre vision du monde et nos valeurs. C'est en explorant le vaste domaine de la perception que l'on pourra mieux comprendre pourquoi on pense et agit différemment, pourquoi « notre point de vue dépend de l'endroit où l'on est assis » (Covey, 1989). Dans ce chapitre, nous aborderons les principales étapes du processus de la perception pour ensuite traiter des obstacles et des influences externes avant de terminer par une discussion sur la mise en pratique des aptitudes à la communication.

3.1 L'étude de la perception

Perception

Processus subjectif en trois étapes, consistant à sélectionner, à organiser et à interpréter des données sensorielles de façon à donner une signification à nos expériences

La **perception** est un processus complexe. Si l'on perçoit la réalité à l'aide de nos sens, la perception sollicite toutefois plus que ces derniers et ce qui se passe dans le « monde réel » est parfois très différent de ce que l'on perçoit. C'est que, lors de la perception, on s'approprie une expérience au travers d'un processus subjectif qui consiste à sélectionner, à organiser et à interpréter des données sensorielles de façon à les investir d'une signification qui nous est propre.

Dès l'entrée du magasin, tout semble avoir été pensé pour stimuler les sens et nous donner envie de manger des bonbons !

3.1.1 La sélection

Chaque seconde de sa vie, l'humain est exposé à de multiples stimuli. Les sens agissent comme des antennes qui captent continuellement de l'information. Toutefois, il n'est pas possible de gérer tous ces stimuli en même temps. Ainsi, sans s'en rendre compte, on sélectionne ou limite nos perceptions. Voici comment réagissent les sens quand ils sont stimulés. Lorsque quelqu'un arrive affamé à une fête, il remarquera rapidement le buffet (la vue, l'odorat) et appréciera les hors-d'œuvre (le goût). Si cette personne est célibataire, son attention (la vue) se concentrera sur les personnes attirantes qui ne semblent pas être en couple. En s'approchant d'elles, elle percevra leur parfum (l'odorat), se présentera en leur serrant la main (le toucher). Si, au contraire, elle se sent fatiguée, elle trouvera (la vue) un coin tranquille moins bruyant (l'ouïe) pour se détendre.

La psychologie étudie plusieurs facteurs qui influent sur la sélection des stimuli. Dans cette section, nous en aborderons trois : les caractéristiques physiques des stimuli, les besoins physiques et les besoins psychologiques de l'individu.

Les caractéristiques des stimuli

Les publicitaires s'amusent avec les caractéristiques des stimuli pour vendre leurs produits. Sans en être conscients, on a en effet tendance à sélectionner les stimuli qui sont plus brillants (la couleur), plus bruyants ou répétitifs (le son), ou qui présentent des contrastes (la taille). Pensez à une annonce publicitaire qui passe à la télévision. Laquelle vous est venue en tête en premier? Il y a fort à parier que c'est une annonce que vous trouvez ennuyante. Pourquoi? Parce que nos sens sélectionnent les stimuli qui se démarquent, telles des phrases ou des chansons répétitives. Certaines recherches (Huffman, 2007) démontrent même que l'on a plus tendance à acheter les produits des annonces publicitaires désagréables. Preuve que les chansons ennuyantes des annonces de céréales pour enfants ne disparaîtront pas de sitôt.

Il peut être utile de se rappeler ce phénomène dans le contexte des relations interpersonnelles. Il existe des façons de se faire remarquer. L'étudiant qui prend beaucoup de place en classe par ses interventions est forcément bien connu du professeur et de ses collègues.

Les besoins physiques

Il n'y a pas que les caractéristiques des stimuli qui influent sur la sélection de ces derniers. Les besoins physiques de chacun déterminent également les stimuli auxquels on porte attention. Si l'on écoute la télévision en soirée sans avoir mangé, on aura évidemment l'impression qu'il n'y a que des annonces de nourriture. Le type d'annonces n'a sûrement pas changé, mais à cause de la faim (un besoin physique) notre cerveau sélectionne les annonces de nourriture au détriment des annonces d'auto, de voyage, etc. Pouvez-vous penser à des situations où votre état physique (que ce soit la faim, la fatigue ou la maladie) a influé sur votre perception?

L'âge aussi semble exercer une influence sur la perception. Selon Healey, Campbell et Hasher (2008), le cerveau vieillissant traite une plus grande quantité de données que celui d'un étudiant, ce qui constitue un avantage perceptif; il peut également porter attention à plusieurs stimuli en même temps. Si les étudiants écartent les distractions plus facilement que les personnes âgées, ces dernières ne portent pas de jugements hâtifs sur ce qui est ou pourrait devenir important. Elles sont plus disponibles pour comprendre les situations et les gens, ce qui peut leur conférer un avantage perceptif non négligeable.

Les besoins psychologiques

Les besoins psychologiques de l'individu constituent une troisième influence sur la sélection des stimuli. Ils concernent les intérêts, les préoccupations, les valeurs de chacun. Avez-vous déjà fait l'expérience suivante? Après avoir changé d'automobile, vous aviez l'impression que tout le monde avait acheté le même modèle que vous. Est-ce vrai? Bien sûr que non. C'est simplement parce que votre intérêt était centré sur votre nouvelle auto. Il y en avait autant avant, mais vous ne les aviez pas remarquées.

Prenons comme second exemple un groupe d'étudiants qui décident de visiter les jardins de Métis près de Rimouski. Un étudiant en horticulture examinera toutes les fleurs, leur emplacement, le sol, les arrangements, etc. Une étudiante en art se passionnera plutôt pour les œuvres d'art et les sculptures et ne remarquera même pas les pavots bleus qui poussent autour, tandis qu'un étudiant en histoire se penchera sur tous les renseignements concernant le site, les fondateurs, leurs origines, les bâtiments, etc. Voilà comment les besoins psychologiques de chacun influent sur l'étape de la sélection.

3.1.2 L'organisation

Dans nos interactions avec le monde qui nous entoure, une foule de raisons nous poussent à choisir certains stimuli au détriment d'autres. Que faire maintenant de ces stimuli ? On se doit de les organiser pour pouvoir ensuite leur donner une signification. Les psychologues gestaltistes ont élaboré des lois du regroupement perceptif afin de comprendre notre façon d'organiser les stimuli. Dans cette section, nous aborderons quatre de ces principes qui agissent sur la communication interpersonnelle : la figure et le fond, la proximité, la similitude et, enfin, la fermeture.

FIGURE 3.1 Le principe figure-fond

La figure et le fond

En organisant la multitude d'informations qui assaillent nos sens, l'objet principal de notre attention devient la figure (ou le premier plan), tandis que le reste de notre expérience constitue le fond (ou l'arrière-plan). C'est ce que l'on appelle le « **principe figure-fond** » (Rubin, 1958).

La figure 3.1 offre un excellent exemple de ce phénomène. On peut y voir deux images, celle d'une jeune femme et celle d'une vieille dame. Même si plusieurs stimuli se disputent notre attention, on ne peut se concentrer que sur une seule image à la fois parce qu'il est tout bonnement impossible de percevoir une chose de deux manières différentes simultanément. Même en réussissant à permuter notre attention rapidement, on n'en perçoit pas moins un seul stimulus à la fois.

Principe figure-fond

Loi de l'organisation perceptive expliquant que l'on ne peut percevoir deux stimuli simultanément, mais seulement en alternance

Loi de la proximité

Loi de l'organisation perceptive expliquant que, dans un groupe d'objets, on tend à regrouper ceux qui sont proches les uns des autres

La vie quotidienne nous procure de multiples exemples du principe figure-fond. Les lettres de ce texte sont la figure en noir qui se détache du fond blanc de la page. Le maquillage et le camouflage fonctionnent également sur le principe figure-fond. Dans le premier cas, on fait ressortir nos traits du fond du visage, tandis que, dans le deuxième cas, on fait fondre la figure avec le fond pour ne pas être vu.

La proximité

Un autre principe d'organisation influant sur notre perception est la **loi de la proximité**. Le cerveau humain a tendance à regrouper les objets qui sont proches les uns des autres. La figure 3.2 montre-t-elle six lignes ou trois groupes de lignes ? La loi de la proximité stipule que l'on organise les stimuli en groupes. Ainsi, on ne peut s'empêcher de voir les trois colonnes. Quelle est l'influence de cette loi sur les relations interpersonnelles ? Pour comprendre les stimuli autour de nous, on doit les organiser par proximité. Si l'on voit un groupe de personnes en file à la cafétéria, on va se dire qu'elles attendent toutes pour dîner. C'est peut-être vrai, mais peut-être pas. Certaines ne vont pas dîner, elles achèteront un dessert ; d'autres ne mangeront pas, mais accompagnent simplement des amis. Cette erreur de perception est-elle grave ? Non, mais elle nous permet de démontrer que notre façon d'organiser les stimuli fournit une perception possible de la réalité, mais pas forcément la seule ni la vraie.

FIGURE 3.2 Un exemple de la loi de la proximité

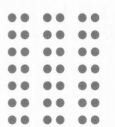

La similitude

Toujours dans le but de comprendre notre environnement, on utilise la **loi de la similitude** pour organiser les stimuli. La figure 3.3 démontre ce principe de façon simple : on tend à voir des colonnes de cercles et de triangles au lieu d'un groupe d'objets désorganisés. Dans la vie courante, on regroupe rapidement les gens pour savoir à qui l'on a affaire. On voit des jeunes au collège ; ce sont des étudiants. On voit des personnes plus âgées, ce sont des professeurs. On organise les gens par rapport à leur apparence, mais aussi par rapport à nos catégories personnelles. Si l'on voit une femme avec trois jeunes enfants, on va se dire qu'elle est leur mère parce que ces stimuli sont semblables à notre idée personnelle d'une mère et de ses enfants. Tout comme nous avons vu avec la proximité, notre façon d'organiser les stimuli selon la similitude peut nous donner une perception juste ou erronée de la réalité. Ainsi, nous le verrons plus loin, la similitude est un facteur dans la construction de stéréotypes. On organise les gens, à tort ou à raison, selon leurs traits similaires : les hommes, les femmes, les jeunes, les personnes âgées, etc.

Loi de la similitude

Loi de l'organisation perceptive expliquant que l'on regroupe les objets selon leurs caractéristiques similaires

FIGURE 3.3 **Un exemple de la loi de la similitude**

La fermeture

Finalement, la **loi de la fermeture** est la tendance à combler les pièces perceptives manquantes. Dans la figure 3.4, la plupart des gens voient un chien plutôt qu'un ensemble de taches d'encre, ainsi qu'un rectangle, un triangle et un cercle plutôt que des lignes et un arc. Parce que l'on a tendance à combler les vides, on complète mentalement les figures incomplètes en s'appuyant sur nos expériences antérieures et nos besoins. Ainsi, pour donner un sens à nos relations et aux événements, on comble les vides à l'aide de suppositions ou d'inférences dont certaines sont plus justes et plus valables que d'autres. Lorsqu'une amie ne se présente pas à l'heure prévue d'un rendez-vous, on invente toutes sortes d'explications : elle doit être malade, elle a encore oublié, elle a eu un accident. Notre cerveau complète l'information par rapport à nos relations de la même façon qu'il complète l'image du chien dans la figure 3.4.

Loi de la fermeture

Loi de l'organisation perceptive expliquant que l'on a tendance à regrouper ensemble les objets qui semblent former une figure fermée

FIGURE 3.4 **Un test illustrant la loi de la fermeture**

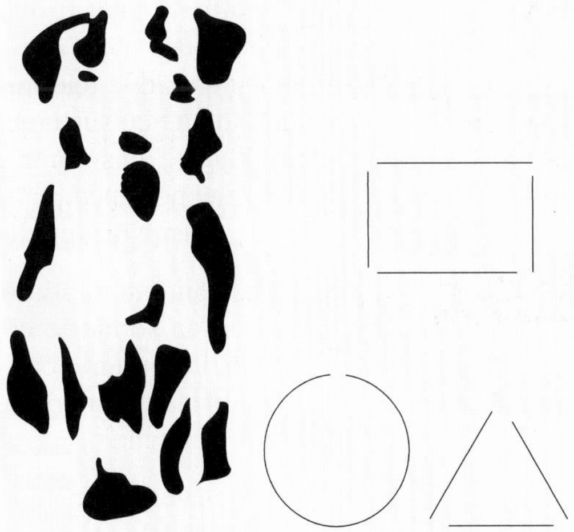

3.1.3 L'interprétation

Jusqu'à maintenant, nous avons sélectionné et organisé des stimuli. Il nous reste une troisième étape, l'interprétation, qui nous permet de donner une signification à ces derniers. Tout comme la sélection, l'interprétation est influencée par de multiples facteurs que l'on peut diviser en deux catégories : les facteurs physiques et les facteurs psychologiques.

Les facteurs physiques

L'âge, les sens et l'état de santé agissent sur la signification que l'on donne aux stimuli. En discutant avec des personnes âgées de la situation économique

OUAIS,
TU VOIS PETIT, LES RATS
NE SONT PLUS CE QU'ILS ÉTAIENT.
DANS MON JEUNE TEMPS,
LES RATS ÉTAIENT BIEN
PLUS GROS. ILS DEVAIENT BIEN
FAIRE LA GROSSEUR
D'UN CHAT...

Les différences d'âge conditionnent notre perception.

actuelle, on réalise que chacune a des interprétations différentes de ce que veulent dire les termes « crise » ou « chômage ». Notre façon d'interpréter le monde est en effet influencée par nos expériences générationnelles. En guise d'illustration, vous avez sûrement déjà eu des discussions avec vos parents ou vos colocataires sur le volume du téléviseur ou de la radio. Le volume est l'intensité des sons ; on peut le mesurer, mais il n'est pas interprété de la même façon par tous ! La maladie, la fatigue ou la faim peuvent influer sur notre manière d'interpréter les stimuli. Par exemple, on ne devrait pas aller manger dans un restaurant chic lorsqu'on souffre d'une sinusite. Ce serait carrément du gaspillage. Au cours d'une étude (Chance, 1989), des chercheurs ont montré des images ambiguës à des marins en leur demandant de décrire ce qu'ils voyaient. Les marins affamés ont « regardé les images avec leur estomac » : pour eux, une tache allongée évoquait une fourchette, et une spirale, une rondelle d'oignon frit.

Ces faits nous rappellent l'importance de ne pas prendre de décisions importantes ou de ne pas avoir de discussions qui susciteraient des débats émotifs lorsqu'on n'est pas au meilleur de notre forme.

Les facteurs psychologiques

Nous avons insisté sur le fait que la perception est un processus subjectif. Ce fait devrait vous apparaître de plus en plus clair. Après les facteurs physiques, plusieurs aspects psychologiques agissent sur l'étape de l'interprétation. Arrêtons-nous sur les attentes, les expériences passées et le contexte afin d'en illustrer l'importance avec un exemple concret. Un téléphone sonne. Une personne sélectionne le bruit parce qu'il est fort. Elle organise le bruit comme étant semblable à un bruit de sonnerie de téléphone. Ensuite, elle l'interprète.

L'attente peut provoquer du stress ou de l'angoisse. Si la personne attend un appel à la suite d'une entrevue d'emploi par exemple, elle sera contente ou soulagée quand le téléphone sonnera. Les expériences passées exercent également une influence sur la signification que l'on donne à la sonnerie du téléphone. S'il est l'heure du souper, la personne peut ne pas vouloir répondre parce que, grâce à son expérience passée, elle sait que cela risque d'être un vendeur ou un sondeur, puisqu'ils appellent généralement à cette heure.

Le contexte modifie aussi notre interprétation. S'il est 15 h, la personne interprétera la sonnerie comme étant tout à fait normale, tandis que s'il est 3 h du matin, la sonnerie causera de la panique. Un appel en plein milieu de la nuit peut être un faux numéro ou une blague douteuse, mais on craint en général une mauvaise nouvelle.

Dans notre relation avec le monde extérieur, chacun perçoit la réalité, les gens et les situations de façon très subjective et nos propres perceptions d'une même situation peuvent être complètement différentes. Voilà pourquoi il est si difficile de savoir ce qui s'est vraiment passé à Montréal-Nord le 9 août 2008 entre Freddy Villanueva et les policiers. La perception teinte ce que l'on voit et elle influence nos souvenirs, comme nous le verrons dans l'encadré 3.1.

PENSEZ-Y !

LA PERCEPTION ET LA MÉMOIRE

Ce dont on se souvient dépend de ce que l'on croit même si ce que l'on croit ne s'est jamais produit ou est fondé sur une information erronée qui a été démentie par la suite (Lewandowsky, *et al.*, 2005). Ainsi, de nombreux Américains conservent un vif souvenir des événements du 11 septembre 2001. Lorsqu'on leur demande d'évoquer ce souvenir, ils affirment être restés rivés à leur téléviseur toute la matinée, obnubilés par les images des deux avions percutant les tours jumelles. Or, leur mémoire les trahit. En effet, ce jour-là, aucune vidéo du premier avion percutant la tour nord du World Trade Center n'a été diffusée.

Le souvenir est une construction humaine, un amalgame de ce que l'on expérimente, ressent, lit, assemble et veut admettre. Un certain nombre de facteurs expliquent le fait que notre mémoire des événements est parfois erronée : 1) les souvenirs sont éphémères et s'effacent avec le temps ;

2) on se rappelle certains aspects d'un événement, mais on a tendance à leur prêter une fausse signification ; et 3) nos préjugés déforment nos souvenirs. Autrement dit, la mémoire est faillible et la corrélation entre certitude et exactitude s'avère faible (Schacter, 2001).

Comme on cherche à mémoriser plus d'informations que notre cerveau peut en traiter, ce dernier préfère certains souvenirs à d'autres. En effet, pour nous rappeler certains événements avec plus de précision, on bloque les souvenirs encombrants. On oublie des noms, des numéros ou des détails, pas nécessairement parce que notre mémoire est défaillante, mais parce que ces souvenirs ont été détrônés par ceux de personnes, de lieux ou d'événements que l'on estime plus importants. Par conséquent, une bonne façon de gérer ses souvenirs consiste à choisir consciemment ce que l'on souhaite oublier (Kuhl, *et al.*, 2007).

3.2 Les obstacles à la perception

Comprendre tous les facteurs qui influent sur la perception est un des aspects les plus fascinants de la psychologie. On ne peut pas se comprendre ni comprendre nos relations avec autrui sans réfléchir à ces influences. Après avoir détaillé les trois étapes de la perception, regardons maintenant les variables qui constituent des obstacles à celle-ci.

3.2.1 Les attentes

Comme nous l'avons vu à l'étape de l'interprétation, nos expériences passées créent en nous des attentes perceptives qui modifient notre façon de gérer notre environnement. Pour mieux comprendre ce concept, faites l'exercice 3.1 qui suit.

EXERCICE 3.1	En pratique

Les attentes perceptives

Dans la phrase suivante, combien de « F » comptez-vous ?

**FINISHED FILES ARE THE RESULT OF YEARS OF SCIENTIFIC STUDY
COMBINED WITH THE EXPERIENCE OF YEARS**

Combien avez-vous compté de « F » ? Trois, quatre ou cinq ? En réalité, il y en a six ! La majorité des gens (anglophones et francophones) ne voient pas le « F » dans le mot « OF ». Pourquoi ? On est si habitué de voir les mots dans des groupes familiers que l'on passe par-dessus ces mots qui forment un tout. De plus, on prononce « OV » plutôt que « OF », ce qui nous fait oublier qu'il s'agit bel et bien d'un « F ». D'ailleurs, les lecteurs plus rapides et plus compétents commettent cette erreur plus facilement que les lecteurs plus lents et moins habiles.

La culture

La culture joue parfois un rôle dans ce processus. Par exemple, elle influe sur la manière dont les femmes saoudiennes sont perçues tant par leurs compatriotes que par les membres d'autres cultures. Les Saoudiennes, au contraire des femmes occidentales, possèdent peu de droits reconnus par la loi. Elles n'ont pas le droit de conduire une voiture et ne peuvent obtenir de passeport sans la permission d'un homme. Il est clair que les Saoudiens et les Occidentaux ont une perception très différente des femmes (Samovar et Porter, 1994). L'épreuve que vit Nathalie Morin, une femme québécoise mariée à un homme saoudien, illustre cette réalité en 2010. En effet, cette Québécoise qui habite maintenant l'Arabie saoudite n'a pas le droit de regagner le Québec parce que son mari refuse de lui en donner la permission. La situation nous semble inconcevable, tandis que pour les Saoudiens elle est tout à fait normale (Lévesque, 2010).

L'éducation

L'éducation constitue également une part importante de nos expériences passées. Le nombre d'années d'éducation et le type d'éducation reçu modifient forcément notre manière de percevoir et de traiter l'information (Russel, 2000). À certains moments même, l'éducation peut entraver la perception plutôt que la faciliter. Ainsi, si on leur demande d'interpréter un stimulus aussi simple qu'une comptine ou aussi complexe qu'un événement mondial, un sociologue, un économiste, un politicologue ou un biologiste risquent de faire intervenir leurs préjugés professionnels, qui les rendront aveugles à d'autres interprétations possibles.

Comme on le voit, nos attentes perceptives sont le fruit d'expériences uniques. Les leçons que la vie nous enseigne sont différentes pour chacun. Par conséquent, on ne perçoit pas tous les mêmes stimuli de la même façon. L'exercice 3.2 permet de se mettre dans la peau d'autres personnes pour prendre conscience de ces différentes influences sur la perception.

EXERCICE 3.2   **En pratique**

La validation des perceptions

Décrivez votre perception de l'image ci-contre en vous mettant à la place de chacune des personnes nommées ci-dessous. Justifiez votre réponse en vous basant sur des notions théoriques et analysez les facteurs qui ont influé sur chaque perception. Ensuite, comparez vos perceptions avec celles de vos collègues de classe.

1. Un végétarien   **3.** Un enfant   **5.** Un musulman

2. Un chasseur   **4.** Un Français   **6.** Une personne qui a faim !

3.2.2 Les erreurs de sélection

Notre vision du monde est en grande partie déterminée par notre degré d'ouverture aux nouvelles expériences. Bien que de nombreux stimuli sensoriels rivalisent pour capter notre attention, on a tendance à pratiquer d'une part l'**exposition sélective** qui consiste à choisir uniquement les expériences qui correspondent à nos attitudes, à nos croyances et à nos valeurs.

D'autre part, on tend à dédaigner ou à atténuer l'importance des expériences incompatibles avec ces dernières. Comme les enfants qui couvrent leurs oreilles

Exposition sélective

Tendance à s'exposer à des informations qui confirment ses attitudes, ses croyances et ses valeurs de leurs mains pour ne pas entendre ce que dit leur mère ou leur père, on pratique l'attention sélective en décidant de s'exposer ou non à divers types et sources d'information. Par exemple, certaines personnes ferment les vitres de leur voiture lorsqu'elles roulent dans des quartiers pauvres de la ville. Elles ont l'impression d'agir ainsi pour se protéger, mais leur geste constitue aussi une forme de duperie qui leur permet d'éviter tout contact avec des scènes et des bruits dérangeants de la société.

Dans une soirée où il y a beaucoup d'invités, la plupart des gens négligent activement les sujets qui ne les intéressent pas et réagissent uniquement à leur sujet de conversation favori, démontrant ainsi ce que les psychologues appellent l'« effet cocktail », une forme d'attention sélective (Arons, 1992).

3.2.3 Les premières impressions

Quelle importance ont les premières impressions sur la perception ? En vertu d'une étude menée par les chercheurs Sunnafrank, Ramirez et Metts (2005), on constate que les jugements que l'on émet dès les premiers instants d'une rencontre influent fortement sur la nature de la future relation. Ces chercheurs ont jumelé au hasard 164 étudiants de première année d'université inscrits à un cours sur la communication. Les étudiants devaient bavarder durant 3, 6 ou 10 minutes, puis prédire le type de relation qu'ils partageraient par la suite. Les possibilités allaient de « simples connaissances » à « amis intimes ». À la fin du cours, les étudiants devaient évaluer leurs prédictions. Les résultats ont révélé que les étudiants à qui leur partenaire avait fait bonne impression étaient plus susceptibles de nouer une amitié malgré le fait qu'ils n'avaient eu que quelques minutes pour se faire une opinion. Même si nos premières impressions sont fausses, on a tendance à s'y accrocher, ce qui peut engendrer un certain nombre de problèmes comme nous pouvons le constater dans l'encadré 3.2.

Attention sélective

Tendance à se focaliser sur certains indices et à en ignorer d'autres

" Selective "
Hearing

Première impression

Jugement initial que l'on forme sur les autres dès les premières minutes d'une rencontre, parfois difficilement modifiable

---

PENSEZ-Y !

UNE ERREUR SUR LA PERSONNE

ENCADRÉ 3.2

Après avoir attribué une étiquette inexacte à quelqu'un, on aura tendance à s'accrocher à notre fausse perception et à modifier toute donnée contradictoire pour la faire coïncider avec la première impression. Par conséquent, il se peut que l'on ne rencontre jamais la vraie personne, mais seulement l'idée fausse que l'on a d'elle. Et cette idée fausse influera sur notre comportement face à cette personne. Voici le récit d'une vraie expérience vécue par une cégépienne :

J'ai déménagé en ville pour étudier au cégep. Je me suis fait un groupe d'amis. Tout allait très bien. Quelques-unes de mes amies avaient des amies dans un autre programme. Une de ces filles semblait très gentille. Tout le monde l'appréciait. Mais quand j'essayais de l'aborder, elle était vraiment méchante avec moi. Elle ne me connaissait pas, mais il était clair qu'elle me détestait. Je n'y comprenais rien. Je gardais mes distances et tranquillement son comportement envers moi a changé ; de méprisant et

éventuellement indifférent, il est devenu, vers la fin de l'année scolaire, amical. Je n'avais pas l'intention de la questionner sur la situation. C'est elle qui a décidé de me faire un aveu. Elle m'avait prise pour quelqu'un d'autre ! Une autre fille dans mon programme était l'ex-blonde de l'un de ses amis, et elle lui avait fait beaucoup de peine en le laissant. Elle ne voulait pas me connaître et m'avait traitée durement parce qu'elle pensait que je le méritais ! Nous sommes devenues des amies par la suite, mais cette expérience m'a marquée.

Voilà à quel point une mauvaise première impression peut influer sur la communication et le comportement. Avez-vous déjà vécu une situation semblable à l'école ? en entrevue d'emploi ? Avez-vous déjà jugé quelqu'un à tort en vous basant sur votre première impression ? On voit qu'il est essentiel de valider nos perceptions avant de porter un jugement définitif.

3.2.4 L'effet de halo

Effet de halo

Tendance à percevoir surtout les qualités d'une personne qui nous est sympathique

En plus de porter un jugement sur la seule base de nos premières impressions, on peut également former des perceptions à partir d'un seul critère, la beauté ou l'argent par exemple, ou en tenant compte seulement des points positifs. Ce phénomène s'appelle l'« effet de halo » (tel que le halo d'un ange). Les admiratrices de Tiger Woods, par exemple, ne tiendront pas compte de toutes les histoires dans les revues à potins qui parlent de ses aventures amoureuses. Un homme n'écoutera pas ses parents et amis qui trouvent que son amoureuse est méchante avec lui, car il ne voit que sa beauté. En fait, l'effet de halo oriente le processus de sélection et crée une vision déformée de notre entourage et du monde en général. Pensez-vous que l'effet de halo ait influé sur les familles et les amis des jeunes et des policiers à Montréal-Nord ? Est-ce que ce phénomène peut expliquer en partie les émeutes ? Les pensées comme les opinions à l'égard d'autrui constituent des forces puissantes capables de pousser l'humain à des gestes qui sont loin d'être anodins.

3.2.5 Les stéréotypes

Stéréotype

Généralisation sur une personne, un lieu ou un événement adoptée par un grand nombre de personnes dans une société

Le mot « stéréotype » désigne un procédé d'imprimerie qui consiste à utiliser à répétition le même caractère pour imprimer un texte. Quand on stéréotype quelqu'un ou quelque chose, on utilise à répétition les mêmes pensées, ou images mentales fixes, pour « imprimer » un jugement. On emploie nos connaissances, croyances et attentes à l'égard d'un groupe pour porter des jugements sur ses membres et sur nos interactions potentielles avec eux.

Les stéréotypes sont des généralisations partagées par un grand nombre de membres d'une société à l'égard d'une personne, d'un lieu ou d'un événement. Par exemple, supposons que vous entriez pour la première fois dans la salle d'attente d'un médecin. Vous avez une idée générale ou stéréotypée de ce à quoi vous devez vous attendre et du comportement approprié dans cet environnement. Autrement dit, vous avez déterminé et généralisé la conduite qui est jugée acceptable dans le bureau d'un médecin. À votre entrée dans la salle d'attente, vous ne vous attendrez donc pas à trouver un éclairage au stroboscope ni des gens qui se trémoussent au son d'une musique entraînante. Il est essentiel d'avoir des connaissances sur des groupes pour savoir comment se comporter avec eux. Peu importe sa profession, il ne faut pas s'adresser à un groupe d'enfants de la même façon qu'à un groupe de personnes âgées.

Les stéréotypes peuvent aussi être dangereux parce que, au mieux, ce sont des simplifications exagérées et des généralisations excessives ; au pire, ce sont des exagérations grossières et des déclarations inexactes. Les stéréotypes fondés sur des demi-vérités découlant de prémisses non valables sont les plus problématiques. Ralph Ellison (2002), Afro-Américain et auteur du livre *Homme invisible, pour qui chantes-tu ?*, écrit :

> Je suis un homme invisible. Non, rien de commun avec ces fantômes qui hantaient Edgar Allan Poe... Je suis un homme réel, de chair et d'os, de fibres et de liquides – et on pourrait même dire que je possède un esprit. Je suis invisible, comprenez-moi bien, simplement parce que les gens refusent de me voir. Comme les têtes sans corps qu'on voit parfois dans les exhibitions foraines, j'ai l'air d'avoir été entouré de miroirs de gros verre déformant. Quand ils s'approchent de moi, les gens ne voient que mon environnement, eux-mêmes, ou les fantasmes de leur imagination – en fait ils voient tout et n'importe quoi, sauf moi.

Entretenez-vous des stéréotypes envers des groupes de personnes en particulier? Même si l'on ne veut pas se l'avouer, il est fort possible que l'on en ait. L'exercice 3.3 vous permettra d'y voir plus clair.

EXERCICE 3.3	Mieux se connaître

Identifiez des stéréotypes

Kevin Parent, chanteur québécois, a été sévèrement battu par plusieurs jeunes pendant le Carnaval de Québec en janvier 2010. Lorsqu'il a été diffusé que le groupe de jeunes était composé de touristes ontariens, les propos entendus un peu partout étaient empreints de stéréotypes.

Pourquoi? Quels sont les stéréotypes associés aux jeunes ontariens? Est-ce que ces stéréotypes expliquent vraiment l'attaque des jeunes sur Kevin Parent? Est-ce qu'ils l'auraient battu en sachant que sa langue maternelle était l'anglais? Il y avait d'autres facteurs en cause, notamment une consommation élevée d'alcool, mais le fait de se lancer des injures telles que «têtes carrées», «*frogs*» ou «maudits Français» est-il vraiment sans conséquence?

Se pourrait-il que même les personnes qui croient n'entretenir aucun préjugé nourrissent en fait des préjugés inconscients? Les résultats d'une étude menée conjointement par des professeurs de psychologie de l'université Harvard, l'université de Washington et l'université de Virginie appelée *Project Implicit* appuient justement cette idée. Cette étude virtuelle révolutionnaire a été mise en ligne en 1998. Jusqu'ici, 4,5 millions de tests ont été réalisés par des personnes vivant partout dans le monde. Le test est offert en 22 langues! Les résultats les plus concluants démontrent que tout le monde entretient des stéréotypes inconscients. Par exemple, les Américains favorisent les jeunes par rapport aux personnes âgées et les Blancs par rapport aux Noirs. Vous pouvez participer à cette étude en français et recevoir vos résultats en ligne sur plusieurs stéréotypes (race, âge, sexe, orientation sexuelle, poids, patriotisme et couleur de la peau) en allant sur le site Web suivant: www.projectimplicit.net/. Vous contribuerez ainsi à la recherche scientifique en plus de devenir conscient des stéréotypes perceptuels que vous pouvez avoir. Plus on est conscient de nos perceptions négatives, plus on est apte à les modifier.

3.2.6 Les préjugés

Si les stéréotypes peuvent nous aider à organiser les stimuli dans notre environnement, ils deviennent des préjugés lorsqu'ils sont utilisés sans réflexion. Un **préjugé** est une opinion positive ou négative préconçue sur des domaines très variés, tels que l'origine ethnique, la religion, les opinions politiques, les habitudes alimentaires, les goûts musicaux, etc. Le développement de préjugés empêche l'appréciation des différences et encourage la discrimination. Les préjugés envers les jeunes autant qu'envers les policiers ont joué un rôle dans la violence survenue à Montréal-Nord en août 2008. Par exemple, les personnes qui ont des préjugés négatifs contre les jeunes ou les immigrants ont jugé l'action policière de façon favorable. Inversement, celles qui se portent à la défense des droits des pauvres et des défavorisés y ont vu une situation d'abus de pouvoir. Lorsqu'on pense au mot «préjugé», on pense souvent en premier lieu à l'origine ethnique. Il y a néanmoins toutes sortes de préjugés aussi dommageables les uns que les autres, comme l'explique l'encadré 3.3 (*voir p. 60*).

Préjugé

Attitude partiale négative ou positive à l'égard d'un groupe de gens; opinion préconçue fondée sur l'appartenance à une catégorie sociale

REGARD SUR L'AUTRE

UNE AUTRE SOURCE DE PRÉJUGÉS QUE LA COULEUR DE LA PEAU

Quelle est votre réaction lorsque vous voyez une personne obèse manger dans un restaurant ? Si la personne mange gras, vous vous dites sûrement : « C'est clair, c'est pour ça qu'elle est grosse. » Et si elle mange une salade, une petite voix ne vous dit-elle pas : « Elle ne doit pas manger ça tous les jours ! » Comment expliquer cette méchanceté envers les personnes obèses ? C'est justement une des questions qui intéresse le Groupe de recherche Médias et santé (GRMS), fondé en 2005 par Lise Renaud. L'équipe multidisciplinaire fait partie du Département de communication sociale et publique de l'Université du Québec à Montréal.

Après des années d'études, les résultats sont frappants. Voici les principaux préjugés nourris à propos de la personne obèse : elle est responsable de son état, paresseuse et sans volonté, en plus de ne pas être intelligente. Ce qui est le plus inquiétant, ce n'est pas que ces stéréotypes soient partagés par une grande partie de la population, mais bien qu'ils le soient par les travailleurs de la santé publique (infirmières, médecins, etc.) ! Les chercheurs, autant québécois qu'américains, se préoccupent de l'influence que ces stéréotypes peuvent avoir sur la réussite des interventions auprès des personnes obèses (Puhl et Heuer, 2010). Tenir les personnes obèses responsables de leur état ne les motive pas du tout à perdre du poids. Les préjugés à leur égard affectent leur estime de soi, peuvent causer l'anxiété et la dépression ainsi que provoquer des maladies physiques liées au stress. Selon le docteur Sylvie Louise Desrochers (2010), on comprend de cette étude que :

> [...] les politiques de santé publique devraient s'attarder davantage [...] [à] l'accès à des aliments de qualité à des prix abordables et [à] la conception d'environnement urbain favorisant les déplacements actifs. De plus, les campagnes de sensibilisation devraient [...] diffuser des messages visant à contrer les préjugés sociaux actuels.

3.2.7 Le « tout savoir »

Tout connaître sur tout est impossible. Dans son livre intitulé *Science and Sanity*, Alfred Korzybski (1980) a inventé le terme « *allness* » pour désigner la tendance qui consiste à croire tout savoir sur un objet de connaissance.

Même en ne présumant pas que les journalistes nous disent tout ce qu'il est possible de savoir sur un sujet donné, on persiste souvent à croire qu'ils nous communiquent toute l'essence de ce sujet. Avez-vous déjà demandé à quelqu'un de vous répéter le contenu d'un cours que vous avez manqué ? Avez-vous supposé que cette personne vous donnait toute l'information importante ? Un examen ultérieur vous a-t-il prouvé que vous aviez tort ?

Tout savoir

Croyance erronée qu'une personne peut tout savoir sur un objet de connaissance

Comment éviter le **tout savoir** ? On peut d'abord reconnaître que, parce qu'il est possible de se concentrer seulement sur une partie d'un stimulus ou d'un événement, comme nous l'avons expliqué dans la section 3.1, on néglige nécessairement d'autres aspects de ce stimulus ou de cet événement.

Le tout savoir peut entraver l'établissement de relations efficaces. Pour surmonter cet obstacle à la communication, essayez de conclure toutes vos affirmations par l'expression « *et cetera* » (et le reste). Vous ne connaîtrez jamais tout ce qu'il y a à connaître sur quelque sujet que ce soit, et cette locution vous rappellera que vous ne devriez pas le prétendre.

3.2.8 L'aveuglement

L'exercice proposé à la figure 3.5 permet d'illustrer le concept de l'**aveuglement** en tant que facteur perceptif : essayez de relier tous les points de la figure au moyen de quatre lignes droites sans soulever votre crayon de la feuille et sans repasser sur la même ligne.

Avez-vous trouvé cet exercice difficile voire impossible ? C'est le cas de la majorité des gens. Pourquoi ? L'exercice ne comporte pourtant que deux restrictions. Toutefois, la plupart d'entre nous en ajoutent une troisième : ayant examiné les points, nous supposons que la figure formée doit être un carré. En fait, cette restriction n'existe pas et, une fois qu'on l'a compris, la solution devient évidente (*voir la solution dans la rubrique « Clés de correction » à la fin du manuel*). En réalité, l'image du carré vous a « aveuglé » dans votre recherche de la solution.

À l'instar du cheval à qui l'on met des œillères pour diminuer le nombre de stimuli visuels auxquels il est exposé, il nous arrive à nous aussi d'en porter. Si les œillères sont utiles au cheval, elles peuvent gêner radicalement les êtres humains. Parce qu'il s'agit d'une habitude consistant à voir seulement certains détails ou un seul angle au détriment du reste, l'aveuglement peut nous amener à poser des actes indésirables ou nous empêcher de trouver des solutions à un problème. Il peut aussi entraver des actions ou des décisions nécessaires.

> **Aveuglement**
>
> Mécanisme par lequel une personne limite inconsciemment ses aptitudes perceptives

FIGURE 3.5 **Un test pour mesurer l'aveuglement**

3.2.9 Les inférences

Un autre facteur susceptible de modifier la perception et l'évaluation des personnes et des événements sont les **inférences**, c'est-à-dire l'incapacité de distinguer ce que l'on croit ou souhaite être vrai de ce que l'on observe.

Supposons que vous ayez l'intention de vous rendre en voiture chez un ami qui habite à deux kilomètres de chez vous. Vous ferez sans doute quelques inférences au cours du trajet en auto : par exemple, que lorsque vous tournerez la clé, votre voiture démarrera ; que vous n'aurez pas de crevaison ; que lorsque le feu passera au vert, vous pourrez traverser la rue sans danger ; et qu'aucun chantier de construction ne bloquera l'accès à la maison de votre ami.

Il est important de distinguer les faits des inférences. Un **fait** est un phénomène que l'on reconnaît comme vrai parce qu'on l'a observé. Par exemple, une femme portant une mallette marche dans la rue. L'énoncé « cette femme porte une mallette » est un fait. Si cette même femme a les sourcils froncés, on pourrait en déduire qu'elle est fâchée ; or, ce second énoncé est une inférence, puisqu'on ne peut l'appuyer par l'observation (*voir le tableau 3.1, p. 62*). Il n'est pas toujours facile de saisir les faits et il nous arrive de confondre ceux-ci avec des inférences. Pourtant, négliger d'établir cette distinction peut être embarrassant ou dangereux. Prenons pour exemple l'acteur et pianiste de concert Dudley Moore qui s'est mis à manquer des répliques, à marcher en titubant et à rater des notes au piano. Plusieurs l'ont accusé à tort d'être ivre (une inférence), alors qu'en réalité il était atteint d'une maladie neurologique incurable (un fait).

> **Inférence**
>
> Proposition, déduction plus ou moins vraie basée sur une perception subjective
>
> *savoir différence.*
>
> **Fait** *après*✱
>
> Ce qui existe réellement et peut être observé

TABLEAU 3.1	Les principales différences entre les faits et les inférences	
	Les faits	**Les inférences**
	1. Peuvent être établis uniquement d'après l'observation ou l'expérience.	1. Peuvent être faites à n'importe quel moment.
	2. Se limitent à ce qui est observé.	2. Vont au-delà de l'observation.
	3. Peuvent être décrits seulement par un ou plusieurs témoins de l'événement ou du comportement.	3. Peuvent être établies par n'importe qui.
	4. Peuvent se rapporter au passé ou au présent.	4. Peuvent concerner le passé, le présent ou le futur.
	5. Sont des quasi-certitudes.	5. Représentent divers degrés de probabilité.

Agir comme si une supposition était une certitude s'avère risqué. Quand on confond des faits et des inférences, on est porté à tirer des conclusions hâtives. Vérifiez votre aptitude à distinguer les faits des inférences en répondant aux questions de l'exercice 3.4 (*voir la solution de cet exercice dans la rubrique « Clés de correction » à la fin du manuel*).

EXERCICE 3.4 | En pratique

Le détective

Lisez l'histoire suivante en présumant que l'information qu'elle renferme est vraie et exacte. Indiquez ensuite si vous pensez que chacun des énoncés ci-après est vrai (V), faux (F) ou discutable (?). Évaluez les énoncés dans l'ordre sans revenir sur vos réponses.

Note : Un point d'interrogation indique que vous pensez que l'énoncé peut être vrai ou faux, mais que les détails de l'histoire ne vous permettent pas d'en être certain.

Un cadre fatigué vient tout juste d'éteindre les lumières du magasin quand un individu s'approche de lui et réclame de l'argent. Le propriétaire ouvre le coffre-fort. Le coffre-fort est vidé de son contenu et la personne s'enfuit en courant. L'alarme est déclenchée, ce qui prévient la police.

Énoncés :

1. Un individu arrive après que le propriétaire a éteint les lumières du magasin. _____

2. Le voleur est un homme. _____

3. La personne qui arrive ne réclame pas d'argent. _____

4. L'homme qui ouvre le coffre-fort est le propriétaire. _____

5. Le propriétaire vide le coffre-fort et s'enfuit. _____

6. Quelqu'un ouvre le coffre-fort. _____

7. L'individu qui a réclamé l'argent vide le coffre-fort avant de prendre la fuite. _____

8. Il y a de l'argent dans le coffre-fort, mais l'histoire ne dit pas combien. _____

9. Le voleur ouvre le coffre-fort. _____

10. Le voleur ne prend pas l'argent. _____

11. Cette histoire mentionne seulement trois personnes. _____

3.3 Les influences externes

Les mécanismes de la perception sont bien moins simples qu'il n'y paraît. On ne voit pas le monde tel qu'il est, mais plutôt comme on a été conditionné à le voir. Notre culture, notre sexe et nos expériences antérieures nous amènent à préférer la **constance perceptive**, soit la tendance à voir les choses telles qu'on les voyait auparavant. Par conséquent, un grand nombre de nos perceptions sont acquises. Plus nos expériences de vie sont similaires, plus nos perceptions du monde se ressemblent. À l'opposé, plus nos expériences de vie sont dissemblables, plus l'écart entre notre vision du monde et celle des autres est profond (Signer, 1985). À titre d'exemple, lorsqu'ils regardent les figures formées par les cratères lunaires, les Nord-Américains voient un homme, tandis que les Amérindiens distinguent un lapin, les Chinois, une femme s'enfuyant de son mari, et les Samoans, une tisserande (Samovar et Porter, 1985).

Constance perceptive

Tendance à percevoir nos expériences exactement comme dans le passé

Que voyez-vous lorsque vous regardez la Lune ?

3.3.1 La culture

Notre culture façonne nos perceptions. Qu'il s'agisse de nos critères de beauté, de décrire la neige ou d'évaluer le comportement d'un enfant, la culture influe sur notre compréhension de la réalité. Les membres de diverses cultures sont simplement conditionnés à voir les mêmes indices, mais sous des angles différents. Chacun interprète ce qu'il voit à travers sa lentille culturelle. Par souci d'atténuer «l'influence culturelle», des éducateurs de certaines sociétés aux prises avec des conflits ont pris l'habitude d'adopter des manuels qui exposent les étudiants à deux versions contradictoires de l'histoire plutôt qu'à une seule. Ainsi, l'Institut de recherche sur la paix au Moyen-Orient publie un fascicule dont le texte est divisé en trois colonnes : une pour la version israélienne de l'histoire, une pour la version palestinienne et la troisième, vierge, que les étudiants peuvent remplir (Herzog, 2005).

En outre, notre culture nous conditionne à attendre d'autrui des comportements précis dans certaines circonstances. Or, des malentendus peuvent survenir si chaque interlocuteur fonde sa conduite sur des prémisses et des règles différentes. Par exemple, les Nord-Américains considèrent la parole comme un outil positif qui sert à atteindre des objectifs ou à exécuter des tâches. Pour eux, le silence a une valeur négative. Comme ils privilégient généralement le franc-parler et l'honnêteté, la personne plus réservée dans ses propos leur paraîtra vague ou lâche. En revanche, les Asiatiques accordent une grande valeur au silence et croient que celui qui a compris n'a pas besoin de parler. À leurs yeux, une personne qui énonce des évidences est prétentieuse. L'ignorance des perceptions propres à ces deux cultures pourrait facilement créer des problèmes de communication. N'ayant pas tous appris les mêmes leçons, on n'attribue pas tous la même signification à des comportements similaires. L'ignorance de cette réalité engendre une **myopie culturelle**, laquelle fait que l'on interprète de travers les comportements d'autrui et que l'on rate des occasions de mettre à profit nos différences en clarifiant nos perceptions respectives.

Myopie culturelle

Méconnaissance du fait que l'on n'attribue pas tous la même signification aux mêmes indices comportementaux

Quelle est votre perception de ce garçon ? Pourquoi ?

3.3.2 Le sexe

Tout comme l'ethnicité, notre sexe influe sur notre façon d'interpréter nos expériences. Hommes et femmes sont différents à plusieurs

Quelle est votre perception de ce garçon maintenant ? Pourquoi ? Avez-vous réalisé qu'il s'agissait du même garçon que sur la photo précédente ?

niveaux, notamment en ce qui a trait à leurs points de vue, à leur perception de la réalité, aux attentes qui pèsent sur eux et à leur style de communication.

Nos croyances à l'égard des comportements appropriés à chaque sexe conditionnent non seulement la perception mutuelle des hommes et des femmes mais aussi leur manière d'être en relation. Dès l'enfance, les hommes comme les femmes sont encouragés à adopter des comportements conformes à leur sexe : la société récompense les hommes qui font preuve de force et d'autonomie, tandis qu'elle encourage l'expression des émotions et la gentillesse chez les femmes. Celles-ci sont considérées comme étant émotives, alors que les hommes sont perçus comme plus rationnels (Wood, 1994).

À travers nos interactions avec nos parents, nos enseignants, nos pairs et le monde en général, on intériorise les comportements masculins et féminins appropriés. Cet apprentissage structure nos perceptions et nous enseigne le code de conduite prescrit par la société. Toutefois, il peut limiter notre perception des hommes et des femmes et nous amener à les juger en fonction des attentes relatives à leurs rôles respectifs plutôt qu'en fonction de leurs comportements réels. Les attentes d'autrui, les comportements des modèles, le maintien par les établissements d'enseignement des rôles sexuels traditionnels et le renforcement continuel des stéréotypes masculins et féminins par les médias, tous ces facteurs accentuent les différences perçues entre les comportements masculins et féminins (Pearson, 1995). Si l'on veut modifier la perception des comportements appropriés pour les hommes et les femmes, il faut changer la façon dont la société catégorise les membres de chaque sexe.

3.3.3 Les médias

Les médias aussi façonnent nos perceptions. Plus les gens regardent la télévision, plus ils sont exposés aux stéréotypes sociaux et plus ils sont susceptibles de perpétuer les perceptions irréalistes et restrictives qu'ils observent. Les critiques adressées aux productions des médias de masse concernent souvent le fait que les femmes et les minorités ethniques sont systématiquement confinées dans des rôles stéréotypés. Ces portraits simplistes perpétuent le racisme et le sexisme (Long, 2002). Selon Shanahan et Morgan (1999), la télévision est le principal outil formatant notre perception de la société et favorisant l'intériorisation de perceptions qui ne concordent pas avec la réalité.

Si les médias montrent souvent les hommes comme des êtres actifs, indépendants, forts et virils, ils dépeignent les femmes comme des objets de désir passifs, dépendants et incompétents. Alors que les hommes s'occupent de leurs affaires, les femmes semblent surtout soigner leur apparence et s'occuper des autres, en particulier de leur famille. Du point de vue des médias, les hommes sont dominants et les femmes, soumises (Wood, 1994). Les hommes sont des pourvoyeurs et les femmes, des dispensatrices de soins, ce qui renforce les rôles sexuels traditionnels.

Pour des raisons similaires, il se pourrait que notre perception des minorités soit aussi faussée. Bien que les statistiques fassent état d'une amélioration, les minorités ethniques tiennent encore plus de rôles secondaires que de rôles principaux dans les productions médiatiques en plus d'être parfois dépeintes de manière stéréotypée. Par exemple, les images véhiculées par les médias ont sans doute contribué à fausser notre perception des Amérindiens. Selon Miller et Dente Ross (2002), les médias écrits en dressent souvent un portrait négatif et dégradant qui laisse croire que tous les Amérindiens sont pauvres, cupides, alcooliques et incapables de réussir dans la société nord-américaine. Cette représentation des Amérindiens mine leur aptitude à agir efficacement ou à être pris au sérieux.

L'influence des médias est-elle uniquement négative? Selon les chercheurs cités dans l'encadré 3.4, il n'en est pas ainsi. Les médias peuvent aussi être un moteur de changement des perceptions.

TOUT LE MONDE EN PARLE

LES MÉDIAS : MIROIR, STÉRÉOTYPES OU IDÉAL DE LA SOCIÉTÉ ?

ENCADRÉ 3.4

Si l'on en croit le livre *Glued to the Set: The 60 Television Shows and Events That Made Us Who We Are Today* (Strak, 1997), on est défini en grande partie par les émissions de télévision et, par conséquent, on devient ce que l'on regarde. Les publicités télévisées tentent de tirer profit de ce phénomène en montrant de plus en plus souvent des exemples de socialisation multiculturelle : des Américains jouant et vivant ensemble, toutes races confondues. Dans le but d'atteindre une grande diversité de consommateurs, ces publicités mettent en scène des scénarios dans lesquels des communautés ethniques diverses se mêlent sans effort. Nous voyons le même phénomène au Canada où la série d'animation canadienne *6teen* est très populaire auprès des jeunes. Six adolescents de 16 ans sont des amis inséparables. Dans le groupe, on retrouve une fille blonde passionnée par le magasinage, une fille blanche athlétique et studieuse, une fille asiatique, marginale et rebelle avec des perçages, un garçon noir musicien, un garçon hispanique tombeur de filles et un garçon blanc amateur de planche à roulettes. D'après vous, ces publicités et émissions reflètent-elles la réalité? Le désir d'inclure tout le monde dans l'émission *6teen* peut être louable, mais des amitiés semblables sont-elles réalistes? La chercheuse Barbara Mueller (2008) affirme que ce n'est pas le cas. Ses recherches démontrent qu'en Amérique du Nord la plupart des quartiers sont encore ségrégués et habités par une

majorité disproportionnée de blancs ou de membres d'un groupe ethnique. En dépit de cela, la professeure de marketing Sonya Grier (citée dans Texeira, 2005, p. A24) soutient qu'en laissant entendre que «le multiculturalisme est socialement souhaitable», les médias diffusent une vision de ce que la vie pourrait être, non de ce qu'elle est vraiment.

3.3.4 La technologie

Selon le psychologue social Kenneth Gergen (1991), à mesure que les nouvelles technologies de la communication nous amènent à entretenir des relations avec toute la planète et que notre connaissance d'autres cultures transforme notre attitude en abolissant les normes comportementales fixes, on a de plus en plus tendance à vivre dans un état fluctuant, dans lequel nos perceptions sont partielles et négociées plutôt que complètes et immobiles. En conséquence, nos perceptions découlant de l'information trouvée dans Internet peuvent être à la fois exactes et inexactes selon que le fournisseur d'information vise la clarté ou la distorsion. Comme pour les autres médias, cette information est fiable dans la mesure où sa source l'est aussi.

La communication assistée par ordinateur soulève également diverses questions relatives à la nature de la communication et à l'identité. On perçoit et interagit différemment avec nos interlocuteurs selon qu'ils sont en ligne ou face à nous. Un certain nombre de chercheurs qualifient même la cybercommunication d'irréelle afin de la distinguer de la communication qui se produit dans la vraie vie et sans l'intermédiaire d'un ordinateur (Wood et Smith, 2001). L'imagination et le plaisir du jeu jouent un rôle significatif dans les interactions en ligne, lesquelles permettent aux internautes de faire des expériences qui pourraient être inconfortables dans la réalité. C'est pourquoi Internet favorise la révision des perceptions de soi. On peut y être quelqu'un d'autre ou une version améliorée de soi-même (Barnes, 2001).

Réalité virtuelle
Environnement existant sous forme de données informatiques dans un ordinateur

Internet incite certaines personnes à se sentir plus grandes qu'elles-mêmes. C'est une forme de conduite stratégique comme nous l'avons vu dans le chapitre 2. De plus, l'accessibilité de l'ordinateur et de la **réalité virtuelle** permet à beaucoup d'utilisateurs de passer plus de temps à rêver. Comme la sociologue Sherry Turkle (1995) l'affirme : « Dans les films et les photographies, des images réalistes montrent des scènes qui n'ont jamais eu lieu entre des personnes qui ne se sont jamais rencontrées » (traduction libre). N'importe qui en possession d'un ordinateur, d'un logiciel de traitement d'images et de quelques connaissances de base peut créer une image, y joindre des parties d'images différentes et fusionner le tout de manière à en obtenir une nouvelle. Le traitement et la synthèse d'images contribuent à créer des mirages de la réalité. En fait, on ne sait jamais ce qui est réel ou vrai avec les médias numériques. C'est pourquoi les internautes doivent apprendre à jeter un regard critique sur ce qu'ils perçoivent plutôt que de simplement tenir pour certain ce qu'ils voient à l'écran. Ils doivent à tout prix analyser, soupeser et évaluer les informations qu'ils reçoivent.

Et vous pensiez avoir eu une mauvaise journée au travail ?

À titre d'exemple, la photo ci-contre montre une image célèbre ayant fait le tour d'Internet en 2001. La description indiquait qu'un grand requin blanc avait attaqué des marins britanniques le long de la côte sud-africaine et que la photo avait été choisie par le magazine *National Geographic* comme photo de l'année. Or, il s'agit d'une photo truquée. On reconnaît le pont Golden Gate de San Francisco en arrière-plan. La vraie photographie montre plutôt une équipe de la garde côtière américaine effectuant un sauvetage dans la baie de San Francisco, sur laquelle quelqu'un a ajouté l'image du requin. Le *National Geographic* ne l'a évidemment jamais choisie comme photo de l'année !

Cette confusion entre la réalité et l'invention est un phénomène relativement nouveau, et plusieurs personnes ne sont pas encore habituées à mettre en doute la véracité des images qui leur sont présentées. Pour elles, un fait est un fait, c'est-à-dire une observation objective d'un événement. De nos jours, on se doit d'être plus au courant de ce que la technologie peut accomplir. Lorsqu'on voit une photo, il est important de garder en tête qu'elle est peut-être fabriquée de toutes pièces (Tapscott, 1998).

Après cette discussion sur les enjeux soulevés par les nouvelles technologies, quelques questions s'imposent. Les technologies émergentes nous rendront-elles plus souples et plus résilients? ou, au contraire, nous confineront-elles dans une réflexion strictement logique et dans des schémas de pensée prescrits et conventionnels? Soutiendront-elles notre capacité de mettre à profit nos expériences virtuelles pour enrichir nos expériences réelles ou aboliront-elles notre sentiment de réalité en nous laissant nous perdre dans un monde virtuel qui s'évanouit dès que l'on éteint l'ordinateur? L'encadré 3.5 aborde ces questions plus en détail.

COMMUNIC@TION

À QUI FAIRE CONFIANCE?

ENCADRÉ 3.5

Connaissez-vous les sites Web «Notez vos profs» et «Notez votre médecin»? De plus en plus de Québécois ont recours à ces sites avant de prendre une décision sur quel cours suivre ou quel médecin consulter. Est-ce vraiment la meilleure façon de faire? Quels pourraient être les problèmes avec ce genre de site?

Plusieurs consommateurs consultent des livres tels que *Le guide de l'auto* (Duquet, Gélinas et Lachapelle, 2009) avant de procéder à un achat. On consulte nos parents et amis avant de prendre des décisions. Les sites Web ne jouent-il pas le même rôle?

Oui et non. Une personne qui réussit à faire publier un livre a une certaine expérience et une certaine expertise dans son domaine. On connaît nos parents et amis et l'on peut nuancer leurs jugements. En est-il de même pour les personnes qui écrivent dans Internet? Dans ce chapitre, nous avons examiné assez d'éléments qui peuvent influer sur la perception pour comprendre qu'il faut être prudent. Si l'on est satisfait de notre professeur ou de notre médecin, va-t-on spontanément écrire sur l'un de ces sites? Est-ce que l'on ne sera pas plutôt porté à écrire seulement si notre expérience s'avère négative? Ou simplement pour appuyer nos amis ou se venger des gens que l'on n'aime pas? L'accès libre à Internet donne à chacun la possibilité de dire ce qu'il veut. Il faut alors se rappeler que ces propos sont des perceptions et non des faits!

3.4 Mettre en pratique ses aptitudes à la communication

Bien que notre efficacité en tant que communicateurs soit en partie déterminée par nos aptitudes perceptives, il est rare que l'on s'arrête aux façons d'améliorer la justesse de notre perception. Quelques suggestions susceptibles de renforcer les aptitudes perceptives de chacun sont présentées à la page suivante.

3.4.1 **Prendre conscience de la partialité des perceptions**

En prenant conscience du rôle actif que l'on joue dans le processus de perception, en reconnaissant que l'on nourrit des stéréotypes et que l'on ne détient pas le monopole de la vérité, on augmente la probabilité que nos perceptions nous donnent des informations exactes sur le monde qui nous entoure et les gens qui en font partie.

3.4.2 **Prendre le temps nécessaire**

Les communicateurs efficaces ne sont pas pressés ; ils prennent le temps nécessaire pour traiter l'information d'une manière juste et objective. Lorsqu'on agit trop précipitamment, on prend souvent de mauvaises décisions, car on néglige des indices cruciaux, on fait des inférences inappropriées ou injustifiées et l'on tire des conclusions hâtives. Pour devenir un communicateur efficace, il faut prendre le temps de vérifier ses perceptions. C'est en retardant sa réaction au lieu d'agir impulsivement que le communicateur responsable peut y arriver.

Voici une méthode simple de vérification des perceptions :

1. Nommer sa perception :
   « J'ai l'impression que tu n'es pas content de travailler avec moi. »
2. Décrire les comportements qui appuient cette perception :
   « Après notre réunion de travail hier, tu es allé voir le patron. »
3. Proposer deux hypothèses :
   « Je me suis dit que tu es allé lui parler de moi ou peut-être d'autre chose. »
4. Demander des clarifications :
   « Pourrais-tu me dire s'il y a quelque chose qui ne va pas ? »

En bref

Révision des objectifs du chapitre

1 **Définir la perception et en expliquer les étapes.** La perception est le processus subjectif qui consiste à : 1) sélectionner, 2) organiser, et 3) interpréter des données sensorielles de manière à donner une signification au monde environnant.

2 **Reconnaître les obstacles à la perception.** Si l'on prend conscience du rôle actif que l'on joue dans le processus de perception et que l'on admet les effets restrictifs des premières impressions et des stéréotypes, on augmente la justesse de notre perception. Les communicateurs efficaces tâchent d'éviter les raccourcis perceptifs et de ne pas stéréotyper les autres. De plus, ils s'efforcent de ne pas réagir avec trop d'assurance ou de hâte à leurs perceptions, car cela pourrait les inciter à se croire, à tort, omniscients, nuire à leur quête de solutions ou les pousser à faire des inférences inappropriées et injustifiées basées sur des conclusions hâtives.

3 **Expliquer comment la culture et le sexe façonnent la perception.** La culture et le sexe suscitent en chacun de nous un désir de constance perceptive tout en façonnant nos perceptions et en influençant notre évaluation de la réalité. Ils nous conditionnent à anticiper certains comportements de la part des autres et nous amènent souvent à défendre des points de vue différents.

4 **Analyser l'influence des médias et de la technologie sur la perception.** Les médias comme la technologie déterminent en partie notre perception de nos expériences. Certains chercheurs prétendent que, trop souvent, l'humain devient ce qu'il regarde à la télévision et intériorise les stéréotypes et les images déformées de la réalité véhiculés par les médias. La technologie soulève aussi une foule de questions liées à l'identité et à la réalité virtuelle.

5 **Adopter les moyens pour améliorer la justesse de sa perception.** Il est possible d'améliorer nos aptitudes perceptives en reconnaissant que nos perceptions sont partiales, en prenant le temps nécessaire pour traiter l'information d'une manière équitable et objective et valider nos perceptions.

Pour aller plus loin

Chansons

Quels préjugés sont illustrés dans les paroles de ces chansons ? Êtes-vous influencé par ces préjugés ?

- « Passe-moé la puck », Les colocs, *Les colocs,* 1993
- « Amère América », Luc de Larochellière, *Amère América,* 1988
- « Journée d'Amérique », Richard Séguin, *Journée d'Amérique,* 1988
- « Il suffirait de presque rien », Serge Reggiani, *Il suffirait de presque rien,* 1968

Films

Le thème central de ces films est la perception que l'on a des autres et comment cette perception influence nos relations avec ceux-ci. Essayez d'y trouver des illustrations des concepts théoriques vus dans ce chapitre (la sélection, les premières impressions, les stéréotypes, les préjugés, etc.).

- *Bébés,* Thomas Balmès, 2010
- *Babel,* Alejandro González Iñárritu, 2006
- *Crash,* Paul Haggis, 2005
- *Billy Elliot,* Stephen Daldry, 2000

Livres

Les personnages de ces livres ont une perception de la réalité très forte, mais qui n'est pas nécessairement vraie. Analysez les facteurs qui teintent leur perception de la réalité ainsi que les conséquences de leurs perceptions sur eux et sur leur entourage.

- *Histoire de Pi,* Yann Martel, 2005
- *J'ai serré la main du diable,* Roméo Dallaire, 2003
- *Expiation,* Ian McEwan, 2005
- *La constance du jardinier,* John Le Carré, 2002

CHAPITRE

4

L'ÉMOTION

Objectifs d'apprentissage

Après avoir lu ce chapitre, vous devriez pouvoir :

1. Nommer et expliquer les différentes composantes des émotions ;

2. Définir l'intelligence émotionnelle ;

3. Comprendre l'importance du phénomène de la contagion émotionnelle ;

4. Définir l'approche émotivo-rationnelle ;

5. Décrire le processus de restructuration cognitive ;

6. Distinguer les composantes du langage responsable ;

7. Reconnaître les facteurs qui influent sur l'expression des émotions ;

8. Élaborer des outils pour mieux comprendre, maîtriser et exprimer vos émotions.

Mise en situation

Les amateurs de sport sont habitués à vivre toutes sortes d'émotions : l'allégresse, l'inquiétude, la déception, etc. Toutefois, le soir du 22 mars 2008, un incident survenu durant une partie de la Ligue de hockey junior majeur du Québec a fait vivre aux spectateurs des émotions inhabituelles, soit l'horreur et la stupéfaction. Ce match de séries éliminatoires opposait les Saguenéens de Chicoutimi aux Remparts de Québec et il est devenu célèbre d'une bien triste manière. Une vive rivalité existe entre les deux équipes depuis plusieurs années. Les Saguenéens menaient largement lorsqu'une bagarre générale a éclaté. Jonathan Roy, le gardien des Remparts, a alors traversé toute la patinoire pour attaquer Bobby Nadeau, le gardien de l'équipe adverse. Ce dernier ne s'est pas défendu. Il a simplement tenté de se protéger pendant que Jonathan Roy le frappait à répétition. Roy s'est ensuite dirigé vers le vestiaire en injuriant la foule.

La violence au hockey est un phénomène courant, mais ces gestes commis par le gardien des Remparts s'écartent de la norme. En général, la violence est un geste impulsif. Ce qui dérange dans ce cas, c'est de voir l'intention claire et soutenue de blesser l'autre. De plus, une bagarre, par définition, implique au moins deux personnes, alors qu'ici il s'agit plutôt de l'attaque d'une personne sur une autre. Il y a de multiples facteurs expliquant les événements de ce soir-là, mais on peut dire sans se tromper que Jonathan Roy a perdu le contrôle de ses émotions.

- Pourquoi certaines personnes sont-elles capables de bien gérer leurs émotions, tandis que d'autres ne le sont pas ?

- Quelles sont les principales émotions ?

- Quelles sont les conséquences des émotions négatives sur nous et sur nos relations interpersonnelles ?

- Comment faire pour comprendre, maîtriser et bien communiquer nos émotions aux autres ?

A vez-vous déjà été si heureux que vous en avez pleuré ? Avez-vous déjà été si effrayé que votre cœur semblait s'être arrêté de battre ? Lorsque vous avez un problème avec un ami, êtes-vous capable de lui en parler sans provoquer une dispute ? Les émotions font partie de chaque instant de notre vie. On peut même dire que la capacité de sentir et d'exprimer des émotions est ce qui nous distingue des autres animaux et définit notre qualité d'humain. Des ingénieurs construisent maintenant des robots de plus en plus sophistiqués qui accomplissent des tâches complexes telles que monter des escaliers, mais ces inventeurs sont encore loin de pouvoir leur donner la capacité de ressentir des émotions.

4.1 Les émotions

Émotion

État affectif subjectif dans un contexte précis qui comprend un état physiologique, une interprétation cognitive et des manifestations physiques

Qu'est-ce qu'une **émotion** ? Comment la décrire ? Comment l'expliquer ? Ce n'est pas parce que l'on peut ressentir plusieurs états émotionnels que l'on arrive à les comprendre plus facilement. Et s'il est souvent difficile de comprendre ce que l'on éprouve, ce n'est rien comparativement au fait de le communiquer aux autres. La quantité d'états émotionnels est telle que l'humain a dû inventer une multitude de termes pour en décrire toutes les nuances. Nous commencerons donc ce chapitre en dressant une liste non exhaustive de termes désignant des émotions bien diverses.

Une liste non exhaustive d'états émotionnels					
Abandonné	Craintif	Fatigué	Inquiet	Paranoïaque	Sensuel
Acariâtre	Crispé	Flatté	Insouciant	Paresseux	Sentimental
Affectueux	Déçu	Fort	Intéressé	Passionné	Solitaire
Agacé	Dégoûté	Fou	Intimidé	Perplexe	Soucieux
Agité	Déprimé	Froid	Irritable	Pessimiste	Soulagé
À l'aise	Désolé	Froissé	Jaloux	Piégé	Soumis
Ambivalent	Désorienté	Frustré	Joyeux	Plein d'entrain	Stupéfait
Amer	Détaché	Furieux	Laid	Plein de regrets	Surpris
Amical	Effrayé	Gêné	Libre	Possessif	Tendre
Amorphe	Embarrassé	Heureux	Mal assuré	Préoccupé	Tendu
Anéanti	Enjoué	Honteux	Malheureux	Pressé	Terrifié
Angoissé	Ennuyé	Horrible	Méfiant	Protecteur	Timide
Arrogant	Enragé	Hostile	Mélancolique	Ravi	Tourmenté
Blessé	Enthousiaste	Humilié	Mesquin	Reconnaissant	Transporté de joie
Calme	Envieux	Idiot	Mortifié	Rempli d'espoir	Triste
Chaleureux	Épuisé	Impatient	Négligé	Reposé	Troublé
Confiant	Exaspéré	Impressionné	Nerveux	Ridicule	Turbulent
Confus	Excité	Impuissant	Noble	Romantique	Vaincu
Content	Extasié	Indécis	Nonchalant	Satisfait	Vexé
Contrarié	Fâché	Indifférent	Optimiste	Secoué	Vulnérable
Courageux	Faible	Inhibé	Paisible		

4.1.1 Les émotions fondamentales

Si l'on parcourt les études menées depuis les années 1960 (Izard, 1977 ; Plutchik, 1980 ; Tomkins, 1962), on découvre que les auteurs ne s'entendent que sur cinq émotions qui seraient fondamentalement humaines : la tristesse, la peur, la colère, le dégoût et la joie. En êtes-vous surpris ? Le modèle le plus connu servant à expliquer les émotions est le modèle de Plutchik (*voir la figure 4.1*). On pourrait comparer ce modèle au concept des couleurs primaires. On n'a besoin que du rouge, du bleu et du jaune pour obtenir toutes les couleurs imaginables. Ainsi, huit émotions (Plutchik ajoute la surprise, l'acceptation et l'anticipation aux cinq mentionnées précédemment) se mélangent et varient en intensité pour couvrir toute la gamme des états émotionnels. Pourquoi donc se restreindre à cinq ou huit? Lorsqu'on aborde un sujet aussi complexe que les émotions, se contenter d'un petit nombre facilite la communication entre les chercheurs. Faire la distinction entre la joie et le bonheur peut s'avérer aussi difficile que de distinguer le violet du pourpre!

FIGURE 4.1 Le modèle spatial des émotions de Plutchik

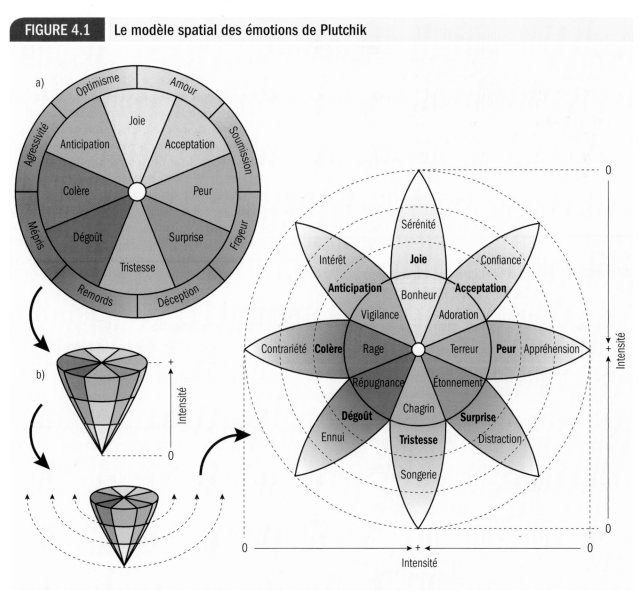

Sources: a) Parent et Cloutier (2009). 293 ; b) Copyright © Plutchik R. (1980) p. 157.

4.1.2 Les composantes des émotions

En général, lorsqu'on vit une émotion, on l'exprime verbalement. Par exemple, pour exprimer sa joie, une femme pourrait s'écrier: «Je suis tellement contente!» Cependant, les émotions sont beaucoup plus complexes, et pour bien les comprendre, on doit en analyser les quatre composantes.

De fortes émotions chez une personne se traduisent par de nombreux changements physiologiques.

La composante physiologique

Que se passe-t-il dans notre corps lorsqu'on éprouve une émotion? Les réactions physiologiques à une émotion sont déclenchées par le système nerveux autonome afin de réagir aux situations dans notre environnement et de les interpréter comme des menaces ou des bénéfices. Ces réactions échappent complètement au contrôle de l'individu. Par exemple, parmi les multiples réactions physiologiques, on trouve l'accélération du rythme cardiaque et respiratoire, la dilatation des pupilles, l'activation des glandes sudoripares, etc. Ce sont ces changements physiologiques que l'on interprète en émotions.

La composante comportementale

Lorsqu'on vit une émotion, notre corps réagit, parfois même malgré nous, et ce, de multiples façons. On peut taper du pied lorsqu'on est nerveux, ou croiser les bras si l'on n'est pas content. Les changements dans notre visage ainsi que le ton de la voix ne sont que quelques exemples de la composante comportementale des émotions. Paul Ekman (2004) a dédié toute sa carrière à l'étude de l'expression corporelle des émotions. Une de ses recherches les plus connues a démontré l'universalité de l'expression visuelle de quatre émotions. Regardez ces images d'Ekman dans la figure 4.2 qui prouvent l'universalité des expressions faciales. Reconnaissez-vous facilement les émotions mises en scène? L'étude de la composante comportementale des émotions est fascinante. Le corps peut véhiculer tant d'informations sur l'état émotif d'une personne! Nous aborderons ce phénomène en détail dans le chapitre 6 qui traite de la communication non verbale.

FIGURE 4.2 L'universalité des expressions faciales selon Ekman

1. La joie   2. La colère

3. Le dégoût   4. La tristesse

Source: © Paul Ekman Group.

La composante contextuelle

Le contexte est primordial pour la compréhension de l'émotion éprouvée. Si l'on décrit simplement un comportement, comme pleurer, on ne peut pas dire que la personne qui pleure est triste. La composante contextuelle nous permet de déterminer que si une personne pleure pendant des funérailles, par exemple, elle est sûrement triste. Si elle pleure lors de son mariage, elle est, du moins on l'espère, heureuse! Si la personne pleure après une défaite sportive, il peut s'agir de frustration ou de colère. Les enfants, et parfois les adultes, pleurent quand ils sont fatigués, quand ils ont mal ou peur. Voilà pourquoi l'analyse de la composante contextuelle est essentielle à la compréhension de l'émotion!

La composante cognitive

Pour faire l'expérience d'une émotion, on doit être conscient des changements corporels qui surviennent en nous, de nos comportements et du contexte dans lequel l'émotion est vécue. On prend conscience de ces éléments grâce à la composante cognitive. C'est, en effet, la cognition (la pensée) qui nous permet de donner du sens aux autres composantes pour que l'on puisse bien interpréter les émotions qui nous habitent. Par exemple, si l'on considère les affirmations suivantes: «Je me sens fébrile» (composante physiologique), «J'ai envie de pleurer» (composante comportementale), «Je n'ai dormi que quatre heures cette nuit» (composante contextuelle), c'est la composante cognitive qui permet de conclure: «Je dois simplement être fatigué.»

Vérifiez maintenant votre capacité à identifier les composantes des émotions avec l'exercice 4.1.

EXERCICE 4.1	En pratique

Êtes-vous attiré ou terrifié ?

Plusieurs recherches en psychologie ont été menées afin de déterminer l'importance des quatre composantes dans la compréhension de l'émotion. En voici quelques-unes. En 1974, les psychologues Donald Dutton et Arthur Aron ont mené une enquête au Capilano Canyon (dans les environs de Vancouver), que l'on peut traverser sur un pont suspendu à 70 mètres au-dessus de l'eau. Le pont ne mesure que 1,5 mètre de large et fait 137 mètres de long. Les assistants de Dutton et Aron, une belle jeune femme et un jeune homme, se positionnaient tour à tour au milieu du pont. Ils ont arrêté en tout 85 hommes à qui ils ont demandé de remplir un questionnaire. Ensuite, chacun des enquêteurs leur laissait un numéro de téléphone en les invitant à appeler plus tard s'ils souhaitaient avoir plus d'information sur l'étude. Les deux complices ont également fait la même enquête sur un pont beaucoup plus solide situé à seulement 3 mètres au-dessus d'un ruisseau. Les résultats furent concluants. Les hommes interrogés par la chercheuse sur le pont Capilano l'ont appelée plus souvent que les hommes interrogés sur le pont plus sécuritaire, et leurs questionnaires contenaient plus de réponses à caractère sexuel.

Presque 30 ans plus tard, Cindy Meston et Penny Frohlich (2003) ont conduit une recherche donnant des résultats similaires. Elles ont montré des photos à des personnes qui attendaient de monter dans des montagnes russes et à des gens qui en sortaient. Les chercheuses ont demandé à chaque personne d'évaluer le niveau d'attraction ainsi que l'intérêt romantique qu'elles ressentaient pour la personne sur la photo. Leurs résultats indiquaient que les participants qui sortaient des montagnes russes évaluaient les photos de façon beaucoup plus favorable que ceux qui n'avaient pas encore fait un tour de manège.

Remplissez la grille suivante pour vous aider à expliquer les résultats de ces deux études.

Réactions physiologiques	Comportement	Contexte	Interprétations cognitives
		Pont dangereux	
		Pont sécuritaire	
		Avant le tour de manège	
		Après le tour de manège	

4.2 La compréhension des émotions

Définir une émotion est un processus complexe. Pour avoir des relations interpersonnelles satisfaisantes, on doit non seulement définir nos propres émotions, mais on doit aussi être capable de définir et de comprendre celles des autres et de s'y ajuster. Dans cette section, nous allons examiner la théorie de l'intelligence émotionnelle ainsi que l'approche émotivo-rationnelle. Ces deux théories visent la compréhension des émotions et l'harmonie dans les relations interpersonnelles.

4.2.1 L'intelligence émotionnelle

On vit dans un monde très rationnel. La réussite est mesurée de façon quantitative: obtenir de bonnes notes à l'école, être premier dans une épreuve sportive, gagner beaucoup d'argent, etc. On valorise la logique et l'efficacité, alors que l'expression des émotions et le plaisir de prendre son temps sont relégués à l'arrière-plan. Comment toutefois expliquer les écarts flagrants à cette logique tels que la rage au volant, la violence conjugale, ou encore les excès de violence de Jonathan Roy? Daniel Goleman (1997), psychologue et journaliste scientifique américain, s'est intéressé à ces violentes embardées hors du sentier de la rationalité. En proposant que la notion d'**intelligence émotionnelle** est beaucoup plus importante pour l'établissement de relations interpersonnelles harmonieuses que celle de quotient intellectuel (QI), il a déclenché une petite révolution dans le monde de la psychologie.

Pour mieux comprendre le concept d'intelligence émotionnelle, examinons un exemple qui illustre, d'un côté, une intelligence émotionnelle très bien développée et, de l'autre, une intelligence émotionnelle quasi absente. Selon Goleman, une personne dotée d'une bonne intelligence émotionnelle est consciente des quatre composantes des émotions (physiologique, comportementale, contextuelle et cognitive) et elle les maîtrise. Par exemple, un individu qui est en retard pour une réunion importante au travail (le contexte) ressent de la tension physique (la réaction physiologique). Il est impatient (l'émotion). Il soupire et son visage est crispé (le comportement). De plus, s'il y a beaucoup de trafic sur la route, le travailleur se dit qu'il va être encore plus en retard et que son patron va le lui reprocher (la cognition). Comment réagit-il? Si son intelligence émotionnelle est bien développée, il va tenter de se calmer. Il va se dire que c'est embêtant d'être en retard, mais que ce n'est pas la faute des autres. Il va essayer de contacter (par téléphone, courriel, message texte, etc.) les personnes qu'il devait rencontrer pour les informer de son retard. Il va conduire prudemment en sachant qu'il ne peut pas faire avancer le trafic.

Une autre personne se trouvant dans la même situation mais souffrant de lacunes du côté de son intelligence émotionnelle n'agira pas de la même manière. Elle n'assumera pas la responsabilité de son retard, se disputera sans doute avec les membres de sa famille avant son départ de la maison, sur la route, elle perdra peut-être patience, injuriant les autres conducteurs et adoptant une conduite dangereuse. Arrivée à sa réunion, elle sera probablement dans un état physiologique extrêmement tendu et se plaindra à ses collègues du trafic, de la construction, du gouvernement, etc. Entre ces deux personnes, avec qui préféreriez-vous travailler? Le besoin de performer dans le monde du travail rend les gens de plus en plus stressés. Lisez l'encadré 4.1 pour comprendre quelles peuvent être les sources de ce stress.

Selon Goleman, la capacité d'un individu à nouer des relations harmonieuses dépend en grande partie de son degré d'intelligence émotionnelle. Si l'on peut comprendre et gérer les émotions comme la colère et la jalousie tout en demeurant sensible aux sentiments d'autrui, on peut aussi améliorer notre capacité à s'entendre avec des personnes très différentes dans des contextes variés. Goleman affirme aussi que certaines personnes ont une intelligence émotionnelle plus développée que d'autres de façon innée. Au contraire du quotient intellectuel qui est reconnu comme un indice stable de l'intelligence, Goleman soutient que l'on peut apprendre à développer son intelligence émotionnelle et prône l'enseignement de celle-ci dans les écoles. Il croit fermement que l'on réglerait beaucoup de problèmes de société si l'on apprenait aux jeunes à comprendre et à bien exprimer leurs émotions.

Intelligence émotionnelle
Capacité à se motiver, à maîtriser ses pulsions, à reconnaître et à gérer ses humeurs, à éprouver de l'empathie et à espérer

PENSEZ-Y !

LES ÉMOTIONS, LE TRAVAIL ET LA TECHNOLOGIE

Les avancements technologiques facilitent notre travail. Alors pourquoi a-t-on l'impression que la vie est de plus en plus stressante ? Au Québec, des recherches importantes sur la santé mentale au travail sont menées par Michel Vézina, professeur de médecine sociale et préventive, et ses collaborateurs. Afin de répondre à cette question, ils ont mené une analyse du marché du travail au Québec (Néboit et Vézina, 2002). Ils ont démontré que si les progrès technologiques ont permis d'accentuer la vitesse de production, cette même vitesse augmente les risques d'accidents du travail. Les nouvelles technologies exigent des travailleurs des formations initiales plus poussées ainsi que de la formation continue. Les chercheurs ont ensuite remarqué que si les horaires flexibles et le télétravail ont leurs avantages

certains, ils peuvent aussi entraîner l'isolement social. Leurs recherches mettent également au jour la vulnérabilité des travailleurs âgés, des femmes, des jeunes ainsi que des immigrants. Ces groupes sont plus à risque de faire l'expérience du chômage, de la précarisation du travail, du stress et du surmenage professionnel.

Dans une autre enquête menée cette fois-ci en 1998, Vézina (cité dans Néboit et Vézina, 2002) a observé que 62 % des salariés devaient à l'époque interagir avec la clientèle dans le cadre de leur travail et la moitié d'entre eux ont avoué qu'ils vivaient des situations stressantes dues justement à leur contact avec le public. Cela montre l'importance d'un cours de communication dans votre formation !

Goleman, Boyatzis et McKee (2002) ont également étudié le concept d'intelligence émotionnelle pour en faire ressortir les sphères suivantes : la conscience de soi, la gestion de soi, l'intelligence interpersonnelle et la gestion des relations. Le tableau 4.1 présente les différentes sphères définies par les trois chercheurs en les regroupant dans deux catégories de compétences. Le développement de l'intelligence émotionnelle joue en effet un grand rôle dans une situation de communication efficace et harmonieuse. Les éléments qui s'y trouvent sont parmi les thèmes présentés dans ce manuel.

TABLEAU 4.1   Les sphères de l'intelligence émotionnelle

I. Compétences personnelles	II. Compétences sociales
A. Conscience de soi • Conscience de ses propres émotions • Évaluation juste de soi • Confiance en soi	**A. Intelligence interpersonnelle** • Empathie • Support • Stimulation
B. Gestion de soi • Maîtrise de ses émotions • Adaptabilité • Initiative • Optimisme	**B. Gestion des relations** • Leadership inspirant • Charisme • Gestion des conflits • Travail en équipe et collaboration

Source : Adapté de Goleman, Boyatzis et McKee (2002).

Parmi les différentes compétences de l'intelligence émotionnelle, l'**empathie** est sûrement l'une des plus importantes pour l'établissement de relations interpersonnelles satisfaisantes. Elle comporte deux aspects : un aspect cognitif et un aspect émotionnel. D'un point de vue cognitif, être empathique désigne le fait de comprendre le point de vue de l'autre et de mettre ses propres opinions entre parenthèses afin d'y arriver. D'un point de vue émotionnel, être empathique

Empathie

Aptitude principale de l'écoute active où le récepteur tente de se mettre cognitivement ou émotivement à la place de son interlocuteur

Avez-vous souri en regardant la photo de ce bébé ?

Contagion émotionnelle

Fait d'être envahi par l'humeur positive ou négative de quelqu'un

signifie se mettre à la place de l'autre et sentir les émotions qu'il ressent. Quand on se soucie sincèrement du bien-être de quelqu'un et que l'on comprend sa situation, on essaie de penser comme lui et de ressentir ses émotions, du moins temporairement. Ce comportement empathique démontre que l'on a la capacité d'agir, de ressentir des émotions et de percevoir des objets, et que cette capacité favorise une meilleure compréhension de ce que les autres font, ressentent et disent. L'empathie nous permet de partager les émotions et les expériences d'autrui.

4.2.2 La contagion émotionnelle

L'encadré 4.2 donne un exemple frappant de ce qu'est la **contagion émotionnelle**. On peut effectivement transmettre nos émotions à d'autres personnes et être influencé par celles des autres. Adopter une expression triste, heureuse ou effrayée peut créer des sentiments de tristesse, de bonheur ou de frayeur. Les changements dans la physionomie ne sont pas simplement les signes visibles des émotions : ils peuvent aussi les susciter (Levenson et Reuf, 1997). En d'autres termes, si nos émotions peuvent influer sur nos expressions faciales, celles-ci peuvent influer sur nos émotions de façon similaire. Les humeurs aussi peuvent être contagieuses et plus on est empathique, plus on est exposé et sensible à cette contagion émotionnelle.

Ce phénomène de contagion est si important dans la vie de tous les jours qu'il peut influer sur le chiffre d'affaires d'une entreprise ! Pensez aux restaurants et aux commerces que vous aimez fréquenter. Pourquoi choisissez-vous ceux-là au détriment des autres ? Probablement en partie parce que vous trouvez les employés gentils et accueillants. On s'y sent bien parce que leur bonne humeur est contagieuse. Schneider et Bowen (1995) ont mené une étude dans 32 points de vente d'une chaîne de magasins américaine pour analyser le lien existant entre les recettes de vente et l'enthousiasme des employés. Les magasins dont les vendeurs démontraient le plus d'émotions positives enregistraient les meilleurs résultats. Comme quoi il est toujours bon de soigner le moral de ses employés !

PENSEZ-Y !

LA CONTAGION DES ÉMOTIONS

ENCADRÉ 4.2

Daniel Goleman (1997) raconte l'anecdote suivante en ouverture de son premier livre sur l'intelligence émotionnelle :

Cela s'est passé à New York, par un de ces après-midis d'août horriblement humides qui mettent tout le monde à cran. Je regagnais mon hôtel lorsque, en sautant dans un bus sur Madison Avenue, je fus surpris par l'amical : « Salut ! Ça va ? » que me lança le chauffeur, un Noir entre deux âges au sourire enthousiaste, accueil qu'il réservait à tous les passagers. Ceux-ci étaient aussi déconcertés que moi, mais, murés dans leur morosité, la plupart ne répondaient pas.

Cependant, tandis que le bus se faufilait dans les embouteillages, une transformation lente et pour ainsi dire

magique s'opéra. Le chauffeur n'arrêtait pas de parler, commentant ce qui se passait alentour : il y avait des soldes à tout casser dans tel magasin, une superbe exposition dans tel musée, avions-nous entendu parler de ce nouveau film dont on voyait l'affiche au coin de la rue ? Le plaisir qu'il tirait des innombrables possibilités offertes par la ville était contagieux. En quittant le bus, les passagers avaient perdu leur air morose, et lorsque le chauffeur leur criait : « À bientôt ! Bonne journée ! », ils le gratifiaient d'un sourire (traduction libre).

Avez-vous déjà vécu une situation similaire ? Ou, au contraire, avez-vous été affecté de façon négative par les émotions d'une autre personne ?

Rendre le milieu de travail agréable n'est pas la seule responsabilité des patrons. Chacun doit, dans la mesure du possible, faire un choix éclairé de son métier et de son lieu de travail. Lisez l'encadré 4.3 pour alimenter votre réflexion à ce sujet.

PENSEZ-Y !

LES ÉMOTIONS, LE TRAVAIL ET LES CHOIX

ENCADRÉ 4.3

Une étude de Robbins (1996) a démontré que nos choix de métier peuvent agir sur le niveau de stress que l'on vit dans notre milieu de travail. Cette recherche sur l'organisation du travail a fait ressortir quatre facteurs susceptibles d'augmenter le sentiment de satisfaction au travail tout en réduisant le niveau de stress : l'appui des collègues, un milieu physique agréable et sécuritaire, des défis et des compensations équitables. Étant donné que vous êtes en cours de formation, c'est un bon moment pour réfléchir à votre futur métier en évaluant ces facteurs. Il est clair que l'on n'a pas toujours le choix d'accepter une offre de travail, mais lorsqu'on a cette possibilité, voici les éléments à considérer :

- L'appui des collègues : votre emploi comble en partie vos besoins de socialisation. Avoir des collègues et des supérieurs qui collaborent avec vous et vous soutiennent augmente votre sentiment de satisfaction.

- Un milieu physique agréable et sécuritaire : les gens préfèrent travailler dans des milieux modernes, propres et sûrs. Ils préfèrent également travailler proche de leur domicile. Lorsque vous visitez un lieu de travail, soyez attentif à l'environnement et informez-vous, par exemple, sur le type de bureau ou d'espace que vous occuperez. Une autre idée serait de calculer le temps de trajet entre votre domicile et le lieu de travail potentiel afin de vous assurer que c'est acceptable.

- Des défis : un travail sans défis suscite l'ennui et l'apathie, tandis qu'un travail trop exigeant crée des sentiments de frustration et d'inaptitude. Avant d'accepter un emploi, assurez-vous auprès du futur employeur que les tâches et les responsabilités sont clairement énoncées.

- Des compensations équitables : tous les travailleurs veulent un salaire et de l'avancement basés sur les tâches, les habiletés individuelles ainsi que sur des échelles comparatives. Informez-vous toujours de la rémunération, des possibilités d'avancement et de la sécurité d'emploi avant d'accepter un poste. Cette recherche peut sembler ardue, mais elle vous permettra d'éviter bien du stress et des inconvénients.

4.2.3 L'approche émotivo-rationnelle

Rassembler la rationalité et les émotions dans une même théorie peut au premier coup d'œil sembler contradictoire. Que l'on pense à certaines expressions issues de la culture populaire comme « le cœur a ses raisons que la raison ignore ». Il faut comprendre par contre que la pensée, ou l'interprétation cognitive, est une étape cruciale dans la compréhension des émotions. Regardons dans un premier temps comment les tenants de l'approche cognitive expliquent l'origine des émotions et ensuite comment ils nous proposent de les modifier.

Une présentation des auteurs

Albert Ellis (1913-2007), psychologue américain de l'approche cognitive, a été le premier à utiliser les pensées pour modifier les émotions de ses clients. Considérant qu'il obtenait peu de résultats concluants avec une approche psychanalytique chez les personnes souffrant de problèmes courants tels que les troubles conjugaux ou sexuels, le divorce ou la dépression, il a complètement rejeté cette approche. Pour lui, la cause des problèmes affectifs des gens n'était pas l'événement (le conjoint infidèle, le manque d'avancement au travail), mais plutôt la perception (la pensée)

Albert Ellis, psychologue américain et père de l'approche émotivo-rationnelle.

Lucien Auger, psychologue québécois,
proche collaborateur et ami d'Albert Ellis.

**Approche
émotivo-rationnelle**

Approche thérapeutique cognitive
élaborée par Albert Ellis et qui
met l'accent sur le caractère
irrationnel des émotions

que la personne se faisait de cet événement. C'est pourquoi il a conçu une approche thérapeutique appelée « **approche émotivo-rationnelle** » (Ellis et Harper, 1992). Au Québec, c'est Lucien Auger (1933-2001), psychologue et professeur à Montréal, qui a diffusé cette thérapie et qui a entretenu une grande collaboration professionnelle et amicale avec Ellis.

Une description de l'approche

C'est le plus souvent de façon verbale que l'on exprime ses sentiments : « Je suis tellement content ! » Il y a toujours un événement déclencheur de l'émotion : « Je suis admis dans mon programme au cégep ! Je suis tellement content ! » (*voir la figure 4.3*).

Pour les cognitivistes, c'est plutôt notre système de croyances ou notre façon de voir l'événement qui est responsable de l'émotion que l'on vit (*voir la figure 4.4*).

Par exemple, vous êtes convoqué à une entrevue pour un emploi que vous désirez vraiment (événement). Même si votre vie n'en dépend pas (système de croyances), vous êtes anxieux mais confiant durant l'entrevue (émotion). Pour maîtriser ou modifier les émotions, on doit prendre conscience des systèmes de croyances qui nous habitent et les faire se confronter. Regardons dans un premier temps les systèmes de croyances.

FIGURE 4.3   **La source d'une émotion selon la population en général**

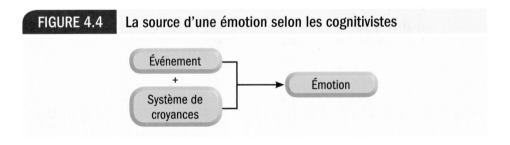

FIGURE 4.4   **La source d'une émotion selon les cognitivistes**

Les pensées irrationnelles

Pensée irrationnelle

Selon les cognitivistes,
pensée fausse qui est
source d'émotions nuisibles

Les systèmes de croyances qui génèrent des émotions négatives sont appelés des « **pensées irrationnelles** ». Selon les cognitivistes, une pensée irrationnelle est une pensée non fondée dans la réalité. Elle est également fausse, s'exprime en termes d'exigences absolues, nuit à l'atteinte des objectifs et procure des émotions nuisibles telles que l'anxiété, l'hostilité, la dépression et la culpabilité. Il existe toutes sortes de pensées irrationnelles, mais les cognitivistes les ont organisées en sept catégories qu'ils nomment « illusions de la pensée ».

L'illusion d'approbation   Lorsqu'on agit sous l'illusion d'approbation, on cherche à se faire aimer de tous. Les choix que l'on fait, les gestes que l'on pose et les émotions que l'on ressent sont tous influencés par le désir de plaire. Les personnes qui ont de la difficulté à dire « non » ou à s'affirmer s'imposent cette illusion d'approbation.

L'illusion de perfection   En général, l'illusion de perfection va de pair avec l'illusion d'approbation, car la perfection s'avère le meilleur moyen de combler les attentes de toutes les personnes dans notre entourage. Les personnes sous l'emprise de l'illusion de perfection ne se donnent jamais le droit à l'erreur.

L'illusion des impératifs   «Il ne faut pas qu'il pleuve le jour de notre bal de finissants!» Voilà un exemple d'une illusion des impératifs. Un cognitiviste demanderait à cette personne : «Est-ce que tout le plaisir lié à ce grand événement repose vraiment sur la température à l'extérieur?» À chaque fois que l'on exige un résultat des autres, de la météo, du gouvernement, on est aveuglé par l'illusion des impératifs.

L'illusion de prévisions catastrophiques   Nos émotions peuvent nous paralyser lorsqu'on entretient des illusions de prévisions catastrophiques. La personne aux prises avec ce genre d'illusion ne voit que le côté négatif de tout ce qui arrive autour d'elle et s'avère parfois incapable d'entreprendre de nouveaux projets, de peur d'échouer.

L'illusion de généralisation excessive   Lorsqu'elle est sous l'emprise de ce type d'illusion, la personne confond ses actes et sa personne. Au lieu de voir une situation comme un événement unique qui ne se répétera pas nécessairement, elle en fait le thème de toute sa vie. Ce n'est pas parce qu'un projet ou une relation ne fonctionne pas que la personne est bonne à rien ou qu'elle n'est pas digne d'être aimée.

L'illusion de causalité   La personne sous l'influence de l'illusion de causalité croit que ses émotions sont causées par les gens de son entourage plutôt que par ses propres réflexions. Cette illusion influence le comportement de la personne de deux façons. Soit cette dernière agit avec une grande prudence pour ne blesser personne, soit elle rend les autres responsables de ses émotions.

L'illusion d'impuissance   Ceux qui sont influencés par l'illusion d'impuissance pensent que le bonheur et le malheur sont contrôlés par des forces externes. C'est une illusion fataliste qui sape toute motivation de changer le cours des choses : «Je n'étudie pas pour l'examen. Peu importe ce que je fais, je vais couler.»

Vers la fin de sa vie, Ellis (2003) a simplifié le concept de pensée irrationnelle en résumant le tout par un sentiment d'exigence (en anglais, *demandingness*). Selon Ellis, tous nos sentiments négatifs tireraient leur origine des attentes irrationnelles que l'on s'impose et que l'on nourrit vis-à-vis des autres et de la vie en général.

Voici le genre de propos susceptibles de nous envahir lorsqu'on est influencé par l'illusion d'impuissance.

La restructuration cognitive

La partie précédente nous a permis de comprendre la source des émotions. Que peut-on faire pour les modifier? Pour remplacer nos pensées irrationnelles, les cognitivistes nous proposent un processus de **restructuration cognitive**. Si nos émotions négatives sont causées par nos pensées irrationnelles, il faut changer notre façon de penser. En lisant les exemples de pensées irrationnelles, vous avez probablement entendu dans votre tête ce que l'on appelle notre «petite voix» ou le monologue intérieur. Lorsqu'on a des pensées irrationnelles, on dirait que le message négatif se répète sans fin. Dans les années 1960 et 1970, les cognitivistes comparaient la restructuration cognitive à l'idée de «changer de disque». Aujourd'hui, on devrait plutôt dire «télécharger un nouveau fichier»! Peu importe la technologie, l'idée est la même. Il faut arrêter de laisser la voix négative prendre le contrôle et écouter davantage la voix positive. Concrètement, les cognitivistes disent que pour

Restructuration cognitive
Processus par lequel les pensées irrationnelles sont remises en question, modifiées et remplacées par des pensées rationnelles

restructurer nos pensées, on doit confronter nos pensées irrationnelles et les questionner afin de pouvoir ensuite les remplacer par des pensées rationnelles.

Cela peut paraître facile. Une personne peut dire : « D'accord, la prochaine fois que j'aurai un examen, au lieu de me dire que je suis nulle et que je vais couler, je vais étudier et faire de mon mieux même si l'examen est difficile. » C'est le principe de base. Par contre, si cela fait plusieurs années que la personne se rabaisse mentalement, le processus peut prendre un certain temps. On doit aussi accompagner nos nouvelles pensées d'expériences positives. Un exemple tiré de la vie d'Albert Ellis illustre bien ce propos (Kaufman, 2007). Jeune homme, Ellis était très timide. Il n'aimait pas parler en public et était effrayé à la simple idée de parler avec des femmes, croyant qu'elles allaient se moquer de lui ! Fatigué par cette pensée irrationnelle, il a décidé d'employer les grands moyens. Il s'est donné le défi d'aller à Central Park (il habitait New York) et d'engager la conversation avec une centaine de femmes en l'espace d'un mois, quelle que soit l'anxiété qu'il ressentait. Trente femmes refusèrent de lui parler, mais 70 autres ont accepté de converser avec lui. Ellis n'a pu que constater sa réussite. Aucune femme n'a accepté un rendez-vous amoureux avec lui, mais aucune ne s'est sauvée en appelant la police non plus ! En vous inspirant de la réussite d'Ellis, utilisez les principes de restructuration cognitive pour aider les personnes dans l'exercice 4.2 à modifier leurs pensées irrationnelles.

EXERCICE 4.2   **En pratique**

Aidez les gens à « télécharger un nouveau fichier »

Pour chacune des situations suivantes, identifiez les émotions difficiles que chacune des personnes vit, ainsi que la ou les pensées irrationnelles se trouvant à la source de ces émotions. Proposez des croyances rationnelles qui aideraient la personne à modifier ses pensées et à vivre des émotions plus positives.

1. Alice est invitée à une fête chez Marie-Ève samedi soir. Elle travaille le vendredi soir. Le samedi, elle a une rencontre de travail d'équipe l'après-midi, et le lendemain, elle doit se lever à 6 h pour participer à une réunion de famille. Elle ne veut vraiment pas aller à la fête de Marie-Ève, mais se sent obligée d'y aller.

2. Jean est en colocation avec deux autres étudiants. Cela fait trois mois qu'ils cohabitent et tout se passe relativement bien. Il y a une semaine, Bob a ramené un chaton à l'appartement. Jean n'était pas hostile à l'idée, mais il n'a jamais eu d'animal de compagnie. Il réalise ensuite qu'il est allergique au chat. Cela le dérange, mais il a peur d'en parler. Les deux autres garçons semblent vraiment attachés à l'animal.

3. Hélène travaille dans un bureau. Elle partage son espace de travail avec Josée. Les deux utilisent un ordinateur et répondent au téléphone. Hélène est plutôt introvertie. Josée, de son côté, est extravertie. Elle est expressive physiquement et verbalement. Son bureau est recouvert de plantes, de photos, de babioles. Elle écoute de la musique, et elle parle fort. Hélène trouve la situation invivable. Elle dit à Josée que cette situation n'est plus tolérable, que ce n'est pas une façon de travailler et qu'elle doit changer sinon elle va aller se plaindre au patron.

4. Marc joue dans l'équipe de soccer de son cégep. Il joue assez bien, mais se sent découragé. Il fait les mêmes entraînements que les autres, mais son jeu ne s'améliore pas. Tous les autres courent plus vite que lui, sont plus musclés et plus habiles. Il pense se retirer de l'équipe avant que l'entraîneur ne lui demande de le faire.

4.3 L'expression des émotions

Nous avons vu les composantes des émotions ainsi que le développement des émotions. Un autre élément qui influence nos relations interpersonnelles est notre capacité de bien exprimer nos émotions. Bien des gens ont de la difficulté à les exprimer, que ce soit en personne ou en ligne. Soit ils adoptent un comportement non affirmatif en réprimant leurs émotions, soit ils deviennent agressifs et excessivement exigeants et belliqueux. La clé, si l'on veut utiliser ses émotions pour établir des relations harmonieuses, consiste à apprendre à les exprimer efficacement et de façon responsable.

4.3.1 Le langage responsable

L'information qui suit est très importante parce qu'elle peut transformer votre façon de voir les choses et d'agir au quotidien! La méthode présentée peut vous aider à développer votre intelligence émotionnelle et à améliorer votre communication et donc vos relations interpersonnelles avec votre famille, vos collègues et vos amis. Le langage responsable repose sur un principe essentiel : la relation que l'on entretient avec l'autre est importante et on veut la préserver. Si notre relation ou notre emploi, selon le cas, nous importe peu, on peut dire ce qui nous passe par la tête. Envoyer son patron au diable en démissionnant peut se faire sans trop de conséquences, mais ce n'est pas conseillé si l'on veut conserver son emploi ou obtenir une lettre de recommandation! Examinons les quatre étapes du langage responsable, soit l'identification de l'émotion, la description du comportement, l'expression de l'émotion et l'expression des souhaits pour la situation.

L'identification de l'émotion

La première étape du langage responsable consiste à identifier nos émotions. On doit prendre conscience de celles-ci en se demandant régulièrement : «Qu'est-ce que je ressens?» Une fois l'émotion identifiée, on évalue son intensité : «Quelle est la puissance de cette émotion?», «D'où vient-elle?», «Comment ai-je contribué à la créer ou à la maintenir?». C'est en répondant à ces questions que l'on peut déterminer l'importance que l'émotion a pour nous, son intensité ainsi que les conséquences possibles d'exprimer ou de taire l'émotion.

La description du comportement

Lorsqu'on décide d'exprimer une émotion, toujours dans l'optique de préserver notre relation, on doit choisir le bon moment. Par exemple, un ami vient d'apprendre que sa mère a une tumeur et doit subir une biopsie. Est-ce le bon moment de lui parler de son absence à une réunion de travail d'équipe? Voilà pourquoi on choisit un moment où les deux personnes impliquées sont calmes et disposées à la discussion. On parle de la situation présente et non de toutes les «transgressions» passées de la personne. On évite aussi les généralisations «toujours, jamais, tout» lorsqu'on décrit le comportement de l'autre, et l'on s'en tient aux faits.

L'expression de l'émotion

Ensuite, la troisième étape concerne l'expression proprement dite de l'émotion ressentie. Il faut toujours parler en son nom. Le message «je» est une expression inventée par Thomas Gordon (1975). Ce chercheur affirmait que lorsqu'on utilise un langage à la première personne, on ne porte pas de jugement sur les actions de l'autre. On exprime plutôt nos sentiments à l'égard de la situation. On explique ce que ce comportement nous fait vivre comme émotion. Par exemple, lorsqu'un colocataire monopolise le seul ordinateur de l'appartement, la personne qui se

Le langage responsable permet l'ouverture et le dialogue.

sent brimée devrait dire : « Je ne me sens pas respectée quand tu utilises l'ordinateur longtemps, sans me demander si j'en ai besoin. »

Chaque personne est responsable de son état émotif. Il est plus facile d'en blâmer les autres, mais si l'on fait preuve d'intelligence émotionnelle, on comprend que c'est notre perception d'une situation qui nous rend malheureux. Le « responsable » est le comportement et non la personne.

L'expression des souhaits pour la situation

Finalement, on exprime ce que l'on voudrait de la part de l'autre personne. Toujours dans l'exemple de l'ordinateur, la personne pourrait suggérer d'aménager un horaire pour le partage de l'ordinateur. En utilisant un langage responsable, on laisse la place au dialogue. Cela prend de la patience, de la réflexion, de la volonté et bien sûr de la pratique. Est-ce que la situation sera réglée ? Pas nécessairement, mais on aura l'assurance d'avoir agi en communicateur responsable.

La pratique du langage responsable est une stratégie pouvant être employée dans n'importe quelle situation de communication. Que ce soit entre amis, collègues, membres d'une même famille, ou même entre étrangers, ces quatre étapes s'avèrent très utiles pour exprimer ses émotions dans un contexte propice à la discussion et au compromis. Voyons maintenant un exemple de langage responsable dans une relation de couple.

Joanie et Olivier sont en couple. Ils reviennent d'une fête chez Mélissa durant laquelle Joanie, un peu jalouse, a trouvé qu'Olivier l'a ignorée et a parlé beaucoup avec Mélissa. Voici deux versions de la conversation qui pourrait suivre la soirée.

Version 1 – Le langage spontané	Version 2 – Le langage responsable
Il est une heure du matin. Olivier raccompagne Joanie jusqu'à son appartement.	*Olivier est chez Joanie le lendemain de la fête chez Mélissa.*
— O : Qu'est-ce que tu as ? Ça n'a pas l'air d'aller.	— O : Qu'est-ce que tu as ? Ça n'a pas l'air d'aller.
— J : Comme si tu avais remarqué.	— J : Oli, j'aimerais te parler de la fête d'hier.
— O : Qu'est-ce que tu veux dire ?	— O : Oui.
— J : Oh ! laisse faire ! Tu ne comprends jamais rien.	— J : J'aurais aimé qu'on passe plus de temps ensemble.
— O : Moi, je ne comprends rien ? Peut-être que si tu parlais, comme tout le monde, je comprendrais.	— O : On était ensemble, Jo.
— J : Si je parlais comme Mélissa ?	— J : Oui, mais je trouve que tu as passé plus de temps avec Mélissa qu'avec moi.
— O : Mélissa ?	— O : Vraiment ? Je n'ai pas remarqué que j'étais beaucoup avec elle. Tu sais qu'on était au secondaire ensemble. Ça faisait quelque temps que je ne l'avais pas vue. On parlait de nos amis, des vieilles histoires.
— J : Oui. Tu as passé toute la soirée avec elle. Elle semblait plus facile à comprendre que moi.	— J : Justement, je me sentais jalouse. J'avais peur que tu la trouves plus intéressante que moi.
— O : Elle est pas mal moins fatigante en tout cas.	— O : Voyons donc ! C'est toi que j'aime. Mélissa ne sera jamais plus qu'une amie pour moi. Je suis content que tu me l'aies dit, par exemple. La prochaine fois qu'on ira chez elle, tu resteras avec moi. Mélissa pourra t'en raconter des belles à mon sujet !
— J : C'est ça ! Je suis fatigante. Toi, tu es un idiot et je te hais.	
Joanie sort de l'auto en claquant la porte.	

Exercez-vous à mettre en pratique les étapes du langage responsable en faisant l'exercice 4.3.

EXERCICE 4.3   Mieux se connaître

Un retour vers le futur

Pensez à une dispute que vous avez eue dernièrement avec un collègue de travail ou un proche. Essayez de reproduire la conversation par écrit. Laquelle ou lesquelles des quatre règles du langage responsable ont été transgressées de part et d'autre? Réécrivez la conversation en suivant les étapes. Qu'auriez-vous pu dire? Qu'est-ce que l'autre aurait pu dire? Est-ce que cela aurait pu améliorer la situation? Pourriez-vous aborder de nouveau le sujet avec cette personne, et cette fois-ci mieux exprimer vos sentiments?

4.3.2   Les facteurs déterminants de l'expression des émotions

Bon nombre des problèmes qui interviennent dans nos rapports avec nos amis, nos parents ou nos employeurs sont dus à notre incapacité d'exprimer ou d'accepter les messages émotionnels (Petronio, 1999). On a souvent tendance à les censurer, et l'on hésite à les exprimer ou à laisser les autres extérioriser les leurs. Parmi les facteurs qui influencent l'expression des émotions, nous trouvons les codes personnels, le sexe et la technologie.

Les codes personnels

On respecte divers codes tacites, ou règles d'expressivité, pour décider quand extérioriser nos émotions et quand les refouler. Nos codes émotionnels personnels peuvent nous amener à élaborer des modes particuliers d'expression émotionnelle. On peut par exemple retenir ses émotions et s'efforcer de cacher systématiquement ce que l'on ressent ou, au contraire, afficher tous ses états d'âme comme nous l'avons vu avec la fenêtre de Johari (*voir p. 42*).

On peut aussi recourir aux divers modes d'expression établis par Paul Ekman et Wallace Friesen (1984): l'expression involontaire, l'absence d'expression ou l'expression d'une émotion substitut. Les personnes qui utilisent l'expression involontaire dévoilent leurs émotions sans en être conscientes et s'étonnent ensuite que l'on puisse deviner ce qu'elles ressentent. Les personnes qui font plutôt preuve d'une absence d'expression sont persuadées à tort qu'elles expriment leurs sentiments et sont confuses ou contrariées quand les autres ne décodent pas leurs signaux. Le troisième mode d'expression consiste pour la personne à exprimer une émotion substitut, c'est-à-dire qu'elle affiche sans s'en rendre compte une émotion qui n'est pas celle qu'elle éprouve réellement, et à ne pas comprendre par la suite les réactions surprenantes de son entourage. Comme nous le voyons, les codes émotionnels de chacun peuvent entraver les relations interpersonnelles. Avez-vous tendance à utiliser un de ces modes d'expression?

Le sexe

Les émotions ne font pas de distinction entre les sexes et tous, hommes et femmes, peuvent éprouver les mêmes émotions. Cependant, pour différentes raisons, beaucoup de sociétés s'attendent à ce que les hommes et les femmes adoptent des comportements émotionnels différents. Des règles et des tabous différents concernant l'expression des différentes émotions sont profondément intériorisés par chacun des sexes. Par exemple, si les hommes et les femmes manifestent une propension égale à la colère, les femmes sont beaucoup plus enclines à la refouler, à l'étouffer et à la nier. Un homme en colère qui crie et injurie les gens sera en effet moins critiqué qu'une femme qui a le même comportement.

La colère est un état potentiellement destructeur. Selon le professeur de psychiatrie Redford Williams (cité dans Brody, 1996), de nombreuses preuves indiquent que l'agressivité peut à elle seule causer des problèmes cardiaques : « Pas l'impatience ni l'ambition ni le zèle. La colère. Elle fait grimper votre tension artérielle en flèche. Elle libère des toxines dans votre corps. La colère est un véritable poison pour certaines personnes agressives » (traduction libre).

On constate aujourd'hui que de plus en plus de femmes ont des problèmes cardiaques. On peut se demander si le fait d'occuper des rôles typiquement masculins et de se comporter plus comme des hommes n'est pas un facteur qui explique cette hausse des problèmes cardiaques (Väänänen, 2010). Le public a été étonné d'apprendre la mort de la mairesse de Québec, Andrée Boucher, en 2008. Non seulement parce qu'il s'agissait d'une mort subite d'une personne publique qui semblait en très bonne forme, mais également parce que nous sommes plus habitués à constater ce genre de décès chez les hommes. Le décès de la mairesse Boucher est un exemple qui appuie les données de Väänänen.

Apprendre à exprimer sa colère de façon constructive est une habileté très importante à développer.

Cela ne veut pas dire que toutes les manifestations de colère sont malsaines. En fait, les personnes qui expriment leur colère de façon modérée ont moins de risques de tomber malades que les personnes très colériques ou celles qui ne sortent jamais de leurs gonds. Exprimer sa colère modérément, plutôt que rarement ou jamais, diminuerait d'environ 50 % le risque de faire un infarctus ou un AVC (Eng, *et al.,* 2003). Encore une fois, la façon d'exprimer les émotions constitue la clé du succès.

Le sexe influence aussi nos réactions à la tristesse. Bien que, dans certaines circonstances graves comme le décès d'un proche, pleurer soit considéré comme un comportement tout à fait normal, avoir les larmes aux yeux ou pleurer dans certains milieux de travail peut être vu comme un stratagème visant à manipuler les autres ou tout simplement un signe de faiblesse. Il y a environ 30 ans, les recherches démontraient qu'il était mal vu pour un homme de pleurer en public. Aujourd'hui, toutefois, les hommes qui ont les larmes aux yeux sont perçus par plusieurs comme étant plus humains. En fait, il semble que pleurer au travail nuise davantage à la carrière des femmes qu'à celle des hommes ; les membres des deux sexes voient effectivement d'un œil plus favorable les hommes qui sont émus que les femmes. Par contre, hommes et femmes susciteront des réactions plus positives s'ils retiennent leurs larmes que s'ils éclatent carrément en sanglots (Shields, 2002).

Alors que nous vous incitons à bien exprimer vos émotions pour votre santé et vos relations interpersonnelles, comment comprendre les manques et les pertes de contrôle que l'on voit dans les médias ? Lisez l'encadré 4.4 pour stimuler votre réflexion.

ENCADRÉ 4.4

TOUT LE MONDE EN PARLE

LE DÉFOULEMENT ET LES RÉVÉLATIONS

À la radio et à la télévision, dans les blogues, les chroniques politiques et les livres, les gens tempêtent, injurient et dévoilent leurs secrets les plus intimes. Écouter ou regarder des êtres humains se mettre en colère ou faire des confidences et réagir à leurs manifestations émotionnelles constituent une nouvelle forme de divertissement (Nussbaum, 2004).

Que penser de ceux qui utilisent les médias pour refaire leur image publique ? Prenons de nouveau l'exemple de Jonathan Roy. L'attaque contre Bobby Nadeau aurait pu ruiner son image publique. Or, alors qu'il lançait sa carrière de chanteur, il s'est présenté à l'émission *Tout le monde en parle* de Guy A. Lepage le 10 mai 2009 et y est apparu sympathique et repentant. Cette prestation semble avoir modifié l'opinion que les gens entretenait à son sujet

(Therrien, 2009). Voici quelques questions qui permettront de pousser votre réflexion un peu plus loin et susciteront des discussions :

1. Quel rôle les défoulements médiatisés jouent-ils ? Faut-il prendre des mesures pour réintroduire la courtoisie dans les débats portant sur les problèmes sociaux ? Si vous estimez que c'est inutile, expliquez vos raisons. Si vous pensez qu'il faut prendre des mesures, quelles sont-elles ?

2. Concernant les confidences publiques, la société est-elle en train de créer une nouvelle forme d'intimité ? Si c'est le cas, cette forme d'intimité dévalorise-t-elle l'intimité entre personnes du monde réel ?

La technologie

L'expression des sentiments est également influencée par un facteur en constante évolution qui occupe une place toujours grandissante dans la vie d'aujourd'hui. Les cyberrelations influent forcément sur les rapports que l'on entretient avec notre entourage, mais dans quelle mesure ? Est-ce facile de gérer les relations que l'on établit dans les divers réseaux sociaux auxquels on appartient de nos jours ?

Internet donne à tous la possibilité d'élargir son cercle de relations. De bien des façons, le Web est le réseau ultime de non-contacts personnels. Les sites de réseautage social comme Facebook et MySpace permettent de « sortir » et de fréquenter des gens ou de « se lier d'amitié » avec des gens qui restent à des milliers de kilomètres de chez soi. Cette technologie nous ouvre des portes qu'il était inimaginable de franchir il y a à peine 15 ans !

Mais que penser de l'expression des émotions dans le cyberespace ? Les ordinateurs et les téléphones cellulaires sont des tableaux d'affichage sur lesquels on raconte ce que l'on vit à nos contacts virtuels. Les utilisateurs de Twitter tiennent des miniblogues, sortes de journaux intimes dans lesquels ils révèlent en continu une myriade de détails sur leur vie ainsi que leurs moindres pensées et sentiments. Et si quelque chose de triste leur arrive, leur réseau social les accompagne dans cette épreuve. Leurs amis virtuels affichent à leur intention des messages qui leur prouvent qu'ils ne sont pas seuls. Faut-il en déduire que les réseaux comme Twitter transforment de simples connaissances virtuelles en confidents plus intimes ? Ou Twitter crée-t-il seulement une intimité artificielle (Cohen, 2007) ? Quoi qu'il en soit, l'expression des émotions est essentielle pour les relations interpersonnelles comme nous le montre l'encadré 4.5 (*voir p. 88*).

Êtes-vous capable de bien interpréter les émotions exprimées en ligne ?

COMMUNIC@TION

LES ÉMOTIONS DANS LE CYBERESPACE

Dans un monde virtuel, on n'a pas accès aux composantes physiologique et comportementale des émotions. Ne pouvant traduire en mots toutes les nuances de leurs émotions, les internautes ont créé des symboles au moyen de caractères informatiques. Ces dessins, appelés « binettes », contribuent à personnaliser et à rendre plus expressifs les échanges assistés par ordinateur en évoquant la chaleur et l'intimité des interactions réelles. Les binettes servent aussi parfois à indiquer un changement d'humeur subtil. C'est ainsi que la frimousse :-) traduit l'intention humoristique de l'émetteur. Elle affiche parfois un clin d'œil malicieux ;-), ou une moue boudeuse :-(, selon que le commentaire doit être interprété avec humour ou sarcasme. De plus, les internautes ont recours aux majuscules et aux astérisques, comme « SUPER » et « *** », pour souligner l'importance de leurs messages et exprimer leur enthousiasme.

La liste ci-dessous présente d'autres binettes reflétant l'état physique ou émotionnel de l'émetteur ou décrivant des émotions et des actions que les mots seuls ne peuvent transmettre. La plupart des internautes connaissent ces symboles.

:-P : tirer la langue

=:-O : pousser un cri de frayeur, cheveux dressés sur la tête

:-& : mes lèvres sont scellées

En général, l'univers virtuel ne permet pas aux utilisateurs d'entendre la voix de leur interlocuteur. Ils ont donc aussi inventé une forme de sténographie faite de sigles et d'abréviations pour décrire leurs réactions. Par exemple, ils utilisent le sigle « MDR » pour indiquer qu'ils sont morts de rire. L'élaboration de tous ces procédés reflète bien le besoin universel de communiquer ses émotions.

4.4 Mettre en pratique ses aptitudes à la communication

Il est nécessaire de bien choisir le moment, la manière et la personne si l'on désire afficher ses émotions de manière opportune. Il y a des gens à qui l'on préfère ne pas montrer nos sentiments et des situations dans lesquelles afficher nos émotions serait inapproprié. Néanmoins, exprimer ce que l'on ressent améliore assurément les relations interpersonnelles. Voici cinq comportements à adopter pour tirer profit de l'expression des émotions.

4.4.1 Être honnête

En exprimant honnêtement ses émotions, on encourage l'autre personne à faire de même. On montre que l'on se soucie d'elle suffisamment pour partager nos sentiments avec elle.

4.4.2 Être tolérant

En exprimant ses émotions, on indique à l'autre que les émotions sont acceptables. Il ne faut pas censurer ses émotions ni déterminer celles que l'autre personne a le droit ou non de ressentir, mais plutôt s'intéresser à l'être en entier.

4.4.3 Être clair

Lorsqu'on partage ses émotions et ses perceptions avec quelqu'un, cela permet de les clarifier.

4.4.4 Favoriser l'entente

L'expression des émotions constitue l'une des meilleures stratégies pour surmonter les difficultés et résoudre les conflits de manière productive.

4.4.5 Prôner le respect

En verbalisant ce que l'on ressent, on indique à l'autre la manière dont on veut être traité. Au contraire, en gardant le silence, on encourage l'autre à persister dans un comportement que l'on désapprouve.

En bref

Révision des objectifs du chapitre

1 Nommer et expliquer les différentes composantes des émotions. Chaque émotion comporte quatre éléments. La composante physiologique englobe toutes les réactions déclenchées par notre système nerveux. La composante comportementale concerne les manifestations visibles d'une émotion. La composante contextuelle situe une émotion dans le temps et l'espace. La composante cognitive désigne l'interprétation qu'un individu fait d'une émotion.

2 Définir l'intelligence émotionnelle. À chaque instant qui passe, on éprouve une émotion plus ou moins intense. Notre intelligence émotionnelle – l'aptitude à se motiver, à maîtriser ses pulsions, à reconnaître et à gérer ses humeurs, à éprouver de l'empathie et à espérer – détermine la mesure dans laquelle on est capable de gérer nos émotions au sein de nos relations.

3 Comprendre l'importance du phénomène de la contagion émotionnelle. On peut transmettre nos émotions aux autres et vice versa. La bonne humeur peut être une force positive dans nos relations interpersonnelles autant que les émotions négatives peuvent être destructrices.

4 Définir l'approche émotivo-rationnelle. Les cognitivistes Albert Ellis et Lucien Auger proposent que ce ne sont pas les événements tristes ou désagréables de la vie qui provoquent en nous des émotions négatives, mais plutôt nos pensées en lien avec ces situations qui nous font vivre de l'anxiété, de la colère, de la tristesse ou de la culpabilité.

5 Décrire le processus de restructuration cognitive. Toujours selon l'approche émotivo-rationnelle, on peut changer notre façon de penser en modifiant notre monologue intérieur. Si l'on confronte nos idées irrationnelles avec des idées plus rationnelles, on peut être plus heureux. Il y a sept types d'illusions de la pensée : d'approbation, de perfection, des impératifs, de prévisions catastrophiques, de généralisation excessive, de causalité et d'impuissance.

6 Distinguer les composantes du langage responsable. Pour être un bon communicateur, il faut exprimer ses émotions en suivant les quatre étapes du langage responsable : reconnaître l'émotion, décrire le comportement, exprimer l'émotion, exprimer les souhaits.

7 Reconnaître les facteurs qui influent sur l'expression des émotions. On pratique souvent la censure émotionnelle. Les hommes et les femmes dans toutes les cultures apprennent très jeunes ce qui est convenable ou non en termes d'expression des émotions. On a également notre propre vision des sentiments que l'on accepte de dévoiler.

8 Élaborer des outils pour mieux comprendre, maîtriser et exprimer ses émotions. Bien comprendre et appliquer dans la vie de tous les jours les notions présentées dans ce chapitre* peut permettre d'atteindre cet objectif.

Pour aller plus loin

Chansons

Chacune de ces chansons parle d'amour et d'émotions positives et négatives. Pour vous, laquelle de ces chansons décrit le mieux l'émotion visée ? Pourquoi ?

- « Beau comme on s'aime », Yann Perreau, *Un serpent sous les fleurs,* 2009
- « Comme des enfants », Cœur de pirate, *Cœur de pirate,* 2009
- « Les voyages en train », Grand Corps Malade, *Midi 20,* 2006
- « Caroline », MC Solaar, *Prose combat,* 1994

Films

Ces films illustrent chacun à sa manière les quatre composantes de l'émotion. Essayez d'imaginer ce qui arriverait à l'histoire en l'absence de l'une ou l'autre des composantes.

- *Les pieds dans le vide,* Mariloup Wolfe, 2009
- *Mémoires affectives,* Francis Leclerc, 2004
- *Le docteur,* Randa Haines, 1991
- *Psychose,* Alfred Hitchcock, 1960

Livres

L'amour est un sentiment universel, mais il est vécu de façon très différente d'une personne à une autre. Chacun de ces livres raconte une histoire d'amour. Analysez l'une de ces histoires pour comprendre les émotions qui sont vécues par le couple.

- *Et si c'était vrai,* Marc Lévy, 2000
- *Le chardon et le tartan,* Diana Gabaldon, 2002
- *Les pages de notre amour,* Nicholas Sparks, 2004
- *Les piliers de la terre,* Ken Follet, 2005

PARTIE II

L'ÉMISSION ET LA RÉCEPTION DE MESSAGES

CHAPITRE 5

LE LANGAGE

Objectifs d'apprentissage

Après avoir lu ce chapitre, vous devriez pouvoir:

1. Définir le langage et clarifier les liens qui existent entre les mots, les choses et les concepts;

2. Nommer les règles qui régissent la transmission de signification;

3. Reconnaître les embûches sémantiques;

4. Expliquer l'influence du sexe sur le langage;

5. Expliquer l'influence de la culture sur le langage;

6. Expliquer l'influence d'une attitude affirmative sur le langage;

7. Expliquer l'influence de la technologie sur le langage;

8. Nommer les habiletés susceptibles d'améliorer vos aptitudes langagières.

Mise en situation

Qu'est-ce qu'un accommodement raisonnable? Ces deux mots sont sûrement familiers à plusieurs, mais que désignent-ils? Selon le dictionnaire *Larousse,* accommodement signifie «arrangement à l'amiable» et raisonnable, «qui agit conformément au bon sens». Est-ce que ces définitions correspondent à votre perception de ce qu'est un «accommodement raisonnable»? Probablement pas.

En janvier 2007, la municipalité de Hérouxville, en Mauricie, a défrayé les manchettes lorsque le conseil municipal a adopté à l'unanimité un code de conduite à l'intention des futurs résidents immigrants. En rédigeant ce code, les membres du conseil étaient convaincus que le fait de donner des normes de vie à des gens qui ne connaissent pas bien les coutumes québécoises était tout à fait juste et démocratique. Le code décrit les comportements acceptables que les hommes, les femmes et les enfants devraient adopter s'ils choisissent Hérouxville comme lieu de résidence. En voici quelques extraits:

> [...] Nous considérons que les hommes et les femmes sont égaux et ont la même valeur. Une femme peut donc, entre autres: conduire une voiture, voter librement, signer des chèques, danser, décider par elle-même, s'exprimer librement, se vêtir comme elle le désire tout en respectant les normes de décence généralement admises ainsi que les normes de sécurité publique, déambuler seule dans les endroits publics, étudier, avoir un métier ou une profession, posséder des biens et en disposer à sa guise. [...]

> Nous écoutons de la musique et nous buvons des boissons alcoolisées dans les lieux publics et privés, nous dansons et, vers la fin de l'année civile, nous décorons, individuellement ou collectivement, un sapin ou une épinette avec des boules et des lumières. C'est ce que nous appelons communément «décorations de Noël» ou «arbres de Noël», faisant ici allusion à la notion de réjouissances patrimoniales qui ne leur confèrent pas obligatoirement un caractère religieux. (Source: http://municipalite. herouxville.qc.ca/normes.pdf)

On peut penser que la plupart des Québécois seront d'accord avec ces notions, puisqu'elles décrivent notre mode de vie. Mais comment une personne d'une culture différente y réagira-t-elle? Si vous êtes musulman ou juif, vous pouvez facilement être surpris par ces indications. Si vous êtes chrétien, êtes-vous d'accord avec le fait que Noël ne soit pas considéré comme une fête religieuse? En fait, si ces mots ont provoqué une controverse, c'est parce que chaque personne qui les lit comprend des choses différentes. Le fait de parler la même langue n'est pas garant d'une compréhension partagée.

- Y a-t-il déjà eu des malentendus parce que vos interlocuteurs n'ont pas interprété les mots de la même façon que vous?
- Qu'est-ce qui influe sur notre compréhension du langage?

A vez-vous déjà eu une extinction de voix? Vous avez sûrement ressenti une grande frustration de ne pas pouvoir vous faire comprendre. Le langage parlé est un outil essentiel non seulement pour la communication avec les autres mais aussi pour l'expression et l'affirmation de soi. Bien que son importance soit capitale, la connaissance du langage n'est pas innée; c'est un processus complexe que l'on apprend à maîtriser tout au long de sa vie. En effet, le mot, l'image ou la pensée que l'on a dans la tête et que l'on veut transmettre à un autre ne seront jamais exactement le même mot, la même image ou la même pensée que ceux qui se trouvent dans la tête de l'autre. Les expériences passées, les valeurs, la culture, le contexte dans lequel on se trouve sont autant de facteurs qui agissent sur la signification que l'on donne aux mots. Dans ce chapitre, nous allons examiner tous ces facteurs dans le but d'améliorer notre communication verbale.

5.1 Le langage

Langage

Système unifié de symboles qui permet la transmission d'une signification

Le **langage** est un système unifié de symboles qui permet la transmission d'une signification. Un symbole représente, pour sa part, un concept, une idée, une émotion. À partir de ces deux définitions, quelques remarques s'imposent. Premièrement, les mots sont les symboles qui permettent de transmettre le sens dans le processus de communication. Il faut bien comprendre qu'ils représentent le concept, l'idée ou l'émotion, mais qu'ils ne sont pas la chose elle-même. Cette distinction est cruciale. Deuxièmement, les mots sont des sons parlés ou des signes écrits, désignant des choses ou des idées, communément acceptés par des personnes parlant la même langue. Ils relèvent donc d'une convention. En se mettant d'accord, on peut d'ailleurs attribuer n'importe quelle signification à n'importe quel mot. Des parents peuvent ainsi choisir un mot, disons «arbre», pour en remplacer un autre, par exemple «Disney World», lorsqu'ils veulent faire une surprise à leurs enfants. Durant les préparatifs du voyage, ils diront : «Il faut aller voir la dame pour l'arbre!» La vraie signification du mot «arbre» est alors connue seulement du couple. Troisièmement, aussi importants que soient les mots pour représenter et décrire des choses et des idées, il faut comprendre que c'est nous qui, par convention, prêtons aux mots une signification et, par conséquent, l'idéal est que les deux interprétations correspondent afin que chacun puisse comprendre le message de l'autre. En effet, si les parents utilisent trop souvent le mot codé dans l'exemple de Disney World, les enfants commenceront à poser des questions parce qu'ils ne comprendront pas le sens du mot : «Quel arbre?»; «Quand va-t-on avoir l'arbre?»; «On le met où l'arbre?», etc.

Le langage ne remplit sa fonction que s'il est employé correctement. C'est toutefois un concept complexe qui exige que l'on prenne le temps de bien en définir les divers éléments : la linguistique est la discipline qui a pour objet l'étude du langage. Dans les prochaines sections, nous allons examiner des éléments théoriques de la linguistique qui influent sur la communication verbale.

5.1.1 Le triangle sémiotique

Triangle sémiotique

Modèle d'Ogden et Richards qui explique la relation entre le mot, l'objet et la pensée

L'un des modèles les plus connus pour illustrer le fonctionnement du langage est le **triangle sémiotique**, élaboré par deux théoriciens de la communication, Charles Ogden et Ivor Richards (1923) (*voir la figure 5.1*).

FIGURE 5.1 Le triangle sémiotique

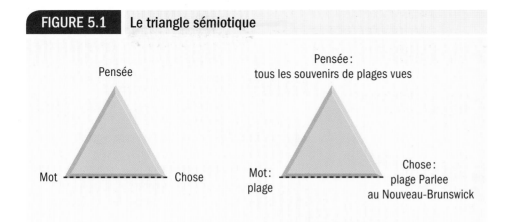

Les trois sommets du triangle sémiotique sont la pensée, le mot et la chose. La pensée englobe tous les souvenirs des expériences et des situations dans lesquels les mots sont utilisés. La ligne pointillée qui relie le mot (un symbole lié à la pensée) à la chose (un référent ou un stimulus qui évoque l'image du mot dans la pensée) indique que le mot n'est pas la chose et qu'il n'y a pas de lien direct entre les deux.

C'est pourquoi, quand on parle, on doit se rappeler que le lien entre les mots que l'on emploie et les objets qu'ils représentent existe seulement dans l'esprit des gens. Par exemple, il y a quelque temps, aux États-Unis, un message d'intérêt public diffusé à la télévision montrait un rat et une fillette vivant dans un appartement délabré. La fillette appelait le rat en disant «Minou, minou, viens ici!», comme s'il s'agissait d'un chat. Aussi bizarre que soit cette publicité, sa signification est assez évidente: deux personnes peuvent regarder le même objet, mais lui attribuer une signification différente. En effet, la signification d'une chose réside dans l'esprit de chaque personne qui la regarde (Vich et Wood, 1969). Pour devenir des communicateurs compétents, on doit comprendre les rapports qui existent entre les mots, les pensées et les réactions des gens (Langer, 1992). La lecture de l'encadré 5.1 (*voir p. 96*) vous permettra de réfléchir sur l'importance à accorder au langage.

Quel mot cette photo évoque-t-elle pour vous?

5.1.2 **La sémantique**

La sémantique constitue une autre approche élaborée pour définir le langage. Alfred Korzybski (1937), scientifique polonais, a conçu la théorie de la sémantique générale comme «une discipline pratique pour que chacun puisse prendre un recul critique sur les réactions (non verbales et verbales) à un événement au sens large (comprendre ses propres réactions, ainsi que les réactions des autres et leurs interactions éventuelles)».

On raconte une anecdote intéressante au sujet de Korzybski. Un jour, pendant qu'il donnait un cours, il s'est arrêté brusquement de parler et a ouvert sa mallette. Il s'est excusé auprès de ses étudiants en expliquant qu'il avait très faim et qu'il devait absolument manger quelque chose. Il a sorti une boîte de biscuits, l'a

PENSEZ-Y !

DES REGARDS SUR LE LANGAGE

ENCADRÉ 5.1

Voici une blague qui circule parmi les linguistes :

Q. : Que dit-on d'une personne qui parle trois langues ?

R. : Qu'elle est trilingue.

Q. : Que dit-on d'une personne qui parle deux langues ?

R. : Qu'elle est bilingue.

Q. : Que dit-on d'une personne qui parle une seule langue ?

R. : Qu'elle est américaine.

Dans le livre *Language Shock,* Michael Agar (1994) souligne le préjugé courant selon lequel les Américains trouvent particulièrement difficile l'étude des langues étrangères parce que cela les oblige à modifier leur point de vue, leur perception du monde. Pour lutter contre ce préjugé et changer leur vision d'eux-mêmes et du monde, les Américains devraient-ils apprendre une autre langue ? Pourquoi ? Et le cas échéant, quelles langues devraient-ils étudier ?

Qu'en est-il de nous ? Pour les Québécois, le français n'est pas simplement une langue. C'est notre identité. Personne ne peut véritablement comprendre la culture québécoise sans saisir l'importance de ce lien. En France, les anglicismes sont utilisés sans crainte et sans préjugé : « parking », « babysitting », « weekend », « shopping », etc. Mais au Québec, petit îlot francophone dans une mer anglophone, on s'appuie sur notre langue pour affirmer notre présence

dans le monde. Différentes lois, comme la loi 101, ont d'ailleurs été votées au cours des années afin de protéger le fait français au Québec. Dans le même ordre d'idées, l'Office québécois de la langue française encourage les citoyens à utiliser le moins d'anglicismes possible lorsqu'ils parlent et écrivent. C'est la raison pour laquelle on met beaucoup d'efforts à traduire des termes d'ingénierie ou d'informatique, par exemple. L'invention du mot « courriel » en est un très bon exemple.

Malgré ces efforts, plusieurs anglicismes se glissent insidieusement dans l'usage courant de la langue, à un point tel que l'on ne les remarque plus. Mais l'inverse est aussi vrai. Les anglophones utilisent énormément de termes français dans leurs communications de tous les jours. « Cache-pot », « vol-au-vent », « cul-de-sac », « papier mâché », « raison d'être », « coup d'État », « rendez-vous » n'en sont que quelques exemples.

Les anglophones devraient-ils enlever ces mots français de leur vocabulaire ? Comment expliquer la différence de sensibilité entre les Français et les Québécois envers ces emprunts langagiers ? Les Français seraient-ils moins préoccupés par leur langue que nous ? Et en matière de lois, obliger un affichage bilingue ou empêcher les enfants d'aller à l'école anglaise préservera-t-il la culture québécoise ?

ouverte et en a mangé un. Ensuite, il en a offert aux étudiants assis dans la première rangée. Plusieurs ont accepté le biscuit et l'ont mangé. Soudain, Korzybski a enlevé l'emballage recouvrant la boîte pour révéler qu'il s'agissait de biscuits pour chiens ! Plusieurs étudiants ont réagi fortement en crachant le biscuit ou en sortant précipitamment de la salle de classe pour aller vomir dans la salle de bain. Que signifie cette anecdote ? Elle illustre toute la puissance évocatrice des mots. Peut-être que certains étudiants, avant la confession de Korzybski, trouvaient les biscuits délicieux, mais le seul fait d'entendre qu'il s'agissait de gâteries pour chiens les a rendu malades (Diekstra, 1993, cité dans Derks et Hollander, 1996).

5.1.3 Les barrières sémantiques

Lorsqu'on s'adresse à quelqu'un, on suppose souvent trop vite que notre interlocuteur comprend le sens de nos propos. Or, de multiples facteurs, dont le sens et le caractère des mots, font que l'on n'est pas toujours compris comme on le voudrait, et que les mots que l'on emploie créent des barrières au lieu de nous rapprocher. Ces malentendus constituent un obstacle à une communication efficace.

On peut faire dire aux mots ce que l'on veut. Rien ne nous en empêche, sauf bien sûr, notre désir de comprendre les autres et d'être compris par eux (*voir la figure 5.2*).

FIGURE 5.2 Les barrières sémantiques

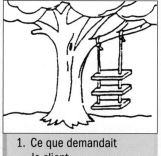

1. Ce que demandait le client...

2. Ce que lui a proposé le Service du marketing...

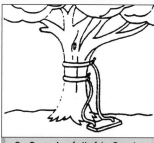

3. Ce qu'a réalisé le Service d'études techniques...

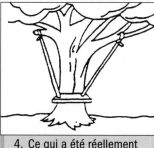

4. Ce qui a été réellement produit...

5. Comment on l'a modifié...

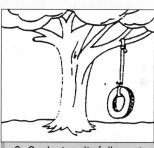

6. Ce dont avait réellement besoin le client...

Les sens dénotatif et connotatif

On risque d'avoir des problèmes de communication si l'on tient compte unique-ment de notre propre interprétation des mots. Même si l'on sait ce que l'on veut dire (l'intention du message), la question cruciale est de savoir ce qu'évoque tel ou tel mot dans l'esprit de notre interlocuteur (l'impact du message). Il faut savoir que les mots ont à la fois un **sens dénotatif** (objectif et invariant) – «mardi est la deuxième journée de la semaine» – et **connotatif** (subjectif ou personnel) – «mardi est ma journée préférée» – ce qui complexifie encore plus la compréhension et surtout l'interprétation du langage.

Voyons à l'aide de deux exemples comment le sens connotatif affecte la com-préhension. Le premier exemple est une conversation entre un adolescent et sa mère qui vire au quiproquo.

— Adolescent : J'ai un examen jeudi, mais ça se peut que je ne passe pas.

— Mère : Comment ça? Tu as toute la semaine pour étudier!

— Adolescent : Oui, mais on est nombreux. C'est une présentation orale. Il se peut qu'on ne passe pas tous jeudi.

Comment expliquer que le mot «passer» puisse susciter une réaction d'inquié-tude chez la mère?

Le deuxième exemple concerne un patron qui a demandé à ses employés de donner quelques heures de leur temps pour vendre des hotdogs à un tournoi-bénéfice de tennis. Seulement quelques employés se sont portés volontaires.

Sens dénotatif

Définition objective ou descriptive d'un mot

Sens connotatif

Définition subjective ou personnelle d'un mot

Quelques jours après le tournoi, le patron a envoyé un courriel à tous les employés disant ceci : « Merci à George, à Hélène et à Roger qui ont généreusement accepté de donner du temps pour les enfants moins fortunés de notre communauté. » Que faut-il comprendre de ce message ? Est-ce un message de remerciement sincère ou un reproche déguisé à tous ceux qui n'ont pas donné de leur temps ? Comment peut-on réagir à un tel courriel ?

La signification que l'on attribue aux mots dépend de nos expériences passées, de nos émotions, de nos besoins ainsi que du contexte dans lequel on se trouve. Est-il nécessaire de mentionner que cette signification est différente pour tous ? Prenons le mot « cancer », par exemple. Si l'on prononce ce mot devant un médecin, un patient et un statisticien, comment chacune de ces personnes réagira-t-elle ? Pour le médecin, ce terme pourrait évoquer des procédés opératoires et des techniques de diagnostic ou la manière d'annoncer à un patient qu'il est atteint du cancer. Le patient songera à ses chances de guérison et ressentira probablement de la peur. Le statisticien verra, quant à lui, le cancer comme un facteur important dans le calcul de l'espérance de vie. Au contraire du sens dénotatif des mots – qui fait généralement l'objet d'un consensus –, le sens connotatif est donc profondément personnel.

Ensuite, alors que le sens dénotatif ne change pas (mardi est toujours la deuxième journée de la semaine), le sens connotatif peut évoluer dans le temps (il n'est pas certain que mardi sera toujours ma journée préférée). En effet, beaucoup de « vieux » mots acquièrent une nouvelle signification à chaque décennie ou à peu près. Aujourd'hui, un virus n'est pas seulement un micro-organisme infectieux qui se propage d'un individu à l'autre, c'est aussi un programme informatique malveillant qui peut infecter des milliers d'ordinateurs partout dans le monde en un rien de temps. Par conséquent, lorsqu'on emploie un mot qui désignait un objet particulier à un moment donné de l'histoire, il est utile de déterminer s'il a toujours le même sens aujourd'hui.

Voici un petit animal canin domestiqué !

Le caractère concret ou abstrait

Les mots que l'on utilise ne présentent pas tous le même degré de précision. Prenons l'exemple d'un chien. Il existe plusieurs manières de le désigner :

- un animal ;
- un animal canin ;
- un animal canin domestiqué ;
- un petit animal canin domestiqué ;
- un caniche miniature.

À chaque étape, notre description devient plus précise. Hayakawa (1949) a conçu une échelle d'abstraction pour décrire ce processus. Cette échelle est constituée d'un certain nombre de descriptions du même objet. On peut représenter l'échelle sous la forme d'un entonnoir. À l'entrée se trouvent des généralités qui désignent le sujet comme un élément d'un groupe plus étendu. À mesure que les mots vont du général (moins précis) au particulier (plus précis), leur signification se dessine plus clairement et ils sont plus susceptibles de faire appel à nos sens et d'évoquer une image claire. Les mots aussi précis que « caniche miniature » clarifient le sens en diminuant le nombre de représentations susceptibles de surgir dans notre esprit. Étudions ce processus avec un exemple.

Un jeune enfant demande un fruit à son père. L'enfant voit très bien l'image de ce qu'il désire dans sa tête. Il ne ressent pas le besoin de spécifier à son père lequel des fruits il veut. Celui-ci doit alors l'interroger pour savoir duquel il s'agit.

— Père :   Une banane ?

— Enfant : Non, une ronde.

— Père :   Une poire ?

— Enfant : Non, j'aime pas.

— Père :   Ah, une pomme. (Il lui tend une pomme verte.)

— Enfant : Non. Rouge !

— Père :   Ah, tu veux une pomme rouge.

— Enfant : Oui. C'est ça j'ai dit !

On comprend bien avec cet exemple que plus notre choix de mots est clair et précis, plus la communication est facilitée. Faites l'exercice 5.1 pour vous exercer à faire des descriptions claires.

Voyez-vous un fruit rouge ou une pomme dans les mains de l'enfant ?

EXERCICE 5.1   En pratique

Vers un langage plus précis

Lisez les exemples suivants et remplissez les échelles d'abstraction afin de rendre votre langage plus précis.

Exemple 1 :

— Collègue 1 : Je vais me chercher un café. Est-ce que je t'en apporte un ?

— Collègue 2 : Oui.

— Collègue 1 : Tu le prends comment ?

— Collègue 2 : Avec du lait et du sucre s'il te plaît.

Seriez-vous capable de préparer le café au goût de votre collègue ? « Avec du lait et du sucre » est une demande très générale. Remplissez l'échelle d'abstraction suivante pour savoir comment préparer le café de votre collègue.

• Général : Un café avec du lait et du sucre.

• _____

• _____

• _____

• Spécifique : Un café avec un lait et deux sucres.

Exemple 2 :

— Patron : Nous rencontrons le client à 13 h vendredi. Est-ce que le rapport est prêt ?

La signification que vous et votre patron pouvez prêter au mot « prêt » peut varier beaucoup. Remplissez l'échelle d'abstraction suivante pour vous assurer que le rapport sera prêt au moment où votre patron le désire.

• Général : Le rapport est prêt.

• _____

• _____

• _____

• Spécifique : Le rapport est complété selon les exigences de votre patron.

L'abstraction peut, par contre, être utile dans certaines situations. Comme elle nous permet de rester délibérément vague, on peut limiter la compréhension de notre interlocuteur et éviter un malaise si on le juge nécessaire. Supposons qu'une amie vous demande votre avis sur une nouvelle tenue ou que votre patron veut savoir ce que vous pensez d'une nouvelle stratégie d'entreprise. Si dire la vérité vous paraît trop risqué, vous pouvez fournir une réponse abstraite et éviter de vous mouiller. Tournons maintenant notre regard vers les particularités du langage qui peuvent entraver la communication.

5.2 Les embûches sémantiques

Si l'on ne fait aucun effort pour analyser l'influence des expériences antérieures de nos interlocuteurs sur l'interprétation qu'ils font des mots, on pourrait éprouver des problèmes de communication. Pour la majorité d'entre nous, les mots possèdent plusieurs significations. En fait, un mot courant comporte souvent plus de 20 définitions. Prendre un bouillon dans une piscine ne signifie pas la même chose que prendre un bouillon au restaurant. On sait que faire craquer une allumette est différent de faire craquer ses doigts. C'est pourquoi il faut examiner avec attention le contexte d'un message. Hélas, on oublie souvent que les mots ont rarement une signification unique, et l'on suppose ainsi à tort que nos allocutaires prêtent à nos paroles exactement le même sens que nous prêtons à ces dernières, et vice versa. Regardons de plus près comment la déviation sémantique, les étiquettes et les différents types de langage influencent la communication.

5.2.1 La déviation sémantique

Déviation sémantique

Malentendu qui surgit quand deux locuteurs ont l'impression erronée de se comprendre mutuellement

Parfois, les locuteurs pensent qu'ils se comprennent, alors qu'en fait, c'est tout le contraire qui se passe. Ce type de malentendu est une **déviation sémantique** parce que les interprétations des locuteurs ne correspondent pas.

Il existe deux grands types de déviation sémantique (Haney, 1973). Le premier se produit lorsque les locuteurs utilisent des expressions ou des mots différents pour désigner une même notion. Voici un exemple : deux députés provinciaux discutent avec fougue d'aide sociale. Le premier soutient qu'il faut « réviser » le programme d'aide sociale de la province, tandis que le second insiste qu'il faut y apporter des « modifications mineures ». Il peut s'écouler beaucoup de temps avant qu'il ne devienne clair que la « révision » proposée par le premier député équivaut, en fait, aux « modifications mineures » de son vis-à-vis.

Le second type de déviation sémantique, plus courant, se produit quand les locuteurs emploient le même mot ou la même expression pour décrire des notions différentes. Dans ce cas, ils ont l'air d'être d'accord, alors qu'en réalité, ils ne le sont pas du tout. Le film de Francis Veber, *Le dîner de con,* donne des exemples savoureux de ce type de déviation sémantique :

Quel mot cette photo évoque-t-elle pour vous ?

— Pierre Brochant : Il s'appelle Just Leblanc.

— François Pignon : Ah bon, il a pas de prénom ?

— Pierre Brochant : Je viens de vous le dire : Just Leblanc.

— François Pignon : …

— Pierre Brochant : Leblanc, c'est son nom, et c'est Just, son prénom.

— François Pignon : …

— Pierre Brochant : Monsieur Pignon, votre prénom à vous, c'est François, c'est juste ?

— François Pignon : Oui…

— Pierre Brochant : Et bien lui, c'est pareil, c'est Just.

Être conscient qu'une déviation sémantique peut se produire quand on parle à quelqu'un constitue la première étape pour empêcher que ce type de malentendu nuise à nos relations ou les complique inutilement. L'orthodontiste, par exemple, qui dit à un enfant que son traitement sera «un pet» devrait comprendre par le regard dégoûté de l'enfant que ce dernier comprend mal le lien entre les deux mots! Si vous croyez que votre interlocuteur a des chances de mal interpréter vos paroles, prenez le temps qu'il faut pour vous assurer que vos interprétations concordent. Rappelez-vous que vos paroles peuvent susciter des réactions imprévisibles ou inattendues. En tentant de les anticiper, vous serez mieux à même de prévenir les problèmes de communication.

5.2.2 Les étiquettes

Dans une société de consommation comme la nôtre, les marques ont une grande importance. On aime bien apposer des étiquettes aux choses ainsi qu'aux personnes. À cette étape-ci de notre étude de la sémantique, nous nous pencherons sur les problèmes soulevés par l'usage des étiquettes et sur l'effet potentiel de ces dernières sur la communication.

Avez-vous un partenaire amoureux? Comment l'appelez-vous? Votre petit ami, votre copain? Qu'en est-il de vos parents? Est-ce que votre père appelle sa conjointe sa blonde, sa femme, son épouse? Comment réagissez-vous en lisant ces étiquettes? Voyez-vous l'importance que les noms ont pour décrire notre statut? Ils influencent notre identité à un point tel que le Code civil du Québec encadre le choix des noms et des prénoms que les parents peuvent donner à leurs enfants. Il y a plusieurs années, des parents voulaient appeler leur bébé «Spatule». Le directeur de l'état civil a refusé ce nom, et un jugement de la Cour supérieure du Québec lui a ensuite donné raison. Aux parents qui invoquaient le droit à l'originalité, le jugement a opposé un principe selon lequel «ce nom est d'abord celui d'un objet commun auquel n'est rattaché aucune qualité exceptionnelle» et que «l'intérêt de l'enfant doit prévaloir sur le souci d'originalité des parents». Aimez-vous votre prénom? Avez-vous des surnoms que vous aimez ou que vous n'aimez pas? Notre personnalité changerait-elle si l'on changeait de nom? Se faire appeler «dodu» à 2 ans peut être mignon, mais à 13 ans cette étiquette peut avoir des effets néfastes sur notre estime de soi. Le nom que l'on donne à une personne ou à un objet peut modifier de façon importante notre perception. La tirade du nez dans *Cyrano de Bergerac,* d'Edmond Rostand (1897), nous le démontre. Lorsque le vicomte veut ridiculiser le nez de Cyrano, ce dernier décrit lui-même son nez de multiples façons en se lançant autant de compliments que d'insultes. Lisez l'extrait suivant pour voir l'importance que le nom donne à un objet:

> Ah! non! c'est un peu court, jeune homme!
> On pouvait dire… Oh! Dieu!… Bien des choses en somme.
> En variant le ton, – par exemple, tenez:
> Agressif: «Moi, monsieur, si j'avais un tel nez
> Il faudrait sur-le-champ que je l'amputasse!»
> Amical: «Mais il doit tremper dans votre tasse:
> Pour boire, faites-vous fabriquer un hanap!»
> Descriptif: «C'est un roc!… C'est un pic!… C'est un cap!…
> Que dis-je, c'est un cap?… C'est une péninsule!»
> Curieux: «De quoi sert cette oblongue capsule?
> D'écritoire, monsieur, ou de boîte à ciseaux?»
> Gracieux: «Aimez-vous à ce point les oiseaux
> Que paternellement vous vous préoccupâtes
> De tendre ce perchoir à leurs petites pattes?» (Rostand, 1897).

La société occidentale, qui valorise les produits de marque, atteste le pouvoir des étiquettes de modifier notre perception des objets qui nous entourent. En effet, on se mouche avec des Kleenex au lieu de mouchoirs. Quel est le vrai terme pour un « *Q-Tip* » ou du « *liquid paper* » ? Amusez-vous à nommer les produits que vous utilisez tous les jours. Vous verrez que vous utilisez très souvent des étiquettes au lieu des vrais termes pour désigner ces objets !

Robinson, *et al.* (2007) ont d'ailleurs conduit des tests visant à prouver que la publicité pouvait tromper jusqu'aux papilles gustatives des jeunes enfants. Les résultats ont révélé que les petits trouvaient que tous les aliments avaient meilleur goût – même les carottes, le lait et le jus de pomme – lorsque leur emballage portait l'étiquette McDonald ! Comme nous l'avons mentionné plus tôt, le mot n'est pas la chose. Les noms prennent le sens qu'on leur donne. On doit être conscient du pouvoir des noms sur nos interactions et sur nos choix.

5.2.3 Le langage évasif et le langage affectif

Souvent, notre réaction devant une personne ou un événement est entièrement déterminée par les mots. Si l'on n'est pas vigilant, on peut tomber facilement dans le piège du langage évasif.

Examinez les séries de mots ci-dessous et observez comment votre réaction change à mesure que vous lisez chaque mot.

1. La putain   La fille   La femme
2. Retardé   Sous-développé   En voie de développement
3. Le cadavre   Le défunt   L'être cher

Si l'on aime un vieux meuble, on dira que c'est un meuble antique. Mais s'il ne nous plaît pas, on l'appellera un « rebut ». On use ainsi d'un langage affectif en ce sens que nos mots annoncent notre attitude. Par exemple, il y a quelques années, l'organisation PETA (People for the Ethical Treatment of Animals), qui milite pour le traitement éthique des animaux aux États-Unis, a demandé à la Federal Trade Commission de remplacer l'expression « animal à fourrure » par « animal massacré pour sa fourrure ». Le mot **euphémisme** est dérivé de deux mots grecs qui signifient « bonne parole ». Quand on utilise un euphémisme, on remplace un terme déplaisant par un mot plus agréable. Les euphémismes peuvent adoucir le message d'un communicateur en le faisant paraître plus plaisant qu'il ne l'est vraiment. Ainsi, les employés licenciés sont « désembauchés » ou subissent une relocalisation professionnelle. Deux partenaires d'affaires annoncent la fin de leur association en disant : « D'un commun accord, nous avons choisi de mettre fin à notre collaboration. » Si ce message donne une impression de bonne entente, la réalité est peut-être tout autre : « Nous nous sommes disputés et nous ne voulons plus travailler ensemble ! »

Lorsque l'environnement est devenu un enjeu politique important, le linguiste William Lutz (1996, p. 108) a conseillé aux politiciens américains d'employer l'expression « changements climatiques » plutôt que celle de « réchauffement planétaire » parce que le « réchauffement planétaire a une connotation catastrophique, tandis que changement climatique évoque un défi beaucoup plus maîtrisable et moins anxiogène » (traduction libre). Il a aussi suggéré d'utiliser le mot « conservationniste » plutôt que celui d'« environnementaliste » sous prétexte que le premier reflétait « une position modérée, raisonnée et sensée », tandis que le second avait une « connotation extrémiste ».

Euphémisme

Mot agréable qui en remplace un autre qui l'est moins

Un euphémisme remplace un terme déplaisant par un autre plus agréable.

Lutz, qui a été le premier à employer l'expression «double langage», associe l'emploi de mots évasifs à une tromperie linguistique. Voici quelques exemples de double langage utilisé en politique selon Lutz: appeler «insertion verticale» l'invasion d'un autre pays, baptiser un missile «artisan de la paix» et parler des impôts comme d'un «accroissement des recettes». Parce que l'on croit que le mot «clonage» fait peur, les opposants aux recherches sur le clonage utilisent volontiers ce terme, tandis que ses adeptes préfèrent parler de «transfert de noyau d'une cellule somatique». Est-il éthique de se servir des mots pour influencer les perceptions des gens?

Depuis les années 1990, on constate l'émergence, surtout dans les milieux politiques, d'une manière de s'exprimer fondée sur l'euphémisme: le langage politiquement correct. Cette forme de rectitude politique constitue une attitude visant à éviter les gestes et surtout les paroles qui pourraient offenser un individu issu d'un groupe d'individus (c'est-à-dire toute personne qui se distingue par son sexe, son origine ethnique, sa couleur de peau, son orientation sexuelle, etc.). Il existe maintenant des milliers d'exemples d'expressions s'inscrivant dans le langage politiquement correct: un clochard est un individu sans domicile fixe, un aveugle est une personne non voyante, un prostitué est un travailleur du sexe, un chômeur est en recherche d'emploi, etc. Si, d'un côté, les gens donnent de plus en plus d'étiquettes aux objets qui les entourent, il est de plus en plus difficile de ne pas employer une formule euphémique pour désigner quelqu'un.

Le langage politiquement correct relève-t-il de la délicatesse à l'égard de l'autre et de sa différence ou plutôt de la censure? De quelle façon soutient-il ou viole-t-il notre droit de s'exprimer? La signification des termes politiquement corrects varie en fonction des gens. Pour certains, utiliser un langage politiquement correct, c'est faire l'effort de ne pas insulter les autres en choisissant des mots qui reflètent le respect des besoins et des intérêts d'autrui. Cette manière de parler peut d'ailleurs contribuer à désamorcer les affrontements potentiels en adoucissant le ton et les propos.

Le contact avec des personnes de cultures et de milieux différents permet de les voir en tant qu'individus au lieu de les considérer de manière stéréotypée.

Certaines personnes tiennent un discours politiquement correct parce que la pression sociale les incite à bannir de leur vocabulaire certains mots – souvent appelés «mots tabous» – de crainte d'être traitées de racistes, de sexistes ou d'homophobes. D'autres encore voient la rectitude politique comme une menace à la liberté d'expression. Laquelle de ces opinions se rapproche le plus de la vôtre? Comme nous venons de le voir, les embûches sémantiques à une communication efficace sont diverses. Que ce soit le langage évasif ou politiquement correct, il peut s'avérer relativement facile de brouiller la communication et ainsi d'empêcher une bonne compréhension entre deux interlocuteurs.

5.3 Les influences sur le langage

La déviation sémantique, les étiquettes et les autres embûches que nous venons de définir sont des éléments propres au langage, qui influencent de l'intérieur la compréhension et déterminent la réussite ou l'échec de nos communications.

Ce ne sont malheureusement pas les seuls. D'autres facteurs, extérieurs à la langue cette fois-ci, agissent sur cette dernière et peuvent brouiller les cartes de la communication.

5.3.1 Le sexe

Selon que l'on est un homme ou une femme, on n'utilisera pas le langage de la même manière. En effet, selon la linguiste Deborah Tannen (1991), les hommes se préoccupent de leur statut social et de leur indépendance lorsqu'ils écoutent et parlent, alors que les femmes seraient plutôt concernées par l'importance de la relation et l'intimité. Par exemple, lorsqu'elles conversent avec un homme, les femmes sont portées à l'écouter attentivement plutôt qu'à l'interrompre ou à le contredire. Pourquoi ? Tannen soutient que c'est parce que contredire l'homme pourrait nuire au lien établi entre eux, lien qui doit être préservé à tout prix de l'avis de la plupart des femmes. Comment réagissez-vous à ces affirmations ?

De quoi parlez-vous avec vos amis du même sexe ?

De plus, les hommes et les femmes n'ont pas les mêmes sujets de conversation. Monica Hiller et Fern Johnson (1996) ont analysé les conversations tenues dans deux restaurants, dont l'un était fréquenté par de jeunes adultes et l'autre, par des clients d'âge moyen et plus âgés. Leur enquête a révélé, pour les deux groupes d'âge, que si les membres des deux sexes parlaient de questions professionnelles et sociales, les femmes parlaient aussi de leurs problèmes personnels, tandis que les hommes n'abordaient pratiquement jamais ce sujet. L'enquête montrait aussi que les personnes observées n'évoquaient pas les mêmes sujets avec le sexe opposé qu'avec les membres de leur sexe. Entre elles, les femmes parlaient de leurs doutes et de leurs peurs, d'affaires personnelles, de la famille et de problèmes relationnels. Les hommes, quant à eux, ne se confiaient pas autant et s'en tenaient à des propos concernant le travail et le sport.

Le style de discours

Parfois, le sexe des communicateurs influe non seulement sur le sens qu'ils donnent à leurs paroles mais aussi sur la structure même de leur discours. Ainsi, les femmes ponctuent généralement leurs propos d'**atténuateurs** comme « je suppose », « je pense » et « je me demande si », tandis que les hommes y ont plus rarement recours. Cette habitude se transmet également aux tout-petits à travers leurs personnages de bande dessinée favoris. Il y a presque 30 ans, une étude a révélé que les personnages féminins, plus que les personnages masculins, employaient des verbes démontrant l'incertitude (« je suppose ») et des mots considérés comme polis (Mulac, Bradac et Mann, 1985). Est-ce que les protagonistes des bandes dessinées d'aujourd'hui perpétuent encore ces stéréotypes ?

Hommes et femmes ont recours à des stratégies conversationnelles différentes. Les femmes, plus que les hommes, ont tendance à donner une forme interrogative à leurs affirmations : « N'es-tu pas d'avis qu'il vaudrait mieux leur envoyer le rapport d'abord ? »

Atténuateur

Expression qui marque l'hésitation

Au contraire, les hommes s'affirment péremptoirement: «Il vaudrait mieux leur envoyer ce rapport d'abord.» Selon Kramer (1978), un spécialiste du langage et des rôles sexuels, les femmes revendiquent moins leurs affirmations que les hommes. De plus, elles ont plus souvent recours aux **questions-tags** que leurs congénères masculins. Par exemple: «Corinne est là, n'est-ce pas?» Le fait de solliciter ainsi une confirmation verbale de leurs perceptions donne l'impression que les femmes sont plus hésitantes. Enfin, elles recourent plus souvent que les hommes aux **démentis**, faisant précéder leurs observations d'expressions comme «Je ne suis pas une experte en la matière, bien sûr». Si le discours masculin est en général plus dominateur, direct et impératif, le discours féminin est en revanche plus doux, amical et conciliant, et par conséquent moins puissant.

Selon la chercheuse en communication Patricia Hayes Bradley (1981), même si les hommes utilisent aussi des questions-tags, cette habitude nuit moins à leur image qu'à celle des femmes. En effet, la chercheuse a découvert que lorsque les femmes utilisent des questions-tags et des démentis, elles sont considérées comme moins intelligentes et moins compétentes, ce qui n'est pas le cas des hommes. Le simple fait de parler «comme une femme» suscite des jugements négatifs. Les chercheuses Nancy Henley et Cheris Kramarae (1991) croient, pour leur part, que les femmes sont désavantagées dans leurs interactions avec les hommes: «Les femmes doivent développer une sensibilité particulière pour interpréter le silence des hommes, leur manque d'expressivité émotionnelle ou leur rudesse et aider les hommes à s'exprimer. Pourtant, c'est le style de communication féminin qui est souvent considéré comme inadéquat et inadapté» (traduction libre). Qu'en pensez-vous?

Le langage sexiste

Le langage sexiste perpétue des stéréotypes négatifs et exerce un effet néfaste sur la communication. Dans le passé, l'emploi du masculin pour désigner les deux sexes faisait en sorte que les hommes étaient perçus comme étant plus importants que les femmes. Un grand effort est fait aujourd'hui pour donner une forme féminine aux différentes professions telles que avocate, docteure, professeure, mais cette quête de l'équité alourdit les textes. La phrase suivante nous est familière: «Le masculin est utilisé comme représentant des deux sexes, sans discrimination à l'égard des hommes et des femmes, et dans le seul but d'alléger le texte.» La même situation se reproduit dans le langage oral où la féminisation peut ralentir et même casser le rythme d'un discours. Durant une campagne électorale, par exemple, la façon dont les politiciens s'adressent aux Québécois et aux Québécoises, aux Canadiens et aux Canadiennes, aux citoyens et aux citoyennes peut aisément en exaspérer plusieurs. Voilà la preuve que dans tout changement, il faut trouver le juste milieu.

5.3.2 La culture

Comme la culture influe sur notre langage, la communication entre membres de diverses cultures s'avère parfois compliquée. La **culture dominante** est la culture au pouvoir; par exemple, au Canada, la majorité des gens sont des Nord-Américains caucasiens. Elle est composée de personnes qui partagent les mêmes valeurs, croyances, comportements et modes de communication, et qui les transmettent d'une génération à l'autre. Ainsi, les **sous-cultures**, soit des groupes comme les Afro-Américains, les Hispaniques, les Asiatiques, les musiciens, les athlètes, les environnementalistes et les toxicomanes ont leur propre culture à l'intérieur de la

Question-tag
Affirmation transformée en question par l'ajout d'une particule interrogative

Démenti
Remarque qui atténue l'importance d'une affirmation

Culture dominante
Ensemble de valeurs, de normes et de comportements propres à un groupe majoritaire

Sous-culture
Ensemble de valeurs, de normes et de comportements propres à un groupe social donné et qui manifeste un écart par rapport à la culture dominante

culture dominante. Ces cultures utilisent des langages différents. C'est pourquoi la signification d'un mot varie. La culture agit également sur les expressions que l'on utilise (*voir l'encadré 5.2*).

ENCADRÉ 5.2

TOUT LE MONDE EN PARLE

LES PERRONISMES

La culture donne une couleur particulière aux expressions que l'on emploie dans la vie de tous les jours. Par exemple, en français, lorsqu'on doute de la véracité d'un énoncé, on dit « mon œil », tandis qu'en anglais, on dit « *my foot* » (mon pied). De plus, même si l'on parle la même langue, on utilise des expressions différentes selon la région dans laquelle on vit. Être « au ras des pâquerettes » n'est probablement pas une expression qui vous est familière, à moins que vous n'habitiez dans le Bas-du-Fleuve.

Les expressions ne font pas partie du langage formel. Elles sont utilisées de façon familière et ajoutent une touche d'exotisme et de fantaisie à notre langage. Il y en a qui sont assez complexes et difficiles à apprendre. Les amateurs de la série *Dans une galaxie près de chez vous* ont bien vu que le capitaine Patenaude peine à se rappeler les expressions et en invente plusieurs. En voici deux exemples : « La nuit porte... porte... porte de garage ! » et « L'avenir appartient à ceux qui se lavent tôt... parce qu'il reste de l'eau chaude ».

On peut bien en rire lorsqu'il s'agit d'une œuvre de fiction, mais des personnalités publiques peuvent avoir autant de difficultés que le capitaine Patenaude.

Jean Perron, ancien entraîneur de hockey, est l'auteur de tellement de perles du langage que l'on a nommé ces expressions déformées en son honneur. Voici quelques perronismes célèbres (Morin et Landry, 2010) :

- Il ne faut pas mordre le nain qui nous nourrit.
- Il serait temps que les joueurs se retroussent les coudes.
- Il est arrivé avec l'équipe comme un cheval sur la soupe.
- On commence enfin à voir le train au bout du tunnel.
- Il devrait tourner sa langue dans sa poche avant de parler.

Dans Internet, il est très facile de trouver des listes de perronismes plus drôles les uns que les autres. Mais en tant que communicateur en formation, que pensez-vous de ces expressions ? Devrait-on utiliser ces expressions dans nos milieux professionnels ? Pourquoi ? Quel peut être l'impact des perronismes sur la communication ? sur vos perceptions des gens qui les utilisent ?

Le vocabulaire

La culture et les sous-cultures influencent le sens des mots. Si une culture attache une grande importance à un concept, sa langue contiendra plusieurs mots pour le décrire. Dans les sous-cultures, on établit souvent notre propre vocabulaire qu'on nomme « argot » et « jargon ».

En inuktitut, la langue des Inuits, il y a plusieurs manières de dire le mot « neige » : *quanniq* (la neige qui tombe), *aput* (la neige au sol), *pirsiriug* (la poudrerie), *natiruvaaq* (un amas de neige), *masak* (la neige mouillée), *kinirtaq* (la neige mouillée et compacte), *aguilluqaaq* (la neige fraîche et lourde), *apigiannagaut* (la première neige automnale), *katakarktariaq* (la neige dure qui cède sous les pas) et *qeqergranaartoq* (la neige qui crisse sous les pas), pour n'en nommer que quelques-unes. Contrairement à l'inuktitut, la langue arabe n'a qu'un seul mot pour désigner la neige ou la glace : *talg*.

Dans le même ordre d'idées, il existe au moins 19 mots chinois pour représenter la soie et 8 pour le riz. Ces exemples montrent clairement que la culture influe sur l'évolution d'une langue et que les particularités de la première s'inscrivent dans les mots de la deuxième. Il est tout à fait normal que l'arabe n'ait qu'un seul mot pour désigner la neige, car cette dernière ne fait pas partie du quotidien des arabophones. L'encadré 5.3 illustre bien l'influence de cultures différentes sur les mots d'une même langue.

PENSEZ-Y !

LE FRANÇAIS D'ICI ET D'AILLEURS

ENCADRÉ 5.3

Comme nous l'avons constaté dans l'encadré 5.1 (*voir p. 96*), les mots évoluent en fonction des multiples interactions existant entre les gens. Voici une liste de mots en joual avec l'équivalent en français international. Êtes-vous capable de trouver les termes qui viennent de l'anglais ? Connaissez-vous d'autres mots que l'on utilise en français qui proviennent d'autres cultures, comme la culture amérindienne ? Comment l'emploi de ces mots agit-il sur la communication entre les Québécois et les autres francophones ?

Tableau comparatif du joual québécois et du français international

Joual	Français	Joual	Français
moé	moi	binnes	fèves, haricots
toé	toi	frette	froid
tsé	tu sais	bobette	caleçon
pantoute	pas du tout	fa que	ça fait que
ouais ou ouin	oui	crinqué	énervé
icitte	ici	bécosse	toilette extérieure
comment ça file ?	comment ça va ?	gamique	arnaque
patente	invention	une coupe de...	quelques
pinotte	arachide	bobépine	épingle à cheveux
toune	chanson	chiffre	quart de travail

L'argot   L'argot est un langage propre à certains groupes, mais qui peut ne pas être compris par la société en général. Chaque sous-culture a son propre argot : les adolescents, les joueurs de hockey, les gais. Bien qu'il soit correct de l'utiliser avec les membres du sous-groupe, l'usage de l'argot avec des gens qui n'appartiennent pas au groupe (notre professeur ou un client) peut paraître déplacé et maladroit. Évaluez votre utilisation de l'argot en faisant l'exercice 5.2.

EXERCICE 5.2   En pratique

Tsé genre, comme

Pendant toute une journée, soyez attentif aux mots que vous utilisez et à ceux qu'utilisent vos amis dans vos conversations. Prenez-les en note et remplissez le tableau suivant.

Argot	Fréquence	Vrai sens du terme anglais	Mot/phrase plus convenable
Nice	20 fois	gentil	bien, agréable

Quel est le mot que vous utilisez le plus ?

Essayez de remplacer ce mot par un autre plus convenable à chaque occasion qui se présente.

Jargon

Façon de s'exprimer propre
à un groupe et difficilement
compréhensible pour le profane

Le jargon   En général, il est judicieux, si l'on veut se faire comprendre, de ne pas s'exprimer dans un jargon sauf si notre interlocuteur le connaît aussi. En d'autres termes, il est essentiel de parler le même langage que son interlocuteur. Durant un procès par exemple, de nombreux jurés ne connaissent pas le jargon des avocats. Pour être compris, le procureur a tout intérêt à dire que l'accusé « a menti » plutôt qu'il « a falsifié délibérément les faits » pour décrire le comportement de celui-ci. Chaque travailleur devrait aspirer à devenir un spécialiste dans son domaine en maîtrisant parfaitement le vocabulaire propre à sa discipline. Il faudrait toutefois aussi que chacun s'efforce de devenir un spécialiste de la communication ! Adapter son langage à son interlocuteur constitue la meilleure manière de ne pas tomber dans un discours jargonneux que personne ne comprendra.

Le style de communication

Comme les Asiatiques appliquent dans leurs conversations les principes du *omoiyari* (le récepteur doit comprendre le locuteur même s'il n'emploie pas un langage explicite ou direct) et du *sassuru* (le récepteur doit se fier à des indices subtils pour interpréter le sens des paroles du locuteur), ils sont beaucoup plus enclins que les Occidentaux à dissimuler leurs sentiments, à se taire et à choisir leurs mots avec circonspection. Comme les Occidentaux préfèrent le franc-parler, utilisent un langage explicite et ont recours au raisonnement inductif et déductif pour convaincre leurs interlocuteurs, ils peuvent interpréter la propension des Asiatiques à garder le silence comme une attitude évasive, manipulatrice ou trompeuse.

Certaines langues sont ainsi imprégnées de symbolisme et d'imprécision, et les membres de ces cultures comprennent intuitivement qu'il ne faut pas toujours prendre les mots au pied de la lettre. Selon le spécialiste des sciences sociales Kian Tajbakhsh (cité dans Slackman, 2006), si, en Occident, 80 % du langage est dénotatif, dans des pays comme l'Iran, 80 % du langage est connotatif. Si, en Occident, « oui » veut généralement dire « oui », en Iran, « oui » peut vouloir dire « oui », mais il signifie souvent « peut-être » ou même « non ». Les Iraniens appliquent d'ailleurs un principe social appelé « *taarof* » (hypocrisie) pour éviter les conflits. Ils sont ainsi habitués à lire les signes autres que les simples mots prononcés par l'interlocuteur pour comprendre le sens de son discours. Un étranger pour qui ces subtilités langagières ne sont pas familières aurait bien de la difficulté à comprendre parfaitement les propos de l'autre. Quels types de problèmes peuvent en effet surgir lorsque des membres de cultures différentes utilisent les mêmes mots mais différemment ?

Le langage discriminatoire

Langage discriminatoire

Langage qui rabaisse les
membres d'une sous-culture

Une autre influence de la culture sur le langage provient des membres d'une culture dominante qui emploient des termes méprisants pour désigner les membres d'une sous-culture, pour montrer qu'ils les jugent inférieurs ou indésirables et les dissocier de la majorité. En utilisant un langage discriminatoire, le groupe dominant affiche son désir de soumettre les minorités. Ce langage met l'accent sur les différences entre les membres des différents groupes, minimise leurs similarités, laisse entendre qu'ils ne font pas l'effort de s'adapter, prennent part à des actes négatifs et menacent les intérêts des membres de la culture dominante ou d'autres sous-cultures (Calloway-Thomas, Cooper et Blake, 1999). Quel type de langage discriminatoire entendez-vous le plus souvent ? Utilisez-vous ce type de langage ? Est-ce qu'Internet contribue au développement des sous-cultures et à l'utilisation du langage discriminatoire ? La lecture de l'encadré 5.4 vous aidera à réfléchir sur ces questions.

PENSEZ-Y !

FACEBOOK OU LA DISPARITION DE L'AUTOCENSURE ?

ENCADRÉ 5.4

Entre autres choses, Facebook permet à l'utilisateur de demeurer en contact ou de renouer avec des anciens amis qui habitent loin. Il favorise également des rencontres virtuelles qui ne seraient pas possibles dans la réalité. Pour faciliter ces rencontres, la page Facebook incite l'utilisateur à se décrire, à donner ses goûts, ses passe-temps, ses rêves. Les possibilités sont presque illimitées, et la popularité de Facebook ne cesse de grandir. En plus d'avoir sa propre page, on peut se joindre à d'autres pages. On peut s'inscrire à des pages de politiciens tels que le président Obama ou le chef du Nouveau Parti démocratique, Jack Layton, afin de suivre leurs activités. Il y a aussi des milliers de pages auxquelles on peut s'inscrire par simple affinité.

Plusieurs sont ludiques telles que : « Ça avait l'air intelligent dans ma tête ! », « T'es seul. T'entends un bruit. Tu flippes. Tu passes en mode Ninja ! ». D'autres permettent aux gens d'afficher leurs croyances : « Opposez-vous à la libération de Roch Moise Thériault », « Tu t'inscris à ce groupe = 1 raciste de moins dans le monde ». À la lumière de ce que nous venons d'explorer, l'influence des étiquettes, la signification des mots et leur effet sur les sentiments et les attitudes, Facebook a-t-il une influence positive ou négative sur les relations interpersonnelles ? Est-on porté à juger les gens que l'on ne connaît pas ou même ceux que l'on connaît sur la seule base de leur affiliation à certaines pages Facebook ?

Le langage affirmatif

Certains communicateurs moins confiants semblent annoncer leur impuissance lorsqu'ils parlent. Leur discours indirect fait qu'ils sont perçus comme étant dépourvus d'assurance et d'autorité. Au contraire, les communicateurs affirmatifs s'expriment avec assurance en prenant les commandes de la conversation. Au lieu de truffer leurs phrases de particules exprimant le doute et l'hésitation, ils renforcent leur confiance en soi en lançant leurs opinions avec une assurance accrue. Ils suppriment les particules inutiles comme « euh… », « hum… », « vous savez… », « un genre de… », « eh bien », sortes de tics langagiers qui confèrent au locuteur un air de faiblesse.

La communication affirmative va droit au but. Elle élimine les démentis (« Je ne devrais sans doute pas le mentionner, mais… ») et les questions-tags. Lorsqu'on s'exprime de façon affirmative, on devient plus crédible et plus persuasif. On peut parfois faire basculer l'équilibre des forces dans une relation en modifiant simplement son discours.

Selon Deborah Tannen, s'exprimer de manière indirecte peut engendrer de graves problèmes dans certaines situations. Pour illustrer ces risques, elle rapporte la conversation suivante entre un pilote et un copilote qui attendent le signal pour faire décoller leur avion (citée dans Johnson et Vinson, 1990). Pour bien comprendre la situation, il faut savoir que l'accumulation de glace sur les ailes d'un avion est extrêmement dangereuse et qu'un avion ne doit pas décoller en tel cas :

Les membres d'équipage des avions apprennent à s'exprimer de manière directe.

— Copilote: Regardez la glace qui pend là… euh… derrière… vous la voyez ?

Le pilote ne répond pas.

— Copilote: Vous voyez tous ces glaçons sur les ailes là derrière ?

— Pilote: Ouais…

— Copilote: Vous savez… euh… essayer de dégivrer ces trucs est un défi continuel…

Le pilote ne répond pas.

— Copilote: Allons vérifier les ailes encore une fois, puisque nous attendons depuis un moment déjà.

— Pilote: Non, nous allons décoller d'une minute à l'autre (traduction libre).

Moins d'une minute après le décollage, l'avion s'est écrasé. Bien que le copilote ait tenté de prévenir le pilote, il l'a fait indirectement en raison de son rang inférieur, et ce dernier n'a pas réagi. Il semble qu'il soit plus facile pour les personnes ayant une place élevée dans la hiérarchie de ne pas tenir compte des messages indirects. C'est pourquoi, désormais, on entraîne les équipages à s'exprimer de manière plus directe et l'on apprend aux pilotes à capter les allusions de leurs coéquipiers. Examinez d'autres problèmes du langage au travail dans l'exercice 5.3.

EXERCICE 5.3   En pratique

Le langage professionnel

Des facteurs tels que la mondialisation et la technologie modifient notre langage, le rendant moins complexe et moins formel afin que tous arrivent à se comprendre dans une réalité planétaire. Lorsqu'on arrive sur le marché du travail, il faut se rappeler que l'on doit adopter un langage professionnel, poli et clair. La politesse comprend évidemment le vouvoiement et le respect autant dans notre choix des mots que dans notre ton. Pour adopter un langage clair, il ne faut pas, entre autres, tenir pour acquis que le client nous comprend. Il faut s'en assurer. Voici un exemple d'Andrée Ulrich tiré de son livre *Comment gérer les plaintes de ma clientèle* (2006) :

> Je travaille à la réception d'un hôtel. La plainte principale qu'on reçoit, de 7 à 10 fois par semaine, est reliée aux chambres non-fumeur. Lorsque le client fait sa réservation, nous lui demandons s'il désire une chambre fumeur ou non-fumeur. Pour nous, comme pour toutes les personnes qui travaillent dans l'industrie hôtelière, il est sous-entendu que ce sera selon les disponibilités. Cependant, les clients croient qu'ils ont réservé une chambre non-fumeur et sont déçus, frustrés ou même en colère lorsqu'ils arrivent sur place et qu'ils se retrouvent dans une chambre fumeur.

Il est possible d'échapper à beaucoup de ces désagréments simplement en s'assurant que les deux parties comprennent les mêmes choses.

Dans le monde des affaires, un langage clair et professionnel est un langage qui n'utilise pas d'anglicismes. Voici une liste d'anglicismes employés en communication téléphonique selon Chevalier et Selhi (2008) et que l'on devrait essayer d'éviter.

Ne dites pas...	Dites plutôt...
Bienvenue	Je vous en prie / Il n'y a pas de quoi
Code régional	Indicatif régional
En retenue / Sur le *hold*	En garde / En attente
Restez en ligne	Ne quittez pas
Donner un coup de téléphone	Téléphoner
Extension ou local	Poste
Ligne engagée	Poste occupé
La ligne est en trouble	La ligne est en dérangement
Allô	Bonjour
Bye ou bye-bye	Au revoir
Longue distance	Interurbain
Je transfère votre appel à...	Je vous mets en communication avec...

Quels mots ou expressions entendez-vous le plus souvent lorsque vous téléphonez pour vos affaires professionnelles ? Lesquels utilisez-vous ?

5.3.3 **La technologie**

Après le sexe et la culture, la technologie constitue le troisième facteur d'influence sur le langage. Les innombrables progrès technologiques qui sont survenus ces dernières décennies dans le domaine des télécommunications ont évidemment transformé notre manière de communiquer, mais comment? L'utilisation de la messagerie instantanée nous incite-t-elle à parler avec des phrases extrêmement courtes? Comme on peut relire les messages instantanés que l'on reçoit avant d'y répondre, est-ce que l'on risque éventuellement d'oublier comment entretenir une conversation spontanée ou improvisée? Le clavardage est désormais une pratique si courante que certains de ses détracteurs croient que les interactions orales risquent de disparaître.

Voici le cas d'un internaute qui utilise parfois le **cyberlangage** même lorsqu'il n'est pas en ligne. Ainsi, dans une rédaction, il a écrit: «La race humaine est peut-être vouée à l'extinction, KI C?» Son professeur lui a évidemment enlevé des points pour cette formulation incorrecte. Le caractère informel qui caractérise la communication alphanumérique pratiquée par des millions d'internautes ouvre le débat sur la question de savoir si Internet régénère la langue ou l'appauvrit (Harmon, 1999).

Autre signe du temps, il n'est pas rare que des amis se trouvant dans la même pièce s'envoient un message SMS au lieu de se parler directement. Pourquoi? Parce qu'ils veulent communiquer loin des oreilles indiscrètes! Avez-vous déjà adopté ce comportement en voiture, en classe ou dans votre salon? Entre les appels téléphoniques et le courrier électronique, certaines personnes utilisent les messages SMS pour se créer un cercle social à l'écart des autres. L'encadré 5.5 illustre à quel point le langage est influencé par la technologie.

Cyberlangage

Style de communication informel employé dans Internet

PENSEZ-Y!

LE LANGAGE ET LA TECHNOLOGIE

ENCADRÉ 5.5

Imaginez que vous vous trouvez à une autre époque, dans un ancien bureau de télégraphie. Le télégraphiste capte un message et fond en larmes. Vous entendez les mêmes combinaisons de points et de traits que lui, mais restez de glace. Pourquoi? Parce que si vous ne connaissez pas le morse, cette information ne signifie rien pour vous, même si vous l'entendez très clairement.

Le même scénario pourrait se reproduire aujourd'hui, en concernant cette fois-ci la compréhension et l'interprétation des messages textes.

Voici un texte publicitaire conçu par une société de télécommunication: «slt cav? kestufé? j'tapL dkej'pe A+». Ce texte est suivi de la question: «Parlez-vous le texto?» Le sens d'un message ne réside pas dans les symboles qui atteignent nos sens, mais plutôt dans les associations que l'on fait.

5.4 **Mettre en pratique ses aptitudes à la communication**

Dans ce chapitre, nous avons souligné le fait que la maîtrise de certaines aptitudes langagières peut améliorer les compétences en communication. Le langage doit travailler pour nous plutôt que contre nous, et les diverses aptitudes que nous allons aborder dans cette section peuvent nous aider à atteindre cet objectif.

5.4.1 Définir une signification

Premièrement, il faut se rappeler que les mots ne signifient rien en soi. Ils ne sont rien de plus que des symboles qui représentent des choses existantes. Ensuite, il n'existe pas nécessairement de lien entre un symbole et le concept qu'il désigne. Autrement dit, les symboles sont indépendants des choses qu'ils représentent. Pour bien communiquer, il faut s'assurer que chacun partage la même signification des mots utilisés.

5.4.2 Bien décoder les mots, les sentiments et les attitudes

Les mots que l'on choisit pour décrire les choses sont rarement neutres. Ces mots ne décrivent pas les gens ou les choses dont on parle, mais plutôt nos attitudes et nos sentiments personnels. Lorsqu'on dit: «C'est un grand homme», «C'est une extrémiste», il faut garder en tête que l'on exprime des préférences personnelles et non des vérités objectives.

Il est tout aussi important de comprendre qu'un mot qui n'a pas une connotation négative ou positive pour quelqu'un peut avoir cette connotation pour son voisin. Écoutez les gens autour de vous et essayez de décoder leurs réactions à divers propos. Quels mots les galvanisent, eux, mais ne provoquent rien en vous? Quels mots trouvez-vous inacceptables ou insultants?

5.4.3 S'assurer d'être bien compris

Comme la signification que l'on prête à un mot n'est pas nécessairement celle que notre interlocuteur lui attribue, il est parfois utile de demander à ce dernier: «Que penses-tu de ce que je viens de dire?» et «Que signifient mes paroles pour toi?». Sa réponse remplira deux fonctions importantes: elle nous aidera à déterminer si l'autre nous a bien compris et permettra à celui-ci de participer à la discussion en nous indiquant comment il a interprété notre message. Si cette rétroaction met en lumière une différence entre les interprétations, on peut aussitôt clarifier le sens de nos propos en recourant à des symboles différents ou en reliant nos idées plus étroitement avec les connaissances, le savoir-faire et les expériences de notre interlocuteur.

En bref

Révision des objectifs du chapitre

1 **Définir le langage et clarifier les liens qui existent entre les mots, les choses et les concepts.** Le langage est un système unifié de symboles qui permet la transmission d'une signification. Grâce au langage, les esprits peuvent se rencontrer et se rapprocher. En tant que récepteur, lorsqu'on décode les messages des autres, on apprend à les comprendre. Comme l'illustre le triangle sémiotique créé par Ogden et Richards (*voir la figure 5.1, p. 95*), il n'existe pas de lien direct entre les mots et les objets. Les mots ne portent en eux-mêmes aucune signification: ce sont les gens qui leur en donnent une.

2 **Nommer les règles qui régissent la transmission de signification.** Voici quelques facteurs qui influent sur le processus de transmission: l'écart entre le sens dénotatif et le sens connotatif des mots, la signification des mots en fonction des expériences des locuteurs, et le caractère concret ou abstrait du langage.

3 **Reconnaître les embûches sémantiques.** Parmi les facteurs qui ajoutent à la confusion, il y a la déviation sémantique, l'emploi des étiquettes ainsi que du langage évasif et affectif, et l'utilisation des euphémismes.

4 **Expliquer l'influence du sexe sur le langage.** Le sexe influe sur la manière de comprendre, de traiter et d'utiliser le langage. De plus, le langage modifie nos attitudes à l'égard des hommes et des femmes ainsi que la façon dont les membres des deux sexes se perçoivent mutuellement.

5 **Expliquer l'influence de la culture sur le langage.** Notre façon de comprendre, de traiter et d'utiliser le langage dépend de notre culture. Si l'utilisation du langage varie d'une culture à l'autre, c'est en partie parce que le langage et la perception sont étroitement liés. En effet, la culture influence le choix des mots, ce qui contribue à la confusion engendrée par la traduction, aux malentendus entre deux étrangers, et déteint sur le style de communication des locuteurs.

6 **Expliquer l'influence d'une attitude affirmative sur le langage.** Certaines personnes s'expriment d'une manière plus affirmative que d'autres, vont droit au but, expriment leurs opinions avec assurance, éliminent les mots passe-partout de leur discours et prennent le temps d'écouter les idées, les besoins et les émotions de leur interlocuteur.

7 **Expliquer l'influence de la technologie sur le langage.** Notre façon de communiquer est différente selon que l'on est au cellulaire, en ligne ou face à notre interlocuteur. Certains croient qu'Internet enrichit le langage, tandis que d'autres estiment qu'il appauvrit et limite sa force expressive.

8 **Nommer les habiletés susceptibles d'améliorer ses aptitudes langagières.** On doit faire preuve de discernement pour reconnaître le style de langage qu'il est convenable d'employer à certains moments et dans certains lieux. On doit aussi s'exprimer le plus clairement possible en choisissant des mots qui ont une signification pour ceux qui nous écoutent.

Pour aller plus loin

Chansons

Les mots peuvent transmettre plusieurs significations. Quel est l'importance des mots pour chacun des auteurs-compositeurs-interprètes suivants ?
- « Libérez-nous des libéraux », Loco Locass, *Amour oral*, 2004
- « Les mots du dimanche », Gilles Vigneault, *Avec les mots du dimanche*, 1979
- « Chercheur de phases », Grand Corps Malade, *Midi 20*, 2006
- « Les mots », La Rue Ketanou, *En attendant les caravanes*, 2003

Films

Analysez le rôle du langage dans chacun de ces films. La communication y est-elle efficace ou non ?
- *Bon cop, bad cop,* Érik Canuel, 2006
- *Dans une galaxie près de chez vous,* Claude Desrosiers, 2004
- *Elvis Gratton,* Pierre Falardeau, 1981
- *Bienvenue chez les ch'tis,* Danny Boon, 2008

Livres

Chacun de ces livres démontre le rôle du langage dans le développement de l'identité, personnelle ou culturelle. Tentez d'identifier les différentes dimensions qui y sont illustrées.
- *Les belles-sœurs,* Michel Tremblay, 1965
- *Victor de l'Aveyron : dernier enfant sauvage, premier enfant fou,* Thierry Gineste, 2004
- *Astérix chez les Bretons,* Albert Uderzo et René Goscinny, 1966
- *Genie: a scientific tragedy,* Russ Rymer, 1993

CHAPITRE

6 LA COMMUNICATION NON VERBALE

Objectifs d'apprentissage

Après avoir lu ce chapitre, vous devriez pouvoir:

1. Définir la communication non verbale et en expliquer les fonctions;

2. Énumérer les principaux canaux de la communication non verbale;

3. Expliquer pourquoi le visage est une source importante d'information;

4. Décrire l'influence des ornements sur les interactions;

5. Nommer les types de distances et leurs influences sur les interactions;

6. Expliquer l'influence du sexe, de la culture et de la technologie sur la communication non verbale;

7. Nommer les habiletés à acquérir pour améliorer vos aptitudes en matière de communication non verbale.

Mise en situation

Le 11 septembre 2001, deux avions détournés par des membres du groupe Al-Qaeda ont percuté les tours jumelles du World Trade Center à New York. Dans les heures qui ont suivi l'impact, les tours se sont effondrées dans un immense nuage de poussière. Deux autres avions ont également été détournés ce matin-là pour être redirigés vers Washington, D.C. L'un d'eux a frappé le Pentagone sans toutefois le détruire complètement. Quant à l'autre, des passagers l'ont fait s'écraser dans un champ de Pennsylvanie, l'empêchant d'atteindre sa cible présumée, la Maison-Blanche. En tout, 2750 personnes ont perdu la vie dans cet attentat, le plus meurtrier de l'histoire américaine.

De ce triste événement ont découlé la guerre en Afghanistan et, indirectement, la guerre en Irak. Aussi, depuis, on ne peut plus voyager comme avant: les mesures de sécurité ont été considérablement resserrées et un passeport est désormais nécessaire pour voyager entre les États-Unis et le Canada. Si nous revenons, dans ce chapitre, sur ces actes terroristes, c'est qu'ils démontrent bien la force que peut avoir la communication non verbale.

Mener des attaques suicides en ciblant des civils aurait pu suffire à envoyer un message au gouvernement américain. Or, les chefs d'Al-Qaeda voulaient s'assurer que partout on comprenne leur puissance. Pour ce faire, ils ont fait appel à des principes de communication non verbale. Ils ont soigneusement choisi leurs cibles. Le World Trade Center était le symbole par excellence de l'argent et du pouvoir commercial occidental, la Maison-Blanche – siège du pouvoir politique –, celui du patriotisme américain, et le Pentagone, celui de la domination militaire américaine. On peut donc comprendre que, par ces attaques, Al-Qaeda voulait détruire non seulement des infrastructures et des vies mais aussi l'esprit patriotique des Américains.

Après le choc et l'horreur, les Américains se sont ressaisis et ont vivement réagi avec leur propre message non verbal. Ainsi a-t-on vu des drapeaux américains se déployer partout dans le pays. Presque chaque voiture en arborait un. Le message lancé en réponse aux attaques était donc clair: «Vous nous avez rendus encore plus fiers et solidaires. Vous ne gagnerez jamais.»

Dans le chapitre 5, nous avons exposé les principaux facteurs qui peuvent influer sur la communication verbale. Dans ce chapitre, nous nous pencherons sur le langage non verbal. Souvent plus puissants que les mots, les messages non verbaux donnent des indices sur les attitudes, les sentiments et le caractère d'une personne ou même d'un groupe.

- Êtes-vous conscient des messages non verbaux que vous envoyez aux autres?
- Savez-vous interpréter la communication non verbale de vos interlocuteurs?
- Comment améliorer la communication non verbale?

Communication non verbale

Expression de réactions comportementales et de messages transmis par des procédés autres que linguistiques

L'expression «**communication non verbale**» désigne tous les types de réactions et de messages humains qui ne sont pas exprimés avec des mots. On émet tous des messages non verbaux. Selon Knapp et Hall (2005), dans une conversation ordinaire entre deux personnes, 35 % du contenu du message provient du canal verbal, tandis que 65 % proviennent de sources non verbales (*voir la figure 6.1*). Analyser les indices non verbaux permet de mieux comprendre le sens véritable de ce qui est dit. La communication non verbale peut aussi nous aider à définir nos relations avec autrui. Avec un peu d'entraînement, on peut apprendre à décoder les messages non verbaux pour obtenir des informations auxquelles on n'aurait pas accès autrement.

FIGURE 6.1   La transmission du contenu d'un message

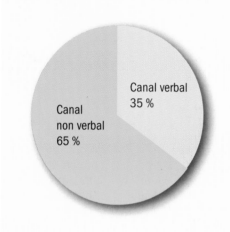

On est souvent presque inconscient de ce que l'on fait de notre corps, de notre voix ou de l'espace qui nous entoure lors de nos interactions avec autrui. On agit et l'on réagit sans réfléchir à la façon dont nos actions et nos réactions renforcent ou déforment les messages verbaux que l'on émet.

À d'autres moments, il nous arrive d'utiliser consciemment des indices non verbaux dans un but précis. Par exemple, on sourit à la personne que l'on rencontre pour la première fois ou l'on serre fermement la main de celle qui nous reçoit pour une entrevue d'emploi. Tout comme la communication verbale, la communication non verbale est ambiguë. À l'instar des mots, les messages non verbaux n'ont pas toujours le sens qu'on leur attribue.

C'est pourquoi il faut s'assurer de bien les interpréter. Il ne faut pas s'étonner si l'on découvre que la vraie raison pour laquelle une personne a regardé sa montre, a quitté une réunion précipitamment ou est arrivée en retard au cours n'est pas celle que l'on pensait. Toute communication non verbale doit être évaluée et interprétée dans son contexte.

6.1 Les fonctions de la communication non verbale

La communication non verbale remplit un grand nombre de fonctions qui interviennent distinctement ou conjointement avec les messages verbaux pour en influencer la signification. Knapp et Hall (2005) ont décrit un certain nombre de ces fonctions. Dans cette section, nous en aborderons cinq: la réitération, la contradiction, la substitution, l'accentuation et la régulation.

6.1.1 La réitération

Les comportements non verbaux renforcent le message verbal en répétant le contenu. Une femme qui dit «Je t'aime» à son amoureux en lui couvrant le visage de baisers répète ainsi son message verbal. Un professeur qui souligne trois fois un mot au tableau, tout en le prononçant, indique que ce mot est très important et sera matière d'examen. Voilà deux exemples de réitération. Le message est renforcé lorsque les indices verbaux et non verbaux se complètent.

6.1.2 La contradiction

Parfois, le comportement non verbal d'une personne contredit ou annule son message verbal. Par exemple, un homme dit à son amoureuse «J'adore passer du temps avec toi» tout en s'éloignant d'elle à chaque mot. Ou

Un comportement non verbal qui contredit nos paroles n'est pas facile à cacher.

encore, un enseignant dit à un élève à la fin du cours «J'ai le temps de répondre à ta question», mais regarde l'heure en ramassant ses documents. Son comportement non verbal annule son message verbal. L'interaction produit un **message contradictoire,** puisque les indices non verbaux ne cadrent pas avec l'énoncé verbal. Chaque fois que l'on décèle un manque de congruence entre les messages non verbaux et verbaux, mieux vaut se fier aux premiers. En effet, les experts en communication croient que les comportements non verbaux sont plus difficiles à simuler que les messages verbaux, d'où l'importance d'analyser la dimension non verbale de ceux-ci (Knapp et Hall, 2005).

Message contradictoire
Message dans lequel l'énoncé verbal est contredit par le comportement non verbal

Auriez-vous la même expression que les Américains si vous étiez le gagnant d'une médaille d'argent aux Jeux olympiques?

6.1.3 La substitution

Les indices non verbaux remplacent parfois le message verbal. Un signe de la main suffit pour dire à quelqu'un que l'on va bien. Un enseignant pose un doigt sur ses lèvres pour imposer le silence aux élèves présents dans la classe. Dans les deux cas, le message verbal est remplacé par un geste.

6.1.4 L'accentuation

Les indices non verbaux servent parfois à intensifier certains aspects d'un message verbal. Ainsi, un professeur peut ralentir le débit de ses paroles et bien séparer ses mots pour en souligner l'importance: «Le travail est à remettre vendredi à 17 h au – plus – tard!» On peut aussi s'empoigner les cheveux en s'écriant: «Je suis tellement en colère que je pourrais m'arracher les cheveux!» Dans ces deux exemples, on voit l'accentuation de messages verbaux au moyen de signes non verbaux.

6.1.5 La régulation

Enfin, les messages non verbaux servent parfois à réguler la circulation des messages verbaux dans une conversation et à déterminer qui prendra ou cédera la parole. On utilise le contact visuel, la posture, les gestes et la voix pour signaler que l'on a fini de parler ou pour céder la parole à quelqu'un. Les indices non verbaux sont les feux de circulation des échanges verbaux. Pour utiliser les messages non verbaux efficacement, il faut les reconnaître et les comprendre. L'exercice 6.1 vous invite à dresser la liste des comportements non verbaux que vous observez autour de vous. Dans la section qui suit, nous examinerons les principaux types de communications non verbales.

EXERCICE 6.1   **En pratique**

La liste des comportements non verbaux

Pendant une journée, essayez de remarquer tous les comportements non verbaux utilisés par les gens de votre entourage. Classez-les selon les fonctions que nous venons d'énumérer. Comparez ensuite votre liste avec celles de vos collègues de classe. Se ressemblent-elles? Quels sont les comportements les plus fréquents? les moins fréquents? Comment expliquez-vous les différences?

6.2 Les types de communications non verbales

S'il est vrai que le langage verbal sert à communiquer de l'information (ou le contenu de nos messages), la communication non verbale, par contre, transmet principalement nos messages émotionnels et relationnels. Elle peut aussi véhiculer le statut, l'autorité et la tromperie (Martin et Nakayama, 2000).

Afin de mieux comprendre la communication et d'acquérir les aptitudes qui permettent à la fois d'émettre et de décoder des messages non verbaux avec une plus grande précision, nous étudierons les aspects suivants de la communication non verbale : le langage corporel (la kinésie), la tenue vestimentaire et les accessoires (les ornements), la voix (le paralangage), la distance (la proxémique), le toucher, le rapport aux odeurs et le rapport au temps. Ces types de messages sont rarement émis seuls : ils se renforcent mutuellement ou se contredisent à l'occasion.

6.2.1 La kinésie

Kinésie
Étude de la relation entre les mouvements du corps, ou le langage corporel, et la communication

La **kinésie** étudie le rapport entre les mouvements du corps, ou le langage corporel, et la communication. Le langage corporel englobe les expressions faciales (en particulier le regard et les mouvements des sourcils, du front et de la bouche), la posture (ouverte ou fermée) et les gestes des mains et des pieds. Un mouvement de la main, un regard étonné, des épaules tombantes, un sourire entendu, un hochement de tête, tous ces aspects font partie de la kinésie.

Les expressions faciales

Dans quelle mesure savez-vous décoder les expressions du visage ? Des recherches (Nowicki et Duke, 1992) ont démontré que la plupart des gens sont assez habiles à déchiffrer avec précision les indices faciaux. Par contre, l'impopularité et l'échec scolaire de certains élèves pourraient être attribuables à l'incapacité de ces derniers à déchiffrer les messages non verbaux de leurs pairs et de leurs enseignants. L'aptitude à déchiffrer les expressions faciales s'accroît lorsqu'on connaît la personne, que l'on comprend le contexte de l'interaction et que l'on peut comparer ses expressions avec d'autres mimiques que l'on a déjà observées chez elle.

De tous les canaux non verbaux, le visage est celui qui reflète le mieux nos émotions. Comme on ne peut le mettre de côté, on déploie de grands efforts pour maîtriser les expressions que l'on montre aux autres.

Contrôle des expressions faciales
Trois techniques (l'intensification, la neutralisation et la dissimulation) qui servent à contrôler les expressions que l'on révèle aux autres

Comment y arrive-t-on ? En utilisant les trois techniques de **contrôle des expressions faciales** suivantes : l'intensification, la neutralisation et la dissimulation.

L'intensification   Intensifier une émotion, c'est exagérer ses expressions faciales afin de répondre aux attentes que l'on prête aux personnes qui nous observent. Ainsi, on peut feindre, avec un grand sourire, d'apprécier un cadeau qui ne nous plaît pas afin de ne pas décevoir le donneur.

La neutralisation   Lorsqu'on neutralise une émotion, on atténue nos expressions faciales afin que notre réaction paraisse plus appropriée. Vous est-il déjà arrivé d'être très en colère contre un professeur, mais de vous retenir de le foudroyer du regard par crainte de sa réaction ? On peut aussi neutraliser une émotion pour paraître fort. Par exemple, le décès d'un proche nous attriste, mais on fait bonne figure en retenant nos larmes.

La dissimulation   Enfin, la dissimulation consiste à remplacer une émotion par une autre émotion susceptible de susciter une réaction plus acceptable chez notre entourage. Les femmes vont souvent pleurer lorsqu'elles sont en colère. Les hommes tristes se mettent en colère.

À ce stade-ci de votre lecture, vous commencez sans doute à saisir l'importance d'observer les expressions faciales de vos interlocuteurs. Mais que faut-il observer au juste? Saviez-vous que les 80 muscles du visage permettent de créer plus de 7000 expressions? Pour mieux décoder les jeux de physionomie, on peut diviser le visage en trois zones: 1) les sourcils et le front, 2) les yeux, et 3) la bouche. Analysons chacune de ces zones séparément.

Les sourcils et le front   En haussant les sourcils, quelle émotion exprime-t-on? La plupart du temps, un haussement de sourcils traduit la surprise, mais il peut aussi exprimer la peur. Dans ce cas, il est probable que l'on prolongera ce mouvement. Les sourcils permettent de traduire une multitude d'autres émotions. Essayez de bouger vos sourcils de toutes les façons possibles. À chaque mouvement, analysez votre réaction affective. Quelle émotion la position de vos sourcils reflète-t-elle? La position du front permet, elle aussi, de manifester un état physique et affectif particulier. Plisser le front peut être un signe de tension, d'inquiétude ou de réflexion profonde. Un front moite peut indiquer la nervosité ou un effort intense. L'encadré 6.1 présente des nouvelles recherches sur les expressions faciales.

Rowan Atkinson, qui personnifie Mister Bean, communique tout par ses expressions faciales, sans prononcer un seul mot!

REGARD SUR L'AUTRE

EKMAN: REVU ET CORRIGÉ?

ENCADRÉ 6.1

Nous avons vu dans le chapitre 4 que l'expression faciale de certaines émotions est universelle. Paul Ekman (1993) a prouvé qu'au moins quatre émotions sont exprimées avec le même langage non verbal du visage. Quelques années plus tard, Elfenbein et Ambady (2003) ont élaboré une théorie qui propose l'existence de différences culturelles dans l'expression (l'encodage) et la compréhension (le décodage) des émotions qui peuvent être une source de malentendus.

Le tableau suivant illustre un exemple intéressant de ces différences. En Occident, on regarde la bouche pour interpréter l'émotion des gens, tandis qu'en Asie, les yeux sont le point focal (Yuki, Maddux et Masuda, 2007); cette différence est transposée dans nos binettes.

Une symbolisation différente des émotions en Occident et en Asie

	Heureux	Triste
Occident	:)	:(
Asie	(^_^)	(;_;)

Dans une étude inusitée, une équipe de chercheurs de l'Université du Québec à Montréal a voulu vérifier la théorie d'Elfenbein et Ambady. Plus précisément, Thibault, Bourgeois et Hess (2006) voulaient étudier l'influence de l'appartenance à un groupe sur l'aptitude à décoder efficacement les émotions. Au lieu d'utiliser un groupe culturel en particulier, ces chercheurs ont décidé d'étudier les amateurs de chats. Ce choix leur a permis de contrôler la présence d'*a priori,* tels que les stéréotypes culturels et les différences de langue. Les chercheurs avaient assez d'appuis scientifiques (Fiedler, Light et Costall, 1996) pour soutenir l'idée que les êtres humains sont capables de décoder les comportements animaux et

Que vous dit votre chat ?

de les transposer en termes émotifs. Ils ont donc présenté des images de chats montrant cinq états émotionnels. Les personnes qui ont le mieux réussi à identifier correctement les émotions des chats sont celles qui, à l'aide d'un questionnaire, ont mentionné qu'elles aimaient les chats. Ces résultats ont permis d'appuyer l'idée selon laquelle la motivation joue un rôle important dans la communication de l'émotion. Ce n'est pas uniquement le fait de partager ou non la même culture, mais bien notre intérêt pour l'autre (l'étranger, le bébé, l'animal, etc.) qui nous permet de bien communiquer.

Les yeux   Les expressions concernant les yeux et le regard abondent : le regard fuyant, le regard amoureux, le mauvais œil, faire les yeux doux ou les gros yeux à quelqu'un, etc. Les mouvements oculaires sont associés à diverses émotions : un regard baissé peut être un signe de modestie, de timidité ou de désintérêt ; un regard fixe, un signe de froideur ou d'assurance ; écarquiller les yeux peut exprimer l'émerveillement, la naïveté, l'honnêteté ou la frayeur ; et de fréquents battements de cils sont souvent un signe de nervosité ou d'insécurité.

Se regarder est la première chose que font la plupart des gens qui se réunissent. Rencontrer le regard d'une autre personne donne une rétroaction sur la façon dont elle nous perçoit. Cela peut indiquer si le canal de communication est ouvert ou non. Il est beaucoup plus facile d'éviter de parler à quelqu'un ou de l'écouter si l'on n'a pas établi de contact visuel. Le contact visuel entre deux personnes donne aussi des indices sur le type de relation qu'elles entretiennent. D'abord, il peut révéler un besoin d'inclusion ou d'affiliation. Les personnes qui éprouvent un fort besoin d'affiliation cherchent le regard des autres. Les personnes qui se plaisent mutuellement ont de fréquents contacts visuels. Les yeux peuvent aussi indiquer ce à quoi une personne pense. Faites l'exercice 6.2 pour tester cette hypothèse.

La bouche   Les personnes qui sourient peu sont considérées comme froides, indifférentes aux autres ou lassées. Les personnes souriantes suscitent des réactions plus favorables (Richmond, 2002). Comme les yeux, le bas du visage exprime beaucoup de choses sur nous. Certaines personnes sourient seulement du bout des lèvres, tandis que le sourire d'autres personnes semble éclairer leur visage tout entier. Vous a-t-on déjà intimé l'ordre, lorsque vous étiez enfant, de « cesser de sourire comme un idiot » ? Pourquoi ? Outre la joie, quelles émotions le sourire peut-il véhiculer ?

À quoi ressemble votre visage lorsque vous ne souriez pas, lorsqu'il est au repos ? Certains visages ont une expression neutre ; d'autres affichent un air soucieux, hargneux ou souriant, c'est-à-dire que les commissures des lèvres sont naturellement orientées vers le haut.

Comment les autres réagissent-ils à votre sourire ? Apparemment, on a tendance à sourire en retour aux personnes qui nous sourient, mais à détourner le regard ou à ne pas nous arrêter pour parler à celles qui affichent une moue boudeuse ou désapprobatrice. Votre expérience confirme-t-elle ce phénomène ?

Les hommes comme les femmes tendent à sourire lorsqu'ils recherchent l'approbation des autres, mais, en général, les femmes sourient plus souvent que les hommes. En fait, elles ont tendance à sourire même quand elles reçoivent un message négatif (Woodzicka, 2008). Comment expliquez-vous cela ?

EXERCICE 6.2 | En pratique

Où regardez-vous ?

La direction du regard fournit des indices intéressants. Par exemple, vous êtes-vous déjà demandé où les gens regardent quand vous leur parlez et qu'ils ne vous regardent pas directement, et ce que cela peut signifier ?

Richard Bandler et John Grinder (1975) ont élaboré quelques théories intéressantes à ce sujet. D'après eux, on regarde dans une certaine direction quand on veut se souvenir d'une image ou d'un son et dans une autre direction lorsqu'on tente d'imaginer quelque chose. Vérifiez leur hypothèse en faisant l'exercice suivant avec un partenaire. Placez-vous face à face. Un partenaire pose les questions ci-après, l'autre réfléchit à sa réponse. Tout en posant les questions, notez la direction du regard de votre partenaire pendant qu'il réfléchit.

Questions qui évoquent des souvenirs visuels

• De quelle couleur sont les murs de ta chambre ?
• De quelle couleur sont les yeux de ta mère ?
• De quelle couleur sont les cheveux de ton professeur ?

Questions qui évoquent des images imaginaires

• Comment penses-tu que je te vois ?
• De quoi aurais-tu l'air avec des cheveux violets et verts ?
• À quoi ressemblerait ta maison après un incendie ?

Questions qui évoquent des souvenirs auditifs

• Peux-tu entendre ta musique préférée ?
• Peux-tu entendre une musique que tu n'aimes pas ?
• Quelles sont les quatre premières notes de la *Cinquième symphonie* de Beethoven ?

Questions qui évoquent des sons imaginaires

• Quel bruit ferait un camion s'il roulait sur la lune ?
• Comment un chien chanterait-il *Mon beau sapin* ?
• Quel bruit ferait King Kong s'il marchait sur la pointe des pattes dans un champ de tulipes ?

Si l'on en croit Bandler et Grinder, les droitiers regarderont dans les directions montrées dans la figure ci-dessous. Vérifiez les réponses avec votre partenaire.

Les variations de la direction du regard en fonction de l'objet de réflexion

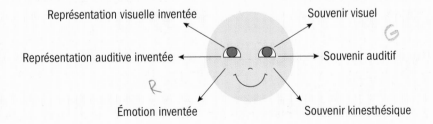

Votre expérience confirme-t-elle ces résultats ? Quelles que soient vos conclusions sur la direction du regard, il est important de garder un contact visuel avec votre interlocuteur afin de savoir s'il vous regarde ou non, et dans ce cas, dans quelle direction va son regard. Comme on ne contrôle pas toujours consciemment ces indices, ils sont rarement trompeurs.

La posture

Combien de fois avez-vous entendu les consignes suivantes : « Tiens-toi droit », « Ne te penche pas ainsi sur ton bureau » ?

Notre posture, assise ou debout, envoie un message non verbal et fournit aux autres des indices utiles pour évaluer nos pensées et nos sentiments. Les recherches sont suffisamment documentées pour que l'on puisse tirer des conclusions générales sur la manière dont les autres pourraient interpréter notre posture. Dans *Body Politics,* Nancy Henley (1986) propose que le maintien d'une personne donne des indices sur sa profession. Les émissions de télévision et les films appuient cette hypothèse de façon caricaturale en opposant fréquemment l'allure hautaine des riches à la démarche traînante et soumise d'un serviteur ou au dos voûté d'un itinérant.

On nourrit tous certaines attentes face à la posture des autres. Ainsi, on attend d'un militaire qu'il affiche une posture extrêmement droite et un air sérieux. Henley indique que le simple fait de se tenir très droit donne à une personne de l'ascendant sur les autres.

L'orientation du corps est un aspect de la posture qui joue un rôle dans la communication. Supposons que vous parliez à une personne et que, soudainement, elle se détourne de vous ou recule. Verriez-vous cela comme un signe positif ? Probablement pas. On associe généralement la sympathie et d'autres attitudes positives avec une inclinaison vers l'avant plutôt qu'avec le recul. Lorsqu'on communique avec quelqu'un, une légère inclinaison du tronc vers l'avant lui indiquera que l'on s'intéresse à ses propos. Nous aborderons cette question lorsque nous parlerons de l'entrevue de sélection dans le chapitre 8. L'exercice 6.3 permet d'analyser différentes postures.

Que révèle la posture de chacune de ces personnes sur son statut et sur ses relations avec les autres ?

EXERCICE 6.3   **En pratique**

Quelle est votre posture ?

Les mouvements de nos bras, de nos jambes, de nos mains et de nos pieds constituent des indices non verbaux importants. La position de nos bras, par exemple, renseigne les autres sur notre attitude.

Croisez les bras sur votre poitrine. Vous sentez-vous replié sur vous-même ? Mettez-vous debout et placez vos mains sur vos hanches. Comment vous sentez-vous ? Ensuite, croisez les bras derrière votre dos avec assurance. Puis, tenez vos bras avec raideur de chaque côté de votre corps comme si vous étiez un orateur nerveux ou un soldat de bois. Enfin, laissez pendre vos bras de chaque côté d'une manière décontractée. Prenez conscience des positions habituelles de vos bras. Quel message chaque position transmet-elle ?

Nos jambes fournissent aussi de l'information sur nous. Essayez de vous tenir comme un mannequin. Puis, asseyez-vous et posez les pieds sur votre bureau ou sur une table. Ensuite, tenez-vous debout en écartant les pieds. Vous sentez-vous plus puissant dans cette posture ? Pourquoi ? La répartition du poids du corps et la position des pieds peuvent traduire des attitudes de stabilité, de féminité, de virilité, ou des sentiments de colère, de joie, etc. Lorsque vous communiquez avec quelqu'un, choisissez la position qui correspond le plus précisément possible à vos objectifs.

L'apparence physique

Êtes-vous sensible à l'apparence des autres? Celle-ci influe-t-elle sur la perception que vous avez d'eux? Comme l'apparence véhicule certains messages, elle constitue un aspect important de la communication non verbale. En général, les personnes de grande taille «dominent la situation», qu'il s'agisse d'une élection ou d'une entrevue d'emploi (Guerrero, Devito et Hecht, 1999). Les personnes obèses, quant à elles, se heurtent régulièrement à une attitude froide et brusque. Les personnes séduisantes ont davantage de rendez-vous amoureux, obtiennent de meilleures notes et sont jugées plus persuasives et sympathiques que les autres (Ritts, Patterson et Tubbs, 1992). L'obsession de la beauté pousse les hommes à faire de la musculation, les femmes à se mettre au régime et certaines personnes à recourir à la chirurgie plastique quand elles ne se sentent pas séduisantes (Kilbourne, 2004). Des facteurs culturels exercent-ils une influence sur les standards de beauté?

6.2.2 Les ornements

Les ornements sont des accessoires personnels comme les vêtements, les bijoux, le maquillage, la coiffure, la barbe ainsi que les tatouages et les perçages. Ils véhiculent des indices non verbaux importants. On tire des conclusions sur l'âge, la position économique et sociale, le niveau d'éducation, l'appartenance à un groupe, les compétences athlétiques, la personnalité et les relations interpersonnelles des individus que l'on côtoie en fonction de ces ornements (Molloy, 1990).

Imaginez qu'à la première journée de la session, votre professeur arrive habillé en costume et cravate. Vous vous forgerez une certaine impression de lui. Si, au deuxième cours, il se présente en classe portant le chandail d'un groupe de *heavy metal,* des jeans troués et des sandales, comment réagirez-vous? Que penserez-vous de lui dorénavant? Plusieurs personnes mariées portent des alliances. C'est à l'origine un symbole religieux d'engagement. Connaissez-vous des couples non mariés qui portent des alliances? Que signifie pour eux l'acte de porter cet ornement?

Comme nous l'avons vu dans la mise en situation, les drapeaux sont une forme d'ornement qui peut envoyer un message puissant. Pour les Américains, après le 11 septembre 2001, afficher le drapeau américain n'était plus seulement un signe patriotique mais une manière de défier les terroristes. On voit des drapeaux sur les terrains ou sur les voitures au Québec

Ces ornements sont-ils des symboles de défi, d'indépendance ou d'autre chose? Quelles déductions les personnes qui n'en portent pas pourraient-elles faire à propos de celles qui en portent?

pour toutes sortes de raisons. Que ce soient les drapeaux du Québec, du Canada, de l'Acadie ou des Canadiens de Montréal, que symbolisent ces ornements? Quels ornements utilisez-vous?

Dans les premiers chapitres de cet ouvrage, nous avons exposé les aspects qui influent sur nos façons de communiquer. Nous avons abordé le concept de soi et l'estime de soi, la perception, les émotions. Dans l'exercice 6.4 (*voir p. 124*), nous vous demandons de réfléchir sur les rôles que jouent ces éléments dans le choix de vos ornements.

| EXERCICE 6.4 | Mieux se connaître |

Analysez vos ornements

Pour chacun des éléments de la grille d'analyse suivante, réfléchissez sur votre choix, ce qu'il représente pour vous et ce que vous pensez de ceux qui partagent ou ne partagent pas ces choix.

Ornements	Je ne l'ai pas. Je ne le ferais pas.	Je l'ai fait. J'aimerais le faire.	Pourquoi? Ce que cela dit sur moi.	Ce que je pense de ceux qui le font. Pourquoi?
Cheveux (teints, méchés, rasés par sections, etc.)				
Vêtements (de marque ou à la mode)				
Sous-vêtements apparents				
Signes d'appartenance (religieux, politiques, sociaux)				
Perçage (même pour les oreilles)				
Tatouages				
Bronzage				
Chirurgie plastique				

6.2.3 Le paralangage

Votre ami vous pose une question et vous répondez «Mmm» d'un ton neutre. Une autre personne vous communique un potin et vous criez «Ouash!». En lisant un article sur la conduite immorale d'un politicien, vous hochez la tête en faisant des «Tss-tss». Ces verbalisations non linguistiques font partie du **paralangage**. L'aptitude à utiliser le paralangage détermine la capacité à transmettre le sens d'un message aux autres.

Le paralangage fait également référence à la qualité de notre voix. Êtes-vous capable de raconter une bonne blague ou vos plaisanteries tombent-elles toujours à plat? Si changer sa coiffure ou s'acheter une nouvelle tenue font partie de la recherche d'un emploi, pourquoi ne se préoccupe-t-on pas aussi de notre voix? Selon Murry et Benninger (2006), la compétence et la voix sont aussi importantes l'une que l'autre pour déterminer qui sera embauché et qui réussira en affaires.

Paralangage

Indice vocal qui accompagne le langage parlé

En d'autres termes, la manière de communiquer le message importe autant que le contenu du message (*ce sujet sera abordé plus en détail dans le chapitre 8 portant sur l'entrevue de sélection*).

Le ton, le volume, le débit, les pauses et le silence, tous ces éléments sont des aspects du paralangage. Examinons-les de plus près.

Le ton

Le **ton** désigne la hauteur de la voix; il fait référence au ton d'une gamme musicale. On a tendance à associer les tons plus aigus aux voix féminines et les tons plus graves aux voix masculines. On entretient aussi des stéréotypes par rapport à la voix. Ainsi, on associe une voix grave à la force, au charme sensuel et à la maturité, et une voix aiguë à l'impuissance, à la tension et à la nervosité, autant pour les hommes que pour les femmes. Bien que l'on ait tous un **ton habituel**, on a aussi appris à varier le ton de notre voix selon notre humeur et pour éveiller l'intérêt de nos interlocuteurs.

Ton
Hauteur de la voix

Ton habituel
Ton caractéristique d'une personne

Certaines personnes parlent toujours sur le même ton. Elles ont une voix monocorde caractérisée par des inflexions trop invariables. D'autres ont une voix haut perchée qui produit des sons ténus et sans appui. Bâiller est une façon simple de trouver un ton qui n'est pas trop aigu. Essayez-le. Étirez-vous, allongez les bras à la hauteur des épaules et bâillez bruyamment. Recommencez. Maintenant, comptez jusqu'à 10 à haute voix. Le timbre de votre voix a-t-il changé? Est-il plus sonore? Il devrait l'être. Si vous bâillez une ou deux fois avant une réunion ou un événement stressant, le timbre de votre voix sera plus agréable.

Le volume

Le **volume**, soit l'intensité de la voix, est un autre aspect paralinguistique de la communication non verbale. Certaines personnes semblent incapables de rassembler assez d'énergie pour se faire entendre. D'autres parlent fort tout le temps. Le volume reflète souvent une certaine intensité émotionnelle. Les personnes à la voix forte sont habituellement perçues comme agressives ou dominatrices, tandis que celles qui s'expriment d'une voix douce sont considérées comme timides ou polies.

Bâiller peut vous aider à trouver le ton de voix optimal.

Le débit

Le **débit**, ou rythme d'élocution, est un autre canal important de la communication non verbale. Les vendeurs de téléachat parlent-ils vite ou lentement? Le plus souvent, ils parlent très vite. De plus, les personnes qui vendent des gadgets dans les grands magasins ou à la télévision parlent aussi à un rythme déchaîné afin de capter l'intérêt des clients et les inciter à s'arrêter.

Volume
Degré d'intensité de la voix

Débit
Rythme d'élocution

Par ailleurs, les occasions officielles exigent un débit plus lent entrecoupé de pauses planifiées.

Les pauses

Les pauses ralentissent le débit du discours et donnent, tant à l'émetteur qu'au récepteur, une chance de se concentrer ou de prendre conscience de ce qu'ils ressentent. Malheureusement, beaucoup de gens croient que les pauses constituent des vides qu'il faut combler à tout prix et cherchent, consciemment ou non, des manières de le faire. Souvent, on remplit ces silences de mots ou de sons sans signification comme «euh», «hum», «vous savez», «OK». Ces **ruptures** perturbent le débit naturel du discours. Comme les pauses font naturellement partie de la communication, on devrait cesser de vouloir les éliminer.

Rupture
Son ou mot sans signification qui perturbe le flux du discours

Le silence

Silence

Absence d'indices paralinguistiques et verbaux

Le **silence**, soit l'absence d'indices tant paralinguistiques que verbaux, joue lui aussi un rôle de premier plan dans la communication (Jaworski, 1993). S'il laisse parfois à l'émetteur le temps d'organiser ses pensées, de reconnaître ses émotions, il peut aussi servir à prévenir les récepteurs qu'on s'apprête à révéler quelque chose d'important. Par ailleurs, éviter consciemment de parler à quelqu'un peut être une manifestation d'indifférence et un signe très puissant de rejet.

Le silence véhicule donc divers messages. Il est parfois utilisé comme une arme pour punir l'autre après une querelle ou lui signaler que l'on est toujours en colère. Il peut aussi indiquer que deux personnes sont tellement à l'aise ensemble qu'elles n'éprouvent pas le besoin de parler. Dans un autre contexte, le silence peut révéler la timidité d'une personne en laissant entrevoir son malaise ou son incapacité à entretenir une conversation. Enfin, il peut simplement montrer que l'on acquiesce aux propos de notre interlocuteur ou que l'on n'a tout bonnement rien à dire.

6.2.4 La proxémique

Proxémique

Étude de l'utilisation et de l'organisation de l'espace

Quelle superficie de notre planète considérez-vous comme la vôtre ? Combien d'espace transportez-vous avec vous ? Y a-t-il des moments où les autres envahissent votre espace ? Dans *The Hidden Dimension*, Edward Hall (1966) emploie le terme « **proxémique** » pour désigner la façon dont les êtres humains « utilisent l'espace ». La proxémique est l'étude de la distance qui sépare deux personnes qui communiquent entre elles ainsi que la manière dont on organise l'espace autour de nous dans nos maisons, nos bureaux et notre communauté.

Les architectes et les designers d'intérieur se basent en effet sur la proxémique pour humaniser les hôpitaux. Dans les institutions où l'éclairage est tamisé et qui offrent des chambres individuelles, des jardins relaxants et des œuvres d'art, les infirmières sont plus loyales envers leurs employeurs et les médecins, plus efficaces. Encore mieux, si l'on ajoute des touches thérapeutiques à un milieu généralement stérile, par exemple si les fenêtres des chambres donnent sur des arbres et que l'on prolonge les heures de visite, la guérison des patients est plus rapide et plus complète (Monk, 2004).

La nature de l'environnement influe sur la distance que l'on peut maintenir entre nous et les autres. Dans de nombreux lieux publics, des chaises placées face à face ou en cercle favorisent les interactions. C'est le cas dans les bars, les restaurants et les halls d'hôtels. En revanche, dans les salles d'attente des aéroports et des gares d'autocar, les chaises sont souvent boulonnées ensemble sur de longues rangées parallèles, diminuant les interactions.

Ces exemples nous ont montré combien les éléments de l'environnement peuvent influer sur la communication. Regardons à présent l'importance de la distance entre les personnes.

La distance

Hall (1966) a défini quatre zones ou distances que l'on respecte dans la vie quotidienne en fonction du type d'échange et de la relation que l'on entretient avec l'autre personne :

- La distance intime : de 0 à 45 cm ;
- La distance personnelle : de 45 cm à 1,20 m ;
- La distance sociale : de 1,20 m à 3,60 m ;
- La distance publique : à partir de 3,60 m et au-delà.

La distance que l'on maintient entre nous dépend de la nature de notre échange et de notre relation. Que révèle la distance entre les couples de personnes ci-dessus sur la nature de leur relation?

La distance intime La **distance intime** va du contact physique jusqu'à 45 cm. À cette distance, le contact physique est naturel. Tout contact physique intime (les amants, les amis, les parents avec leurs enfants) a lieu à cette distance. À une distance intime, nos sens sont pleinement éveillés. Ils sont facilement stimulés, mais aussi aisément troublés si la situation nous met mal à l'aise. Avez-vous déjà souhaité qu'une personne qui s'était trop approchée de vous recule? Avez-vous reculé ou avancé vous-même? Parfois, on est forcé de supporter une distance intime entre nous et des inconnus dans des espaces bondés comme un autobus, un train ou un ascenseur. Que ressentez-vous et comment réagissez-vous dans ces situations?

La distance personnelle Hall a établi la **distance personnelle** entre 45 cm et 1,20 m. À cette distance, on peut encore tenir ou serrer la main d'une autre personne. C'est la distance la plus courante entre des personnes qui bavardent de manière informelle en classe, au travail ou dans une soirée. Si l'on réduit cette distance personnelle et que l'on pénètre dans l'espace intime de notre interlocuteur alors que l'intimité ou le type de relation ne le permet pas, celui-ci sera sans doute mal à l'aise. Et si l'on augmente cette distance alors que lui voudrait se rapprocher, il pourrait se sentir rejeté.

La distance sociale Selon Hall, la **distance sociale** va de 1,20 m à 3,60 m. Contrairement à la distance personnelle, la distance sociale ne se prête pas aux confidences. Elle permet de tenir les autres à une distance plus que respectueuse. C'est une distance plus sécuritaire, qui permet la transmission d'informations (surtout les idées et les besoins) et de sentiments qui ne sont pas particulièrement intimes ou révélateurs. La grande majorité des échanges tenus autour d'un repas ou lors de congrès ou de réunions d'affaires se déroulent dans cet espace. Au travail, le premier protecteur de l'espace social est le bureau. Certes, plus la distance interpersonnelle est grande, plus les entretiens sont formels.

La distance publique La **distance publique** commence à 3,60 m et elle est généralement réservée aux inconnus avec qui l'on ne souhaite pas avoir d'interaction. La partie la plus éloignée de cette zone dépasse largement la zone d'implication personnelle et rend les échanges interpersonnels très improbables. Les gens qui attendent l'ascenseur dans un hall peu achalandé maintiennent souvent une distance publique entre eux. On peut supposer que la personne qui choisit délibérément cette distance, alors qu'elle pourrait très bien se rapprocher, ne veut tout simplement pas établir un dialogue.

Observez où vous êtes assis en classe. Généralement, les étudiants qui interagissent le plus avec le professeur s'assoient en avant de la classe (la distance sociale ou personnelle), tandis que ceux qui parlent moins choisissent de s'asseoir dans le fond de la classe (la distance publique). Voilà pourquoi on suggère aux professeurs de se promener dans la classe au lieu de rester en avant

Distance intime
Distance qui va du contact physique jusqu'à 45 cm

Distance personnelle
Distance qui va de 45 cm à 1,20 m

Distance sociale
Distance qui va de 1,20 m à 3,60 m

Distance publique
Distance qui va au-delà de 3,60 m

pour créer des relations plus personnelles avec tous les étudiants. On peut également occuper plus d'un espace à la fois. Lorsque le professeur circule pour répondre aux questions des étudiants, il peut se trouver dans la zone intime de celui à qui il répond en même temps qu'il est à une distance publique de celui qui est de l'autre côté de la salle.

La territorialité

Territorialité

Fait de s'approprier un espace ou de délimiter et de protéger un «territoire»

Un autre aspect de la proxémique concerne notre besoin d'avoir un territoire bien défini. La **territorialité** est une variable importante de la communication interpersonnelle. Avez-vous déjà observé des exemples de territorialité? Quand vous étiez enfant, y avait-il dans la maison le «bureau de maman» et le «fauteuil de papa»? Dans vos salles de classe, occupez-vous toujours la même place? Que ressentez-vous quand une personne envahit votre espace personnel? Comment vous traite-t-on quand vous pénétrez dans le territoire de quelqu'un?

Marqueur

Objet utilisé pour délimiter et se réserver un espace

Pour établir notre territoire, on utilise des **marqueurs**, des objets qui réservent notre espace, le délimitent ou le marquent comme étant le nôtre. Ainsi, à la bibliothèque, si l'on éparpille nos livres et nos crayons sur la table, on dissuade les autres d'entrer dans notre territoire. Dans les grandes sociétés, le statut d'un employé se reflète souvent dans la surface de l'espace qui lui est attribué. Le président peut occuper un vaste bureau à l'étage supérieur de l'immeuble, tandis qu'un commis reçoit un bureau situé au troisième étage, au milieu d'autres bureaux et de machines. Toutefois, peu importe la taille de notre territoire, on s'identifie à lui et l'on agit souvent comme s'il nous appartenait.

6.2.5 Le toucher

Le toucher est un autre canal de la communication non verbale. Les recherches ont démontré que le fait d'étreindre son partenaire amoureux et de lui tenir les mains durant 10 minutes par jour atténue grandement les effets physiologiques nocifs du stress. Il semble que, parce que le toucher abaisse le taux d'hormones du stress, ce contact affectueux nous protège tout au long de la journée. Les effets des étreintes sont particulièrement bénéfiques chez les femmes, les préservant du stress, mais aussi des problèmes cardiaques (Grewen, *et al.,* 2005). L'encadré 6.2 donne d'autres exemples de l'importance du toucher pour la santé.

PENSEZ-Y!

TOUCHER OU NE PAS TOUCHER?

ENCADRÉ 6.2

Au xixᵉ siècle et au début du xxᵉ siècle, beaucoup de nourrissons placés dans des orphelinats ou des hôpitaux mouraient d'une maladie appelée «marasme» (du grec *marasmos,* qui signifie «dépérissement»). En fait, les enfants souffraient d'un manque de contacts physiques. Aujourd'hui, en partie pour ne pas être accusés de harcèlement sexuel, les enseignants évitent de toucher leurs élèves et les employeurs font de même avec leurs employés. Ce manque de contacts physiques donne-t-il aux travailleurs l'impression que leurs employeurs sont froids et insensibles? Faut-il réhabiliter le toucher affectueux et thérapeutique, plutôt que sexuel, dans nos écoles et nos lieux de travail? À quelles règles faudrait-il soumettre le toucher?

Notre propension à toucher et à nous laisser toucher dépend, du moins en partie, de notre culture. Comment touchez-vous votre père? votre mère? votre frère? votre sœur? une amie ou un ami du même sexe? une amie ou un ami du sexe opposé? En général, les femmes sont plus enclines à toucher que les hommes.

Le toucher est corrélé positivement avec l'ouverture, l'aisance relationnelle et la capacité d'exprimer ses sentiments (Fromme, *et al.,* 1989).

Le toucher peut aussi être un atout dans le jeu de la séduction. Guéguen (2010) a mené une étude sur le toucher dans une boîte de nuit. Un jeune homme devait inviter des jeunes femmes inconnues à danser soit en leur touchant légèrement l'avant-bras soit en ne les touchant pas. Les femmes touchées par l'homme ont accepté de danser avec lui plus souvent (65 %) que celles que l'homme n'a pas touchées (43,2 %).

Le toucher peut ensuite refléter le statut d'une personne. Les personnes jouissant d'un statut élevé touchent les autres et envahissent leur espace plus souvent que les personnes de statut inférieur (Wood, 2009). La personne qui touche la première est habituellement celle dont la position est la plus élevée. Elle est aussi celle qui dirige l'interaction. Passeriez-vous votre bras autour des épaules du directeur du collège ou du doyen de l'université? Pourquoi? Vous comporteriez-vous différemment si vous rencontriez le directeur ou le doyen dans une soirée? Probablement pas. Toutefois, le directeur ou le doyen pourrait très bien se comporter ainsi avec vous dans les deux contextes. Comment vous sentiriez-vous si cela arrivait?

Louis Garneau et Michelle Obama ont été tous les deux « victimes » de cette règle du toucher lors d'une rencontre avec la reine Élizabeth II. Chacun a mis son bras autour de l'épaule de la reine lors de la prise de photo. Ce geste, qui peut paraître banal, a créé un scandale en Grande-Bretagne. L'encadré 6.3 explore d'autres liens entre le toucher et le pouvoir.

Cette image vous choque-t-elle? Pourquoi pensez-vous que cette photo a provoqué un scandale en Grande-Bretagne?

PENSEZ-Y!

LES INDICES NON VERBAUX ET LE STATUT SOCIAL

ENCADRÉ 6.3

Pensez-vous que le fait d'être plus grand, de parler plus fort et d'être perçu comme un être dominateur contribuerait à faire avancer votre carrière? Voici quelques exemples illustrant cette question. Une chef de la direction d'une entreprise insiste pour porter des talons aiguilles même si elle mesure 1,75 m. Elle croit que ceux-ci lui donnent un air plus intimidant (Binkley, 2007). Au beau milieu de négociations passionnées, un PDG de 1,90 m met sa main sur l'épaule des personnes plus petites que lui, envahissant ainsi leur espace personnel pour montrer sa détermination et son autorité. D'ailleurs, dans *Blink*, Malcolm Gladwell (2005) remarque que 30 % des PDG des sociétés figurant dans le classement Fortune 500 mesurent au moins 1,88 m, alors que seulement 4 % de tous les hommes atteignent cette taille.

Tiedens et Fragale (2003) affirment que les gens d'affaires jouissent d'un statut élevé parce qu'ils regardent les autres en face, ont une posture ouverte, font des gestes vigoureux, parlent très fort d'une voix grave, ne se gênent pas pour interrompre les autres et s'inclinent vers leurs interlocuteurs, réduisant ainsi l'espace personnel de ceux-ci tout en augmentant le leur. Elle recommande donc aux personnes qui souhaitent s'élever dans la hiérarchie de tout faire pour être perçues comme étant plus grandes et plus bruyantes, voire impolies. Ceux qui critiquent cette théorie pensent plutôt que le temps où il fallait se battre la poitrine de ses poings et crier plus fort que les autres est révolu, que ces comportements se rapprochent de l'intimidation et constituent une perte de temps. Quel est votre point de vue?

6.2.6 Le rapport aux odeurs

Quelle est l'odeur du bonheur et de la satisfaction? L'étude de notre rapport aux odeurs, l'olfactique, pourrait bien fournir la réponse. Les odeurs peuvent lancer des messages très puissants, et l'industrie des cosmétiques fait son pain et son beurre de notre obsession des odeurs et des parfums.

On porte du parfum, on utilise des désodorisants, on se lave avec des savons parfumés, on rafraîchit notre haleine avec des rince-bouches, on vaporise des lotions parfumées dans nos maisons et l'on fait brûler des bougies odorantes, tout cela dans le but de paraître plus attirants en améliorant notre odeur et celle de notre maison ou de notre environnement.

Quels types de message les odeurs véhiculent-elles? Si certaines cultures considèrent l'odeur naturelle des gens et de l'environnement comme normale, un grand nombre de Nord-Américains sont obsédés par l'idée de masquer les odeurs naturelles au moyen d'autres qu'ils jugent plus agréables.

Les odeurs sont associées à l'attirance physique et peuvent déclencher une émotion ou des sentiments amoureux. Cette émotion dépend de ce que cette odeur particulière éveille en nous, que ce soient nos souvenirs ou, dans une certaine mesure, notre culture.

En effet, les odeurs éveillent nos souvenirs – les bons comme les mauvais (Vincent, 2007). Pouvez-vous donner des exemples de situations où des odeurs ont déclenché de bons et de mauvais souvenirs en vous?

6.2.7 Le rapport au temps

L'étude de la manière dont on utilise le temps pour communiquer peut nous aider à comprendre une multitude de messages non verbaux. Si certaines personnes sont obsédées par le temps, d'autres en perdent même la notion régulièrement. Certaines personnes sont toujours en avance, d'autres, toujours en retard. Certaines fonctionnent mieux le matin (les lève-tôt), tandis que d'autres sont plus actives le soir (les oiseaux de nuit).

Des experts en la matière observent que la dépendance à l'horloge est difficile à briser. Comme nous, Occidentaux, sommes de plus en plus esclaves de l'horloge à la minute près, modifier notre rythme de vie représente un défi de taille (Zimbardo et Boyd, 2008). Avez-vous suffisamment de temps pour effectuer la plupart de vos tâches? Gérez-vous bien votre temps? Qu'on le veuille ou non, notre façon d'occuper notre temps envoie des messages non verbaux à nos interlocuteurs sur notre capacité de nous organiser, nos priorités, nos valeurs, etc.

Nous pouvons donc utiliser le temps de façon bien consciente pour envoyer des messages non verbaux comme l'exemple suivant le démontre. Alors qu'ils se préparaient à négocier une transaction immobilière avec Donald Trump, le magnat de l'immobilier, un groupe de millionnaires chinois ont fait attendre M. Trump pendant près d'une heure. Voulaient-ils lui communiquer un message, à votre avis?

Le temps que l'on consent à attendre une chose ou une personne dépend d'abord de la valeur que l'on attache à l'objet de notre attente et, ensuite, de notre statut social. On a appris à attribuer de la valeur à ce qui se fait attendre. En fait, une chose trop facilement accessible perd parfois de son attrait. Le statut social détermine également qui attend. Les personnes «importantes» peuvent être jointes uniquement sur rendez-vous. Elles peuvent facilement faire attendre les autres, tandis qu'il est difficile voire impossible de les faire attendre. Quelle est votre relation avec le temps? Lisez l'encadré 6.4 pour nourrir votre réflexion.

UN EMPLOI DU TEMPS CHARGÉ

ENCADRÉ 6.4

Selon le journaliste et essayiste français Jean-Louis Servan-Schreiber (2002), notre mauvaise relation avec le temps est la source principale de stress dans nos vies. On vit plus longtemps et l'on travaille moins longtemps que jadis, mais on a tout de même l'impression de toujours courir sans rien accomplir. Qu'est-ce qui ne va pas?

On peut constater plusieurs obstacles à un emploi du temps efficace:

• la surcharge (entreprendre trop d'activités en même temps);

• la mauvaise gestion (mal juger le temps nécessaire à un projet);

• la procrastination (remettre à plus tard et à plus tard et à plus tard...);

• la distraction (le téléphone, les amis, etc.).

Vous arrive-t-il de rencontrer un ou plusieurs de ces obstacles? Que pourriez-vous faire pour améliorer votre emploi du temps?

Ralentir ne semble pas faire partie de nos habitudes. Au lieu de cela, on mène plusieurs tâches de front comme le montre l'emploi du temps de cette étudiante.

En une demi-heure, Mégane envoie environ une douzaine de messages instantanés pour discuter de la possibilité d'organiser une fête chez elle, au milieu de la semaine. Elle prend au moins un appel sur son cellulaire, expédie quelques messages textes en rafales, consulte les prévisions météo sur le Web, s'inscrit comme bénévole à la corvée de nettoyage du campus, affiche des commentaires sur la page Facebook d'une amie et jette un coup d'œil sur les photos d'un nouveau groupe rock qu'une autre amie a affichées pour elle.

Vous reconnaissez-vous? Ce comportement n'est toutefois pas l'apanage des étudiants. Une enquête sur le service de téléphonie résidentielle de Statistique Canada (2009) indique que 74,3% des ménages canadiens possédaient, en 2008, un téléphone cellulaire. Où que l'on aille, on voit des gens utiliser fiévreusement leur assistant numérique personnel et leur cellulaire alors qu'ils mangent au restaurant ou rencontrent d'autres personnes.

6.3 Les influences sur la communication non verbale

Jusqu'à maintenant, nous avons étudié les différentes fonctions et les multiples formes de la communication non verbale. Dans cette section, nous nous pencherons sur les trois influences que peut subir la communication non verbale, soit le sexe, la culture et la technologie.

6.3.1 Le sexe

La manière dont les hommes et les femmes utilisent la communication non verbale est souvent déterminée par les normes sociales. Les hommes, par exemple, sont censés adopter des comportements affirmatifs qui reflètent leur pouvoir et leur autorité, tandis que les femmes doivent se montrer plus réceptives et plus sensibles. C'est pourquoi les hommes parlent souvent plus que les femmes et les interrompent plus souvent qu'ils ne sont interrompus par elles (Veland, 1992).

Au cours d'une conversation, même si les hommes et les femmes se regardent mutuellement, le regard des hommes est généralement plus dominateur que celui des femmes. On mesure la **domination visuelle** en comparant les fractions de temps passées à regarder l'autre pendant que l'on parle et pendant que l'on écoute. Comparativement aux femmes, les hommes regardent davantage leur interlocuteur pendant qu'ils parlent que pendant qu'ils écoutent. Par conséquent, le ratio de domination visuelle des hommes est généralement plus élevé que celui des femmes et démontre qu'ils recourent aux messages non verbaux pour renforcer les perceptions de leur pouvoir social (Dovidio, *et al.*, 1988).

Domination visuelle

Mesure calculée en comparant les fractions de temps passées à regarder l'autre pendant que l'on parle et pendant que l'on écoute

Dans un autre ordre d'idées, les femmes se tiennent plus près les unes des autres que les hommes, et recourent davantage aux signaux non verbaux pour intégrer les autres dans une conversation. Alors qu'elles montrent un désir d'affiliation, les hommes cherchent davantage à imposer leurs idées et à donner le ton à un échange (Wood, 1994). De plus, aux tests mesurant l'aptitude à décoder les messages non verbaux, y compris l'aptitude à comprendre les sentiments de l'autre personne à partir d'indices vocaux ou faciaux, les femmes obtiennent généralement de meilleurs résultats que les hommes (Rotter et Rotter, 1998).

6.3.2 La culture

Culture de haut contact
Culture qui encourage les interactions, la proximité et les démonstrations d'affection

Culture de faible contact
Culture qui privilégie le maintien d'une plus grande distance interpersonnelle

Dans une large mesure, la culture d'un peuple modifie l'usage que celui-ci fait des indices non verbaux. Les membres des **cultures de haut contact** – c'est-à-dire des cultures qui encouragent les interactions et les démonstrations d'affection, la proximité et la disponibilité – se tiennent près de leur interlocuteur, recherchent un maximum d'expériences sensorielles et se touchent fréquemment. L'Arabie saoudite, la France et l'Italie sont des cultures de haut contact ; leurs membres apprécient un contact intime quand ils conversent avec quelqu'un. En revanche, les membres des **cultures de faible contact** découragent ces comportements. La Scandinavie, l'Allemagne, l'Angleterre et le Japon sont des cultures de faible contact ou de contact plus faible, dont les membres privilégient l'intimité et maintiennent une plus grande distance interpersonnelle (Anderson, 1982). Selon vous, la culture nord-américaine est-elle de haut ou de faible contact ?

De façon analogue, les membres de différentes cultures n'affichent pas leurs émotions et n'expriment pas l'intimité de la même manière. Dans les pays méditerranéens, il est normal d'extérioriser librement ses émotions. C'est pourquoi les Méditerranéens manifestent souvent des émotions comme le chagrin ou la joie à grand renfort de mimiques faciales, de gestes amples et d'indices vocaux.

Comment réagissent des personnes de cultures de haut contact et de faible contact dans un wagon de métro bondé ?

Au contraire, les Chinois et les Japonais n'affichent pas volontiers leurs sentiments en public ; ils préfèrent la maîtrise de soi aux épanchements et gardent leurs sentiments pour eux.

Les antécédents culturels des communicateurs influent souvent sur leur utilisation du toucher et de l'espace personnel. Les Américains gardent une plus grande distance interpersonnelle que les personnes moyen-orientales. Celles-ci marchent bras dessus bras dessous et se touchent beaucoup plus souvent au cours de leurs échanges que les membres des cultures de faible contact (Axtell, 1998).

Même si les membres de plusieurs cultures différentes utilisent les mêmes indices non verbaux, ceux-ci n'ont pas nécessairement la même signification. Aux États-Unis, par exemple, un hochement de tête est un signe de consentement ou d'accord, tandis qu'au Japon, il signifie simplement que le message a été reçu. Les signes de la main peuvent être source de confusion pour les personnes étrangères à une culture. Ainsi, les Américains pointent leur index vers leur poitrine en parlant d'eux-mêmes, alors que les Japonais le pointent vers leur nez (Axtell, 1998).

Si l'on veut communiquer plus efficacement avec les membres de diverses cultures, on doit faire l'effort de reconnaître et de comprendre les nombreuses manifestations non verbales de la communication qui sont propres à chacune des cultures.

6.3.3 La technologie

Il est très facile d'utiliser la communication non verbale dans le cyberespace. Comme nous l'avons vu dans le chapitre 4, les internautes ont créé des symboles au moyen de touches de caractères pour exprimer leurs émotions. Ces symboles, appelés « binettes », reproduisent les gestes, les expressions faciales et les indices non verbaux, et traduisent l'action, l'émotion et l'emphase dans les dialogues en ligne (Jones, 1995).

De plus, puisque la question de la sécurité nous préoccupe davantage depuis les attentats du 11 septembre 2001, la technologie est appelée à jouer un rôle dans l'identification des personnes et dans l'analyse des indices non verbaux. La CIA, par exemple, a demandé à deux centres de recherche, le Salk Institute et le Carnegie-Mellon University's Robotics Institute, de programmer des ordinateurs pour qu'ils puissent repérer des indices faciaux et langagiers précis. Des ordinateurs cachés servent aussi à détecter le stress dans les modèles d'élocution des voyageurs qui arrivent à l'aéroport (Lortie, 2002). D'après vous, est-ce une mesure importante de protection ou bien comporte-t-elle trop de risques de procéder à de mauvaises identifications ? Peut-on vraiment se fier au comportement non verbal pour identifier des personnes malhonnêtes ? L'encadré 6.5 fournit quelques réponses.

TOUT LE MONDE EN PARLE

LA VÉRITÉ, LE MENSONGE ET LA COMMUNICATION NON VERBALE

ENCADRÉ 6.5

Le principe de savoir qui ment et qui dit vrai simplement en observant les comportements nous fascine. Le monde du cinéma en fait grand usage dans les films et les séries policières. Dans la série québécoise *Fortier*, Sophie Lorain joue le rôle d'une psychologue qui aide les policiers de Montréal à résoudre des crimes violents. La série *Lie to me : Crimes et mensonges*, diffusée depuis 2009, met en scène le travail du Dr Cal Lightman, un expert en détection de mensonges par l'analyse de « micro-expressions » faciales fortement inspiré du psychologue Paul Ekman dont nous avons parlé dans le chapitre 4. Dans la vraie vie, Ekman aide les enquêteurs à vérifier les témoignages des gens associés à des crimes. Il travaille aussi comme expert-conseil pour les scénarios de la série et tient un blogue pour expliquer la science derrière le drame. Parfois, il doit même corriger le tir, car, malgré ses conseils, les producteurs privilégient à l'occasion la fiction à la réalité (Glenn, 2009) !

Sans en être des experts, peut-on détecter certains mensonges ? Bien qu'il faille toujours tenir compte du contexte et ne pas généraliser, voici quelques comportements non verbaux fréquemment observés chez les menteurs : des battements de cils plus fréquents, des gesticulations, des changements de posture, des fautes d'élocution, une hausse de ton et des hésitations (Caso, *et al.*, 2006). Les menteurs peu habiles donnent parfois des indices qui n'échappent pas aux observateurs attentifs. Il peut s'agir d'un changement d'expression, d'un mouvement corporel, d'une inflexion de la voix, d'une respiration profonde ou superficielle, d'une longue pause, d'un lapsus, d'une expression faciale à peine visible ou d'un geste inopportun ou inapproprié (Ekman et Frank, 1993).

6.4 Mettre en pratique ses aptitudes à la communication

Les conseils qui suivent devraient vous permettre d'améliorer votre aptitude à décoder les comportements non verbaux afin de prendre des décisions réfléchies et de porter des jugements pertinents.

6.4.1 Observer les communicateurs

Lorsque vous interagissez avec d'autres personnes, observez bien leur comportement non verbal. Demandez-vous si leur sexe, leur âge ou leur statut social modèlera votre échange. Évaluez dans quelle mesure, s'il y a lieu, leur interaction est influencée par la beauté, l'habillement ou l'apparence physique. Demandez-vous si leur tenue vestimentaire est appropriée au contexte.

Que révèlent les expressions faciales de chaque communicateur ? Sont-elles plutôt cohérentes ou fugitives ? Fluctuent-elles énormément ? Évaluez dans quelle mesure vous les croyez sincères. Observez les mouvements oculaires des communicateurs. Déterminez s'ils ont un regard fixe ou fuyant. À quel moment le contact visuel est-il plus soutenu ?

Déterminez si les communicateurs bougent trop ou pas assez. Les communicateurs semblent-ils décontractés ou tendus ? Pourquoi ? Déterminez s'ils utilisent leur posture pour inclure d'autres personnes dans la conversation ou les exclure. Analysez quand et pourquoi les communicateurs changent de posture.

Remarquez si les communicateurs se touchent ou non. Si possible, déterminez pourquoi ils se touchent. Quel effet le fait de toucher ou d'être touché a-t-il sur les communicateurs ? Le contact était-il approprié à la situation ou non ? Pourquoi ?

6.4.2 Écouter

Évaluez si les communicateurs utilisent un ton, un volume et un débit appropriés au contexte. Déterminez si leur façon d'exprimer les choses de façon non verbale appuie ou contredit ce qui est dit verbalement. Analysez comment et quand les communicateurs utilisent les silences. Soyez sensible aux signes de nervosité et aux changements de ton.

6.4.3 Observer l'environnement

Observez si chaque interaction non verbale pourrait être influencée par un ou plusieurs stimuli environnementaux. Analysez l'espace dont disposent les communicateurs. Les facteurs architecturaux pourraient-ils modifier l'issue de leur entretien ? Où se trouvent les chaises, les tables, les corridors et les bureaux ? Pourquoi les communicateurs se sont-ils placés comme ils l'ont fait ? Quel type de comportement vous attendez-vous à observer dans cet environnement ?

En bref

Révision des objectifs du chapitre

1 **Définir la communication non verbale et en expliquer les fonctions.** La communication non verbale englobe toutes les réactions humaines observables qui ne sont pas exprimées verbalement. 65 % du contenu de nos messages provient de sources non verbales. L'aptitude à percevoir et à analyser les indices non verbaux peut nous aider à comprendre ce qui se passe réellement au cours d'une conversation.

2 **Énumérer les principaux canaux de la communication non verbale.** Nous avons analysé sept des principaux types de messages non verbaux : 1) le langage corporel ou la kinésie, 2) la tenue vestimentaire élargie ou les ornements, 3) la voix ou le paralangage, 4) l'espace, 5) le toucher, 6) le rapport aux odeurs, et 7) le rapport au temps.

3 **Expliquer pourquoi le visage est une source importante d'information.** Comme nos expressions faciales ne sont pas faciles à dissimuler, elles constituent une source importante d'informations non verbales et communiquent une grande variété d'émotions. Le contact visuel, la dilatation de la pupille et le sourire fournissent des indices additionnels aux observateurs éclairés. Par contre, étant donné le nombre élevé d'expressions faciales, il faut être prudent avant de juger son interlocuteur, car on peut mal décoder ces indices si l'on ne tient pas compte du contexte.

4 **Décrire l'influence des ornements sur les interactions.** Les ornements font partie intégrante de la communication non verbale. Ils comprennent, entre autres, les vêtements, les bijoux, le maquillage, la coiffure, la barbe et les tatouages. Les personnes autour de nous tirent des conclusions sur tous les aspects de notre personnalité selon nos ornements.

5 **Nommer les types de distances et leurs influences sur les interactions.** Les indices proxémiques, qui se rapportent à l'utilisation de l'espace et du territoire, contribuent à définir la communication. L'anthropologue Edward Hall a établi, dans le cadre de ses recherches, quatre distances que l'on respecte dans nos échanges interpersonnels: la distance intime (de 0 à 45 cm), la distance personnelle (de 45 cm à 1,20 m), la distance sociale (de 1,20 m à 3,60 m) et la distance publique (à partir de 3,60 m et au-delà). Le fait de respecter ou non ces distances influence l'aise ou le malaise que l'on ressent et par conséquent notre langage verbal et non verbal.

6 **Expliquer l'influence du sexe, de la culture et de la technologie sur la communication non verbale.** L'utilisation d'indices non verbaux est influencée par des variables comme le sexe, la culture et la technologie. La façon dont les hommes et les femmes emploient les indices non verbaux reflète les normes sociales. Dans une large mesure, l'utilisation des indices non verbaux varie en fonction de la culture à laquelle on appartient ou l'on s'identifie. Finalement, il est possible de tirer parti de la technologie pour enregistrer et décoder les comportements non verbaux.

7 **Nommer les habiletés à acquérir pour améliorer ses aptitudes en matière de communication non verbale.** Il est possible d'améliorer son efficacité en tant que communicateur non verbal en observant et en analysant le langage corporel (les expressions faciales, les gestes, la posture, etc.), les indices vocaux, les contacts physiques ainsi que l'impact de l'environnement physique.

Pour aller plus loin

Chansons

Les images et les descriptions non verbales donnent tout le sens aux paroles de ces chansons. Essayez d'interpréter ces messages.

- « Lever l'ancre », Alfa Rococo, *Lever l'ancre,* 2007
- « Tassez-vous de d'là », Les Colocs, *Dehors novembre,* 1998
- « Perfect », Hedley, *The Show Must Go,* 2009
- « Ghost Story », Sting, *Brand New Day,* 1999

Films

Dans chacun de ces films, le personnage principal utilise la communication non verbale pour communiquer. Quels aspects de celle-ci utilise-t-il? Quel rôle la communication non verbale y joue-t-elle?

- *Le masque,* Chuck Russell, 1994
- *Nigaud de professeur,* Jerry Lewis, 1963
- *The Gold Rush,* Charlie Chaplin, 1925
- *Les vacances de Mr. Bean,* Steve Bendelack, 2007

Livres

La communication non verbale est un élément essentiel de l'intrigue de chacun de ces livres. Essayez de reconnaître les types de communications non verbales que les personnages utilisent.

- *5150, rue des Ormes,* Patrick Sénécal, 2002
- *Chocolat,* Joanne Harris, 1999
- *Le parfum, histoire d'un meurtrier,* Patrick Süskind, 1986
- *Les aventures de Sherlock Holmes,* Sir Arthur Conan Doyle, 1891

Objectifs d'apprentissage

Après avoir lu ce chapitre, vous devriez pouvoir :

1. Distinguer l'audition de l'écoute ;

2. Reconnaître les qualités d'un récepteur efficace ;

3. Énumérer les étapes de l'écoute ;

4. Décrire les types d'écoute ;

5. Reconnaître les types de mauvaise écoute ;

6. Définir la rétroaction, en distinguer et en utiliser les divers types ;

7. Décrire les habiletés de l'écoute active et en appliquer les principes lors de vos échanges ;

8. Améliorer vos habiletés d'écoute.

Mise en situation

Malgré le port obligatoire de la ceinture de sécurité, la diminution de la vitesse légale et les programmes visant à contrer la conduite avec les facultés affaiblies, le nombre de victimes de la route au Québec (704 décès et 6397 blessés graves, en 2005) augmente continuellement depuis l'année 2000 (Institut national de la santé publique du Québec [INSPQ], 2007). Il semble que la multiplication des facteurs de distraction dans les véhicules explique ce phénomène. Toujours selon le même rapport, plus de 50% des Québécois possèdent un téléphone cellulaire et l'utilisent en conduisant. Depuis le 1er avril 2008, de nouvelles mesures de sécurité routière sont toutefois entrées en vigueur au Québec et interdisent l'utilisation d'un téléphone cellulaire au volant. Ainsi, le conducteur qui souhaite communiquer avec quelqu'un à l'aide d'un cellulaire doit se procurer un appareil avec la fonction mains libres ou s'acheter une oreillette.

C'est à Terre-Neuve en 2003 que l'on a légiféré sur la question pour la première fois au Canada, et cette mesure a occasionné une chute de 8% des accidents de la route quatre ans après l'interdiction d'utiliser le téléphone cellulaire au volant. Au Québec, on a espoir de constater des bienfaits semblables.

Il a été démontré que prendre un appel sur son cellulaire, même si l'on ne fait qu'écouter, est une source de distraction qui diminue les réflexes du conducteur, nuit aux fonctions cérébrales associées au traitement des données visuelles et spatiales, ce qui provoque un plus grand nombre d'accidents (INSPQ, 2007). Alors que le fonctionnement multitâche est devenu un mode de vie, l'utilisation d'un cellulaire au volant entraîne des conséquences fâcheuses, car écouter attentivement est une activité complexe. Utiliser un cellulaire en conduisant augmente le temps de freinage tout en diminuant le champ visuel et les aptitudes à éviter les obstacles de la route. La conversation avec un passager serait moins nuisible, car celui-ci adapte son débit verbal selon les conditions de la route, et il peut aider le conducteur en lui signalant un détour ou une sortie d'autoroute.

- Êtes-vous en faveur de la loi encadrant l'utilisation du cellulaire au volant comme 93% des Québécois ?

- Continuez-vous d'utiliser votre cellulaire au volant malgré la loi ?

- Comment vous sentez-vous lorsque vous partagez un repas avec quelqu'un qui s'entretient avec un tiers sur son cellulaire ?

onnaissez-vous quelqu'un qui semble toujours avoir l'esprit ailleurs quand vous lui parlez? Que ressentez-vous lorsque votre interlocuteur vous ignore ou vous dit qu'il écoute alors qu'il a vraisemblablement la tête ailleurs? Peut-il réellement vous écouter tout en regardant quelqu'un d'autre ou en s'adonnant à une autre activité? En revanche, connaissez-vous une personne dont l'attention ne vacille jamais lorsque vous lui parlez, dont le comportement non verbal reflète l'intérêt qu'elle vous porte et dont les interventions montrent qu'elle vous comprend? Si c'est le cas, cette personne pratique l'écoute efficace (Arenson, 2002).

Le caractère chinois qui signifie «écouter» (*voir la figure 7.1*) associe divers symboles dont certains représentent les oreilles, les yeux et le cœur; il indique que, pour bien écouter, il faut accorder à l'autre toute son attention, qu'il ne faut pas se fier uniquement à ses oreilles, mais aussi à ses yeux et à son cœur. Il serait intéressant de savoir quelle proportion de la population écoute de cette manière!

| FIGURE 7.1 | «Écouter» en caractère chinois |

Oreilles
Yeux
Attention soutenue
Cœur

7.1 L'écoute

Trop souvent dans le processus de communication, on accorde beaucoup d'importance à l'acte de parler et l'on considère l'écoute comme secondaire. Or, écouter est une aptitude complexe qui requiert une formation et un entraînement. L'écoute influence toutes les formes de communication. Depuis la sonnerie du réveil le matin jusqu'à la fin du dernier bulletin de nouvelles de la journée, on est constamment appelé à écouter. Les occasions qui exigent d'écouter les autres sont multiples: conversations avec des gens, entretiens téléphoniques, réunions, entrevues, débats, commentaires et décisions prises à partir d'informations orales. Ces occasions permettent d'expérimenter différents types d'écoute, plus ou moins appropriés. Avant de les découvrir, définissons l'écoute plus en profondeur et essayons de trouver ce qui caractérise un auditeur efficace.

Écoute

Processus psychologique actif volontaire par lequel on sélectionne, organise, interprète et mémorise des stimuli auditifs

7.1.1 Les caractéristiques de l'écoute

Écouter et entendre sont deux actions différentes. La plupart des gens naissent avec la capacité d'entendre. L'**audition** est un processus physiologique automatique et involontaire par lequel on perçoit des stimuli sonores comme les sons, les bruits, la voix. C'est un processus dans lequel l'individu est passif, tandis que dans un processus d'écoute, il est actif. Si les divers éléments de l'appareil auditif d'une personne fonctionnent correctement, son cerveau traite les impulsions électrochimiques qu'elle reçoit afin qu'elle puisse entendre. Par ailleurs, ce qu'elle choisit de faire avec les impulsions que son cerveau reçoit relève de l'écoute. Cette dernière n'est pas nécessairement innée; d'ailleurs, beaucoup de gens s'inscrivent à des cours professionnels afin d'améliorer leurs habiletés d'écoute (Sandberg, 2007).

Audition

Processus physiologique automatique et involontaire par lequel on perçoit des stimuli sonores

Un processus actif

L'écoute fonctionne sensiblement comme le processus de la perception vu au chapitre 3. Contrairement à l'audition, l'écoute exige un ensemble complexe d'aptitudes acquises et actives. Par conséquent, alors qu'entendre est une chose qui arrive tout simplement, écouter exige un effort psychologique délibéré et conscient pour interpréter et mémoriser ce que l'on entend.

Un processus externe et interne

Dans notre environnement, à chaque instant, on est bombardé par une quantité de sons trop importante pour que l'on puisse prêter attention à chacun d'eux. On sélectionne donc parmi ces sons ceux qui sont pertinents pour nous, en fonction de ce que l'on est et de ce dont on a besoin. Cela dit, l'écoute n'est pas uniquement un processus externe. C'est aussi un processus interne. On écoute les sons que l'on entend et les paroles des autres, mais on écoute aussi nos propres paroles et les réflexions que l'on se fait à soi-même. Il s'agit alors du langage intrapersonnel tel que vu au chapitre 1. À l'instar de plusieurs personnes, il vous arrive peut-être de vous parler tout seul. Êtes-vous votre meilleur récepteur?

7.1.2 Les caractéristiques d'un récepteur efficace

Une étude américaine a révélé que les étudiants de niveau collégial consacraient autant de temps à l'écoute de médias de communication qu'à la communication interpersonnelle. Ils passent donc 55,4 % de leur journée à écouter contre seulement 17,1 % à lire, 16,1 % à parler et 11,4 % à écrire (Adams, *et al.*, 2008). Les gens consacrent ainsi plus de temps à l'écoute qu'à toute autre forme de communication. Ces résultats s'appliquent aussi au milieu de travail où l'écoute joue un rôle crucial dans l'établissement de relations avec les collègues de travail (Brunner, 2008).

La plupart des gens estiment qu'ils écoutent avec une précision de 70 à 80 %. Cela signifie qu'ils croient pouvoir écouter les autres et retenir avec précision de 70 à 80 % de leurs messages. Or, des chercheurs soutiennent que l'efficacité d'écoute de la plupart des gens atteint seulement 25 %. C'est donc dire qu'au lieu de retenir 75 % de ce que l'on entend, on en perd 75 % (Wolving et Gwynn Coakly, 1988). Après la lecture de ces statistiques quelque peu alarmantes, on peut se demander quelles sont les caractéristiques d'un récepteur efficace.

Un récepteur actif

La personne qui écoute efficacement est réceptive à son émetteur, c'est-à-dire qu'elle lui prête une oreille attentive sans se laisser distraire par des pensées ou des stimuli extérieurs. En fait, elle pratique la **pleine conscience**, une aptitude difficile à maîtriser pour plusieurs individus (Wood, 2004). Les récepteurs actifs, qui non seulement savent écouter, mais veulent écouter, font de meilleurs employeurs et employés, médecins et patients, amis et proches (Nichols, 2006).

Pleine conscience
Fait de libérer son esprit de tout souci personnel ou émotion distrayante afin de se concentrer sur l'émetteur et le moment présent

Un récepteur formé à écouter

Aujourd'hui, beaucoup d'enfants apprennent à lire et à écrire avant même de commencer l'école, et ces aptitudes sont enseignées et mises en valeur tout au long de leurs études. Mais qu'en est-il de l'écoute? Des quatre aptitudes à la communication que sont la lecture, l'écriture, l'expression orale et l'écoute, cette dernière est celle qui reçoit le moins d'attention de la part des éducateurs. Pourtant, l'écoute est le principal processus par lequel on peut établir et maintenir des relations, et assimiler des informations. Un récepteur efficace a donc appris à écouter de façon appropriée.

L'écoute est le principal processus par lequel on peut assimiler des informations provenant des éducateurs.

Une transmission juste du message

Comme la transmission d'informations est complexe et pose une foule de problèmes, l'émetteur est généralement porté à simplifier ses messages. On retranche alors, inconsciemment ou non, des éléments du message avant de le transmettre. On aime croire que les messages que l'on transmet ont un sens et qu'ils sont clairs, et c'est pourquoi on tente de les encoder le mieux possible. En tant que récepteur d'un message, on modifie également des éléments du message que l'on a entendu, inconsciemment ou non, en ajoutant ou en retranchant des parties mal décodées. Donc, lorsque le message a enfin un sens pour le récepteur, il ne correspond plus toujours au message original de l'émetteur. Ces erreurs surviennent même si l'on possède des années d'entraînement à l'écoute. En effet, on estime qu'à 20 ans, un être humain a reçu au moins 10 000 heures d'entraînement à l'écoute ; à 30 ans, au moins 15 000 heures et à 40 ans, 20 000 heures ou plus (Goldhaber, 1988). Ces chiffres sont ahurissants, mais, en réalité, est-on vraiment formé à écouter ou à ne pas écouter ?

De nos jours, une bonne partie de nos communications se fait par voie électronique. Se comprend-on mieux depuis ? Lisez l'encadré 7.1 pour comprendre l'incidence des nouvelles technologies de communication sur la capacité d'écoute.

COMMUNIC@TION

L'INFLUENCE DE LA TECHNOLOGIE SUR L'ÉCOUTE

ENCADRÉ 7.1

On vit dans un environnement auditif en expansion grâce à la radio, à la télévision, aux cellulaires, aux boîtes vocales et aux autres moyens de communication virtuelle. Selon David Shenk (1997), les informations virtuelles nous emprisonnent dans un environnement toxique de stimulations continuelles. Le théoricien des médias Todd Gitlin (2005) parle, quant à lui, d'un «torrent médiatique» dirigé vers nous : un flux continu d'informations dont les médias saturent nos cerveaux. Cette surcharge diminue-t-elle l'efficacité de notre écoute réelle ?

Quand on écoute en présence du locuteur, on vit une expérience d'écoute synchrone en temps réel. L'apparition du téléphone a permis de converser en temps réel, mais dans des lieux différents. Aujourd'hui, la messagerie vocale permet d'avoir des échanges séquentiels (écoute asynchrone) avec une personne située ailleurs, qui n'entend pas nos paroles au moment où on les prononce. Nos conversations sont ainsi de plus en plus asynchrones (Bentley, 1999). Les progrès

technologiques complexifient le défi de l'écoute traditionnelle en la rendant de plus en plus sélective. Par exemple, l'afficheur téléphonique permet dorénavant de filtrer nos appels tandis que la fonction «appel en attente» permet de ne pas rater un appel important. Des gadgets obéissent même à des instructions vocales. Peut-être suffira-t-il un jour de crier le nom d'une émission pour qu'elle apparaisse sur notre écran de télévision (Fitzgerald, 2008) ? Même s'ils y travaillent depuis environ deux décennies, les scientifiques sont incapables de concevoir un ordinateur agissant comme un meilleur ami virtuel, sensible et empathique. Donc, la technologie ne remplace pas les qualités d'un récepteur efficace et réel. Toutefois, les progrès technologiques ont quelques avantages. C'est sécurisant d'avoir un cellulaire en cas d'urgence ou de retard. Les parents peuvent rejoindre plus facilement leurs enfants et ceux-ci sont en mesure de contacter plus rapidement leurs amis.

Une collaboration avec l'émetteur

Il y a un lien entre les actions de l'émetteur et les réactions du récepteur. Généralement, le regard de l'émetteur remplit la fonction régulatrice du comportement non verbal (*voir le chapitre 6*). Même si le récepteur regarde plus souvent l'émetteur que l'inverse, aux moments cruciaux de la conversation, l'émetteur regardera directement le récepteur lui signalant ainsi qu'il attend une réponse. Si le récepteur est attentif, il se produit alors un moment de regards simultanés. À ce moment, le récepteur émet une réaction soit verbale (la réponse à une question), soit non verbale (un hochement de tête) qui indique à l'émetteur qu'il l'écoute et qu'il est actif dans la conversation (Bavelas, Coates et Trudy, 2002).

Les récepteurs actifs et compétents utilisent leur langage non verbal pour montrer qu'ils sont attentifs et ouverts aux propos d'un orateur, certains de façon plus expressive que d'autres. Par exemple, lorsque vous assistez à une confé-rence, vous arrive-t-il de vous pencher vers l'avant, de fixer l'orateur du regard ou de lui signaler votre accord ou votre désaccord au moyen d'expressions faciales et de hochements de tête?

7.1.3 Les étapes de l'écoute

Judi Brownell (2004) a élaboré un modèle d'écoute fondé sur le behaviorisme qui semble indiquer que l'écoute repose à la fois sur des processus mentaux et des comportements observables. Ce modèle s'appuie sur six étapes de l'écoute: la réception, la compréhen-sion, la mémorisation, l'interprétation, l'évaluation et la réponse (*voir la figure 7.2*).

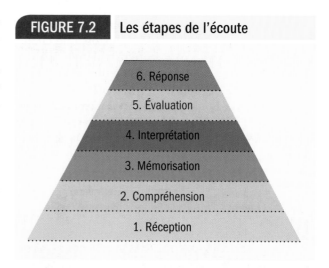

FIGURE 7.2 Les étapes de l'écoute

6. Réponse
5. Évaluation
4. Interprétation
3. Mémorisation
2. Compréhension
1. Réception

La réception

Comme le montre le modèle présenté à la figure 7.2, la **réception** (l'acte d'entendre) est la première étape du processus d'écoute. Notre univers bourdonne de sons qui rivalisent pour obtenir notre attention. En règle générale, on entend ce que l'on veut bien écouter, c'est-à-dire que l'on choisit de prêter l'oreille à certains sons tout en bloquant les autres. Ainsi, on prête d'abord attention à un message (la sélection) qui suscite notre intérêt, ensuite on regroupe les stimuli auditifs (l'organisation) qui aideront à le com-prendre (l'interprétation).

La compréhension

La deuxième étape, celle de la **compréhension**, consiste à faire un rapproche-ment entre ce que l'on écoute et ce que l'on sait déjà. À cette étape, on peut poser des questions à l'émetteur ou reformuler ses paroles. Différents facteurs peuvent nuire à la compréhension. Par exemple, il a été démontré il y a longtemps que certains mots qui font référence à des préjugés ou à des sujets délicats suscitent une réaction émotionnelle chez les récepteurs, ce qui les empêche d'avoir une bonne compréhension du message. Ces mots, appelés «**mots d'alerte**», pro-voquent une surdité émotionnelle qui réduit beaucoup l'efficacité de l'écoute (Nichols et Stevens, 1956). Parmi les mots reconnus comme étant des mots d'alerte, mentionnons entre autres: «sexualité», «suicide», «sida», «handicapé». Connaissez-vous d'autres mots d'alerte qui baissent le niveau d'écoute?

L'environnement (trop chaud, trop froid, trop en désordre) et le locuteur lui-même (s'il parle trop vite, trop lentement, trop fort, trop bas) sont d'autres facteurs qui peuvent nuire à la compréhension. De plus, la pensée est plus rapide que la parole. Alors que l'on peut en moyenne saisir plus de 500 mots à la minute, la plu-part des gens ne peuvent en prononcer que 125 à 150. La rapidité de la pensée laisse du temps pour que l'on puisse s'évader mentalement ou rêvasser. Il est pré-férable d'utiliser ce temps de réserve pour mieux saisir le message du locuteur en le résumant intérieurement, en posant des questions et en reformulant ses paroles.

La mémorisation

Une fois que le cerveau a attribué un sens au message, il passe à l'étape suivante, celle de la **mémorisation**, au cours de laquelle on tente de retenir ce que l'on a écouté en vue d'un usage ultérieur. Chacun détermine pour soi les informations

Réception

Première étape du processus d'écoute qui consiste à sélec-tionner les sons qui attirent notre attention en filtrant ceux que l'on entend, mais qui ne semblent pas importants

Compréhension

Deuxième étape du processus d'écoute qui consiste en un rapprochement entre ce que l'on écoute et ce que l'on sait déjà en complétant l'informa-tion et en vérifiant celle-ci

Mot d'alerte

Mot qui fait référence à un préjugé ou à un sujet délicat suscitant des émotions qui empêchent la bonne compréhension

Mémorisation

Troisième étape du processus d'écoute au cours de laquelle le récepteur retient ce qu'il a entendu en vue d'un usage ultérieur qu'il veut emmagasiner dans sa mémoire et celles qu'il peut oublier. Le caractère émotionnel ou la redondance d'un message augmentent les chances de retenir celui-ci. Une fois le message mémorisé, on devrait pouvoir y accéder au besoin. Toutefois, on ne peut pas tout mémoriser, et oublier certaines données est nécessaire à une bonne santé mentale.

On ne se rappelle d'ailleurs que 50 % du contenu d'un message aussitôt après l'avoir entendu et environ 25 % après un certain temps. On a recours à trois procédés mnémoniques de base. Le premier est la répétition. Plus on répète une idée, plus on a de chances de s'en souvenir plus tard. Le deuxième procédé est la reformulation. En résumant dans nos propres mots ce que l'émetteur vient juste de dire, on vérifie si l'on a bien compris ses propos, mais cela aide aussi à les mémoriser. Le troisième procédé est la visualisation. Visualiser les idées du locuteur, c'est-à-dire relier une image visuelle à un nom, un lieu ou des chiffres, facilite la mémorisation. Par exemple, vous pourriez imaginer qu'un homme appelé Jean Durivage se tient au bord d'un grand lac afin de vous souvenir de son nom. De nombreux troubles de mémoire sont dus non pas à une mémoire défectueuse mais à l'inattention. L'attention et la concentration renforcent la mémoire (Jackson, 2005).

Interprétation

Quatrième étape du processus d'écoute qui consiste à donner un sens au message

Les préjugés peuvent influer sur la façon d'interpréter un message.

Évaluation

Cinquième étape du processus d'écoute qui consiste à vérifier, en termes de crédibilité par exemple, le contenu d'un message et à l'analyser de façon critique

Réponse

Réaction verbale ou non verbale au message de l'émetteur

L'interprétation

Au cours de la quatrième étape, celle de l'**interprétation**, on décode le message en adoptant une perspective dualiste – en considérant le message tant du point de vue de l'émetteur que du nôtre en tant que récepteur. Lorsqu'on y parvient, on donne alors un sens au message, mais on ne lui attache pas une signification personnelle. Le sens du message doit correspondre le plus possible au sens donné par l'émetteur.

L'évaluation

La cinquième étape, celle de l'**évaluation**, consiste à analyser de façon critique le contenu du message (l'évaluation est un type d'écoute que nous avons appelé « écoute critique » un peu plus loin dans ce chapitre). Au cours de cette étape, on distingue les faits des inférences, on examine les preuves et l'on relève les mots d'alerte comme les préjugés ou les arguments erronés susceptibles de changer la signification du message. On demeure vigilant en écoutant « entre les lignes » et en évitant de tirer des conclusions hâtives.

La réponse

Au cours de la dernière étape, celle de la **réponse**, on réagit de façon verbale ou non verbale au message de l'émetteur. En tant que récepteur, notre rôle est de lui communiquer nos idées, nos besoins et nos émotions sous forme de réactions que l'on nomme « rétroaction ». Nous reviendrons plus tard à cette notion de rétroaction.

7.1.4 Les types d'écoute

Une enquête menée il y a une dizaine d'années auprès de directeurs du personnel a démontré que l'écoute est l'aptitude la plus importante dans le succès des équipes de travail (Hawkins et Fullion, 1999).

De plus, l'écoute efficace permet d'éviter plus facilement les écueils et les ruptures de communication et améliore la probabilité d'être aimé et apprécié (Wheeless,

Frymier et Thompson, 1992). Confucius, un philosophe chinois ayant vécu vers 555 avant notre ère, a dit : « Si l'homme a deux oreilles et une bouche, c'est pour écouter deux fois plus qu'il ne parle. » En réalité, dans une conversation typique, chaque protagoniste joue successivement le rôle d'émetteur et de récepteur. Ainsi, chacun doit assumer 50 % de la responsabilité de la communication. Si ce partage des rôles d'émetteur et de récepteur était équitable, cela améliorerait certainement l'efficacité de la communication interpersonnelle (Brownell, 2004). Le fait de bien jouer le rôle de récepteur efficace dépend de notre intérêt pour la conversation. On utilisera un type d'écoute plutôt qu'un autre selon ce qu'on veut retirer de l'entretien. Définissons maintenant les différents types d'écoute qui peuvent être pratiqués.

On peut écouter uniquement dans le but de se divertir.

L'écoute appréciative

Beaucoup de gens aiment écouter de la musique sur leur iPod ou assister à des concerts. Pourquoi ? Lorsque la principale motivation à écouter est le plaisir ou la détente (décompresser, s'évader ou se divertir), on pratique l'**écoute appréciative**. Écouter de la musique et regarder un film ou un spectacle d'humour ne sont que quelques exemples des types d'écoute appréciative que l'on pratique. Les cours sur l'appréciation de la musique ou des films enseignent comment écouter pour le plaisir. Au contraire des trois prochains types d'écoute qui suivent, l'écoute appréciative n'exige pas que l'on organise ou mémorise les stimuli auditifs.

Écoute appréciative
Écoute qui a pour buts le plaisir et la détente

(ex : Théâtre, music...) ♥

L'écoute informative

Lorsqu'on écoute dans le but de recueillir des informations, on pratique l'**écoute informative**. Voici quelques exemples d'écoute informative : écouter les consignes du professeur ou du patron, une conférence, une description de tâches ou l'opinion de quelqu'un sur un sujet important comme la légalisation de l'avortement.

Écoute informative
Écoute qui vise à recueillir de l'information (consignes, conseils, indications, etc.) afin de bien accomplir une tâche, une action *(ex : en classe)*

L'écoute critique

On cherche souvent non seulement à s'informer mais aussi à évaluer ce que l'on entend. Écouter avec un esprit critique permet de déterminer l'utilité, la justesse et la véracité d'un message. Lorsqu'on pratique l'**écoute critique**, on met à contribution sa pensée critique avant de décider d'accepter, de rejeter ou de nuancer un message (*voir l'encadré 7.2*).

Écoute critique
Écoute qui vise à évaluer positivement ou négativement la valeur d'un message en vérifiant la véracité ou la crédibilité de son contenu

PENSEZ-Y !

LE PENSEUR CRITIQUE

ENCADRÉ 7.2

Un penseur critique analyse calmement les preuves et les conclusions présentées par l'émetteur et détermine si elles sont pertinentes ou non. Il écoute attentivement afin de décider si le message de l'émetteur est logique et vaut la peine d'être retenu (Boostrom, 1992). Voici une liste des caractéristiques d'un penseur critique.

Le penseur critique :

• Reconnaît ce qu'il sait ou ne sait pas ;

• A l'esprit ouvert et prend le temps de réfléchir aux idées énoncées ;

• Prête attention tant aux personnes qui partagent son opinion qu'à celles qui ne la partagent pas ;

• Cherche des raisons valables d'accepter ou de rejeter une opinion ;

• Prête attention aux non-dits en plus de ce qui est clairement énoncé ;

• Insiste pour obtenir les preuves les plus solides ;

• Réfléchit à la corrélation entre les conclusions et les prémisses.

L'écoute active

L'**écoute active** est une forme d'écoute aidante. Ce type d'écoute contribue à éclairer le récepteur sur les émotions, les besoins et les idées de l'émetteur. Ainsi, le récepteur peut aider l'émetteur à mettre de l'ordre dans ses réflexions et ses sentiments afin que celui-ci trouve lui-même une solution à ses difficultés. Il nous arrive à tous occasionnellement d'écouter les confidences d'un proche, de prêter l'oreille aux problèmes d'un ami ou d'aider un collègue à cerner ce qui le préoccupe. On contribue ainsi à restaurer l'équilibre affectif de ces personnes parce qu'on les aide à exprimer ce qui les tracasse et qu'elles se sentent comprises. Se mettre à la place de l'autre est un aspect crucial d'une habileté essentielle de l'écoute active qu'est l'empathie (Brownell, 2006). Nous reviendrons sur cette habileté dans la troisième partie du chapitre. Pour l'instant, vous pouvez évaluer votre capacité d'écoute en faisant l'exercice 7.1.

> **Écoute active**
>
> Forme d'écoute aidante qui vise à éclairer le récepteur sur les émotions, les besoins et les idées de l'émetteur

---

EXERCICE 7.1 | Mieux se connaître

Votre capacité d'écoute

Déterminez pour chacun des énoncés ci-dessous vos aptitudes d'écoute en utilisant l'échelle suivante :

1 (jamais) ; 2 (rarement) ; 3 (parfois) ; 4 (souvent) ; 5 (très souvent)

1. Je mets de côté les préjugés que je pourrais entretenir sur ceux qui me parlent. _____
2. Je réussis à contrôler mon monologue intérieur. _____
3. Je garde le silence jusqu'à ce que mon interlocuteur ait terminé. _____
4. Je connais les idées qui me font réagir ou qui suscitent une réaction défensive de ma part. _____
5. J'écoute attentivement même si je prévois ce qui sera dit. _____
6. J'écoute sans chercher une solution miracle. _____
7. J'encourage mon interlocuteur à continuer de parler. _____
8. Je fais l'effort de comprendre des propos qui me semblent incongrus. _____
9. J'évite d'imposer mes conseils en préférant faire des suggestions. _____
10. Je fais la synthèse de ce que mon interlocuteur vient de dire. _____
11. Je prends le temps d'écouter. _____
12. Je prends plaisir à écouter des idées différentes des miennes. _____
13. Je suis patient lorsque j'écoute. _____
14. J'évite de couper la parole ou de finir les phrases de mon interlocuteur. _____
15. Je laisse parler mon interlocuteur même s'il se répète ou qu'il digresse. _____
16. Je sais dégager l'idée principale de ce qui est dit. _____
17. J'utilise le contexte pour comprendre un message. _____
18. J'élimine les distractions lorsque quelqu'un me parle. _____
19. J'évite de juger prématurément le message. _____
20. Je préfère demander de répéter plutôt que de supposer avoir bien compris. _____

Calculez maintenant le total de vos points en additionnant les valeurs attribuées à chacun des énoncés. Plus votre résultat est élevé, sur un total de 100, plus vous avez des aptitudes d'écoute. Vous pouvez observer les énoncés auxquels vous avez attribués une note plus faible (3 et moins) ; il s'agit des aspects sur lesquels vous pouvez vous améliorer.

7.1.5 Les types de mauvaise écoute

Un sondage mené auprès d'adolescents a révélé qu'au moins la moitié d'entre eux estiment que la communication entre leurs parents et eux est médiocre, un phénomène qu'ils attribuent principalement à une mauvaise écoute de la part de leurs parents. Afin d'illustrer ce phénomène, prenons l'exemple d'une mère convaincue que sa fille souffrait d'une grave déficience auditive et qui l'a emmenée chez un audiologiste. Après lui avoir fait passer les tests d'usage, ce dernier rapporte à la mère inquiète que sa fille entend parfaitement bien, mais qu'elle « ferme » ses oreilles à sa mère. Bien que l'on attende des autres qu'ils nous écoutent, on met parfois de côté notre responsabilité morale de les écouter. On fait semblant d'écouter ou l'on n'écoute que d'une oreille distraite. En conséquence, cette écoute inefficace engendre des problèmes. L'une des principales causes du taux de divorce élevé (au Québec, la moitié des mariages se terminent par un divorce), par exemple, réside dans l'inefficacité des interactions et de l'écoute entre les conjoints. Parallèlement, des présidents de grandes entreprises ont reconnu que l'un de leurs principaux problèmes en matière de communication était lié à l'écoute (Haas et Arnold, 1995). Toujours selon ces chercheurs, chaque semaine normale de travail serait amputée de 14 % à cause d'une écoute inefficace, soit l'équivalent de sept semaines de travail par année.

Certes, on n'écoute pas avec une efficacité maximale tout le temps. Les comportements d'écoute inefficace empêchent souvent de saisir des informations importantes pour chacun des interlocuteurs. Certaines manières d'écouter ne sont pas seulement inefficaces ; elles peuvent devenir des mauvaises habitudes qui engendrent des problèmes relationnels. Regardons différents types de mauvaise écoute que vous avez sans doute rencontré ou pratiqué à un moment ou à un autre de votre vie.

La fausse écoute

Les individus versés dans l'art de la fausse écoute sont des pseudo-auditeurs. Ces personnes hochent la tête et font semblant d'être attentives. Elles regardent le locuteur, secouent la tête aux moments appropriés en signe d'approbation ou d'opposition et émettent des sons comme « Humm » (paralangage) pour donner l'impression qu'elles sont à l'écoute. En fait, le locuteur parle dans le vide (par exemple, l'élève qui regarde le professeur tout en étant dans la lune).

La mise en vedette

Les personnes qui monopolisent la conversation veulent être écoutées, mais n'ont ni le temps ni le désir d'écouter en retour. Souvent égocentriques, et par conséquent obsédées par leurs propres idées, besoins et émotions, ces personnes nient le droit de l'autre d'être écouté tout en défendant leur droit de s'exprimer à n'importe quel prix (Vangelisti, Knapp et Daly, 1990).

Alfie Kohn (1988) soutient que les hommes monopolisent davantage la conversation que les femmes et qu'ils interrompent les femmes plus souvent que l'inverse. Dans les interactions entre les hommes et les femmes, 96 % des interruptions proviennent des hommes. Cette statistique correspond-elle à ce que vous remarquez dans votre environnement ? L'encadré 7.3 (voir p. 146) donnent d'autres exemples de différences entre les hommes et les femmes au sujet de l'écoute.

La fabulation

Les fabulateurs ne saisissent jamais tous les aspects du message qu'ils entendent. Pour compenser les informations qu'ils ont ratées ou mal décodées, ils en inventent de nouvelles. Ils donnent l'impression d'avoir tout compris un message, mais ils en ont plutôt inventé une partie.

REGARD SUR L'AUTRE

L'ÉCOUTE AU FÉMININ ET AU MASCULIN

ENCADRÉ 7.3

Au cours de l'histoire, on note que les différences entre les sexes sont sans cesse redéfinies. Les femmes et les hommes n'ont vraisemblablement pas les mêmes styles d'écoute. Les femmes tendent à chercher des liens entre les parties du message et se fient davantage à leurs sentiments et à leur intuition. Elles écoutent pour mieux comprendre ainsi que pour établir des relations interpersonnelles. Elles sont aussi très habiles à prêter l'oreille à plusieurs messages en même temps. Contrairement aux hommes, qui se concentrent sur un locuteur à la fois, les femmes semblent capables de diviser leur attention. Elles sont donc plus susceptibles que les hommes de bavarder avec quelqu'un tout étant sensibles à ce qui se passe autour d'elles (Tannen, 1990).

Une autre tendance caractéristique du style d'écoute des femmes serait de conforter l'émetteur dans son opinion ou son sentiment (Tannen, 1990). Elles manifestent aussi leur intérêt au moyen de hochements de tête et d'expressions faciales. Parce qu'elles voient la conversation comme un élément susceptible de faire progresser la relation, les femmes donnent aussi plus de rétroaction. Elles estiment important d'être perçues comme étant réceptives et ouvertes. Pour ces raisons, elles utilisent plus d'indices d'écoute que les hommes, sont très empathiques et excellent à détecter l'humeur de leur interlocuteur (Petronio, Martin et Littlefield, 1984).

En revanche, les hommes sont plus enclins à se concentrer sur la structure du message et à écouter dans un but précis. En fait, ils écoutent principalement pour régler des problèmes (Purdy et Borisoff, 1997). Par conséquent, le but de leur écoute est surtout de recueillir des faits. C'est pourquoi ils sont moins à l'aise avec le contenu émotionnel des messages. Ils insistent aussi sur leur expertise et s'en servent pour contrôler ou dominer la conversation. Ils cherchent avant tout à se faire respecter. De plus, contrairement aux femmes, qui établissent souvent un contact visuel avec leur interlocuteur, les hommes sont plus portés à survoler l'environnement du regard et à détourner les yeux de leur interlocuteur (Brownell, 2004). Selon votre expérience, les observations ci-dessus se reproduisent-elles dans votre environnement?

L'écoute sélective

Les auditeurs sélectifs sont comme des abeilles à la recherche de miel; ils prêtent l'oreille uniquement aux propos qui les intéressent ou qui revêtent une importance particulière pour eux. Ils rejettent tout le reste, qui est jugé non pertinent et sans importance. En cherchant uniquement le miel, les auditeurs sélectifs ratent souvent la fleur.

Changer le sujet de la conversation est une forme d'écoute fuyante.

L'écoute fuyante (la personne se sauve de la convers.)

Les personnes qui excellent dans l'écoute fuyante ferment leurs oreilles aux sujets de conversation qui les embarrassent, les ennuient ou leur déplaisent. À certains moments, elles font semblant de ne pas comprendre les propos de leur interlocuteur, agissent comme si elles ne l'avaient pas entendu ou oublient aussitôt ce qu'il vient de dire.

L'écoute défensive (ils ont problème de confiance)

Les personnes qui considèrent des remarques banales comme des attaques ou des affronts personnels pratiquent l'écoute défensive. Elles peuvent monter aux barricades pour une simple question ou détecter une menace imaginaire dans un commentaire anodin. Elles s'attendent constamment à être critiquées ou rabaissées; elles présument que les autres sont des détracteurs qui ne les aiment pas, n'ont pas confiance en elles ou ne les respectent pas. Comme nous l'avons vu au chapitre 2, ces personnes ont une estime de soi négative. Par conséquent, elles peuvent interpréter une question innocente («As-tu vu ton ami hier soir?») comme un reproche («Tu ne devrais pas fréquenter ce genre de personne»).

L'écoute piégée

Les adeptes de l'écoute piégée attendent que leur interlocuteur fasse une erreur pour pouvoir le dénigrer et contester ses propos. Ils écoutent uniquement dans le but de recueillir des informations qu'ils utiliseront par la suite contre l'autre. Ils ne se gênent pas pour déformer ses paroles afin d'atteindre leurs objectifs. Ces types de récepteurs provoquent souvent une réaction de méfiance chez les autres. Au lieu de chercher à comprendre ce que dit l'émetteur et à entamer une discussion ouverte et impartiale, celui qui pratique l'écoute piégée rivalise avec son interlocuteur dans le but de l'écraser. Afin de prendre conscience des différents types d'écoute que vous pratiquez, faites l'exercice 7.2.

EXERCICE 7.2	En pratique

Les types d'écoute

Soyez attentifs aux sons et aux bruits qui vous entourent ainsi qu'aux principales personnes que vous avez écoutées hier, et remplissez le tableau suivant. Trouvez des exemples personnels illustrant les bonnes et les mauvaises écoutes que vous avez pratiquées.

Environnement sonore	Situations	Types d'écoute
Musiques	J'écoute la musique sur mon iPod.	Écoute appréciative
Paroles	J'écoute les consignes de l'enseignant pour la préparation à l'examen.	Écoute informative
Sons, bruits	J'entends le réveille-matin qui sonne, je l'éteins et je me rendors.	Écoute fuyante
		Écoute critique
		Écoute active
		Fausse écoute
		Mise en vedette
		Fabulation
		Écoute sélective
		Écoute défensive
		Écoute piégée

7.2 La rétroaction

Le mot «rétroaction» vient de l'anglais *feedback* et signifie «action en retour». La rétroaction est constituée de tous les messages verbaux et non verbaux que le récepteur émet consciemment ou inconsciemment en réaction au message de l'émetteur. Selon Egan (2005), la rétroaction permettrait à notre interlocuteur de connaître, entre autres, nos pensées, nos opinions, nos sentiments. Or, la rétroaction peut aussi envoyer des messages confus, car elle n'est pas magique et ce n'est pas une lecture littérale de la pensée. En tant qu'étudiant, par exemple, vous donnez continuellement une rétroaction à vos professeurs. Toutefois, beaucoup d'étudiants ont tendance à adopter un comportement qui ne traduit pas ce qu'ils pensent ou ce qu'ils ressentent. Ainsi, dans des moments de lassitude, ils peuvent arborer une expression qui signifie : «Je suis captivé par vos paroles.» Ils hochent la tête en souriant en signe de compréhension et d'acquiescement à tout ce que dit le professeur. Avez-vous déjà utilisé cette fonction non verbale de contradiction? Si vous voulez améliorer vos habiletés d'écoute, il est essentiel de pouvoir reconnaître les types de rétroaction que vous utilisez ainsi que leur rôle dans la communication.

7.2.1 Les types de rétroactions

Volontairement ou non, on donne sans cesse une rétroaction aux autres. La moindre action ou omission dans une relation ou une interaction peut être considérée comme une rétroaction. Parfois, on donne une rétroaction consciemment dans le but de provoquer une réaction particulière. Par exemple, vous riez d'une blague ou d'une anecdote pour donner au locuteur l'impression que vous avez apprécié son humour. D'autres fois, on donne une rétroaction inconsciente et l'on provoque, par nos paroles ou notre comportement non verbal, une réaction non voulue ou inattendue. Souvent, on réagit en rectifiant notre message comme : «Ce n'est pas ce que je voulais dire!» ou encore «Voici ce que j'ai voulu dire…».

En tant qu'émetteur, l'intention du message rétroactif n'est pas toujours égale à l'impact que celui-ci provoque chez le récepteur. C'est qu'il arrive que les autres choisissent délibérément de ne pas percevoir le message ou l'intention contenue dans celui-ci. À d'autres moments, il y a confusion parce qu'une rétroaction que l'on voulait positive, comme offrir un compliment, peut être interprétée comme un reproche. Par exemple, l'intention de l'émetteur peut être de faire plaisir en disant : «Tu as une très belle robe aujourd'hui.» Mais le message peut être perçu par le récepteur comme une remarque désobligeante : «Tu trouves que je suis mal habillée d'habitude?» Distinguer les types de rétroaction vous permettra de savoir lesquels utiliser d'une manière efficace et appropriée, et lesquels éliminer pour éviter des malentendus ou des conflits éventuels.

L'évitement peut se manifester par un silence prolongé et inconfortable.

L'évitement

La personne qui fait de l'évitement ne reconnaît pas, consciemment ou non, le message exprimé par l'interlocuteur. L'évitement peut se manifester par un silence inapproprié, des comportements non verbaux ou des paroles de divertissement, de distraction ou d'humour. L'interlocuteur a alors l'impression que son message n'est pas important. Il se sent incompris, dévalorisé, à moins qu'il ne sache tout simplement pas comment interpréter la réaction d'évitement. Par exemple, supposons que vous racontiez des histoires salées que vos auditeurs jugent de mauvais goût. Ils pourraient avoir une réaction d'évitement en détournant les yeux, en changeant de sujet ou en gardant un long silence glacial. Chacun de ces indices indiquant que vous avez dépassé les limites de la bienséance, vous cesseriez sans doute assez vite de raconter vos histoires.

La rétroaction évaluative

En tant que récepteur, lorsqu'on donne une **rétroaction évaluative**, c'est-à-dire une réponse ou une réaction évaluative, on exprime un commentaire, une opinion positive ou négative sur un sujet en particulier. Par exemple, la question «Comment as-tu trouvé mon exposé oral?» suscitera presque toujours une réponse qui sera perçue comme étant évaluative. Une légère hésitation avant les mots «très intéressant» pourrait être considérée comme une réaction négative. Toute rétroaction évaluative comporte un jugement positif ou négatif fondé sur notre propre système de valeurs. Au fil de nos activités quotidiennes, on est tenu de peser des idées, d'évaluer les aptitudes d'autrui ou l'importance de projets. Donc, la rétroaction évaluative est soit une remarque formative, soit un jugement positif et gratifiant, ou négatif et punitif.

Le jugement positif   Un **jugement positif** est un commentaire favorable qui incite à maintenir un comportement. Si une entreprise passe une annonce publicitaire qui entraîne une croissance phénoménale de ses ventes, elle aura tendance à passer la même annonce ou une annonce très similaire dans le même média ou un média semblable dans le futur. Si une personne reçoit des compliments pour sa nouvelle coiffure, elle voudra la conserver. Si votre professeur semble réceptif à vos idées et suggestions, vous continuerez sans doute de les lui transmettre dans l'avenir.

Le jugement négatif   Le **jugement négatif** est un commentaire défavorable qui remplit une fonction correctrice en ce qu'il contribue à faire cesser ou du moins à diminuer des comportements indésirables. Tout jugement négatif vise à modifier les comportements en conséquence. Si vous portez un nouveau vêtement et que votre meilleure amie vous dit qu'il ne vous avantage pas, il est possible que vous ayez moins tendance à le porter dans les jours suivants.

La rétroaction formative   La **rétroaction formative** est une remarque aidante donnée au moment opportun. Le psychologue industriel Don Tosti (1983) a obtenu des résultats intéressants avec ce type de rétroaction. Il a découvert que, dans une situation d'apprentissage, il vaut mieux donner une rétroaction formative positive dès qu'une personne adopte un comportement désirable. Ainsi, il faut aussitôt lui dire «Excellent travail, c'est comme ça qu'il faut faire» parce que cette réponse procurera à la personne un sentiment de fierté et de plaisir à l'égard d'elle-même et de son travail. Toutefois, Tosti précise qu'il faut donner aussi ce qu'il appelle une «rétroaction formative négative» juste avant l'apparition et la répétition d'un comportement indésirable. Des commentaires comme «OK les gars, évitons les erreurs qu'on a commises la dernière fois» et «Quand vous serez là-bas aujourd'hui, essayez d'éviter de…» font que la composante négative de la rétroaction est perçue comme étant utile plutôt que nocive. Par conséquent, donner une rétroaction formative négative juste avant qu'une activité soit répétée peut contribuer à éliminer le sentiment de rejet. Parallèlement, il ne faut pas oublier qu'une rétroaction formative positive immédiate peut faire merveille pour l'estime de soi et le moral d'une personne.

L'interprétation   L'interprétation propose un sens, un décodage ou une explication du message exprimé. À l'instar du psychologue qui tente d'analyser le comportement et les émotions de son client, on propose notre propre interprétation lorsqu'on écoute une autre personne. Et bien que l'interprétation puisse être juste, elle peut aussi être plus ou moins appropriée. Par exemple, on pourrait dire à une personne qui exprime son insatisfaction amoureuse: «Je crois que tu es insatisfaite, car tu as des attentes élevées.» Cette interprétation serait plus appropriée que: «Tu dois souffrir de dépendance affective sévère, car tu as manqué d'amour

Rétroaction évaluative
Jugement positif, négatif ou remarque formative que l'on émet sur un sujet ou une personne

Jugement positif
Commentaire favorable qui encourage le maintien d'un comportement

Jugement négatif
Commentaire défavorable qui décourage la répétition d'un comportement

Rétroaction formative
Remarque aidante donnée au moment opportun qui vise le maintien et l'amélioration d'un comportement

durant ton enfance. » À ce sujet, Hétu (2007) affirme qu'il existe plusieurs types d'interprétation qui s'appuient sur divers éléments, soit les liens entre des éléments sans rapport apparent («Si ça ne fonctionne pas avec ton copain, c'est parce qu'il est scorpion et que tu es cancer»), des mécanismes d'adaptation inconscients comme la projection («Ton copain ne doit pas te satisfaire sexuellement»), des problèmes non réglés («C'est peut-être que tu traînes des conflits non résolus avec ta mère»), le recours à la théorie ou à des connaissances en psychologie («Si je me fie à Freud, tu refoules trop tes sentiments») et le sens de l'observation et l'intuition («D'après mon expérience, je pense que ce type de gars ne te convient pas parce qu'il est trop indépendant»).

La solution   Selon Patenaude (2008), la rétroaction la moins utile est la solution. Elle consiste à donner un conseil ou à imposer des solutions sans que la personne ne le demande. La solution ne venant pas de l'interlocuteur, elle peut ne pas lui convenir et n'être qu'une projection de ce que l'on ferait à sa place. Or, une solution appropriée pour une personne ne convient pas automatiquement à une autre. Parfois, les gens ont davantage besoin d'être écoutés et d'explorer eux-mêmes les solutions potentielles avant d'agir. La personne qui se fait dire quoi faire peut se sentir incomprise ou infantilisée. Sa capacité de jugement et de décision ne semble pas reconnue, ce qui peut affecter son estime de soi. Une fois la situation clarifiée, il est toujours possible d'informer son interlocuteur ou de suggérer des options pertinentes. Par exemple, on peut faire la suggestion suivante à une collègue de classe qui se questionne sur sa demande d'admission en psychologie : «Pourrais-tu aller en discuter avec ton prof de psycho ou l'orienteur ?» Ainsi, donner de l'information ou faire des suggestions ne consiste pas à résoudre le problème ou à tout contrôler, mais simplement à partager des connaissances. À chacun de faire ce qu'il veut par la suite.

La rétroaction non évaluative

Contrairement à la rétroaction évaluative, la rétroaction non évaluative, ou non directive, ne fait rien ouvertement pour orienter les actions d'un communicateur. Ce type de rétroaction peut éclairer les sentiments d'une personne ou l'aider à formuler ses pensées et ses besoins sur un sujet précis. Offrir une rétroaction non évaluative implique que l'on mette de côté ses propres jugements, conseils ou interprétations. Le récepteur se contente de décrire, de poser des questions, de soutenir, de reformuler ou de manifester son intérêt afin de bien comprendre le message de l'émetteur.

Parce qu'elle ne porte pas de jugement, la rétroaction non évaluative est souvent interprétée comme positive. En effet, le fait de sonder les pensées, les besoins et les sentiments du locuteur, de décoder le plus justement possible son message et de lui offrir un soutien, alors qu'il tente de voir clair dans sa situation, contribue à l'encourager dans ses confidences. De plus, la rétroaction non évaluative offre au locuteur la possibilité d'analyser son problème et de trouver ses propres solutions. C'est pourquoi une rétroaction non évaluative soigneusement formulée peut être extrêmement utile et précieuse pour la personne qui doit prendre une décision importante ou qui vit une période difficile.

Il existe différents types de rétroaction non évaluative. Ainsi peut-on dire à un collègue de classe qui se questionne sur sa demande d'admission en psychologie : «Qu'est-ce qui te fait hésiter dans ton choix de programme universitaire ?» (investigation), «Si je peux faire quoi que ce soit pour t'aider, n'hésite pas» (soutien).

Afin de mieux comprendre ce qu'est exactement la rétroaction non évaluative, nous nous pencherons dans les pages qui suivent sur deux des trois types de rétroactions non évaluatives recensées par David Johnson (1972), soit l'investigation et le soutien.

L'investigation   L'**investigation** consiste à interroger l'interlocuteur pour obtenir un supplément d'information en lui indiquant qu'on est disposé à écouter ce qu'il a à dire (Monoky, 1995). Supposons qu'un étudiant inquiet des notes qu'il obtiendra dans tel ou tel cours dise à un de ses amis : «Je suis vraiment préoccupé. Tous mes amis réussissent mieux que moi en psychologie.» Si ce copain pratique l'investigation, il pourra lui demander : «Comment expliques-tu cette situation ?», «Quelle est ta façon d'étudier ?». En réagissant ainsi, il offre à son ami la possibilité d'analyser le problème dans sa globalité tout en extériorisant ses émotions. L'investigation permet aussi d'obtenir de nouveaux renseignements. Or, il est souvent difficile d'évaluer à quel point une personne veut se dévoiler. Un empressement à questionner peut sembler indiscret ou laisser supposer que l'information donnée est insuffisante, non appropriée ou peu importante. L'interlocuteur peut se sentir menacé ou encore peu libre de répondre ou pas. Ainsi, des commentaires du genre «Et puis après ?» ou «Quelle note as-tu eue ?» pourraient susciter de la méfiance ou de la culpabilité chez l'étudiant. Les questions sont donc utiles lorsque certains détails s'avèrent indispensables pour la compréhension et non pour satisfaire sa propre curiosité.

Il existe principalement quatre types de questions : les questions fermées, les questions ouvertes, les questions suggestives et les questions optionnelles. Les questions fermées permettent d'obtenir de brefs renseignements. Il s'agit de questions qui suscitent des réponses composées d'un «oui», d'un «non» ou de un ou deux mots. Elles sont appelées «questions fermées», car elles n'invitent pas la personne à apporter des précisions (Hétu, 2007). Voici quelques exemples de questions fermées : «Assistes-tu à tous tes cours ?», «Combien d'heures en moyenne étudies-tu ?», «Utilises-tu un agenda ?», «Êtes-vous d'accord ?», «Quel âge avez-vous ?».

Les questions ouvertes, ou à développement, demandent, quant à elles, des réponses plus longues où l'interlocuteur doit s'exprimer plus longuement sur un point précis. Les questions ouvertes permettent ainsi d'obtenir davantage d'explications. Les questions suivantes invitent en effet au développement : «Comment prends-tu tes notes de cours ?», «Comment prévoyez-vous occuper votre fin de semaine ?».

Ensuite, les questions suggestives tentent indirectement et subtilement de suggérer des éléments de réponses ou d'orienter l'interlocuteur vers un comportement spécifique. Les questions suivantes sont de bons exemples de questions suggestives : «Es-tu allé voir ton professeur ?», «Assistes-tu aux ateliers de révision ?», «Quel film abrutissant, n'est-ce pas ?», «Croyez-vous qu'un peu de repos vous serait profitable ?».

Finalement, les questions optionnelles offrent des alternatives qui permettent d'évaluer le pour et le contre des différentes options proposées. Au lieu de donner des solutions toutes faites ou une recette du bonheur, on suggère diverses possibilités, ce qui permet au locuteur de prendre ses propres décisions. Il y a une différence importante entre proposer et imposer ses choix. Par exemple, au lieu de dire : «Moi, à ta place, j'irais voir le professeur», on pourrait plutôt demander : «Préfères-tu demander au professeur des explications après le cours ou aller le voir à son bureau ?»

Investigation

Rétroaction non évaluative qui consiste à interroger l'interlocuteur pour obtenir un supplément d'information

Egan (2005) précise que l'on a trop souvent tendance à poser des questions quand on ne sait pas quoi dire ou quoi faire. L'investigation doit être utilisée à bon escient et s'adapter à la situation. Il est ainsi préférable de donner priorité aux questions ouvertes si notre but est de faire parler davantage l'émetteur. Par contre, si c'est pour clore une conversation, les questions fermées sont plus appropriées. Assurez-vous d'avoir bien compris la différence entre les diverses formulations de questions en faisant l'exercice 7.3.

EXERCICE 7.3	En pratique

Les formes de questions

Quelle est la forme des questions suivantes?

1. a) Est-ce que ça va? <u>fermé ou ouverte</u>

   b) Vous ne semblez pas en forme, est-il arrivé quelque chose? <u>fermé</u>

   c) Comment s'est déroulée votre matinée? <u>Ouverte</u>

   d) Êtes-vous déprimé ou angoissé? <u>optionel</u>

2. a) Tu aimes beaucoup ton ami, n'est-ce pas? <u>Subjective</u>

   b) Est-ce juste un ami ou un amoureux? fermé / <u>Optionnel</u>

   c) Comment te sens-tu avec ton ami? <u>ouvert</u>

   d) Est-ce ton ami? <u>fermé</u>

3. a) Préfères-tu les films d'action ou les comédies? <u>fermé</u>

   b) Tu n'as pas aimé le film, hein? <u>Subjectif</u>

   c) Comment as-tu trouvé le film? <u>ouvert</u>

   d) As-tu aimé le film? <u>fermé</u>

4. a) Avez-vous aimé la rencontre? <u>fermé</u>

   b) Vous sentez-vous mieux après cette rencontre? <u>fermé</u>

   c) Comment vous sentez-vous après cette rencontre? <u>ouverte</u>

   d) La rencontre vous a-t-elle aidé ou nui? <u>fermé</u>

Soutien

Rétroaction non évaluative qui consiste pour le récepteur à rassurer l'émetteur, à lui offrir sa compréhension et son support

Le soutien Une attitude de **soutien** consiste, pour le récepteur, à juger que le problème de l'émetteur est tout aussi important et significatif que ce dernier le croit. Supposons qu'une fille aille voir son amie pour lui parler d'un problème qu'elle estime très grave. Très agitée, elle laisse entendre que son amie ne pourra pas comprendre sa situation. Si l'amie lui offre une écoute de soutien, elle tentera de la calmer en la rassurant. Ce type d'intervention vise à encourager, à réconforter l'interlocuteur; en d'autres termes, à être un stimulateur pour lui. Mal effectué, le soutien peut donner à l'interlocuteur l'impression d'être surprotégé, infantilisé, faible ou traité en victime, ce qui diminue son estime de soi. En effet, une attitude de soutien peut souvent transmettre à l'autre le message que la situation est pire ou plus dramatique qu'elle ne l'est réellement.

Le soutien se fait souvent sous forme de langage non verbal par un câlin ou une main sur l'épaule.

7.2.2 Les effets de la rétroaction

Comment la rétroaction influe-t-elle sur la communication? Supposons qu'une personne vous raconte une histoire drôle. Qu'arriverait-il si vous décidiez consciemment d'afficher une attitude polie, mais de ne pas sourire ni rire en entendant son histoire? Cette réaction, polie mais sérieuse, pourrait inciter le meilleur conteur à se taire. Si, au beau milieu de son histoire, le conteur remarque que le récepteur ne sourit pas, il lui répétera ou reformulera les faits saillants afin de s'assurer qu'il a bien entendu ses paroles: «As-tu compris? Voilà ce qui s'est passé...» Dans toute interaction, la rétroaction donnée par le récepteur a une forte influence sur la direction et l'issue de l'interaction (Leathers, 1979). Quoiqu'il en soit, n'oubliez pas d'informer votre interlocuteur qu'il s'agissait d'une expérience, afin de ne pas le froisser! L'exercice 7.4 propose une adaptation d'une expérience conçue par Harold Leavitt et Ronald Mueller (1951), qui démontre les effets de la rétroaction sur l'évolution des relations.

EXERCICE 7.4 | En pratique

Les effets de la rétroaction

Choisissez un partenaire. Prenez chacun une feuille et dessinez trois schémas composés d'une série aléatoire de traits droits reliés entre eux (*voir les exemples ci-contre*). Ne montrez pas vos dessins à votre partenaire. L'exercice consiste à donner des instructions verbales à votre partenaire afin qu'il puisse les reproduire sans les voir.

Vous donnerez vos instructions dans trois contextes différents :

1. **Zéro rétroaction.** Tout en décrivant votre premier schéma, tournez le dos à votre partenaire et évitez d'observer ou de commenter ses efforts. Votre partenaire n'a pas le droit de vous parler ni de vous regarder durant cette phase.

2. **Rétroaction limitée.** Tout en décrivant votre deuxième schéma, vous pouvez vous tourner vers votre partenaire et le regarder travailler. Vous pouvez commenter son dessin, mais votre partenaire ne doit pas vous parler ni vous regarder.

3. **Rétroaction illimitée.** Enfin, tout en décrivant votre troisième schéma à votre partenaire, vous pouvez interagir librement avec lui. Vous pouvez observer et commenter ses efforts, et votre partenaire peut interagir avec vous en vous faisant face et en vous posant des questions afin de vérifier l'exactitude de son dessin.

Ensuite, inversez les rôles et répétez ces trois étapes. Dans quelle situation la reproduction a-t-elle été la plus rapide ou la plus exacte? Pourquoi? Comment vous êtes-vous senti à chacune de ces étapes? Comment le fait de remplir la fonction d'émetteur ou de récepteur a-t-il modifié vos sentiments à chaque étape de l'expérience?

En général, la rétroaction augmente l'exactitude de l'information transmise d'une personne à l'autre. Toutefois, elle allonge aussi la durée de transmission. Dans la situation «zéro rétroaction» (phase 1 de l'exercice), l'émetteur prend moins de temps pour transmettre l'information au récepteur que dans les situations de «rétroaction limitée» (phase 2) et de «rétroaction illimitée» (phase 3). Cependant, la plupart des communicateurs estiment que l'exactitude accrue des reproductions de schémas compense le temps supplémentaire. Autrement dit, il n'y a aucune perte de temps dans la situation de rétroaction illimitée.

7.3 L'empathie (se mettre dans la peau).

L'empathie est l'habileté fondamentale de l'écoute aidante, appelée aussi «écoute active», et elle est au cœur de l'approche humaniste élaborée par Carl Rogers. Ce type d'écoute consiste à éclairer le récepteur sur les idées, les besoins et les émotions de l'émetteur pour aider celui-ci à mettre de l'ordre dans ses réflexions et ses sentiments. On peut être empathique cognitivement, c'est-à-dire comprendre le point de vue, les idées, les opinions de l'autre sans nécessairement être d'accord ou les partager. Par exemple, quelqu'un pourrait affirmer : «Je comprends tes arguments contre l'avortement même si je ne suis pas d'accord avec toi.» On peut également faire preuve d'empathie émotive lorsqu'on comprend les émotions de l'autre sans pour autant les partager (par exemple, «Je te sens très en colère contre ton ami»).

Les récepteurs empathiques pratiquent la décentration, c'est-à-dire qu'ils se concentrent sur l'autre plutôt que sur eux-mêmes, ce qui est l'opposé du type de mauvaise écoute qu'est la mise en vedette. Ils écoutent en adoptant le point de vue de l'autre (Holtgraves, 2002) et en faisant appel à l'empathie (Omdahl, 1995).

7.3.1 L'empathie et la sympathie

Sympathie vivre l'émotion

Attitude qui consiste pour le récepteur à ressentir les mêmes besoins et émotions que l'émetteur et à partager ses opinions et ses croyances

Afin de bien comprendre le concept d'empathie, distinguons cette dernière de la **sympathie**, une autre attitude relationnelle avec laquelle l'empathie est souvent confondue. La sympathie désigne le fait de ressentir les mêmes besoins et émotions que l'émetteur et de partager ses opinions et ses croyances. C'est comme être en symbiose avec l'autre : on vit, on pense et l'on ressent les mêmes choses que lui. D'après vous, les professionnels qui travaillent dans le domaine de la relation d'aide (infirmiers, psychologues, travailleurs sociaux, etc.) devraient-ils faire preuve d'empathie ou de sympathie?

De plus, les récepteurs empathiques utilisent à profusion deux aptitudes à la communication : l'aptitude à décoder les indices non verbaux, dont le contact visuel, le toucher et les expressions faciales, et l'aptitude à utiliser les principaux outils de l'écoute active pour indiquer à l'émetteur qu'ils se soucient assez de lui pour l'écouter, comprendre ses propos et répondre aux sentiments qu'il exprime. Voyons à présent ces principaux outils propres à l'écoute active.

7.3.2 Les outils de l'écoute active

L'écoute active est régulièrement pratiquée par les professionnels de la relation d'aide.

L'écoute active joue un rôle dans la vie tant professionnelle que personnelle. Le fait d'écouter peut être bénéfique sur les plans physique et affectif pour l'émetteur comme pour le récepteur ; cela favorise en eux un sentiment global de bien-être. Les découvertes médicales soulignent également l'importance d'une écoute efficace. Les programmes des facultés de médecine comprennent désormais des cours dont le but est d'enseigner aux étudiants comment écouter, poser des questions ouvertes et établir des relations productives, affectueuses et empathiques avec leurs patients (Delli Santi, 2005). Trop souvent, les médecins ne reformulent pas les propos de leurs patients et leur coupent la parole après leur avoir laissé à peine quelques secondes pour exposer leur problème (Crosen, 1997). Les médecins qui ne pratiquent pas l'écoute active n'obtiennent pas les informations pertinentes sur la situation et les symptômes de leurs patients, ce qui augmente les coûts associés à la santé (Simon, 2003). Divers outils sont disponibles pour celui qui veut faire preuve d'écoute active dans ses relations ; nous pouvons citer la reformulation, le reflet de sentiments et l'incitation légère. Ces outils permettent au récepteur de manifester sa compréhension et son intérêt envers l'émetteur.

Reformulation

Outil de l'écoute active qui consiste pour le récepteur à résumer dans ses mots les idées et les besoins de l'émetteur afin de vérifier sa compréhension

La reformulation

La **reformulation** consiste à résumer dans ses propres mots les paroles de l'interlocuteur afin de vérifier si l'on a bien compris son message. Cette vérification montre que l'on se préoccupe de la personne, des difficultés qu'elle rencontre et du message qu'elle exprime. En fait, en manifestant de la compréhension dès le début d'une interaction, on indique que celle-ci est importante et que l'on veut être certain de bien décoder le message de l'émetteur. Cette réponse fortifie la relation en encourageant l'émetteur à exposer en détail ce qu'il pense et ressent.

On utilise la reformulation principalement pour les messages à contenus cognitifs comme l'expression d'idées, d'opinions ou d'arguments. La reformulation se déroule en trois étapes :

1. Utiliser une formule qui invite l'émetteur à corriger la perception du récepteur s'il y a lieu, comme « Si je comprends bien… » ;

2. Résumer l'idée ou les idées maîtresses dans ses propres mots ;

3. Vérifier auprès de l'émetteur si l'on a bien compris sa pensée en posant une question comme « C'est ça ? ».

Le reflet de sentiments

Egan (2005) distingue la reformulation du reflet dans ses recherches. Selon lui, le reflet de sentiments accomplit davantage que de simplement réitérer et résumer les propos de l'autre. Il implique aussi le reflet de différents contenus affectifs plus ou moins bien exprimés par l'autre. Le **reflet de sentiments** est utilisé par le récepteur lorsqu'il tente de déterminer les émotions que vit l'émetteur en agissant comme un miroir qui renvoie à l'émetteur l'image de ce qu'il est en train de ressentir. Les paroles ou le langage non verbal de l'émetteur sert ici de référence au récepteur. Par exemple, à quelqu'un qui bouge beaucoup et se tortille les mains, on peut faire un reflet du genre « Tu sembles vraiment stressé ».

Reflet de sentiments
Outil de l'écoute active qui consiste pour le récepteur à déterminer et à résumer les émotions de l'émetteur afin de vérifier sa compréhension

Les reflets de sentiments sont particulièrement utiles dans un contexte de relation d'aide, puisqu'ils révèlent à l'autre le contenu implicite de ses émotions. Selon Jacques (1998), la marche à suivre pour effectuer un bon reflet de sentiments comprend trois étapes. Premièrement, il faut déterminer l'émotion contenue dans le message. Ensuite, il faut trouver les mots pour résumer ce que l'on a décodé comme émotion chez l'autre et, finalement, on doit exprimer le reflet en nommant l'émotion. Les extraits de conversation suivants illustrent la reformulation et le reflet de sentiments.

Exemples de reformulation (idées, besoins)	Exemples de reflets de sentiments (émotions)
— Julie : Je ne pense pas avoir les aptitudes nécessaires pour être admise dans l'équipe.	— Julie : Si je pouvais lui faire autant de peine qu'il m'en a faite.
— Mario : Tu crois que tu n'es pas assez compétente pour faire partie de l'équipe cette année ?	— Mario : Tu ressens de la colère, tu sembles éprouver de la rancune.
— Julie : Non, car je ne suis pas assez en forme, il faut que je m'entraîne plus.	— Julie : Oui, je lui en veux surtout depuis qu'il a une nouvelle copine.
— Mario : Tu voudrais être en meilleure condition physique ?	— Mario : J'ai l'impression que tu es jalouse…

faut écouter pour savoir comment parler.

L'incitation légère

L'**incitation légère**, aussi appelée « signal phatique », est une brève intervention verbale du récepteur encourageant l'interlocuteur à poursuivre et indiquant qu'il comprend. Elle permet d'insister ou d'attirer l'attention sur un aspect précis du message. Des manifestations comme « hum », « ah oui », « je vois », « vraiment » traduisent la réception de ce qui est dit et servent de renforcement. La répétition d'un

Incitation légère
Brève intervention verbale (répétition d'un mot, d'un bout de phrase) ou non verbale (para-langage, hochement de tête, etc.) du récepteur pour attirer l'attention sur un aspect précis du message incitant l'émetteur à poursuivre

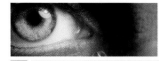

Il existe des différences culturelles entre les styles et les comportements d'écoute.

mot ou d'un bout de phrase par le récepteur peut inciter l'émetteur à poursuivre son message. Par exemple, si l'émetteur dit : « Je suis vraiment en colère contre mon père », le récepteur peut répondre : « Contre ton père. » Les hochements de tête et le contact visuel servent également à indiquer les changements de rôles dans la conversation (émetteur à récepteur et vice versa). Lors d'une conversation téléphonique, par exemple, une absence ou une utilisation mécanique des incitations légères amènera votre interlocuteur à se questionner sur la qualité de votre écoute. Les incitations permettent donc à l'émetteur de percevoir l'intérêt de son interlocuteur et de se sentir écouté (Patenaude, 2008).

Ainsi, l'utilisation des outils de l'écoute active a plusieurs effets positifs. L'émetteur se sent considéré, écouté et compris. L'écoute active permet au récepteur de vérifier si sa compréhension est juste. Elle permet de définir, d'approfondir le message et d'aider l'émetteur à mettre de l'ordre dans ses idées, besoins et émotions afin qu'il trouve des solutions lui-même à une difficulté. En effet, l'écoute active ne s'attarde pas seulement aux faits (reformulation) mais aussi à l'aspect affectif (reflet de sentiments). Elle favorise ainsi la confiance, l'honnêteté, l'intimité et l'ouverture de soi. Même si les habiletés d'écoute s'apprennent, il faut garder à l'esprit que la culture influence également notre façon d'écouter. L'encadré 7.4 nous sensibilise aux styles d'écoute que doivent connaître les gens qui travaillent ou voyagent à l'étranger.

REGARD SUR L'AUTRE

L'INFLUENCE DE LA CULTURE SUR L'ÉCOUTE

ENCADRÉ 7.4

Les situations dans lesquelles on a besoin d'écouter des personnes qui n'habitent pas dans le même pays que nous et qui ne parlent pas la même langue se multiplient. La mondialisation des affaires et la possibilité de voyager où bon nous semble nous incitent à mieux connaître les différences culturelles dans les styles et les comportements d'écoute.

Selon Cheng (1987), les Chinois accordent plus d'importance au processus de réception qu'au processus d'émission, ce qui reflète le souci de l'interprétation et de l'anticipation propre aux habitants de ce pays. Au Japon, les locuteurs disent ou demandent rarement ce qu'ils veulent de façon directe, obligeant les récepteurs à deviner leur demande et à y accéder. Ce style de communication permet à l'émetteur et au récepteur de sauver la face si la demande du premier ne peut être satisfaite (Lebra, 1976). Les Allemands, pour leur part, pratiquent un type d'écoute plus pragmatique. Ils posent beaucoup de questions et s'appuient sur un style direct. Les Israéliens analysent soigneusement l'information et préfèrent un style

d'écoute axé sur le contenu. Ayant une orientation collective, ils sont portés à minimiser les aspects personnels d'une interaction. Pour leur part, les Nord-Américains se concentrent sur les sentiments et les préoccupations de leurs interlocuteurs en étant attentifs aux aspects sociaux de l'interaction. Ils accordent aussi de l'importance à la durée de l'interaction, démontrant ainsi un style d'écoute axé sur le temps (Kiewitz, et al., 1997).

Lors d'un échange, les Américains privilégient l'assurance, la fermeture et le contrôle. Alors que les Orientaux ont un mode de pensée plus hypothétique et métaphorique, et estiment qu'il vaut mieux écouter que parler, les Occidentaux se montrent moins ouverts et moins incertains dans leurs comportements d'écoute, préférant une pensée plus focalisée et plus concrète (Samovar et Porter, 1995). Ainsi, si l'on reconnaît que les habitants de divers pays et régions n'ont pas les mêmes styles d'écoute et de réponse, on risque moins d'interpréter inadéquatement leurs paroles ou leurs actions (Wood, 2007).

7.4 Mettre en pratique ses aptitudes à la communication

En prenant conscience des types d'écoute que l'on utilise le plus fréquemment et en essayant d'éviter les types de mauvaise écoute, on possède déjà des aptitudes à la communication. Il existe plusieurs moyens pour améliorer ses habiletés d'écoute ; en voici quelques-uns qui devraient vous aider à parfaire votre rôle de récepteur efficace.

7.4.1 Utiliser judicieusement son temps d'écoute

Au lieu d'anticiper les propos de l'émetteur pour s'évader mentalement, on devrait lui prêter une oreille attentive afin de comprendre ce qu'il dit. Si l'on empêche notre esprit de vagabonder ou de rêvasser, on sera plus libre de se concentrer sur le message et d'en saisir toute la portée. Il s'agit de résumer le message et de poser des questions sur le contenu et le sens de ce que l'on entend. En mettant à profit les temps de réflexion comme le silence, on peut cerner les idées maîtresses du locuteur et les arguments sur lesquels elles s'appuient.

7.4.2 Accorder une attention réelle

On ne peut pas écouter à moitié. On fait trop souvent semblant d'écouter (fausse écoute). Même si nos comportements externes – contact visuel, sourire, hochements de tête – indiquent que l'on écoute, en fait, on n'écoute que d'une oreille (fonction de contradiction du non-verbal). Au lieu de feindre d'écouter l'autre, peut-être par ennui ou par indifférence, il faut se concentrer sur le sens de ses paroles et sur ses émotions.

7.4.3 S'abstenir de porter un jugement

Lorsqu'on juge d'avance l'émetteur ou son message, on accepte ou rejette la personne ainsi que ses idées, ses besoins et ses émotions, sans recourir à la pensée critique. La compréhension du message doit toujours être l'objectif principal et l'on devrait éviter l'évaluation.

7.4.4 Maîtriser ses émotions

controler

Il arrive que l'on déforme les idées et les besoins des autres simplement parce qu'ils ne nous plaisent pas ou qu'on les désapprouve. Écouter activement, c'est traiter des informations cognitives et affectives, sans pour autant vivre toutes les émotions de l'émetteur. Plutôt que de laisser une explosion émotionnelle perturber notre écoute, on devrait faire davantage d'efforts pour surmonter les sentiments de colère, de méfiance, de frustration, d'enthousiasme ou d'indignation que les propos de l'émetteur pourraient susciter. Tant les émotions positives que négatives peuvent entraver la compréhension.

7.4.5 Voir à travers le regard de l'émetteur

Regarder une situation du point de vue de l'autre permet d'augmenter nos chances d'interpréter (de décoder) correctement les contenus cognitifs et affectifs de son message. Même si l'on n'est pas d'accord avec lui, on comprend mieux l'origine de ses pensées et de ses sentiments, car on manifeste de l'empathie. Si, au contraire, on est d'accord avec les idées de l'émetteur, que l'on partage ses besoins, ses émotions, on fait preuve de sympathie.

7.4.6 Utiliser un langage non verbal

Écouter est un processus actif. La voix et le corps prédisposent l'esprit à mieux écouter en évitant des gestes d'impatience, des changements brusques de position ou un ton réprobateur. Lorsqu'on adopte une posture attentive, ouverte et que l'on maintient un contact visuel significatif, on favorise l'ouverture de soi de l'émetteur.

En bref

Révision des objectifs du chapitre

1 **Distinguer l'audition de l'écoute.** L'audition est un processus physiologique qui se produit automatiquement de façon passive, alors que l'écoute est un processus délibéré et actif par lequel on cherche à comprendre et à retenir des stimuli auditifs. Au contraire de l'audition, l'écoute dépend d'un jeu complexe d'aptitudes acquises. Il s'agit donc d'un processus à la fois externe et interne. En effet, on écoute les stimuli de notre environnement, mais aussi nos paroles et nos réflexions personnelles (le langage intrapersonnel).

2 **Reconnaître les qualités d'un récepteur efficace.** Un récepteur efficace est quelqu'un de réceptif et préparé à écouter. Il transmet avec justesse le message en évitant sa distorsion (un mauvais décodage). Il collabore avec l'émetteur par l'utilisation d'aptitudes d'écoute (l'investigation, le soutien, etc.) et par son comportement non verbal (le contact visuel, le paralangage, les hochements de tête, la posture, etc.) pour démontrer son écoute active.

3 **Énumérer les étapes de l'écoute.** La réception consiste à sélectionner les stimuli sonores qui attirent notre attention. La compréhension vise à faire un rapprochement entre ce que l'on écoute et ce que l'on sait déjà. La mémorisation sert à retenir ce que l'on a écouté en vue d'un usage ultérieur. L'interprétation consiste à décoder ce que l'on a compris du message. L'évaluation vérifie la crédibilité du message. Finalement, la réponse est la réaction verbale ou non verbale au message reçu.

4 **Décrire les types d'écoute.** L'écoute appréciative est pratiquée pour le plaisir et la détente. L'écoute informative

a comme but de recueillir des informations, et l'écoute critique évalue ce que l'on entend. Enfin, l'écoute aidante, appelée aussi l'« écoute active », a pour but d'éclairer le récepteur sur l'état affectif (grâce au reflet de sentiments), le point de vue et les besoins (grâce à la reformulation) de l'émetteur.

5 **Reconnaître les types de mauvaise écoute.** On adopte divers comportements qui empêchent de bien écouter, c'est-à-dire qui nuisent à la compréhension du message. Les types de mauvaise écoute sont la fausse écoute, la mise en vedette, la fabulation, l'écoute sélective, l'écoute fuyante, l'écoute défensive et l'écoute piégée.

6 **Définir la rétroaction, en distinguer et en utiliser les divers types.** La rétroaction est constituée de tous les messages verbaux et non verbaux, conscients ou inconscients réagissant au message reçu. Il y a trois principaux types de rétroaction. Premièrement, l'évitement se manifeste par un silence, de l'humour ou une forme de divertissement. Deuxièmement, la rétroaction évaluative exprime une opinion positive, négative ou une remarque formative qui vise à exercer une influence sur le comportement d'autrui. L'interprétation et la solution sont aussi des rétroactions évaluatives. Finalement, la rétroaction non évaluative, comme l'investigation et le soutien, contribue à renforcer les relations interpersonnelles et culturelles.

7 **Décrire les habiletés de l'écoute active et en appliquer les principes lors des échanges.** L'écoute active a pour but d'aider l'émetteur à exprimer ses idées, ses besoins et ses émotions. Elle consiste pour le récepteur à résumer dans ses propres mots les propos de l'émetteur pour lui démontrer qu'il comprend ses idées et ses besoins (grâce à la reformulation) et à déterminer le contenu affectif exprimé par l'émetteur (grâce au reflet de sentiments). Les incitations légères sont aussi des outils qui démontrent un suivi et un intérêt du récepteur pour le message.

8 Améliorer ses habiletés d'écoute. C'est en utilisant notre temps d'écoute judicieusement, en accordant une attention réelle à l'autre, en évitant de porter des jugements, en dominant nos émotions, en regardant la situation du point de vue de l'émetteur et en utilisant le langage non verbal que l'on augmente l'efficacité de notre écoute.

Pour aller plus loin

Chansons

Trouvez dans les chansons suivantes des extraits illustrant des concepts vus dans ce chapitre.
- « Écoute-moi », Dany Bédard, *Dany Bédard*, 2004
- « Dans un spoutnik », Daniel Bélanger, *Rêver mieux*, 2001
- « Un musicien parmi tant d'autres », Harmonium, *Harmonium*, 1974
- « Qui a le droit », Patrick Bruel, *Patrick Bruel*, 1995

Films

Dans les films suivants, trouvez des exemples de mauvaise écoute.
- *J'ai tué ma mère*, Xavier Dolan, 2009
- *Les invasions barbares*, Denys Arcand, 2003
- *Maintenant ou jamais*, Rob Reiner, 2007
- *Payez au suivant*, Mimi Leder, 2000

Livres

L'écoute peut transformer la vie d'une personne. Comment l'a-t-elle fait pour les personnages de ces livres ?
- *Les lettres de Martha*, Marie Laberge, 2009-2010
- *Les yeux jaunes des crocodiles*, Katherine Pancol, 2006
- *Ma vie avec Mozart*, Éric-Emmanuel Schmitt, 2005
- *Qui a peur de Virginia Woolf ?*, Edward Albee, 1996

CHAPITRE

8

LA COMMUNICATION EN PUBLIC ET L'ENTREVUE

Objectifs d'apprentissage

Après avoir lu ce chapitre, vous devriez pouvoir :

1. Effectuer une autoanalyse approfondie afin de préparer une présentation ;

2. Analyser votre auditoire afin d'adapter votre discours en conséquence ;

3. Expliquer l'influence du contexte sur un discours ;

4. Décrire l'impact de l'intention de l'orateur sur le contenu d'une présentation ;

5. Saisir l'importance de la préparation et des répétitions sur la performance de l'orateur ;

6. Indiquer comment l'orateur peut utiliser à son avantage les indices verbaux, non verbaux, ainsi que son charisme ;

7. Définir l'entrevue de sélection et différencier les types de questions posées ;

8. Maîtriser les habiletés verbales et non verbales permettant de faire bonne impression.

Mise en situation

Au Québec, le spectacle de fin d'année de Radio-Canada a souvent suscité la controverse. Le *Bye Bye 2008* n'a pas fait exception à la règle et a alimenté les conversations pendant des semaines après sa diffusion. Les artisans de celui-ci, dont Louis Morissette et Véronique Cloutier, ne se doutaient certainement pas que leur travail soulèverait à ce point les passions de toute la province. Par exemple, un sketch mettant en scène l'animateur Denis Lévesque interviewant Barack Obama a été qualifié de raciste. De même, plusieurs téléspectateurs ont été choqués de voir la fille de Guy Cloutier aborder, même de manière humoristique, la trop grande présence médiatique de Nathalie Simard – celle-ci ayant révélé quelques années plus tôt avoir été abusée par le célèbre gérant. À la suite de la diffusion de cette émission, l'humoriste Jean-François Mercier, qui avait collaboré à l'écriture de certains sketches, a même reçu des menaces de mort. Le couple Cloutier-Morissette a, quant à lui, dû présenter des excuses publiques lors d'une conférence de presse.

Le *Bye Bye 2008* fournit un parfait exemple d'une situation de communication en public qui a mal tourné. Il est intéressant de s'interroger sur les causes de cet échec. En premier lieu, on peut noter une méconnaissance de la sensibilité du public cible. En humour, cette donnée est pourtant essentielle. Le contexte doit également entrer en ligne de compte. Si les concepteurs du *Bye Bye* avaient fait les mêmes blagues dans leur salon avec leurs amis, cette polémique n'aurait pas eu lieu. Le caractère public ou médiatique d'un message décuple de toute évidence les effets positifs ou négatifs de celui-ci.

En deuxième lieu, le manque de clarté des messages contenus dans ce *Bye Bye* a aussi contribué à nourrir l'indignation du public. Comme le mentionnait Louis Morissette alors qu'il faisait le point en conférence de presse, si l'on doit expliquer une blague, c'est qu'elle est ratée. Il faut croire toutefois que le couple a bien géré la situation, car la Société Radio-Canada lui a confié l'animation du *Bye Bye 2010*.

Cette controverse illustre bien le défi que représente la communication en public. Pour cette raison, celle-ci doit toujours être bien préparée. Même si l'on ne passe pas à la télévision, ce que l'on dit devant un groupe de personnes se doit d'être clair et de refléter nos intentions, nos motivations, nos idées et nos émotions.

• Comment les concepteurs de l'émission auraient-ils pu mieux préparer celle-ci ?

• Quelles peuvent être les conséquences d'une communication en public mal préparée ?

S i le but premier de la communication en public et de l'entrevue de sélection est de séduire et de convaincre son auditoire et s'il est primordial de s'y présenter préparé et bien disposé à exprimer clairement son point de vue, les ressemblances entre les deux formes de communication s'arrêtent là. Le contexte change tout dans ce cas-ci ; en effet, on ne parlera pas de la même façon devant un auditoire d'une vingtaine de personnes que devant un ou deux intervieweurs. Dans ce chapitre, nous discuterons d'abord de la meilleure façon de se préparer à une présentation orale, et nous proposerons des moyens concrets pour apprendre à maîtriser son trac et à bien communiquer de manière verbale et non verbale. Nous aborderons ensuite l'entrevue de sélection qui comporte, elle aussi, son lot de défis. Nous définirons la nature de celle-ci et accorderons une attention particulière aux questions que les intervieweurs sont susceptibles de poser. Enfin, nous discuterons de certains éléments liés à la communication verbale et non verbale qui vous aideront à mieux performer en entrevue.

8.1 La communication en public

De nos jours, les orateurs sont très populaires et le nombre de tribunes sur lesquelles ils peuvent s'exprimer ne cesse d'augmenter. Que ce soit lors de rencontres d'équipes, de rassemblements politiques, de réunions de conseils étudiants ou tout simplement dans des salles de classe, la communication en public joue un rôle prépondérant. De Pierre-Karl Péladeau à Céline Galipeau, d'une directrice d'école à un parent préoccupé, d'Oprah à Obama, du chef d'équipe à ses employés, de vous à vos collègues de classe, tous ont la responsabilité de faire entendre leur voix malgré la peur et les expériences traumatisantes. Peu importe son âge, son sexe ou son origine ethnique, apprendre à parler en public est une aptitude cruciale que l'on doit acquérir.

Les conseils ne manquent pas sur les façons de mieux s'exprimer afin d'être écouté et de se sentir à l'aise devant un groupe. Ce chapitre ne contient pas de recette miracle, mais il vise principalement à vous aider à mettre en valeur vos talents d'orateur. On peut tous apprendre à devenir des orateurs plus efficaces si l'on prend le temps d'analyser et d'adopter certains comportements productifs. Avec un peu d'entraînement, on peut arriver à comprendre et à maîtriser les aptitudes qui feront de nous des orateurs organisés, confiants et compétents. Pour débuter cette démarche, réfléchissez à ce que vous savez déjà au sujet de la communication en public à l'aide de l'exercice 8.1.

EXERCICE 8.1 | **Mieux se connaître**

Vous en savez plus que vous ne le croyez !

Sans nécessairement le réaliser, nous sommes tous des spécialistes de la communication en public. Si l'on additionne le nombre d'heures passées à écouter des cours et à regarder la télévision, on peut facilement conclure que ces expériences ont fait de nous des observateurs avertis des forces et des limites des communicateurs publics qui nous entourent. Fort de vos connaissances, répondez à ces quelques questions.

1. Nommez vos animateurs de télévision et vos professeurs préférés. Qui, à votre avis, est le meilleur communicateur ? Pourquoi ?

2. Décrivez les comportements adoptés par l'orateur le plus efficace que vous ayez eu la chance d'écouter.

3. Décrivez les comportements de l'orateur le moins efficace que vous ayez écouté.

4. Quelles sont vos forces et vos limites en tant qu'orateur ? Qu'aimez-vous dans la communication en public ? Qu'est-ce que vous n'aimez pas dans cette activité ?

5. Qu'aimeriez-vous améliorer dans votre pratique de la communication en public ? Que pouvez-vous faire pour rendre vos exposés plus agréables et intéressants ?

Avant de vous présenter devant un groupe, il est important de bien vous préparer. C'est de cet aspect dont nous discuterons en premier lieu. Ensuite, nous aborderons des façons concrètes de maîtriser le trac et de communiquer efficacement devant un groupe.

Les gens réagissent de diverses manières à la perspective de parler en public. Certains croient que parler en public est un don inné: «Comme je suis bavard, parler en public est très naturel pour moi.» D'autres sont terrorisés: «Je suis mort de peur! Parler en public pour moi, c'est l'enfer!» Ces deux attitudes extrêmes peuvent engendrer des problèmes. En effet, les individus trop sûrs d'eux-mêmes sont souvent des orateurs incompétents parce qu'ils ne préparent pas assez leur présentation. À l'inverse, pour les personnes plus anxieuses ou craintives, parler devant un auditoire peut être très éprouvant. Elles tremblent, bafouillent ou interrompent carrément un exposé, même si elles l'avaient soigneusement préparé. Les orateurs les plus efficaces sont ceux qui affichent un respect sain pour les défis liés à la communication en public et qui préparent avec soin leur présentation en s'autoanalysant, en apprenant à connaître leur auditoire et en sachant exactement ce que l'on attend d'eux ainsi que le message qu'ils veulent transmettre.

8.1.1   L'autoanalyse

Afin de bien choisir les sujets dont il parlera en public, un orateur efficace doit tout d'abord se livrer à une autoanalyse approfondie. Bien que le sujet de l'exposé soit parfois prédéterminé, dans bien des cas, des choix se présentent au communicateur.

Pour atténuer les craintes liées au trop grand nombre de sujets disponibles, il faut prendre le temps de faire une étude minutieuse des possibilités au début de la préparation. Cette tâche peut représenter un défi, dans un contexte scolaire ou professionnel où l'on est évalué sur des aspects très précis du sujet imposé. On peut tout de même donner une touche personnelle à notre présentation en mentionnant pourquoi le sujet que l'on va aborder nous intéresse ou nous touche particulièrement. Les auditeurs seront ainsi plus enclins à écouter, car ils sentiront que le sujet nous tient à cœur et que notre intérêt pour celui-ci est authentique. Jacques Vermette (2004), un spécialiste québécois de la communication en public et auteur du livre *Parler en public,* résume bien dans ses travaux ce qu'est l'**authenticité** en donnant ce conseil aux orateurs: «Dans vos phrases exprimées, que les gens sentent bien que votre esprit, votre cœur et jusqu'à vos entrailles sont impliqués profondément et vivement.» Après avoir déterminé les aspects du sujet qui nous intéressent, il est plus facile de se motiver à parler en public, car ce que l'on a préparé sera lié à nos intérêts, à nos valeurs et à nos opinions. Notre discours sera ainsi inspiré et inspirant.

Authenticité

Sincérité, naturel, vérité; concordance entre les pensées, les sentiments et le comportement

8.1.2   L'analyse de l'auditoire

Après avoir complété son autoanalyse, on doit déterminer le type d'auditoire auquel on va s'adresser. De nombreux orateurs sont malheureusement portés à parler seulement pour se faire plaisir, c'est-à-dire en tenant compte uniquement de leurs propres centres d'intérêt et points de vue. Bien qu'il soit primordial de trouver ce qui nous motive à parler de notre sujet, il ne faut jamais oublier que l'on s'adresse tout d'abord à un public qui a des besoins, des intérêts, des opinions et des valeurs qui peuvent différer des nôtres. Vermette (2004) parle de l'importance de l'**allocentrisme**, une «évidente considération de l'orateur pour ses auditeurs qu'il estime comme le centre de convergence de toute son expression orale».

Allocentrisme

Attitude psychologique qui consiste à prendre les autres comme centre d'intérêt

L'orateur ainsi concentré sur les autres ne perdra pas de vue, selon Vermette, que « les auditeurs, en tout temps, doivent se sentir physiquement, intellectuellement et émotionnellement concernés ».

Pour sa part, Francis (1996) mentionne avec justesse que, trop souvent, des orateurs choisissent un sujet inapproprié ou font un exposé trop simple ou trop technique pour leur auditoire. On a tous entendu des experts en médecine, en informatique ou en génie civil s'adresser à un auditoire général dans un langage si complexe que leurs auditeurs en ont été assommés. Que dire aussi de ces conférenciers qui, s'adressant à des gens très instruits, abordent des sujets banals dans un langage tellement simple que leurs auditeurs sont non seulement lassés mais aussi insultés ?

On doit toujours essayer de personnaliser son message de manière à faire croire à ses auditeurs qu'il est taillé sur mesure pour eux. Pour ce faire, il est pertinent pour l'orateur de trouver ce qui le relie à son auditoire : une anecdote, une perception ou une valeur partagée. Il suffit de penser à la réaction d'une foule lorsqu'un chanteur rock anglophone prend la peine de dire quelques mots en français dans un spectacle. À l'été 2008, en débutant son spectacle sur les plaines d'Abraham, sir Paul McCartney a su émouvoir et convaincre son public en comprenant que ce dernier voulait sentir que le spectacle lui était destiné. Pour ce faire, il a reçu une leçon de « québécois accéléré » quelques jours avant son spectacle et s'est familiarisé avec quelques caractéristiques culturelles spécifiques, comme la nostalgie toute québécoise pour les Nordiques.

Comment peut-on expliquer l'intérêt d'un groupe et le désintérêt d'un autre ?

Afin d'accorder une juste attention à son auditoire, il faut le connaître un peu. Que savent les auditeurs du sujet que l'on abordera ? Quelle attitude ont-ils à l'égard de ce sujet ? Quelles sont leurs craintes ? Que veulent-ils savoir ? Si l'on est incapable de répondre à ce type de questions, on court le risque de parler dans le vide.

Les caractéristiques de l'auditoire

Comment faire pour déterminer avec précision qui assistera à une présentation ? L'information concernant notre auditoire devrait provenir de deux sources principales : de notre expérience de ce groupe particulier et de nos recherches.

En effet, la meilleure source d'information sur un auditoire est sans nul doute notre propre expérience en tant qu'orateur ou auditeur avec ce groupe. Si, par exemple, vous faites partie de la classe à laquelle vous vous adresserez, vous connaissez personnellement vos auditeurs. Vous serez donc en mesure de déterminer avec une précision raisonnable si le contenu de votre exposé est approprié à ce groupe. Les concepteurs du *Bye Bye 2008,* dont on a parlé en début de chapitre, auraient certainement eu avantage à mieux analyser leur auditoire qui était vraisemblablement plus sensible aux questions raciales qu'ils ne le croyaient.

Que faire si l'on n'a jamais eu de contact avec le groupe auquel on doit s'adresser ? On peut chercher des renseignements pertinents à son sujet. Par exemple, sir Paul McCartney, sachant qu'il allait donner un spectacle dans un contexte émotionnellement chargé (donné par un chanteur anglais afin de célébrer le 400ᵉ anniversaire de la fondation de la ville de Québec) a été bien conseillé et a su s'adapter à son auditoire, car il connaissait l'importance que revêt la langue française pour la majorité de l'auditoire. Ainsi a-t-il su, dès le début, charmer son public en lançant un «Bonsoir les Québécois! Bonsoir toute la gang!». Êtes-vous capable de vous adapter ainsi à votre public?

L'attitude de l'auditoire

La prochaine étape consiste à prédire l'attitude des auditeurs à notre égard et à l'égard de notre présentation. Selon Givson et Hanson (2007) ainsi que Wheeless (1974), il faut se poser certaines questions afin de bien cerner cette attitude et d'adapter son discours en conséquence.

Sir Paul McCartney a fait preuve d'une bonne connaissance de la foule rassemblée pour venir l'entendre à Québec en s'adressant à elle dans sa langue.

Tout d'abord, on peut assister à une présentation de son plein gré, par obligation ou par simple curiosité. Comme le désir des auditeurs de venir entendre une présentation peut influer sur leur degré de réceptivité, il importe d'évaluer de façon éclairée leur niveau probable d'enthousiasme. Bien sûr, on doit se rappeler que les auditeurs n'approuveront pas nécessairement nos idées du simple fait qu'ils sont venus nous écouter de leur plein gré. Personne n'a forcé les nombreux Québécois à regarder le *Bye Bye* le 31 décembre 2008. Cela n'a pas empêché de nombreuses personnes de s'opposer publiquement aux messages entendus lors de cette télédiffusion.

Le degré d'homogénéité de l'auditoire est un deuxième facteur dont on doit tenir compte. Les auditeurs ont-ils des valeurs, des attitudes et des connaissances similaires? Certes, il est plus facile de s'adresser à un auditoire homogène qu'à un auditoire hétérogène. En présence d'un groupe hétérogène, l'orateur doit varier son niveau de langage et ses arguments de manière à tenir compte de l'ensemble de ses auditeurs.

Quel que soit le thème d'une présentation, on doit ensuite tenter de prédire la réaction des auditeurs au message qui sera transmis. Ils peuvent s'y opposer, l'appuyer ou adopter une attitude neutre ou indifférente. La justesse de cette prédiction déterminera dans une certaine mesure la façon dont les auditeurs accueilleront l'exposé.

Enfin, on doit se demander dans quelle mesure les auditeurs s'intéressent au sujet que l'on a choisi. Est-il très important pour eux? Suscite-t-il en eux des émotions suffisamment fortes pour les motiver à agir ou sont-ils indifférents à nos préoccupations? L'intérêt est souvent lié au fait que l'exposé correspond aux besoins des auditeurs. Cependant, il peut arriver que les besoins des auditeurs soient contradictoires. Par exemple, lors d'une réunion animée par votre patron, il peut arriver que vous ayez besoin de l'écouter pour savoir comment faire votre travail et que vous ayez aussi besoin de contacts sociaux avec vos collègues. Votre patron devra être conscient de ces deux besoins. Il pourrait, par exemple, offrir une présentation claire et bien structurée, puis prévoir une pause suffisamment longue pour permettre aux employés de rire et de discuter. L'enseignant qui veut susciter l'intérêt de ses élèves se doit aussi d'être à l'écoute de leurs besoins. Cependant, malgré toutes ses bonnes intentions, il peut souvent trouver sur sa route un rival de taille: le téléphone portable, comme le montre l'encadré 8.1 (*voir p. 166*).

COMMUNIC@TION

LES ENSEIGNANTS PEUVENT-ILS RIVALISER AVEC LA TECHNOLOGIE ?

Les enseignants sont des communicateurs qui doivent s'adapter à un public composé d'élèves qui ne sont pas toujours motivés. Depuis quelques années, ils doivent affronter une autre source de dérangement qui n'était pas présente autrefois : le téléphone portable. Souvent interdit en classe, il est néanmoins utilisé plus ou moins subtilement par de nombreux élèves et peut affecter la concentration de plusieurs enseignants.

Le journal *Le Soleil* rapportait, en septembre 2010, les propos du premier ministre de l'Ontario, Dalton McGuinty, sur la place que le téléphone portable peut occuper en classe. Selon M. McGuinty, il est intéressant que les élèves apprennent à se servir du cellulaire comme outil de recherche d'informations. Plusieurs enseignants, dont ceux travaillant à la polyvalente Mont-Bleu de Gatineau, s'opposent à ce

point de vue arguant que l'un de leurs collègues a eu la mauvaise surprise de voir sur YouTube la colère qu'il avait faite en classe et que ses élèves avaient filmée en catimini.

En plus de pouvoir servir à filmer l'enseignant à son insu, le portable peut sonner à tout moment et déranger la classe. Aussi, l'élève qui écrit ou reçoit des messages textes ne porte plus attention à ce que dit son professeur. Et bien que l'élève pense que son professeur ne se rend pas compte de son geste, celui-ci perçoit le manque d'attention de son auditoire, et la qualité de sa présentation peut en souffrir.

Qu'en pensez-vous ? Partagez-vous l'avis de Dalton McGuinty ou celui des enseignants de la polyvalente Mont-Bleu ? Quels seront les effets à long terme de la présence (permise ou non) du téléphone portable en classe ?

8.1.3 La nature de la présentation

Après avoir trouvé le sujet et une fois l'auditoire bien cerné, il faut préparer la présentation proprement dite. Pour ce faire, on doit s'assurer de connaître le contexte dans lequel sa présentation sera donnée et définir les objectifs de celle-ci. Finalement, on doit accorder un temps considérable à la préparation du noyau de la présentation, soit son contenu.

Le contexte

Connaître le contexte dans lequel la présentation sera donnée et le rôle que l'on doit y jouer est une étape cruciale de la préparation d'un exposé. En effet, il peut s'avérer très utile de connaître à l'avance la date et l'heure de la présentation, l'ordre de passation, le temps alloué à l'exposé, l'endroit où il aura lieu, l'événement dans lequel il s'inscrit et la taille de l'auditoire.

La date et l'heure auxquelles la présentation sera faite figurent parmi les choses les plus importantes à connaître. Être en retard à une présentation provoque souvent l'hostilité des auditeurs et accroît le stress de l'orateur. Autant il est important de commencer sa présentation à l'heure, autant il est capital de la terminer dans les délais prescrits. En effet, si votre auditoire a faim et que vous empiétez sur son heure de dîner, il est probable que votre message soit moins bien reçu.

Il faut aussi savoir lors de quel événement la présentation aura lieu et à quel endroit elle se déroulera. Est-ce que ce sera un endroit bruyant qui nécessiterait l'usage d'un micro ? Peut-on y employer du matériel audiovisuel ? un projecteur multimédia ? un tableau ? Les gens pourront-ils entrer et sortir de la salle à leur guise ? Ces informations, quoique non essentielles, permettent à l'orateur d'ajuster ses attentes. Il va aussi sans dire que le matériel technologique s'avère inutile si l'on ne sait pas comment il fonctionne. Une partie de la préparation consiste donc à s'assurer que l'on est bien à l'aise avec les technologies utilisées afin que la présentation soit fluide et intéressante.

Finalement, il est important de connaître la taille de l'auditoire auquel on s'adressera pour ajuster, par exemple, la durée de la période de questions. Un petit auditoire permet plus d'interactions personnelles et de souplesse dans la structure de l'exposé qu'un auditorium rempli à craquer.

Une fois le cadre dans lequel s'inscrit notre présentation bien circonscrit, il est bon de réexaminer les motifs qui nous poussent à présenter un exposé. Quelle est notre intention ? Qu'espère-t-on accomplir ? Quelles réactions veut-on provoquer chez nos auditeurs ? Où veut-on amener nos auditeurs par nos propos ? La plupart des orateurs visent l'un des deux objectifs suivants lorsqu'ils préparent un discours : 1) informer leurs auditeurs, c'est-à-dire partager avec eux de nouvelles découvertes, ou 2) les convaincre, c'est-à-dire les amener à croire en quelque chose ou à poser une action précise.

Le discours informatif

Si l'on cherche à informer, on doit avant tout le faire d'une manière intéressante, bien organisée et professionnelle. Si l'on prononce un **discours informatif**, on vise en effet à offrir aux auditeurs une expérience d'apprentissage. On doit aussi trouver un moyen de les aider à mémoriser le message.

Discours informatif
Discours qui vise à transmettre des connaissances à un public

Afin de préciser ce que l'on veut transmettre, d'abord pour soi-même et ensuite pour les auditeurs, il sera utile d'élaborer un **énoncé d'intention**, c'est-à-dire le but ou l'objectif de l'exposé. Cette tâche consiste à rédiger un résumé de ce que l'on veut ou espère démontrer grâce à notre exposé. L'énoncé d'intention d'un discours informatif renferme souvent des mots comme « montrer », « expliquer », « présenter », « enseigner », « décrire » et « informer ».

Énoncé d'intention
But ou objectif d'un exposé

Outre l'élaboration d'un énoncé d'intention, il est parfois utile d'envisager son discours du point de vue des auditeurs. Pour faciliter ce processus, on peut formuler des **objectifs comportementaux**. Ces objectifs déterminent ce que l'on veut que les auditeurs retiennent et emportent avec eux après l'exposé en décrivant leur réaction ou leur comportement potentiels. Par exemple, vous voulez peut-être qu'ils puissent énumérer, résumer, énoncer ou mettre en pratique certaines informations. Voici un exemple d'objectif comportemental qui pourrait s'appliquer à une leçon de psychologie : après ma leçon, les étudiants devront pouvoir nommer trois questions qu'il est inapproprié de poser lors d'une entrevue d'emploi.

Objectif comportemental
Objectif qui décrit la réaction ou le comportement attendus des auditeurs à la suite d'un exposé

Le discours argumentatif

Les principes relatifs à l'élaboration d'un énoncé d'intention et d'objectifs comportementaux s'appliquent aussi au **discours argumentatif**. Dans ce type d'exposé, le principal objectif de l'orateur est de renforcer ou de modifier les croyances de ses auditeurs ou de les inciter à adopter un comportement précis. Les mots « convaincre », « persuader », « inciter », « faire passer à l'action » sont courants dans les énoncés d'intention des discours argumentatifs. En voici des exemples : inciter mes auditeurs à faire un don à la Société canadienne du cancer ou convaincre mes élèves de l'importance de faire les exercices de révision préparatoires à l'examen.

Discours argumentatif
Discours qui vise à convaincre un public en s'appuyant sur divers arguments

En ce qui touche les objectifs comportementaux d'un discours argumentatif, il pourrait s'agir d'appuyer un plan ou de mener une action ouverte. Voici un exemple d'objectif comportemental qu'un enseignant pourrait chercher à atteindre : après ma leçon, les étudiants s'engageront à signer leur carte de don d'organes. Après avoir étudié différentes caractéristiques contextuelles de la présentation, vous avez maintenant des bases solides afin de vous concentrer sur la charpente de votre présentation orale, le contenu.

Le contenu

Selon Vermette (2004), un message public efficace se doit d'être intéressant, crédible, clair et organisé. Pour que le contenu d'un exposé soit écouté et retenu, il doit effectivement capter l'attention de l'auditoire. Dès le début de sa présentation, le communicateur dynamique doit savoir capter et maintenir l'attention de ses auditeurs en utilisant à bon escient l'humour ou en préparant quelques questions qui stimuleront leur réflexion.

Les premières minutes passées, le communicateur efficace doit présenter un contenu clair et structuré. Pour ce faire, il peut ordonner ses idées en préparant un plan. Durant sa présentation, il a avantage à revenir régulièrement sur ce plan (qui pourrait être écrit sur un document PowerPoint) et à indiquer sa progression. Cette méthode sécurise les auditeurs, et l'orateur conserve ainsi leur attention.

Pour être dynamique, on ne doit pas nécessairement se comporter comme un animateur de club de vacances.

Afin d'être clair, structuré et intéressant, l'orateur doit maîtriser son message. Il lui appartient de trouver la meilleure façon d'y arriver. Certains aiment écrire leur texte sur des fiches, d'autres écrivent les points principaux de leur message à l'ordinateur. Il n'est jamais efficace, à part dans des circonstances très formelles où chaque mot sera scruté, d'apprendre un texte par cœur. Mieux vaut faire ressortir des mots-clés représentant les idées principales de la présentation afin qu'ils servent de guides si l'orateur se sent perdu. Il faut surtout éviter de lire son texte; l'auditoire en conclura que l'on est ennuyeux, non motivé et que l'on ne maîtrise pas le sujet.

Maintenant que nous avons amplement parlé de la préparation du message, passons à la présentation publique de celui-ci.

8.2 L'aisance en public

Un spécialiste, Roger Ailes, président de Fox News, a écrit en 1989 qu'inspirer de la sympathie est la solution miracle de toute présentation orale : « Si vous êtes sympathique, votre auditoire vous pardonnera à peu près toutes vos erreurs. Si vous ne l'êtes pas, vous aurez beau frapper dans le mille à tout coup, vous n'impressionnerez personne » (traduction libre).

Même si l'on sait très bien que l'orateur sympathique a plus de chances de bien s'en sortir, une question demeure : Comment avoir l'air sympathique si la simple idée de s'adresser à plus d'une personne nous fait faire des cauchemars ? Nous tenterons de résoudre ce problème en élaborant des stratégies de diminution du trac, puis en apprenant à se présenter le mieux possible, verbalement et non verbalement. Ces trucs peuvent vraiment aider l'orateur à apprécier la communication en public et à agir de façon naturelle lorsqu'il se prête au jeu, ce que plusieurs personnes ne manqueront pas de trouver sympathique.

8.2.1 Le trac et ses causes

Le moment de votre présentation approche. Vous êtes presque prêt. Vous avez choisi votre thème et l'avez adapté à votre auditoire. Vous avez effectué des recherches, soigné la présentation avec du matériel technologique ou autre, et rédigé une synthèse de votre exposé. Quelle est la prochaine étape ? Vous devez maintenant vous concentrer sur votre prestation. La plupart des gens sentent leur niveau d'anxiété monter d'un cran à l'approche d'un exposé (Horwitz, 2001). L'anxiété peut parfois être si intense que la personne doute d'avoir le courage de se lever et de parler devant un auditoire. Pourtant, on parle tous les jours. Comme le remarque justement Donovan (1991), dans des circonstances normales, on s'attarde rarement au fait que l'on parle ou à son aptitude à le faire… jusqu'à ce que l'on reçoive la demande de parler en public. La majorité des Nord-Américains sont davantage terrifiés par la perspective de parler en public que par les piqûres d'abeille, les accidents, les hauteurs ou leur propre mort. En fait, plusieurs personnes préféreraient être couchées dans un cercueil plutôt que de prononcer un éloge funèbre.

Le trac

Selon Addison, *et al.* (2003), environ 20 % de la population nord-américaine est prédisposée au stress lors de situations liées à la communication. Certains souffrent de **phobie sociale**, qui, selon le DSM IV (manuel de référence utilisé par la plupart des psychologues afin de diagnostiquer les problèmes liés à la maladie mentale) consiste en une peur persistante et intense d'une ou de plusieurs situations sociales ou de performance qui peuvent exposer la personne à l'observation attentive d'autrui. Habituellement, pour ces personnes, le malaise ressenti disparaît pendant ou après leur présentation orale. Pouvez-vous vous présenter devant un auditoire sans trembler de peur ? Afin de déterminer votre niveau d'appréhension communicationnelle, communément nommée « **trac** », répondez au questionnaire présenté dans l'exercice 8.2 (*voir p. 170*).

Phobie sociale
Peur persistante et intense d'une ou de plusieurs situations sociales ou de performance qui peuvent exposer la personne à l'observation attentive d'autrui

Trac
Peur, d'intensité variable, de prendre la parole devant un auditoire, mais que l'action dissipe généralement

Afin de calmer son anxiété, aussi forte soit-elle, il faut premièrement en cerner les causes, apprendre à faire face à ses peurs, utiliser des stratégies pour combattre les symptômes tant physiques que mentaux qui y sont associés et répéter méthodiquement son exposé, car la plus grande crainte de bien des orateurs est d'oublier ce qu'ils veulent dire.

La plupart des gens manifestent certaines réactions physiologiques liées au fait de se trouver devant un groupe. Toutefois, ce n'est pas tout le monde qui ressent de l'anxiété à l'idée de parler en public. C'est que chacun interprète ces réactions (la voix qui tremble, le rougissement ou la moiteur des mains, par exemple) à sa manière, ce qui peut affecter de bien des façons la performance. Pourquoi est-ce ainsi ? Comme nous l'avons vu dans le chapitre 4, Dutton et Aron (1974) ont proposé un modèle expliquant le lien entre les réactions physiologiques, les pensées et les émotions. Les chercheurs Behnke et Beatty (cités dans Finn, Sawyer et Behnke, 2009) ont appliqué ce modèle à l'étude de l'anxiété liée à une présentation orale. Selon eux, lorsque les personnes anxieuses se trouvent devant un groupe, elles interprètent les sensations ressenties comme de l'anxiété, tandis que les personnes plus confortables interprètent ces mêmes sensations comme de l'enthousiasme lié au fait d'être écoutées par un public.

Cette théorie est encourageante, car elle montre qu'il est possible de contrôler les pensées qui causent l'anxiété. Voyons maintenant quelques pensées associées à la peur de parler en public : la peur de l'échec, la peur de l'inconnu, la peur d'être jugé et la peur des conséquences.

EXERCICE 8.2	Mieux se connaître

Connaître votre degré d'anxiété

Quel degré d'anxiété ressentez-vous à la perspective de faire un exposé? Remplissez le questionnaire ci-dessous pour le savoir. Bien qu'il ne s'agisse pas d'un outil scientifique, il devrait vous donner une idée de votre degré d'appréhension. Lisez chaque énoncé et encerclez le chiffre qui représente le mieux votre réponse.

1. J'ai peur d'oublier ce que j'ai à dire.

Pas du tout peur   1   2   3   4   5   Très peur

2. J'ai peur que mes idées paraissent confuses.

Pas du tout peur   1   2   3   4   5   Très peur

3. J'ai peur que mon apparence soit inappropriée.

Pas du tout peur   1   2   3   4   5   Très peur

4. J'ai peur que mes auditeurs trouvent mon exposé ennuyeux.

Pas du tout peur   1   2   3   4   5   Très peur

5. J'ai peur que certains auditeurs se moquent de moi.

Pas du tout peur   1   2   3   4   5   Très peur

6. J'ai peur de ne pas savoir quoi faire de mes mains.

Pas du tout peur   1   2   3   4   5   Très peur

7. J'ai peur que mon professeur me pose des questions auxquelles je ne saurai répondre.

Pas du tout peur   1   2   3   4   5   Très peur

8. J'ai peur que certains auditeurs considèrent que mes idées sont simplistes.

Pas du tout peur   1   2   3   4   5   Très peur

9. J'ai peur de faire des fautes de grammaire.

Pas du tout peur   1   2   3   4   5   Très peur

10. J'ai peur que mes auditeurs me dévisagent.

Pas du tout peur   1   2   3   4   5   Très peur

Maintenant, additionnez les chiffres que vous avez encerclés et déterminez votre degré d'anxiété:

41-50   Vous êtes très anxieux.

31-40   Vous êtes anxieux.

21-30   Vous êtes normalement préoccupé.

11-20   Vous êtes trop sûr de vous.

10   Êtes-vous en vie?

Partagez vos résultats en petites équipes et répondez aux questions suivantes:

1. Quelle est la moyenne de votre groupe? Êtes-vous plus ou moins anxieux que la moyenne des gens?

2. Quelles conséquences cette anxiété a-t-elle sur la qualité de vos présentations et sur vos performances scolaires?

3. Quel conseil donneriez-vous à un orateur pour l'aider à surmonter son trac?

La peur de l'échec

Plusieurs personnes ont peur d'échouer et se sentent incompétentes à l'idée de parler en public. S'imaginant échouer plutôt que réussir, elles font tout pour ne pas se faire remarquer. Lorsque vous désapprouvez une chose lue ou entendue, avez-vous tendance à pincer les lèvres et à garder le silence plutôt qu'à défendre votre point de vue? Trouvez-vous plus facile de suivre le groupe plutôt que d'exprimer vos objections? Possédez-vous des illusions d'approbation ou de perfection (*voir le chapitre 4*)? Quelqu'un qui a peur de l'échec évitera de prendre des risques et de se placer dans des situations où il pourrait se sentir encore plus incompétent, ce qui correspond à l'illusion d'impuissance. Ajoutons que, comme nous l'avons vu au chapitre 2, un concept de soi positif et une bonne estime de soi peuvent aider à accepter l'échec, car on sait alors que l'on réussit dans d'autres sphères ou que l'on pourra se reprendre plus tard.

La peur de l'inconnu

Il peut arriver qu'un nouvel emploi suscite une certaine appréhension parce que l'on ne connaît pas les collègues de travail, la situation ou les responsabilités liées au travail. On peut craindre de faire une présentation pour les mêmes raisons. Chaque événement nouveau présente un aspect potentiellement menaçant, auquel bien des gens préfèrent ne pas faire face. Si l'on doit prendre la parole au cours d'un événement, il est possible de ressentir de la crainte parce que l'on ignore comment son auditoire réagira. Bien qu'on ait une compréhension rationnelle de ce qui pourrait arriver dans cette situation, on réagit de manière émotive. Avez-vous déjà remarqué le trac d'un enseignant au premier cours de la session? Comme vous, il se peut qu'il souffre de cette peur de l'inconnu et il est probablement en mesure de comprendre ce que vous vivez avant ou pendant une présentation orale.

La peur d'être jugé

Dans quelle mesure êtes-vous sensible aux jugements des autres? Vous préoccupez-vous de l'opinion d'un ami ou d'un professeur? Croyez-vous que les conclusions d'un auditoire, d'un collègue ou d'un professeur à votre sujet sont nécessairement vraies? Certaines personnes agissant sous l'illusion d'approbation sont si sensibles aux jugements d'autrui qu'elles font tout pour éviter de s'y exposer. La perspective de parler en public engendre souvent ce type de réaction. Comme le suggère Vermette (2004), il est important de bâtir sa confiance en soi pour ne plus craindre les réactions et le jugement des personnes devant qui l'on se présente.

La peur des conséquences

Prononcer un discours peut entraîner l'une ou l'autre des conséquences suivantes: il sera apprécié ou ne le sera pas. Autrement dit, il sera un succès ou un échec. Cette conséquence de base peut en entraîner d'autres. À l'école, par exemple, un exposé mal ficelé peut entraîner une mauvaise note. Au point de vue professionnel, il peut provoquer la perte d'un client important. Quelles que soient les conséquences, l'orateur doit être prêt à y faire face, tout en évaluant celles-ci de manière rationnelle et réaliste. Si vous croyez que votre avenir est compromis, car vous ne pensez pas réussir une présentation de cinq minutes que vous avez longuement préparée et que vous maîtrisez à la perfection, il faut peut-être que vous changiez votre perspective. Le chapitre 4 de ce manuel donne des moyens pour contrôler ce genre de peur. L'anxiété face à la communication en public diminue considérablement quand on comprend que notre vie ne dépend pas d'un éventuel succès.

8.2.2 Le contrôle de l'anxiété

L'un des meilleurs moyens d'affronter la peur de parler en public consiste à élaborer et à répéter soigneusement son exposé. L'approche proposée dans ce chapitre concerne la conception et la répétition de la présentation, et propose des moyens d'atténuer l'anxiété en renforçant la confiance en soi. Toutefois, la théorie ne concorde pas toujours avec la réalité et, malgré un degré élevé de préparation, il est possible d'éprouver encore de l'anxiété à l'idée de parler devant un auditoire. Afin de maîtriser cette dernière, on peut s'exercer à reconnaître les sensations physiques qui y sont associées, à contrôler ses pensées, à faire de la visualisation ainsi que d'autres techniques proposées dans ce manuel.

L'identification des sensations

Pour augmenter votre aisance devant un groupe, procédons à un petit exercice. Cherchez tout d'abord à reconnaître les sensations et les pensées qui accompagnent et alimentent votre nervosité en dressant une liste des symptômes physiques qui apparaissent lorsque vous parlez en public. Ensuite, examinez les symptômes que vous et vos camarades de classe avez relevés. Vos listes englobent-elles l'un ou plusieurs des symptômes énumérés par Smith, Sawyer et Behnke (2008) énumérés ci-dessous ?

Les symptômes physiques liés à la peur de parler en public		
• Rythme cardiaque rapide ou irrégulier	• Mains, bras ou jambes tremblants	• Boule dans la gorge
• Nœud dans l'estomac	• Bouche sèche	• Nausée
	• Raideur dans la nuque	• Vertiges

La maîtrise de son stress

Une fois que l'on a reconnu les signes physiques de sa nervosité, on peut commencer à contrôler ceux-ci. Pour ce faire, certaines personnes aiment marcher à l'extérieur avant une présentation, d'autres aiment rire avec des amis. À vous de trouver la méthode qui vous permettra de vous calmer et de maîtriser votre anxiété. L'exercice 8.3 vous propose à ce sujet une méthode de relaxation. Il en existe évidemment plusieurs autres. Vous pouvez faire cet exercice durant les semaines, les jours, les heures ou même les minutes précédant votre présentation.

EXERCICE 8.3 | En pratique

Un exercice de relaxation

1. Imaginez que votre corps est divisé en quatre parties :
   a) les mains et les bras,   c) le torse,
   b) le visage et le cou,   d) les jambes et les pieds.

2. Asseyez-vous confortablement. Tour à tour, tendez puis relâchez les muscles de ces quatre parties de votre corps.
   a) Les mains et les bras. Serrez les poings. Tendez les muscles de chaque bras depuis l'épaule jusqu'au bout des doigts. Remarquez la chaleur qui envahit vos mains, vos avant-bras et le haut de vos bras. Comptez jusqu'à 10. Relâchez vos muscles.

   b) Le visage et le cou. Contractez les muscles de votre visage aussi fort que possible. Poussez la tête vers l'arrière aussi loin que possible. Comptez jusqu'à 10. Relâchez. Roulez lentement la tête vers l'avant, la droite, l'arrière et la gauche en effectuant un mouvement circulaire. Relâchez.

   c) Le torse. Levez les épaules. Gardez cette position en comptant jusqu'à 10. Relâchez. Rentrez le ventre le plus possible. Gardez cette position. Relâchez.

   d) Les jambes et les pieds. Tendez les muscles de vos hanches et de vos cuisses. Relâchez. Tendez les muscles de vos mollets et de vos pieds. Relâchez.

Il se peut que la méthode proposée dans l'exercice 8.3 (comme les autres que vous pourriez utiliser) ne fonctionne pas du premier coup. Si c'est le cas, réessayez quelques fois. Vous devriez commencer à ressentir les effets bénéfiques associés à la relaxation assez rapidement.

Le contrôle des pensées

L'anxiété n'est pas seulement un phénomène physique. Elle se manifeste aussi au niveau cognitif, c'est-à-dire dans nos pensées. C'est pourquoi il est important de travailler à éliminer ou du moins à diminuer les pensées anxieuses. Quand on interroge les gens sur leurs appréhensions, ils font souvent des commentaires semblables : «Je ne m'en sortirai pas», «Je suis très stressée», «C'est un véritable cauchemar», «Je vais droit à la catastrophe». Ces prévisions catastrophiques nuisent énormément à l'orateur, car elles ont pour effet d'augmenter son anxiété. Après avoir cerné les mauvaises pensées associées à la peur, la prochaine étape est d'apprendre à maîtriser ces réactions en utilisant des moyens concrets, comme ceux suggérés par les tenants de l'approche émotivo-rationnelle. Par exemple, on peut tenter de changer une phrase irrationnelle telle que : «Tous mes collègues vont rire de moi» par une phrase plus réaliste telle que : «Je vais me préparer consciencieusement et faire de mon mieux.»

La visualisation

Le grand communicateur Dale Carnegie proposait, dans son célèbre livre publié pour la première fois en 1923, *Comment parler en public* (2005), une technique appelée «visualisation» qui devait aider les orateurs à améliorer leurs performances lors de leurs présentations. Vous pouvez essayer cette technique afin d'augmenter votre confiance. Asseyez-vous dans un endroit tranquille. Imaginez que vous vous approchez de l'avant de la salle. Regardez-vous en train de faire votre présentation. Les gens vous écoutent attentivement. Certains posent des questions et vous leur répondez avec aplomb. Vous vous sentez en contrôle. Écoutez les applaudissements chaleureux et les commentaires élogieux qui vous sont faits lorsque vous sortez de la salle.

Après avoir réellement fait votre exposé, posez-vous les questions suivantes : La visualisation m'a-t-elle aidé à dominer mon anxiété? A-t-elle contribué à mon succès?

Les orateurs expérimentés affirment que d'autres techniques peuvent contribuer à atténuer la peur de parler en public. Certains font un peu d'humour au début de leur discours pour susciter d'entrée de jeu une réaction favorable dans l'auditoire. Ils prétendent que cette réaction calme leur nervosité pour le reste de la présentation. D'autres cherchent un visage sympathique et s'adressent à cette personne pendant quelques minutes au début de leur exposé.

Plusieurs orateurs se servent de tableaux, de graphiques et d'autres aides visuelles pour organiser le contenu de leur exposé. Ces éléments permettent de montrer le point suivant, évitant ainsi à l'orateur de devoir le mémoriser ou de consulter ses notes. D'autres soutiennent qu'ils répètent leur exposé à haute voix encore et encore devant un public imaginaire ou devant un proche. Avez-vous recours à d'autres techniques?

Il faut tout de même garder en tête que, peu importe comment on choisit de l'affronter, la peur est une réaction naturelle à l'idée de parler en public et l'on ne peut jamais l'éliminer complètement. D'ailleurs, un certain niveau de stress peut aider à mieux se préparer et à mieux se concentrer. Il faut avant tout apprendre à faire face à sa peur et plonger, même si l'on craint l'eau. C'est à cette condition seulement que l'on pourra faire une présentation brillante et appréciée.

L'humoriste Louis-José Houde est tellement naturel qu'il semble improviser, mais toutes ses interventions sont méticuleusement préparées.

8.2.3 **L'importance des répétitions**

La communication agréable et naturelle survient souvent après de nombreuses répétitions qui demandent, pour leur part, discipline et rigueur. Plusieurs humoristes et professeurs paraissent improviser tellement ils semblent naturels, mais leurs interventions sont en réalité soigneusement planifiées et répétées des dizaines de fois.

Les répétitions visent quatre objectifs principaux. Premièrement, elles permettent de vérifier si la présentation est trop brève ou trop longue. Si, lors de la répétition, l'exposé dure 25 minutes et que l'on ne dispose que de 5 minutes pour le faire, on devra le réviser en profondeur. Par contre, si l'on a élaboré un « petit bijou de 60 secondes », on devra peut-être retourner à la bibliothèque ou faire des recherches en ligne pour l'étoffer. Deuxièmement, les répétitions donnent la possibilité de corriger la présentation avant le jour J. Tout en parlant, il faut rester attentif aux idées que l'on n'a pas exprimées aussi clairement qu'on l'aurait voulu. Ensuite, grâce à la répétition, on peut observer où sont les redondances dans le discours. Voilà votre chance de le modifier. Finalement, la répétition méthodique de la présentation donne l'assurance nécessaire pour prononcer un discours efficace.

8.3 **La communication en public efficace**

Existe-t-il une solution miracle en ce qui a trait à la communication en public? Skapinker (2008) affirme qu'il faut écouter et regarder de grands orateurs tels que Martin Luther King pour ensuite essayer de reproduire ce qui est inspirant chez ceux-ci. Par exemple, on peut tenter de voir comment l'orateur montre à son public la considération qu'il a pour lui: le regarde-t-il d'une certaine façon, à quel moment sourit-il et quel est le ton de sa voix? En reproduisant ces caractéristiques et en n'oubliant pas de rester soi-même, on peut améliorer grandement son aisance à parler en public. Hall (2008) croit, pour sa part, que la solution pour améliorer sa communication en public consiste à travailler à la fois le style et le contenu de ses présentations.

Regarder des extraits de discours de grands orateurs, comme Lucien Bouchard, peut être très instructif sur l'art de s'exprimer en public.

Examinons maintenant certains points sur lesquels un orateur doit se concentrer lors de ses répétitions, puis lors de ses présentations. Nous commencerons par les indices non verbaux, dont nous avons déjà parlé au chapitre 6. Nous discuterons ensuite brièvement des caractéristiques liées au contenu verbal du message et terminerons avec la question du charisme de l'orateur.

8.3.1 **La communication non verbale en public**

Lorsque des auditeurs reçoivent un message émis en public, ils sont généralement aussi attentifs aux signaux non verbaux qu'aux signaux verbaux. Pensez à la personne qui s'exprime très bien, mais qui est habillée de façon trop décontractée ou qui bouge constamment. Quelle posture devrait avoir un orateur qui se tient devant un auditoire? Comment devrait-il se vêtir? À quelle vitesse devrait-il parler? Nous aborderons les éléments non verbaux importants que sont la tenue vestimentaire et les ornements, la posture, les gestes, les mouvements et les expressions faciales ainsi que l'utilisation du contact visuel et la mise au point vocale.

La tenue vestimentaire et les ornements

Au moment de choisir une tenue pour faire un exposé, on doit tenir compte du thème, de l'auditoire et de l'occasion. Certains orateurs commettent des erreurs maladroites à cet égard. Par exemple, un étudiant vêtu d'un chandail arborant un énorme portrait de Mickey Mouse rend hommage à un dirigeant célèbre avec beaucoup de sérieux. Quand on lui demande pourquoi il a choisi ce chandail, il répond : « Je pensais que personne ne le remarquerait. » Les vêtements, bijoux, perçages ou tatouages ne doivent pas distraire les récepteurs en les empêchant de se concentrer sur le message. De plus, un orateur doit être à l'aise dans ses vêtements. Le fait d'avoir chaud, d'avoir mal aux pieds ou de se sentir étouffé par une cravate trop serrée peut déconcentrer même le plus expérimenté des communicateurs.

Parfois, un petit détail lié à l'apparence peut empêcher l'auditoire de se concentrer sur le message que l'on veut transmettre.

La posture

À moins d'un handicap physique qui l'en empêcherait, on doit parler debout lors d'une présentation orale. Bien que cela puisse paraître évident, se tenir debout est une chose que plusieurs ne font pas très bien. La posture transmet de puissants messages aux auditeurs. Les orateurs ont souvent tendance à l'oublier en adoptant une position qui les désavantage. Certains s'appuient ou s'allongent sur leur pupitre comme s'ils étaient incapables de se tenir debout sans aide. D'autres s'adossent au mur comme s'ils voulaient disparaître.

Afin de vous préparer à bien vous tenir en public, adoptez votre posture naturelle lors de vos répétitions et demandez à des amis de l'évaluer. Avez-vous l'air trop rigide ou trop détendu ? Votre posture démontre-t-elle une ouverture ou une fermeture d'esprit ? Cette rétroaction peut vous aider à trouver la position la plus avantageuse quand vous vous lèverez pour prendre la parole.

Les gestes

En communication publique, la gestuelle est l'ensemble des mouvements des bras et des mains de l'orateur. Les gestes peuvent être intentionnels et appuyer le message, ou superflus et nuire à celui-ci. La plupart des gens répètent inconsciemment certains gestes : ils se grattent la tête, enfoncent leurs mains dans leurs poches et les en sortent, font tinter leurs clés ou leurs bijoux, ou lissent leur coiffure. Ces tics gagnent souvent en intensité dans une situation de communication en public. En fait, sous l'emprise de la nervosité, on ajoute souvent de nouveaux gestes à son répertoire de tics agaçants. Certains orateurs tapotent sur le pupitre avec un crayon ou leur bague, ou même font craquer leurs jointures, des gestes qu'ils ne feraient jamais en temps normal.

Comme nous l'avons vu au chapitre 6, les gestes peuvent remplir un certain nombre de fonctions précises. Ils permettent d'accentuer certaines idées maîtresses, d'énumérer des idées ou de suggérer des formes ou des dimensions.

Votre travail en matière de gestuelle comporte deux volets. Premièrement, vous devez vous efforcer d'éliminer vos tics agaçants ; deuxièmement, vous devez intégrer à votre discours des gestes susceptibles de rehausser les idées contenues dans votre exposé.

Les mouvements et les expressions faciales

Il est important de comprendre que notre message commence dès que l'on nous présente, c'est-à-dire avant même d'avoir ouvert la bouche. La façon dont on se lève et s'approche de l'avant fait déjà une première impression sur les auditeurs. De même, nos expressions faciales pendant que l'on parle et notre démarche pour retourner à notre place transmettent de puissants signaux à notre auditoire. De trop nombreux orateurs s'approchent de l'avant de la salle avec une démarche inappropriée. Leur allure annonce en quelque sorte leur manque de préparation. Certains orateurs verbalisent même cet état de fait en grommelant des propos comme : « Je ne suis pas vraiment prêt. Ça va être infernal. » Étudiez attentivement votre façon de vous approcher d'une tribune et de regagner votre place. Votre manière de bouger indique si, oui ou non, vous êtes maître de la situation.

Le contact visuel

Le contact visuel est aussi un outil de communication. Malheureusement, certains orateurs « parlent » aux murs, à leur crayon, aux fenêtres, aux arbres ou au plancher plutôt qu'à leurs auditeurs. Si quelques-uns sont gênés de lever seulement la tête, d'autres concentrent toute leur attention sur une personne au détriment des autres. En effet, certains élèves évitent de regarder leur professeur pendant qu'ils font un exposé, alors que d'autres se concentrent exclusivement sur lui. On doit donc s'assurer de balayer du regard tous les membres de l'auditoire. Regarder chaque auditeur personnellement pendant que l'on parle captera leur intérêt.

La mise au point vocale

Il est indéniable que la voix est l'un des principaux outils d'un orateur. Au chapitre 6, nous avons examiné les trois principales dimensions vocales : le volume, le ton et le débit.

Pour réagir à vos idées, vos auditeurs doivent d'abord les entendre. Il vous incombe donc de donner à votre voix un volume adéquat. En observant les auditeurs assis à l'arrière, vous devriez pouvoir déterminer si vous parlez assez fort pour qu'ils vous entendent aisément. Si vous remarquez des auditeurs qui ont l'air confus, haussez la voix. Par contre, si votre voix est naturellement forte et que les auditeurs assis à l'avant ont un mouvement de recul, baissez légèrement le ton. Dans le doute, on peut demander à l'auditoire s'il entend bien.

En ce qui a trait au ton de voix, il faut éviter de tomber dans la monotonie. Si l'on parle sur le même ton tout au long de l'exposé, les auditeurs bâilleront d'ennui. L'orateur doit varier ses intonations en fonction du contenu affectif de son discours ; c'est ainsi qu'il captera l'intérêt de ses auditeurs.

Tout comme le volume et le ton, le débit de votre voix transmet des messages. Un débit trop rapide ou trop lent peut nuire à la compréhension d'un discours. On peut ainsi réagir à la rétroaction de ses auditeurs en accélérant ou en ralentissant son débit.

Les ruptures (*voir le chapitre 6*) sont un problème sur lequel tous les orateurs doivent se pencher. Les « hum », les « heu » et les silences ont leur place dans un entretien interpersonnel, mais pas dans un discours. Dans une conversation, on comprend que l'interlocuteur réfléchit ou prépare ce qu'il dira ensuite. Par contre, on attend des orateurs qu'ils aient déjà soigneusement préparé leurs commentaires et l'on tolère beaucoup moins bien leurs ruptures.

8.3.2 La qualité de la langue et le charisme

Un autre point sur lequel nous devons insister, même si ce manuel ne porte pas sur l'étude de la langue, est l'importance de la qualité du français. Même si l'auditoire n'est pas composé de membres de l'Académie française, on doit accorder une attention particulière au vocabulaire employé, à la structure des phrases et au respect des règles de la grammaire.

Une seule faute langagière peut suffire à miner la crédibilité d'un orateur. Sans utiliser un accent qui n'est pas naturel, on doit en général employer, en public, un langage plus soutenu que lorsqu'on discute avec des amis. En outre, on doit choisir un vocabulaire clair, définir les termes plus obscurs et, enfin, employer le moins possible d'abréviations et de jargon que seuls quelques initiés pourraient connaître.

Une personne peut s'exprimer d'une manière parfaite au point de vue linguistique, mais rater tout de même sa communication orale. Bien que la qualité de la langue soit un facteur essentiel dans la réussite d'une présentation, elle ne permet pas toujours de susciter et de maintenir l'intérêt de son auditoire. Dans *Comment parler en public*, Dale Carnegie (2005) donne quatre conseils à la personne qui désire être écoutée de manière attentive. Selon lui, afin de pouvoir dégager un certain **charisme** devant un groupe, il faut «pulvériser sa coquille», rester soi-même, parler avec son auditoire et, finalement, mettre son cœur dans ses paroles.

Charisme

Qualité qui permet à son possesseur d'exercer un ascendant, une autorité sur un groupe

Pour Carnegie, «pulvériser sa coquille» se résume à s'exprimer avec le naturel de nos conversations de tous les jours. Regardez les acteurs d'expérience en entrevue: ils répondent aux questions de l'intervieweur comme s'ils étaient dans leur salon. Vous pouvez arriver à parler ainsi devant 20, 200, voire 2000 personnes. Il faut vous faire confiance.

Nous avons déjà traité de la question de l'authenticité lorsque nous avons parlé de l'autoanalyse en tout début de chapitre. Une personne authentique ne tente pas d'imiter les autres. Toujours selon Carnegie, il faut «développe[r] votre personnalité, comme orateur, c'est votre bien le plus précieux. C'est l'étincelle qui donne force et sincérité à vos paroles».

Comme nous l'avons vu au chapitre 1, la communication est une transaction qui implique, de façon simultanée, l'émission et la réception de messages verbaux et non verbaux. La communication en public n'échappe pas à cette règle. Pourtant, plusieurs voient cette dernière comme un long monologue. Dans l'univers interactif et multimédia où l'on évolue, l'orateur doit absolument (sauf dans certaines circonstances particulières) engager un dialogue avec son public. Carnegie suggère de poser des questions et d'y répondre soi-même. Par exemple, l'orateur pourrait dire: «Vous vous demandez quelles preuves j'ai de ce que j'avance? Je vais vous le démontrer…» De cette façon, l'intelligence de l'auditoire est stimulée et son attention est garantie. Finalement, Carnegie suggère de parler avec conviction et d'y mettre du cœur, ce qui rendra digne d'intérêt le sujet en apparence le plus banal. Les animateurs de vos émissions de télé préférées possèdent-ils ces qualités? Pour vous exercer à reconnaître les marques d'une bonne et d'une mauvaise communication en public, répondez aux questions proposées dans l'exercice 8.4 (*voir p. 178*).

> ### EXERCICE 8.4 | En pratique
>
> **Vous l'avez vu à la télé**
>
> Dans le monde actuel, il est capital de bien savoir se présenter en public, surtout lorsqu'on est lié de près ou de loin à l'univers médiatique. Les communicateurs télévisuels sont souvent très bons, mais ils ne sont pas parfaits. En vous appuyant sur les notions présentées dans ce chapitre, vous devriez être en mesure d'analyser les forces et les faiblesses des animateurs d'émissions de télévision.
>
> **1.** Choisissez une émission qui met en valeur une ou plusieurs personnes. Il peut s'agir d'une émission de variétés comme *Tout le monde en parle,* d'un journal télévisé ou d'une télédiffusion d'un match de hockey.
>
> **2.** Dans cette émission, sélectionnez les interventions que vous analyserez. Tentez de trouver des extraits d'une durée d'environ 10 minutes.
>
> **3.** Pour chacune des interventions, évaluez – en leur attribuant une note de 1 (très mauvais) à 10 (excellent) – et commentez les éléments suivants : la tenue vestimentaire, la posture, les gestes (tics?), les mimiques faciales, le contact visuel, la voix (volume, ton, débit), les ruptures («hum», «euh», etc.) et les tics de langage («ok», «donc», etc.), la qualité de la langue, ainsi que le charisme (naturel, authenticité, interactions, dynamisme).
>
> **4.** Que vous apprennent ces observations au sujet de la communication en public? Comment pouvez-vous appliquer celles-ci à vos prochaines présentations?

En terminant cette partie portant sur la communication en public, nous tenons à vous rappeler l'importance de bien choisir le sujet de votre présentation, et ce, en prenant connaissance de vos motivations et de vos intérêts ainsi qu'en saisissant les besoins de votre auditoire. De plus, il est capital de maîtriser votre anxiété, de bien répéter votre présentation et de la donner avec enthousiasme, professionnalisme et charisme. Si vous n'êtes pas motivé vous-même par votre sujet, comment pourrez-vous motiver l'auditoire? Pour conclure, mentionnons de nouveau que la communication en public est un art qui s'apprend. La meilleure façon d'apprendre à ne plus en avoir peur est d'affronter vos craintes et de parler en public, le plus souvent possible. Ainsi, vous augmenterez votre confiance en vous et vos interventions seront meilleures.

8.4 L'entrevue de sélection

Entrevue de sélection

Type le plus courant de communication interpersonnelle intentionnelle, planifiée et décisionnelle, visant à sélectionner un candidat en vue de l'obtention d'un poste

Qu'est-ce qu'une **entrevue de sélection** a à voir avec la communication? Selon Amdur (2008), l'habileté en communication interpersonnelle vient en tête de liste des compétences recherchées par les recruteurs. Une entrevue d'emploi peut se comparer à une interaction sur un site de rencontre. Toutefois, alors que sur ce genre de site deux personnes cherchent à déterminer si elles ont ce qu'il faut pour établir un lien amoureux, au cours d'une entrevue d'emploi, le candidat et l'employeur se rencontrent généralement pour déterminer si la culture et les besoins de l'entreprise correspondent aux motivations, aux valeurs et aux compétences du postulant.

Ce qui est mentionné en entrevue de sélection représente-t-il parfaitement les qualités et les défauts de la personne interviewée? Probablement pas. Il est bien normal de chercher à se présenter sous son meilleur jour. Mais que doit-on cacher, que doit-on dévoiler? Voilà certainement l'un des plus grands défis qui se présente à une personne qui désire à la fois rester authentique et décrocher l'emploi de ses rêves. Notons que cette question se rapporte à la tension existant entre la conduite authentique (Que doit-on révéler ?) et stratégique (Que doit-on cacher ?), dont nous avons déjà parlé au chapitre 2.

Comparativement aux conversations ordinaires, les échanges qui ont lieu pendant une entrevue de sélection sont planifiés et conçus en fonction d'objectifs précis. L'entrevue de sélection est ainsi la forme la plus courante de communication interpersonnelle intentionnelle, planifiée et décisionnelle. Comme le mentionne Ligos (2001), elle est certainement plus qu'une simple conversation. Trouvez-vous l'entrevue de sélection stressante ?

Durant l'entrevue, l'employeur et le postulant s'engagent dans un processus d'interaction et d'échange, donnant et recevant des renseignements afin de prendre des décisions professionnelles éclairées. L'employeur espère alors recueillir sur le candidat des renseignements que son curriculum vitæ, ses références et les tests de personnalité qu'il a dû passer ne fournissent pas. Un entretien face à face est aussi une façon efficace pour l'employeur de faire valoir son organisation auprès du postulant. Certes, l'intervieweur peut consulter le curriculum vitæ, généralement utilisé comme outil de présélection du postulant pour vérifier certains détails : ses antécédents scolaires et ses emplois antérieurs, par exemple. L'entrevue de sélection permet, pour sa part, de recueillir suffisamment d'informations pour évaluer les qualités personnelles d'un candidat.

Le candidat cherche, quant à lui, à obtenir de l'information sur l'employeur et sur le poste qu'il convoite. L'interaction avec l'intervieweur lui permet de déduire ce à quoi pourraient ressembler une relation à long terme avec lui et une vie au sein de l'entreprise s'il est embauché. Pour que cette interaction soit productive, elle se doit d'être bien préparée.

8.4.1 La préparation à l'entrevue

Certaines entrevues prennent fin avant même d'avoir commencé parce que l'intervieweur pose une question qu'il juge facile, mais à laquelle le candidat est incapable de répondre. Par exemple, imaginons un employeur qui demande à une candidate ce qu'elle a à offrir à l'entreprise. Question à laquelle la candidate répond qu'elle n'en a aucune idée tout en demandant ce que l'entreprise peut faire pour elle. Évidemment, la candidate n'est pas embauchée. Comment auriez-vous répondu à cette question ? Pour voir si vous êtes prêt à passer une entrevue de sélection, faites l'exercice suivant : élaborez une réponse d'une durée de deux minutes à la question « Pourquoi devrais-je vous engager ? ». Testez votre réponse sur vos collègues. Vous pourrez constater qu'il est plus difficile qu'il n'y paraît de répondre à cette question pourtant essentielle au processus de l'entrevue de sélection. Avant une entrevue, vous aurez donc avantage à énumérer les raisons qui justifieraient votre embauche par l'employeur.

C'est à la suite d'une entrevue de sélection qu'un employeur acceptera ou rejettera votre candidature. Plus vous serez préparé à ce genre d'exercice, meilleures seront vos chances d'être efficace et d'atteindre vos objectifs professionnels. Rappelez-vous qu'une entrevue n'est pas une banale conversation. C'est probablement pour cette raison que l'entrevue fait peur à de nombreuses personnes.

Les peurs courantes

Que ressentez-vous à la perspective de passer une entrevue d'emploi ? Pour certaines personnes, une entrevue, tout comme la communication en public, peut représenter une épreuve difficile et une source d'anxiété. Pour d'autres, il s'agit d'un défi, d'un plaisir et d'une source de motivation personnelle et professionnelle. Selon l'approche émotivo-rationnelle, ce n'est pas l'événement (l'entrevue) lui-même qui crée des émotions négatives, mais bien la perception (l'entrevue représente-t-elle une épreuve ou un défi?) que l'on a de celui-ci. L'exercice 8.5 vous aidera à vous autoévaluer et, s'il y a lieu, vous pourrez ensuite adopter des méthodes afin de considérer l'entrevue comme une source de stimulation et non d'insomnie.

EXERCICE 8.5 | **Mieux se connaître**

Craignez-vous l'entrevue de sélection?

Vous trouverez ci-dessous une liste des craintes le plus souvent exprimées par les candidats lors d'une entrevue de sélection. Les partagez-vous? Encerclez le chiffre qui reflète le plus précisément votre niveau d'appréhension selon l'échelle suivante:

0 (aucune appréhension); 1 (très légère appréhension); 2 (légère appréhension); 3 (plus anxieux qu'autre chose); 4 (anxiété excessive); 5 (à bout de nerfs)

1. L'employeur me posera des questions auxquelles je serai incapable de répondre.

0   1   2   3   (4)   5

2. Ma tenue vestimentaire ne sera pas appropriée.

(0)   1   2   3   4   5

3. Je paraîtrai très nerveux.

0   1   2   3   (4)   5

4. Je n'aurai pas l'air compétent.

0   1   2   (3)   4   5

5. L'intervieweur va me questionner de façon directe.

0   1   (2)   3   4   5

6. Je serai obligé de mentir.

(0)   1   2   3   4   5

7. Je parlerai trop ou trop peu.

0   1   (2)   3   4   5

8. Je n'établirai pas de bonnes relations avec l'intervieweur.

0   (1)   2   3   4   5

9. Je ne saurai pas me mettre en valeur ou je me mettrai trop en valeur.

0   1   (2)   3   4   5

10. Je ne serai pas embauché.

0   1   2   (3)   4   5

Additionnez les chiffres que vous avez encerclés pour obtenir votre pointage. Ce dernier révèle votre degré d'anxiété face à votre rôle de postulant. Si vous avez obtenu entre 46 et 50 points, vous avez les nerfs à vif; entre 36 et 45 points, vous éprouvez une forte anxiété; entre 21 et 35 points, vous éprouvez une certaine anxiété; entre 11 et 20 points, vous êtes trop désinvolte; entre 0 et 10 points, vous n'êtes pas du tout préoccupé: en fait, cet emploi ne vous intéresse pas du tout.

Contrairement à ce que l'on pourrait croire, une trop grande désinvolture peut être aussi nuisible qu'une anxiété excessive. Tout candidat devrait éprouver une certaine appréhension avant une entrevue. Si vous n'êtes carrément pas intéressé par un emploi, vous ne vous soucierez pas de faire bonne impression et, en conséquence, ne serez pas aussi efficace que vous pourriez l'être.

Le candidat doit se préparer afin de pouvoir supporter la pression de l'entrevue. Êtes-vous prêt à garder votre sang-froid pendant que l'on vous dévisage, vous interrompt, vous parle rudement ou vous pose des questions compliquées ? Vous êtes-vous suffisamment exercé pour garder votre calme lorsque l'intervieweur vous mettra sur la sellette ? Pour bien se préparer et diminuer sa peur, il importe de connaître le genre de questions qui seront posées et de préparer des réponses à celles-ci.

Les types de questions

Les questions constituent le principal moyen de recueillir des données au cours d'une entrevue. Non seulement elles donnent le ton, mais elles déterminent également si l'entrevue générera des informations utiles. Selon Stewart et Cash (1991), l'intervieweur peut poser des questions fermées, ouvertes, primaires et secondaires dans n'importe quelle combinaison.

Même si l'entrevue de sélection peut être stressante, il est important de savoir gérer ses émotions et de rester calme.

Comme nous l'avons vu dans le chapitre 7 portant sur l'écoute, les questions fermées sont des questions très structurées auxquelles on répond très brièvement, en quelques mots ou par « oui » ou « non ». Voici des exemples de questions fermées : « Où habitez-vous ? », « Quel salaire de départ vous attendez-vous à toucher ? ».

Les questions ouvertes sont plus générales et moins restrictives ou structurées que les questions fermées. Elles laissent une plus grande liberté au candidat en ce qui touche le choix et la longueur de ses réponses. Voici des exemples de questions ouvertes : « Parlez-moi de vous », « Que signifie le succès pour vous ? », « Décrivez une circonstance dans laquelle vous avez échoué ».

Les questions ouvertes donnent au candidat la possibilité d'exprimer ses sentiments, ses attitudes et ses valeurs. Par exemple, prenons cette question : « Parlez-moi de vous. » Selon Hirsch (2004), elle ne constitue pas une invitation à raconter votre vie. En fait, l'intervieweur vous demande : « Pourquoi devrais-je vous embaucher ? » Par conséquent, votre tâche consiste à faire valoir votre aptitude à communiquer en élaborant une réponse brève de moins de deux minutes. Votre réponse permettra à l'intervieweur d'en savoir davantage sur vous et sur ce que vous pouvez offrir à l'entreprise, c'est-à-dire sur les avantages qui découleront de votre embauche.

Les questions ouvertes et fermées peuvent être primaires ou secondaires. Les **questions primaires** abordent un nouveau sujet ou explorent un nouveau domaine qui n'avait pas encore été abordé dans l'entrevue. « Quel est votre passe-temps préféré ? » et « Décrivez-moi votre dernier emploi » sont des exemples de questions primaires, la première étant fermée et la seconde, ouverte.

Les intervieweurs posent aussi des **questions secondaires**, aussi appelées « questions exploratoires ». Ces questions servent à étoffer les réponses aux questions primaires (fermées ou ouvertes) et à clarifier les idées et les sentiments que dégagent les réponses du candidat à d'autres questions. L'employeur y a souvent recours lorsque les réponses du candidat aux questions primaires sont vagues ou incomplètes. Voici des exemples de questions secondaires : « Que voulez-vous dire au juste ? », « Pouvez-vous me donner un exemple ? ».

Question primaire

Question qui aborde un nouveau sujet ou explore un nouveau domaine

Question secondaire

Question exploratoire qui vise à étoffer la réponse à une question primaire

Si vous voulez bien performer en entrevue, préparez-vous à bien écouter les questions de l'intervieweur.

Pour bien répondre à ce genre de questions, on doit faire des recherches sur l'organisation (entreprise, université, lieu de stage, etc.) où l'on passera une entrevue et tenter de prévoir les questions de l'intervieweur. De plus, si l'on veut influencer la direction et le contenu de l'entrevue, on doit aussi préparer des questions. Les réponses de l'intervieweur nous éclaireront sur les conditions de travail et les possibilités d'avancement. On doit également connaître ses droits dans le contexte d'une entrevue de sélection. Par exemple, un employeur ne peut vous poser des questions en lien avec votre religion ou votre origine ethnique. Qu'en est-il de l'orientation sexuelle? Nous abordons plus en détail cette question très délicate dans l'encadré 8.2.

PENSEZ-Y!

L'ORIENTATION SEXUELLE, LA DISCRIMINATION ET L'ENTREVUE DE SÉLECTION

ENCADRÉ 8.2

Au Québec, un employeur ne peut refuser d'embaucher une personne pour la simple raison que celle-ci est homosexuelle. Le seul fait de poser une question discriminante constituant une infraction, il est illégal pour un employeur de tenter ainsi de déterminer l'orientation sexuelle d'un candidat. Cependant, plusieurs cherchent à connaître cette information en utilisant des moyens indirects. Par exemple, un employeur pourrait demander à une personne si elle est mariée, si elle pense avoir des enfants ou avec qui elle demeure.

Serait-il encore risqué de nos jours pour un homosexuel québécois de dévoiler son orientation sexuelle? Selon une recherche menée au Québec sur l'homophobie en milieu de travail auprès de 786 gais et lesbiennes, 80% des personnes interrogées disent avoir été témoins de blagues offensantes concernant l'homosexualité ou les personnes homosexuelles, et 16% disent en avoir elles-mêmes été la cible (Chamberland, et al., 2007).

Que faire si un employeur pose des questions au sujet de l'orientation sexuelle de l'interviewé? La méthode diplomate consisterait à dire calmement à l'employeur que sa question est inappropriée. On pourrait alors demander à l'employeur comment le fait d'être marié influe sur les compétences liées à l'emploi. Bien que les spécialistes en recherche d'emploi considèrent ce genre de réponse comme étant idéale, elle peut entraîner une réaction défensive de la part de l'intervieweur et diminuer les chances de la personne d'obtenir l'emploi. Une autre solution consisterait à répondre de manière partielle à la question. Si l'on demande à une personne homosexuelle si elle est en couple et si elle a des enfants, elle pourrait répondre qu'elle a le sens des responsabilités nécessaires afin d'occuper le poste. L'intervieweur pourra répliquer que cette réponse est indirecte et incomplète. Que faire alors? Que conseilleriez-vous à un ami homosexuel qui s'apprête à effectuer une entrevue de sélection?

Selon Gladwell (2000), il est essentiel de s'exercer à répondre à des questions ressemblant à celles présentées dans l'exercice 8.6, dans des conditions tant favorables que défavorables. On doit déterminer à l'avance ce que l'on veut dire pendant l'entrevue et profiter des questions qui sont posées pour le faire. Au cours de l'entrevue, on peut aussi valoriser l'intervieweur au moyen de commentaires comme: «Je pense que vous venez de soulever un point très important.»

Comme l'entrevue est une conversation et non un interrogatoire, Amdur (2005) pense que le candidat devrait questionner l'intervieweur afin de manifester l'intérêt qu'il porte envers l'emploi et l'entreprise. Lorsque le candidat pose des questions, l'entrevue est plus équilibrée. Quels types de questions le postulant devrait-il poser ? Les questions auxquelles on pourrait répondre facilement en visitant le site Web de la compagnie ou en consultant le rapport annuel de l'entreprise sont à éviter.

Si vous connaissez quelqu'un dans l'organisation, il peut être intéressant de lui demander de l'information, et pourquoi pas de l'accompagner si possible pour une visite des lieux. Toute cette démarche vous aidera à trouver des questions visant à éclaircir certains points, par exemple : «J'ai lu sur votre site que vous vous apprêtez à lancer de nouveaux produits. Pourriez-vous m'en dire plus sur la façon dont vous prévoyez les mettre sur le marché ?»

EXERCICE 8.6 | En pratique

La simulation d'entrevue

En équipe de quatre, inventez une entreprise fictive (pouvant être en lien avec votre domaine d'études) et un poste pour lequel postuler. Durant la mise en situation, une personne jouera le rôle de l'employé, une autre fera le patron et les deux autres personnes observeront et évalueront les réponses du postulant. Rejouez la mise en situation afin que les quatre membres de l'équipe jouent tous les rôles.

Liste de questions :

1. Parlez-moi de vous.
2. Quelles sont vos principales valeurs ?
3. Si je vous embauchais, quel aspect de notre organisation vous intéresserait le plus ?
4. Quelles sont les qualités requises afin d'être efficace dans ce poste ?
5. Quels sont vos objectifs à court terme ? En quoi diffèrent-ils de vos objectifs à long terme ?
6. Comment vos antécédents vous ont-ils préparé à occuper ce poste ?
7. Quelles sont vos principales forces et faiblesses ?
8. Quelle est la plus grande difficulté que vous ayez vécue en milieu de travail ?
9. Comment un ancien employeur ou professeur vous décrirait-il ?
10. Pourquoi avez-vous quitté votre dernier emploi ?
11. Quelle est votre plus grande réalisation selon vous ?
12. Quels sont vos principaux défauts ?
13. Combien de temps pensez-vous rester dans notre entreprise si vous obtenez ce poste ?
14. Que voulez-vous savoir sur nous ?
15. Expliquez-moi comment vous avez géré la situation la dernière fois que vous avez commis une erreur.

8.4.2 La gestion des impressions en entrevue

Pour que l'entrevue soit efficace, l'intervieweur et le candidat échangent constamment de l'information. Pendant que l'émetteur parle, le récepteur lui fournit des indices non verbaux par sa posture, ses mimiques faciales, ses gestes et ainsi de suite. Même si vous vous taisez pendant l'entrevue, vous ne cessez pas pour autant de communiquer. Il est clair que le candidat désire, dans la plupart des cas, faire bonne impression. Pourtant, ce n'est pas toujours facile. Le stress lié à ce processus peut faire en sorte que certaines personnes ne dégagent pas une aussi bonne impression qu'elles le souhaiteraient. Savez-vous comment créer et maintenir une bonne impression ?

Dans quelle mesure faut-il bien connaître une personne pour avoir l'impression de la comprendre ? Selon les psychologues Ambady et Bernieri (cités dans Gladwell, 2000), une connaissance sommaire peut suffire. Selon ces chercheurs, les premières impressions exerceront une influence sur les impressions ultérieures. La première impression peut devenir ainsi une prophétie qui s'exauce (*voir le chapitre 3*). Il est alors facile de présumer que le comportement d'une personne en entrevue reflète son comportement habituel.

Une poignée de main affirmative contribue à faire bonne impression, au début et à la fin d'une rencontre.

La croyance selon laquelle la première impression reste dans l'esprit des gens semble se confirmer dans le cas des entrevues d'emploi. La plupart des intervieweurs prennent la décision d'engager ou non le postulant au cours de l'entrevue (*USA Today*, janvier 2000). En fait, bien que plusieurs d'entre eux prennent la décision définitive d'engager ou non le postulant pendant le dernier quart de l'entrevue, ils se forgent souvent une opinion sur le candidat pendant les quatre à six premières minutes de l'entretien. Il est donc très important de porter une attention particulière à la poignée de main donnée aux intervieweurs. Celle-ci se doit d'être affirmative et de dégager entrain et dynamisme.

Il est également utile de souligner l'importance de l'effet de récence (on a tendance à se rappeler davantage des dernières informations que l'on reçoit) dans le processus de sélection. Les intervieweurs expérimentés connaissent le piège de la première impression et tiennent compte de l'effet de récence. Il faut donc toujours soigner son départ, en n'oubliant pas de remercier les gens et en leur serrant la main de manière affirmative.

Comment laisser une impression positive d'entrée de jeu ? Voici quatre conseils à suivre, selon Amdur (2007) :

• Ayez l'air du professionnel que l'intervieweur veut embaucher. Gardez à l'esprit que vous vous rendez à une entrevue, non à un rendez-vous amoureux.

• Informez-vous avant l'entrevue. Faites des recherches sur l'organisation, ses concurrents et les tendances de l'industrie.

• Par votre langage non verbal, démontrez que vous êtes content d'être là. Souriez, tenez-vous droit, inclinez le torse légèrement vers l'avant et maintenez un contact visuel. Votre attitude énergique jouera en votre faveur.

• Variez vos intonations et le volume de votre voix. L'intervieweur vous verra sous un jour plus positif si vous évitez de parler d'une voix monocorde, de chuchoter ou de crier, et si vous vous exprimez sans hésitations vocales ni signes de tension physique.

Notez bien que si vous passez une entrevue dans un autre pays, les façons de communiquer peuvent différer. L'encadré 8.3 montre à quel point la culture influe sur la manière de s'exprimer.

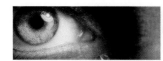

REGARD SUR L'AUTRE

LA VOIX ET LA CONDUITE STRATÉGIQUE DES RELATIONS

Les membres de différentes cultures utilisent leur voix différemment, ce qui pourrait provoquer des malentendus entre intervieweurs et postulants dans le cadre d'une entrevue de sélection. Par exemple, les personnes moyen-orientales parlent plus fort que les Occidentaux qui, de ce fait, les perçoivent comme étant excessivement émotives. Les Japonais,

au contraire, parlent d'une voix beaucoup plus douce, ce qui laisse croire aux Occidentaux qu'ils sont toujours polis et humbles.

Comment ces façons de parler peuvent-elles influer sur la procédure d'entrevue? Que peuvent faire les recruteurs et les postulants pour réduire ces barrières perceptuelles?

Pour mettre ces conseils en pratique et vous assurer de votre progrès, prenez le temps, après vos prochaines entrevues, de répondre aux questions d'auto-évaluation présentées dans l'exercice 8.7.

EXERCICE 8.7 | Mieux se connaître

Évaluez vos progrès

Après chaque entrevue, répondez au questionnaire d'évaluation ci-dessous. Pour chacune des questions, encerclez le chiffre qui correspond à votre réponse.

1. Étiez-vous bien préparé pour l'entrevue?

Pas du tout préparé   1   2   3   4   5   Très bien préparé

2. Quel type de climat avez-vous contribué à instaurer?

Un climat hostile   1   2   3   4   5   Un climat amical

3. Les questions que vous avez posées étaient-elles claires?

Pas claires   1   2   3   4   5   Claires

4. Vos réponses étaient-elles complètes?

Incomplètes   1   2   3   4   5   Complètes

5. Avez-vous écouté l'intervieweur attentivement?

Distraitement   1   2   3   4   5   Très attentivement

6. Avez-vous été attentif aux indices non verbaux (ceux de l'intervieweur et les vôtres)?

Pas attentif   1   2   3   4   5   Très attentif

7. Avez-vous été distrait par des stimuli extérieurs?

Très distrait   1   2   3   4   5   Pas du tout distrait

8. Quel était votre degré de confiance durant l'entrevue?

Nul   1   2   3   4   5   Très élevé

9. Avez-vous fait preuve de flexibilité pendant l'entrevue?

Aucune flexibilité   1   2   3   4   5   Grande flexibilité

10. Aimeriez-vous modifier ou améliorer votre comportement lors de votre prochaine entrevue?

Pas du tout   1   2   3   4   5   Beaucoup

Calculez votre pointage en additionnant les valeurs accordées à chaque question. Si vous avez obtenu entre 10 et 20 points, vous n'étiez pas préparé; entre 21 et 30 points, vous étiez préparé minimalement; entre 31 et 40 points, vous étiez bien préparé; entre 41 et 50 points, vous étiez très bien préparé.

Si vous aviez à recommencer cette entrevue, que changeriez-vous?

8.5 Mettre en pratique ses aptitudes à la communication

La communication en public et l'entrevue de sélection représentent deux situations qui exigent un constant apprentissage. Même le communicateur le plus chevronné tente constamment d'améliorer ses performances. Voyons donc certains conseils pratiques qui permettent à la personne qui fait un exposé ou à celle qui se présente en entrevue de sélection de faire sensation.

8.5.1 Bien se préparer et cerner ses forces, ses passions et ses intérêts

En connaissant ses forces, on est plus en mesure de les utiliser à son avantage. Peut-être a-t-on un bon sens de l'humour ou de l'ironie ? Il faut utiliser ces caractéristiques afin que l'auditoire voie la personne que l'on est. De plus, on doit s'efforcer de démontrer l'intérêt que l'on porte au sujet abordé afin de communiquer son enthousiasme. Les auditeurs ne seront pas tentés de faire autre chose qu'écouter s'ils ont devant eux un orateur passionné. De même, le candidat à une entrevue de sélection doit comprendre le but de l'entrevue. C'est en prévoyant les questions que l'on posera et qui seront posées ainsi qu'en clarifiant ses objectifs que l'on pourra la réussir.

8.5.2 Être à l'écoute de son auditoire

Ce n'est pas nécessairement parce qu'ils s'ennuient que certains auditeurs décrochent ou bâillent. Peut-être fait-il extrêmement chaud dans la salle ou les gens ont tout simplement besoin d'une pause ou d'un café. En étant à l'écoute de son public, on est à même de déceler les signes verbaux et non verbaux qui dénotent l'incompréhension, le désaccord ou l'indifférence. On peut alors adapter sa présentation à ces observations. De même, l'entrevue de sélection aura des ratés si l'intervieweur ou le candidat écoute d'une oreille distraite. Si les participants écoutent attentivement au lieu de penser à ce qu'ils diront ensuite, l'entrevue a de meilleures chances d'être fructueuse.

8.5.3 Établir un équilibre entre la structure et la flexibilité

Un plan bien structuré est essentiel à une bonne présentation. Il faut déterminer clairement les objectifs que l'on cherche à atteindre. On peut guider ses auditeurs en suivant un plan qu'on a mis à leur disposition. Tout en étant très bien organisé, on garde une petite place pour les imprévus. Que se passe-t-il si plusieurs personnes arrivent en retard ? Ou si un ou des membres du public interviennent constamment et retardent la présentation ? Il est bon de prévoir une multitude de situations et de se préparer à changer de plan en fonction de l'auditoire et de ses besoins. De même, il faut éviter de trop préparer ou de mémoriser ses phrases et de considérer l'entrevue de sélection dans tous ses détails ; on doit plutôt être prêt à faire face à des questions et à des réponses imprévues. S'adapter au style et au rythme de l'autre personne s'avère essentiel dans ce contexte.

8.5.4 Être confiant et convaincu

Si l'on souffre de trac avant chaque présentation ou entrevue, on doit travailler sur sa personnalité en faisant le ménage dans ses croyances irrationnelles. Plus grande est la préparation, plus grande est la confiance en soi ! En outre, lorsqu'on remporte un succès lors d'une communication en public ou d'une entrevue, il faut tenter de s'en rappeler la fois suivante. On peut ainsi s'appuyer sur ce souvenir et le trac devrait alors s'atténuer. L'orateur ou le candidat doit poser des questions, donner des réponses et exprimer ses opinions avec respect et enthousiasme. Si l'on n'est pas emballé par ses idées, ses compétences et ses aptitudes, pourquoi les autres devraient-ils l'être ?

8.5.5 S'exercer à émettre et à recevoir des messages

De par leur nature même, une entrevue ou une présentation orale requièrent l'aptitude à émettre et à recevoir des messages verbaux et non verbaux. Non seulement les parties doivent-elles encoder clairement leurs messages, mais elles doivent aussi être habiles à décoder les réactions de l'autre et à vérifier ses perceptions. Durant l'entrevue ou la présentation orale, le communicateur doit prêter attention aux signaux non verbaux, les siens et ceux de son public. Il doit effectivement s'assurer que les signaux qu'il émet sont positifs, c'est-à-dire que sa posture, ses expressions faciales, ses gestes sont adéquats. Pour ce faire, il doit être le plus conscient possible de l'utilisation qu'il fait des fonctions non verbales comme la réitération, l'accentuation et la substitution. Il doit aussi s'assurer que ses indices non verbaux n'annulent pas ses messages verbaux (contradiction).

En bref

Révision des objectifs du chapitre

1 **Effectuer une autoanalyse approfondie afin de préparer une présentation.** On doit prendre le temps de sonder ses préférences, ses aversions et ses préoccupations. Les orateurs efficaces se connaissent bien et sont authentiques.

2 **Analyser son auditoire afin d'adapter son discours en conséquence.** Il est important de déterminer si l'on s'exprime en public dans le but d'informer ou de convaincre les auditeurs.

3 **Expliquer l'influence du contexte sur un discours.** Il est essentiel que l'on sache pourquoi, quand, où et pendant combien de temps on devra parler. Sans ces informations, la préparation sera incomplète.

4 **Décrire l'impact de l'intention de l'orateur sur le contenu d'une présentation.** On doit se poser les questions suivantes : Quelle est mon intention principale : informer ou convaincre ? Ai-je suffisamment circonscrit le champ de mon sujet ? Mon argumentation est-elle claire ? Mes idées sont-elles organisées de telle façon à m'aider à atteindre mon objectif ?

5 **Saisir l'importance de la préparation et des répétitions sur la performance de l'orateur.** L'une des meilleures façons de faire face à son trac consiste à élaborer et à répéter sa présentation soigneusement. Plus on répétera, plus on sera à l'aise et naturel devant l'auditoire.

6 **Indiquer comment l'orateur peut utiliser à son avantage les indices verbaux, non verbaux, ainsi que son charisme.** Trop souvent, l'orateur met l'accent sur la composante verbale au détriment des indices non verbaux. Pour que le discours soit efficace, on doit prêter attention aux aspects visuels comme la tenue vestimentaire, la posture, la gestuelle et l'utilisation du contact visuel. On doit aussi faire en sorte que les indices vocaux (volume, ton et débit) renforcent le message.

7 **Définir l'entrevue de sélection et différencier les types de questions posées.** L'entrevue de sélection est menée dans le but de choisir le meilleur candidat lors d'un processus de sélection. Durant l'entrevue, plusieurs informations sont échangées entre le candidat et l'intervieweur qui agissent de manière stratégique pour atteindre leurs objectifs respectifs. Les questions sont l'essence même de l'entrevue et le principal moyen de recueillir des données. Les questions fermées sont des questions structurées auxquelles on donne des réponses très brèves. Les questions ouvertes laissent une plus grande liberté de réponse. Les questions primaires abordent un nouveau sujet, alors que les questions secondaires servent à étoffer les réponses des questions primaires.

8 **Maîtriser les habiletés verbales et non verbales permettant de faire bonne impression.** Réussir une entrevue demande une préparation particulière. Il est crucial d'effectuer une autoévaluation honnête, de s'exercer à répondre à des questions typiques et de maîtriser la conduite stratégique des relations.

Pour aller plus loin

Chansons

Ces chansons présentent une conception du travail qui n'est pas nécessairement positive. Partagez-vous cette conception ? Justifiez votre réponse.

- « Je fais de moi un homme », Daniel Bélanger, *Quatre saisons dans le désordre,* 1996
- « Le chant du bum », Richard Desjardins, *Richard Desjardins au Club Soda,* 1993
- « Le blues du businessman », artistes variés, *Starmania,* 1978
- « Travailler, c'est trop dur », Zachary Richard, *Travailler, c'est trop dur,* 1976

Films

Ces films mettent en scène des gens dans des situations de communication comparables à celles traitées dans ce chapitre. Certains passent des entrevues, d'autres communiquent en public. Que vous apprennent-ils sur les qualités nécessaires pour bien communiquer dans ces contextes ?

- *15 février 1839,* Pierre Falardeau, 2001
- *Chartrand et Simone,* Alain Chartrand, 2000
- *Frost Nixon,* Ron Howard, 2008
- *Kinsey,* Bill Condon, 2004

Livres

Ces livres présentent de grands communicateurs et leurs idées. Comment pouvez-vous vous inspirer de ceux-ci ?

- *Les grands discours de l'histoire du Québec,* rassemblés par Paul Therrien, 2010
- *Attendez que je me rappelle,* René Lévesque, 1986
- *Je fais un rêve,* Martin Luther King Jr., 2008
- *Les rêves de mon père,* Barack Obama, 2008

PARTIE III

LES RELATIONS INTERPERSONNELLES

Objectifs d'apprentissage

Après avoir lu ce chapitre, vous devriez pouvoir:

1. Différencier et expliquer les trois principales fonctions des relations: l'inclusion, le contrôle et l'affection;

2. Distinguer les types de relations interpersonnelles: les connaissances, les relations amicales, amoureuses, familiales et professionnelles;

3. Reconnaître les facteurs d'attraction et expliquer leur influence sur l'évolution des relations;

4. Différencier et expliquer les dimensions d'une relation;

5. Comprendre les déterminants de l'évolution d'une relation et expliquer les stades d'une relation typique et d'une relation dysfonctionnelle;

6. Connaître les règles à suivre pour favoriser le maintien de vos relations.

Mise en situation

Au mois d'août 2010, l'information voulant qu'un éboulement dans une mine d'or et de cuivre de San José, dans le centre du Chili, ait pris au piège 33 mineurs a rapidement fait le tour du monde. Peu de temps après l'accident, la télévision publique chilienne a signalé que les mineurs étaient toujours en vie et a diffusé des images vidéo du groupe d'hommes, montrant ceux-ci en bonne santé, chantant l'hymne national et scandant: «Vive le Chili, vive les mineurs.» Cette émouvante vidéo avait été réalisée à l'aide d'une caméra descendue dans un forage de secours, lequel permit également d'acheminer aux rescapés des vivres et des médicaments.

Les estimations de départ prévoyaient que le creusage d'une nouvelle galerie pour secourir les mineurs prendrait environ quatre mois, une information que les autorités se sont gardées de transmettre aux mineurs.

Était-ce bien de leur cacher la vérité? Selon la psychologue Diane Thibodeau (*TVA Nouvelles,* 2010), il était nécessaire de leur dissimuler cette information temporairement afin de sécuriser les captifs et de maintenir leur confiance. Les mineurs devaient s'en remettre entièrement aux sauveteurs, car ils étaient en situation de stress intense et continu.

Les principales problématiques relationnelles de ces hommes touchaient entre autres la proximité et l'insatisfaction des besoins sociaux dont la séparation d'avec les êtres chers. La proximité, qui contribue normalement à l'établissement et au maintien d'une relation interpersonnelle, devenait ici un problème, car l'espace vital ainsi qu'une partie de la vie privée des mineurs étaient envahis. Peu après l'éboulement, le groupe s'est organisé dans un refuge. Les mineurs ont divisé l'espace de manière à pouvoir maintenir des activités quotidiennes régulières (réunions, repas, etc.). Chaque jour, ils se réunissaient, planifiaient et prenaient des décisions dans leur nouveau milieu de vie. Leur similarité, leur complémentarité et leur sens de l'humour les ont aidés à survivre. Ils partageaient des compétences communes et ils connaissaient bien leur environnement et les dangers qui lui étaient associés. Quant aux liens avec les êtres chers, une caméra a permis aux mineurs de communiquer avec les membres de leur famille. Après 69 jours d'attente et d'angoisse, attendus par les caméras du monde entier, les mineurs sont tous sortis, un à un, sains et saufs de cet enfer.

- Croyez-vous que, dans une situation exceptionnelle comme celle-ci, les relations professionnelles peuvent se transformer en relations d'amitié? Pourquoi?

- Les retrouvailles avec les membres de leurs familles ont-elles été faciles selon vous?

es émissions de téléréalité telles que *Loft Story* et *Occupation double* mettent en vedette des hommes et des femmes qui, pour la renommée, l'argent, ou dans l'espoir de trouver l'âme sœur, étalent leurs moindres faits et gestes devant nos yeux. Les caméras filment les participants qui nouent et dénouent des relations. Pourquoi ces émissions sont-elles si populaires ? Sommes-nous tous un peu voyeurs, épiant ces personnages alors qu'ils tissent des liens, négocient les règles du jeu, parlent ensemble ou contre un autre, puis choisissent le moment où leur relation se stabilisera ou prendra fin ? Les relations sont-elles l'essence même de notre vie sociale ? Pouvons-nous penser qu'en observant et en vivant par procuration les relations de ces participants, nous tirerons des leçons et deviendrons plus aptes à tisser nos propres relations ? Pourriez-vous partager votre vie et vos relations personnelles avec des millions de téléspectateurs ?

9.1 Les fonctions des relations interpersonnelles

Un grand nombre de recherches aiguillonnées par les travaux du psychologue William Schutz (1966) ont démontré que l'être humain s'efforce de combler ses besoins d'inclusion, de contrôle et d'affection à travers ses relations amicales, amoureuses, familiales et professionnelles, et ce, quelle que soit sa culture (*voir l'encadré 9.1*).

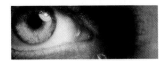

REGARD SUR L'AUTRE

LES MEMBRES DE DIFFÉRENTES CULTURES ET LEURS RELATIONS

ENCADRÉ 9.1

Chaque culture affiche des préférences différentes au sujet des interactions sociales. Pour juger satisfaisantes leurs relations avec les Blancs, les Afro-Américains et les Américains d'origine mexicaine ont besoin de se sentir respectés, approuvés et acceptés (Hecht, Ribeau et Sedano, 1990). Les Latino-Américains insistent d'ailleurs beaucoup sur le soutien relationnel (Collier, 1996). Les Asiatiques, pour leur part, privilégient un échange positif d'idées et considèrent l'harmonie comme un moyen de nourrir la relation. Ils attachent une importance particulière à l'écoute, à la conformité et au bien-être du groupe. Généralement, ils ne vont pas vers les étrangers et tentent de leur dissimuler les détails peu flatteurs de leur culture (Triandis, 1994). Concernant l'orientation et les rôles sexuels, les Occidentaux privilégient le mariage hétérosexuel, quoique depuis juillet 2005 le Canada ait légalisé les partenariats domiciliaires qui accordent aux gais, aux lesbiennes et aux conjoints de fait hétérosexuels les mêmes droits que ceux des hétérosexuels mariés. De nombreux pays scandinaves ont adopté des mesures similaires. Dans certains pays, les couples homosexuels sont malheureusement ostracisés et font face à des conséquences graves pouvant aller de l'incarcération à la condamnation à mort.

9.1.1 Le besoin d'inclusion

Le besoin d'inclusion correspond au désir de susciter chez l'autre un intérêt tout en éprouvant pour lui la même curiosité. L'humain veut exister aux yeux de ses semblables ; il veut être compris et accepté par eux. C'est en partageant avec d'autres le plaisir et la camaraderie qu'il a le sentiment de faire partie d'un groupe. Ce besoin d'inclusion est normal. On a tous déjà fait l'expérience de l'exclusion : être la dernière personne admise dans une équipe, ne pas être invité à une soirée importante ou être écarté des conversations à table. Quand notre besoin d'inclusion est comblé, on se sent dignes d'intérêt. S'il ne l'est pas, on souffre de solitude et cela peut même affecter notre estime de soi ainsi que notre santé physique et mentale (*voir l'encadré 9.2*).

La solitude est un mal beaucoup trop répandu à notre époque (Duck, 1999). Des recherches ont démontré que les hommes de 50 ans et plus qui n'ont pas d'amis ou de parents proches ont trois fois plus de risques que les personnes moins seules de mourir après avoir souffert d'un grand stress émotionnel. Mais qu'est-ce que la solitude au juste? Elle représente la perception de l'absence de relations interpersonnelles correspondant à celles que l'on aimerait établir (Bell, 1985). La solitude résulte donc d'un écart perçu entre les relations sociales que l'on souhaiterait avoir et celles que l'on a en réalité (Bell et Roloff, 1991).

PENSEZ-Y !

LES RELATIONS SIGNIFICATIVES ET LA SANTÉ

ENCADRÉ 9.2

Déjà en 1998, le rapport de Camil Bouchard (cité dans Rathus, 2000) démontrait qu'au Québec le manque de soutien social, particulièrement chez les femmes monoparentales de milieux défavorisés, entraînait des conséquences néfastes sur les états physiques et psychologiques de leurs enfants (négligence, violence, décrochage scolaire, etc.). D'ailleurs, les célibataires ont 58 % plus de risques de tomber malades et de mourir que les gens mariés (Oliwenstein, 2008). Les personnes qui s'isolent ont aussi moins de chances de vivre longtemps et en santé, en partie du moins parce que l'isolement social affaiblit leur système immunitaire (Fackelmann, 2007).

Le soutien social atténue en effet le stress, quels que soient les problèmes: travail, finances, solitude, maladie ou désastres naturels. Il aide au maintien d'une bonne santé mentale en réduisant l'anxiété et la dépression (Dalgard, et al., 1995). Offert sous la forme d'aide, de conseils, ou de réconfort, le soutien social facilite l'adaptation psychologique face à une situation ardue. Nous avons vu au chapitre 4 que les émotions ont une composante physiologique importante. En effet, chaque interaction significative libère de l'ocytocine, l'hormone du lien, ce qui procure un sentiment de bien-être et de détente, facilite la digestion et stimule le système immunitaire (Vincent, 2007). On peut donc conclure que rechercher et entretenir des relations familiales et sociales significatives est un facteur important de maintien d'une bonne santé physique et mentale.

9.1.2 Le besoin de contrôle

On manifeste un besoin de contrôle lorsqu'on cherche à établir et à préserver des niveaux satisfaisants d'influence et de pouvoir dans nos relations. Il est agréable de savoir que l'on peut prendre une situation en main, par exemple en devenant responsable des autres. À certains moments, le fait de jouer un rôle secondaire et de laisser quelqu'un d'autre en charge devient plus attrayant. Lorsque notre besoin de contrôle n'est pas comblé, on peut en conclure que les autres ne respectent pas ou n'apprécient pas nos compétences et nous jugent incapables de prendre une décision éclairée, de les guider ou de prendre notre vie en main.

9.1.3 Le besoin d'affection

Le besoin d'affection correspond à l'envie de donner et de recevoir de l'amour dans le cadre de relations émotionnelles intimes. La personne dont le désir d'affection est exaucé sera sans doute à l'aise au sein de ses relations tant intimes qu'impersonnelles et acceptera sans atteinte à son estime de soi que les personnes qui croisent sa route ne lui témoignent pas toutes le même intérêt. Dans la situation inverse, cette même personne ne se sentira pas digne d'être aimée.

Ces trois besoins fondamentaux sont très différents les uns des autres. L'inclusion vient en premier; elle nous pousse à établir une relation au départ. Les besoins de contrôle et d'affection sont, pour leur part, comblés par les relations que l'on a déjà nouées. Comment ont-ils d'ailleurs pu être satisfaits chez les 33 mineurs chiliens coincés sous terre pendant plusieurs semaines? Dans un pareil cas, le contrôle est-il divisé équitablement entre les membres du groupe ou certains leaders se démarquent-ils ?

Comme notre société est de plus en plus technologique, certains s'interrogent sur les conséquences que ces progrès auront sur nos relations personnelles. Le linguiste Cunningham (Cunningham et Antill, cités dans Locke, 1998) prétend que la technologie moderne diminue nos échanges significatifs avec les autres. Selon lui, si les technologies comme le courriel accroissent la quantité d'informations fonctionnelles accessibles, elles ne permettent pas toujours d'augmenter la qualité des échanges significatifs.

Toutefois, les détracteurs de Locke croient que ces craintes ne sont pas fondées. Ils estiment que, si le courriel diminue en partie l'intimité favorisée par les échanges réels, il élimine également une partie de nos sentiments de peur, de culpabilité, de colère et de timidité (Headlam, 1998). Grâce aux avancées technologiques, les barrières traditionnelles du temps et de l'espace n'existent plus. Les relations font fi des fuseaux horaires et des frontières internationales (Stoltzfus, 1993). Les messages instantanés et les messages textes rivalisent avec les appels téléphoniques en agissant comme une sorte de « colle sociale », forme d'interdépendance qui se crée entre les individus et qui cimente leur intégration sociale (Greenman, 1998). À cause de ces moyens de communication technologiquement évolués, les relations significatives en présence de l'autre deviennent d'autant plus précieuses qu'elles semblent être maintenant plus rares (Jeannin, 1994).

9.2 Les types de relations interpersonnelles

Relation impersonnelle
Relation brève n'ayant généralement pas d'antécédents et qui exige peu d'engagement personnel et de partage d'intimité

Relation interpersonnelle
Lien significatif entre deux partenaires qui échangent des messages personnels et intimes, s'engagent l'un envers l'autre et tentent de combler leurs besoins sociaux réciproques

La **relation impersonnelle** est, par nature, de courte durée, comme lorsqu'on parle à un inconnu ou au commis de l'épicerie. Elle exige donc peu d'engagement et de partage d'intimité. La **relation interpersonnelle**, quant à elle, concerne le lien significatif existant entre deux personnes qui s'engagent l'une envers l'autre et qui tentent de combler leurs besoins sociaux réciproques. Ils bâtissent ainsi une histoire commune.

Au cours de notre vie, on tisse des liens sociaux variés, certains plus complexes, significatifs ou importants à nos yeux que d'autres. Un certain nombre de ces relations sont harmonieuses et dureront des années, voire toute la vie. D'autres relations sont plus difficiles ou plus brèves.

Toutes sont teintées par le contexte dans lequel elles s'inscrivent. En explorant les divers types de relations que l'on établit avec autrui, il est possible d'apprendre à trouver un équilibre entre l'intimité partagée et la distance au sein de ses interactions quotidiennes, que ce soit avec de simples connaissances, les amis, les amoureux, les proches ou les collègues de travail.

9.2.1 Les connaissances

Les connaissances sont des personnes sur qui on détient certaines informations (par exemple, leur nom, leur profession, etc.), mais avec qui les interactions sont de qualité limitée ne permettant pas le partage d'intimité et d'implication personnelle. Il peut s'agir, entre autres, d'un vendeur ou d'un voisin, d'un collègue, d'un étudiant avec qui l'on interagit peu souvent et de façon généralement superficielle. À moins de souhaiter qu'une connaissance devienne un ami, on ne fera rien de spécial pour connaître davantage cette personne, préférant laisser le hasard organiser nos rencontres. D'ailleurs, les gens qui partagent un réseau social comme Facebook sont-ils des amis (comme l'expression populaire le dit) ou des connaissances ?

9.2.2 **Les relations amicales**

Un certain nombre de nos connaissances deviennent des amis. Les amis s'acceptent mutuellement, se confient l'un à l'autre, se font confiance pour ne pas divulguer leurs confidences réciproques, se soutiennent affectivement, ont des centres d'intérêt communs et s'attendent à ce que leur relation dure dans le temps (Blieszner et Adams, 1992). C'est aux amis les plus proches que l'on confie habituellement ses pensées, ses besoins et ses sentiments les plus intimes. La valeur d'une amitié se mesure plus souvent dans l'adversité que dans la facilité. Les amis sont-ils disponibles quand on a besoin d'eux et que l'on traverse une période difficile?

Il y a cinq habiletés relationnelles principales à acquérir pour entretenir une amitié. Premièrement, il faut faire preuve d'initiative pour passer du temps avec ses amis. On crée des occasions d'échanger, que ce soit en personne ou en ligne. Deuxièmement, lors des échanges, on évite d'être égoïstement centré sur soi-même; on s'intéresse à l'autre en étant sensible à ses idées, à ses besoins et à ses émotions. Troisièmement, il faut être disposé à révéler des informations personnelles sur soi-même et à écouter les confidences de ses amis. Quatrièmement, chacun doit offrir son soutien affectif à l'autre, surtout dans les moments où celui-ci se sent plus vulnérable psychologiquement, car les vrais amis s'entraident et s'encouragent mutuellement. Finalement, il est important de gérer les conflits en tenant compte des besoins de chaque partenaire (Goodby et Myers, 2008).

Partager un repas permet souvent de mieux connaître une personne.

À mesure qu'une amitié évolue et devient plus intime, la connaissance de l'autre personne et la confiance que l'on a en elle augmentent de façon réciproque. Le modèle en six étapes élaboré par William K. Rawlins (1983a) illustre la manière dont les amitiés évoluent (*voir la figure 9.1*).

| FIGURE 9.1 | Le modèle de l'amitié en six étapes de Rawlins |

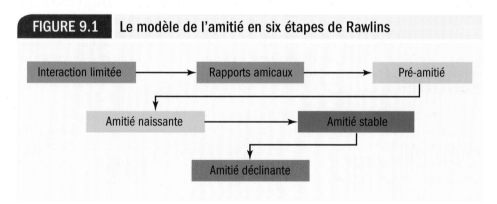

Selon Rawlins, l'amitié commence par une interaction limitée au cours de laquelle deux individus établissent un contact initial dans un certain contexte (par exemple, aux études ou au travail). À ce stade, on ignore si notre relation va grandir, et notre comportement est hésitant. La deuxième étape, celle des rapports amicaux, permet de vérifier si l'on possède suffisamment de points communs pour bâtir une relation. Pratique-t-on les mêmes loisirs? Au cours de la troisième étape, celle de la pré-amitié, on met de côté les règles sociales et les jeux de rôles conventionnels en dévoilant des renseignements personnels banals pour indiquer à l'autre que l'on souhaite que nos liens s'approfondissent. On l'invite dans une circonstance autre que celles qui résultent d'un heureux hasard (par exemple, au restaurant ou à une fête). Si l'autre personne réagit positivement à notre désir de nouer une

Les amis partagent souvent une activité commune.
Quels types d'activités faites-vous avec vos amis ?

amitié, on amorce la quatrième étape de l'amitié naissante et l'on commence à se considérer mutuellement comme des amis. On planifie des activités communes et nos interactions deviennent plus régulières. La cinquième étape de l'amitié stable commence lorsqu'on décide que notre amitié est sûre et se poursuivra. On se fait confiance et nos comportements reflètent une loyauté réciproque. Les amis fidèles s'engagent l'un envers l'autre, ils partagent les bons moments ainsi que les périodes difficiles. Ceux qui s'éloignent l'un de l'autre entrent dans la sixième étape qui est celle de l'amitié déclinante. Ce phénomène peut arriver lorsque l'amitié est considérée comme assurée ou qu'un partenaire ou les deux y investissent moins de temps et d'énergie. Il arrive que le travail ou des obligations personnelles ou familiales fassent obstacle à la relation. Comme une amitié ne s'entretient pas d'elle-même, elle peut se briser.

9.2.3 Les relations amoureuses

L'amour romantique est différent de l'amour que l'on éprouve pour ses amis ou ses proches. Bien qu'au Québec les statistiques indiquent encore que plus de la moitié des mariages se soldent par un divorce, quand on contracte une union civile ou un mariage, on s'attend à ce que la relation dure toujours. En fait, c'est cette attente qui distingue justement une relation amoureuse des autres types de relations.

Les trois caractéristiques propres aux relations amoureuses sont l'engagement (l'intention de poursuivre la relation même en cas de difficulté), la passion (une attirance intense qui pousse à vouloir être avec l'autre) et l'intimité (un sentiment soutenu d'ouverture de soi et de complicité). Bien que ces caractéristiques puissent être présentes isolément, il les faut toutes les trois en plus d'un certain climat de confiance pour nourrir une relation amoureuse (Sternberg, 1988). Les différentes combinaisons possibles des trois éléments donnent huit types d'amour (*voir la figure 9.2*).

FIGURE 9.2   **La théorie triangulaire de l'amour de Sternberg**

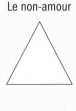
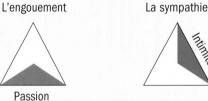

Comme l'amitié, la relation amoureuse suit des étapes qui reflètent le type d'intimité partagé par les deux partenaires ainsi que la perception de chacun d'entre eux concernant le degré d'ouverture de soi qui existe dans la relation. Nous y reviendrons dans la partie sur les stades de la relation.

9.2.4 Les relations familiales

La plupart des premières relations que l'on établit s'inscrivent dans un contexte familial. Les membres d'une même famille s'influencent mutuellement tout en essayant de comprendre la nature de leurs liens. Ils nourrissent des attentes mutuelles comme recevoir un soutien affectif et unir leurs efforts pour préserver l'unité familiale. Certaines responsabilités, telles que gagner de l'argent, entretenir la maison, gérer les finances, s'occuper des enfants, peuvent être réparties entre les membres ou assumées par un seul. Dans les familles saines, les rôles de conjoint, de pourvoyeur, de parent, de grand frère se transforment à mesure que les membres de la famille grandissent, évoluent et entament diverses périodes de leur vie.

On attend d'une relation amoureuse qu'elle dure toute la vie.

Les règles qui régissent les interactions familiales contribuent à réguler les comportements de chaque membre. Elles révèlent la division des tâches au sein de la famille : qui est responsable de quoi, et ainsi de suite. Pour s'épanouir dans une telle relation, il faut soit suivre les règles qui gouvernent le comportement de chaque membre, soit les renégocier avec succès.

Lorsqu'une famille communique de manière efficace, ses membres se soutiennent affectivement et physiquement, se confient leurs sentiments et leurs pensées, comblent leurs besoins réciproques et manifestent de la souplesse et une volonté de s'adapter au changement.

Par contre, lorsque la communication est dysfonctionnelle – quand les membres s'avèrent incapables d'exprimer adéquatement leurs sentiments ou leurs besoins ou que les messages échangés incitent à la violence physique, sexuelle ou psychologique –, les relations en souffrent et se dégradent (Vangelisti, *et al.,* 2007).

La composition des familles nord-américaines ne cesse d'évoluer. La famille nucléaire, formée d'un époux, d'une épouse et de leurs enfants biologiques, ne constitue plus la norme aujourd'hui. Désormais, il existe une multitude de types familiaux. En premier lieu, il y a la famille monoparentale, constituée d'un parent, généralement la mère et de un ou de plusieurs enfants. En 2006, ce type de famille a augmenté de 7,8 % au Canada. Malgré la dominance féminine, le nombre de familles monoparentales dont le chef est un homme a augmenté de 14,6 % comparativement à celle des familles monoparentales dont le chef est une femme (+ 6,3 %). La garde des enfants est aujourd'hui moins souvent accordée exclusivement à la mère et la formule de la garde conjointe des enfants gagne en popularité (Statistique Canada, 2006). Nous retrouvons ensuite les couples, deux adultes cohabitant sans enfant ; la famille recomposée, qui héberge deux adultes souvent séparés et un ou plusieurs enfants issus d'unions précédentes et parfois un nouvel enfant conçu par le nouveau couple ; les conjoints de fait avec enfants ; la famille adoptive, dans laquelle un adulte ou les deux adoptent un ou plusieurs enfants ; la famille gaie ou lesbienne, dans laquelle deux adultes du même sexe vivent ensemble avec ou sans enfants adoptés ou biologiques ; et la famille étendue, dans laquelle des membres de plusieurs générations vivent ensemble, modèle qui a prédominé bien avant la famille nucléaire.

Les problèmes de communication et de conflit de rôles peuvent varier selon les types familiaux. Dans la famille monoparentale, par exemple, l'aîné se voit parfois attribuer des responsabilités «adultes» revenant habituellement au parent «absent» (tâches ménagères, soins des enfants plus jeunes). Dans la famille recomposée, le rôle de la belle-mère ou du beau-père crée souvent des conflits d'autorité. Lors d'une garde partagée, les règles des deux familles se contredisent souvent: «Ma mère me permet de rentrer à minuit, mais ma belle-mère me l'interdit.»

Les membres de ces nouvelles familles doivent s'adapter à des réalités quotidiennes différentes de celles de la famille nucléaire, cette dernière n'étant pas garante pour autant d'absence de difficultés relationnelles. L'exercice 9.1 vous permettra de prendre conscience des différents types de familles.

EXERCICE 9.1 | **En pratique**

Quel est votre type de famille?

En petits groupes, discutez des différents types de familles dans lesquelles vous vivez.

1. Dans votre groupe, combien d'entre vous sont issus d'une famille nucléaire?

2. Quels genres de relations avez-vous avec les adultes, qu'ils soient vos parents ou vos beaux-parents?

3. Quelle importance accordez-vous à vos frères et sœurs? à vos demi-frères et demi-sœurs?

4. Quelle est votre conception de la famille idéale?

Contrairement aux générations passées, les jeunes Américains d'aujourd'hui se marient plus tard. Environ trois quarts des hommes et deux tiers des femmes dans la vingtaine ne sont pas encore mariés. Le déclin de popularité du mariage se traduit par une augmentation du nombre de conjoints de fait. En 2007, pour la première fois, plus de la moitié des foyers américains se composait d'adultes non mariés (Jayson et De Barros, 2007). De ce côté-ci de la frontière, c'est le nombre de couples vivant en union libre qui a crû le plus rapidement depuis 2001. Il a en effet grimpé de 18,9%, soit une croissance cinq fois plus élevée que celle des couples mariés qui, elle, n'a été que de 3,5% (Statistique Canada, 2006).

9.2.5 Les relations professionnelles

Les amitiés influent sur le bien-être tant des individus que des organisations. Même au travail, on établit des réseaux d'amis dont on profite à l'intérieur comme à l'extérieur des murs de l'entreprise (Gibbons et Olk, 2003). En fait, le lieu de travail devient éventuellement le lieu de rencontre amoureuse privilégié, après le collège ou l'université. En effet, le travail permet le rapprochement entre des personnes ayant les mêmes intérêts professionnels et possédant des aptitudes et des connaissances semblables. Nous verrons dans la section suivante que la similarité est un facteur d'attraction. Travailler dans une organisation amène souvent à nouer des relations interdépendantes avec d'autres membres. Lorsqu'on sait comment bâtir des relations interpersonnelles au travail, on favorise à la fois sa propre croissance et celle de l'organisation. La notion du travailleur farouchement individualiste est maintenant dépassée; celui-ci a été remplacé par le «membre de l'équipe» – une personne capable de travailler avec un ou plusieurs employés (Barker, 1999).

Une entreprise se bâtit entre autres sur les relations que ses membres tissent entre eux. Les habiletés relationnelles sont d'ailleurs un critère de sélection dont on constate de plus en plus l'importance dans les offres d'emploi. Par contre, c'est aussi sur les lieux de travail que naît un grand nombre de difficultés relationnelles (*voir le chapitre 10*).

Chacune de nos relations interpersonnelles remplit une fonction différente. Par exemple, qu'il s'agisse d'une relation professionnelle entre un médecin et son patient, entre un professeur et un étudiant, ou d'une relation amoureuse entre un mari et sa femme, chacun de ces liens exige de multiples actions et se caractérise par des modèles de communication uniques. Certaines relations professionnelles, comme celle unissant un thérapeute et son patient ou un employeur et son employé, dépendent de la capacité de chacun de coordonner ses actions avec celles d'une autre personne afin de pouvoir mener à bien un projet commun (par exemple, soigner une phobie) ou une tâche collective (par exemple, augmenter le chiffre d'affaires de l'entreprise). Plusieurs relations sociales protègent de la solitude en procurant de l'intimité, de l'amitié, de la sécurité. Après avoir vu les différents types de relations interpersonnelles, voyons maintenant différents facteurs expliquant pourquoi on est plus attiré vers certaines personnes que vers d'autres. Voyons ce qui fait qu'une personne nous apparaît sympathique ou antipathique.

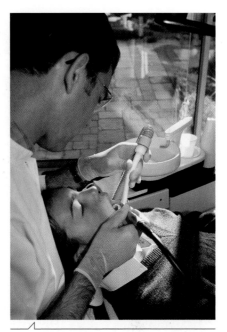

Les relations entre un dentiste et un client sont-elles interpersonnelles ou impersonnelles selon vous?

9.3 Les facteurs d'attraction

Pourquoi sommes-nous attirés par une personne et non par une autre? Pourquoi adoptons-nous une attitude positive envers une personne et négative envers une autre? Des chercheurs ont tenté de répondre à ces questions en dressant la liste des variables qui influencent le degré d'attraction qu'une personne éprouve envers une autre (Berscheid et Walster, 1969). L'apparence (ce n'est pas étonnant), la proximité, la similarité, la complémentarité et le renforcement constituent des déterminants de l'attraction qui reviennent constamment dans leurs recherches.

9.3.1 L'apparence

Le premier type d'information que l'on reçoit, quand on interagit avec quelqu'un, est son apparence physique (beauté, allure générale, vêtements, coiffure, etc.). En général, on préfère les personnes séduisantes. Plusieurs études démontrent qu'on leur associe des caractéristiques comme l'intelligence, la popularité et une personnalité agréable. Elles obtiennent plus facilement ce qu'elles veulent, que ce soit de l'aide ou un meilleur emploi. Bien sûr, un jugement sur ce qui est beau et sur ce qu'est une personnalité agréable demeure subjectif (Prager, 1994). Toutefois, l'importance de l'apparence physique tend à s'amenuiser à mesure que la première impression passe et que la relation évolue (Albada, 2002).

9.3.2 La proximité

Vivre ou travailler dans le voisinage d'une personne maximise les occasions d'interagir, de bavarder, de faire des activités similaires et donc de tisser des liens. Plus deux personnes sont proches physiquement, plus elles seraient susceptibles

La proximité peut susciter toute une gamme d'émotions allant de l'attraction à l'antipathie.

d'être attirées l'une vers l'autre et d'établir une relation significative, que ce soit sur le plan amical, amoureux ou professionnel. En toute justice, cependant, nous devons aussi étudier l'effet négatif de la proximité, surtout si elle n'est pas choisie. Selon Ellen Berscheid et Elaine Hatfield (1978), les gens qui vivent dans une proximité physique sont plus susceptibles de se détester si les premières impressions sont négatives. Ainsi, selon ces auteurs, bien que la proximité soit une condition préalable à l'attraction, elle peut aussi bien constituer un facteur déterminant de la haine. Qu'en pensez-vous? Comment appliquer ce principe aux 33 mineurs chiliens emprisonnés sous terre dans une proximité imposée par les circonstances? Dans un autre ordre d'idées, l'encadré 9.3 présente une réflexion sur la place de la proximité dans le monde virtuel.

COMMUNIC@TION

LES DIFFÉRENCES ENTRE LES COMMUNICATIONS EN FACE À FACE ET EN LIGNE

ENCADRÉ 9.3

La technologie et Internet permettent de nouer, de maintenir et de rompre des relations à distance. Beaucoup d'entre nous entretiennent même des cyberrelations amoureuses (Wildemuth, 2001). La popularité des sites de rencontre montre que les services en ligne sont en train de redéfinir la façon dont les gens, de plus en plus occupés, abordent les rapports amoureux (Peterson, 2003).

Les différences entre la communication en face à face et celle en ligne peuvent influer sur l'évolution d'une relation, qu'il s'agisse d'une idylle ou d'une amitié. Mais quelles sont les principales différences et comment nous influencent-elles?

- D'abord, lors d'une cyberconversation, on ne voit pas l'interlocuteur, à moins d'utiliser une caméra.

- Comme il est impossible de voir les réactions non verbales accompagnant ses paroles, les risques de mauvaise interprétation des messages augmentent.

- Parce que l'on contrôle le rythme des interactions virtuelles, la spontanéité et la rétroaction immédiate

qui caractérisent la communication en face à face sont absentes.

- En n'ayant pas accès à autant d'informations (verbales et non verbales) que lors des échanges en face à face, il devient plus difficile de décider d'accorder ou non sa confiance à l'interlocuteur en ligne.

- Comme le temps constitue une ressource rare, les précieuses minutes que l'on prend pour les échanges virtuels empiètent sur celles que l'on consacrait auparavant à des relations réelles. Séduits par une scène sociale virtuelle active, certains internautes réduisent ainsi leurs interactions traditionnelles, et d'autres, souffrant de cyberdépendance, vont même jusqu'à les supprimer.

- Il est facile pour un imposteur de nouer des relations en ligne en dissimulant sa propre identité.

- Enfin, plutôt que de favoriser une perception exacte, les parties sont davantage portées à se percevoir mutuellement en fonction de leurs désirs ou de leurs besoins (McQuillen, 2003).

9.3.3 La similarité

On est très souvent attirés par les gens qui ont des attitudes et des centres d'intérêt semblables aux nôtres et qui nourrissent les mêmes préférences et aversions que nous. Dans la même lignée, on aime généralement les gens qui partagent notre opinion plus que ceux qui s'y opposent, surtout si les questions abordées nous paraissent fondamentales ou significatives. En fait, la similarité est un facteur de validation sociale qui renforce notre estime de soi, car nos «semblables» nous confirment notre propre valeur.

9.3.4 La complémentarité

Les études démontrent cependant que l'on ne cherche pas uniquement des copies conformes de nous-mêmes. En fait, la complémentarité, autre déterminant de l'attraction, laisse croire précisément le contraire. Au lieu d'être attirés par les personnes qui nous ressemblent, on l'est souvent par des personnes différentes de nous sous un ou plusieurs aspects. Ainsi, une femme dominatrice recherchera un homme docile, et un homme timide, une femme très sociable. Les gens différents que l'on fréquente nous permettent de combler nos lacunes, d'acquérir des connaissances, de vivre de nouvelles expériences et de découvrir des centres d'intérêts. Quel dicton semble le plus véridique à vos yeux: «Qui se ressemble s'assemble» ou «Les contraires s'attirent»?

9.3.5 La compensation

La compensation, un type de renforcement, constitue un autre facteur qui figure dans presque toutes les théories sur l'attraction interpersonnelle. On est attirés par les personnes qui récompensent et encouragent nos comportements, nous louangent et nous aiment, alors que l'on ressent de l'antipathie pour les détracteurs qui critiquent et dénigrent nos actions, qui s'opposent à nous et nous détestent. Il va de soi que l'excès de renforcement peut avoir l'effet inverse: si une personne nous couvre de trop d'éloges, on s'interroge éventuellement sur sa sincérité et ses motivations.

9.3.6 L'humour

Les femmes seraient plus attirées par les hommes drôles. Les recherches de Bressler et Balshine ont effectivement confirmé que l'humour est un facteur d'attraction important qui joue en faveur des hommes (citées dans Guéguen, 2006). Dans ces recherches, des femmes devaient regarder une vidéo dans laquelle des hommes se présentaient soit sobrement soit avec humour. Le même homme était considéré comme plus séduisant lorsqu'il se présentait avec humour. Les femmes pensaient alors qu'il était plus intelligent, sociable et créatif. Les blagues grossières, les farces et attrapes de même que l'humour noir n'étaient toutefois pas appréciés. En d'autres termes, l'humour séduit, mais il faut bien choisir ses blagues. Par contre, il semble que les hommes soient moins sensibles à l'humour féminin dans un contexte de séduction (Dortier, 2010). Afin de prendre conscience de vos propres facteurs d'attraction, faites l'exercice 9.2.

EXERCICE 9.2 | **Mieux se connaître**

Les facteurs personnels d'attraction

Décrivez comment les différents facteurs d'attraction (l'apparence, la proximité, la similarité, la complémentarité, la compensation, l'humour) influent sur vos relations.

Classez ces facteurs en fonction de leur importance pour vous.

Pensez à une personne qui, selon vous, éprouve une attirance envers vous. À quelles qualités personnelles attribuez-vous cette attirance?

9.4 Les dimensions de la relation

Il n'y a pas deux interactions identiques, et ce qui les différencie, ce sont les dimensions des relations, soit d'abord l'étendue et la profondeur, la confiance mutuelle ainsi que les types de conversations.

9.4.1 L'étendue et la profondeur

Toute relation peut être décrite en fonction de deux concepts : son étendue et sa profondeur. Alors que l'**étendue** concerne l'éventail des sujets de conversation abordés, la **profondeur** désigne l'importance de ces sujets en regard du concept de soi et du désir de partager un contenu plus intime.

Le **modèle d'imbrication sociale** élaboré par les psychosociologues Irwin Altman et Dalmas Taylor (1973) est illustré à la figure 9.3. Ce modèle repose sur l'idée qu'au début d'une relation, l'ouverture de soi est relativement peu importante à cause de l'étendue (quantité minime de sujets abordés) et de la profondeur (piètre qualité des informations personnelles transmises). Plus les relations deviennent intenses et intimes, plus leur étendue et leur profondeur s'accroissent. Les rapports humains évoluent donc par paliers, puisque les partenaires abordent un nombre de sujets croissant et passent des sujets superficiels (la périphérie du cercle) à des sujets très personnels (le centre du cercle).

Le modèle d'Altman et Taylor est utile pour un certain nombre de raisons. En premier lieu, il aide à visualiser la nature de nos relations en fonction des sujets que l'on aborde et du dévoilement dont on fait preuve au cours de nos échanges. En second lieu, il explique pourquoi certaines relations semblent plus solides que d'autres. La figure 9.4 propose un exercice basé sur ces concepts. À l'aide de flèches, montrez le contraste entre l'étendue et la profondeur de l'une de vos relations superficielles et de l'une de vos relations plus intimes.

L'ouverture de soi

La nature et la quantité d'informations que l'on divulgue à l'autre influent sur la solidité et la qualité de la relation. Quand on confie des informations personnelles significatives et encore inconnues, on augmente l'étendue et la profondeur des renseignements que les autres possèdent sur nous ainsi que leur faculté de comprendre notre manière de fonctionner. L'**ouverture de soi** désigne l'habileté à dévoiler délibérément des renseignements confidentiels sur soi. En général, le degré d'ouverture de soi avec quelqu'un est un indicateur du désir de proximité. Par ailleurs, quand une relation commence à battre de l'aile, l'étendue, de même que la profondeur de l'ouverture de soi des partenaires déclinent. Ceux-ci évitent alors certains sujets et abordent les autres en superficie seulement. Ces changements signalent que les partenaires deviennent moins personnels ou intimes et que le processus de désengagement ou de retrait est amorcé. L'ouverture de soi reflète donc l'état de santé d'une relation. Lorsqu'elle est réciproque et honnête, les partenaires se sentent plus en sécurité dans la relation et sont à l'aise de partager leur intimité.

La vie privée

Si le modèle d'imbrication sociale met en lumière l'étendue et la profondeur des informations que l'on est prêt à dévoiler à divers partenaires, la **théorie de la gestion de la vie privée** (Petronio, 2003) traite plutôt de l'établissement de frontières

---

Étendue

Nombre et choix de sujets abordés avec l'autre

Profondeur

Mesure de l'importance des sujets abordés avec l'autre en regard du concept de soi

Modèle d'imbrication sociale

Modèle décrivant une relation interpersonnelle selon son étendue (quantité de sujets de conversation) et sa profondeur (qualité des sujets de conversation)

Ouverture de soi

Habileté à révéler délibérément à l'autre des renseignements sur soi auxquels celui-ci n'aurait pas accès autrement

Théorie de la gestion de la vie privée

Théorie qui traite de l'établissement de frontières physiques et psychologiques que les autres peuvent ou non franchir

FIGURE 9.3	L'étendue et la profondeur des relations

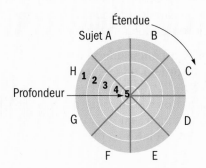

Exemples de sujets (étendue)

A. Loisirs
B. Objectifs professionnels
C. Relations amicales
D. Relations familiales
E. Santé
F. Relations amoureuses
G. Secrets
H. Concept de soi

FIGURE 9.4	Les relations superficielles et les relations intimes

Couches (profondeur)

1. Couche superficielle
(nourriture, vêtements, préférences)

2. Couche impersonnelle
(emploi, éducation)

3. Couche intermédiaire
(tendances politiques, opinions sociales)

4. Couche plus personnelle
(buts, valeurs, croyances, peurs, secrets, rêves)

5. Couche la plus intime
(le moi profond, le concept de soi)

personnelles entre les gens. Dans chacune de nos relations, on effectue un « calcul mental » afin de décider si l'on devrait dévoiler ou non telle ou telle information à notre partenaire (Petronio, 2007). Si, à certains moments, vous décidez de garder pour vous une information (zone cachée) que votre partenaire voudrait connaître, ce désaccord peut entraîner une **turbulence des frontières**. Quels facteurs peuvent vous inciter à sécuriser une frontière ou à l'effacer ? Si l'on découvre qu'un ami parle dans notre dos ou trahit notre confiance, on sera plus réticent à lui dévoiler des renseignements personnels, ce qui augmente la probabilité que cette relation se fragilise ou même se termine.

Turbulence des frontières
Tension qui existe entre deux partenaires qui ne s'accordent pas sur les règles de gestion de la vie privée

9.4.2 La confiance

Toute relation peut rencontrer des difficultés à un moment ou à un autre. Trahir la confiance de quelqu'un est une perturbation importante. Faire confiance à quelqu'un, c'est s'assurer que l'autre se conduira d'une manière prévisible et désirable, que son comportement sera conforme à nos attentes et qu'il n'utilisera pas contre nous nos informations personnelles. Vous serez confiant ou méfiant envers quelqu'un selon ce que vous avez vécu lors de relations antérieures. Si vos rapports antérieurs ont été renforcés par un sentiment de confiance, vous serez porté à continuer dans le même sens. Par contre, si vos interactions passées vous ont déçu à cause d'une trahison par exemple, vous risquez de ressentir de la méfiance envers autrui. La confiance crée un paradoxe : pour pouvoir faire confiance, il faut être prêt à courir le risque de s'ouvrir à l'autre. Or, il se peut que l'on soit déçu si l'autre nous trahit ou nous juge. Mais si l'on ne prend pas ce risque, on ne saura jamais si l'on avait raison ou non de se fier à cette personne (Rempel et Holmes, 1986). Le degré de confiance que vous allez accorder au récepteur qui reçoit vos confidences, sans vous blesser ni faire du tort à votre relation, correspond à votre niveau de tolérance à la vulnérabilité (qui varie d'une personne, d'un sujet et d'une situation à l'autre).

Le chercheur William K. Rawlins (1983b) a conçu une matrice qui permet d'analyser le degré de confiance que l'on accorde à différentes personnes aux divers stades d'une relation (*voir la figure 9.5*). Cette matrice peut être utilisée pour déterminer lesquelles de nos interactions sont plus stables ou plus solides, car une relation dans laquelle les partenaires ne se font pas facilement confiance est en difficulté. Laquelle de vos relations placeriez-vous dans chaque catégorie ? Pourquoi ?

FIGURE 9.5 La matrice de Rawlins sur la confiance

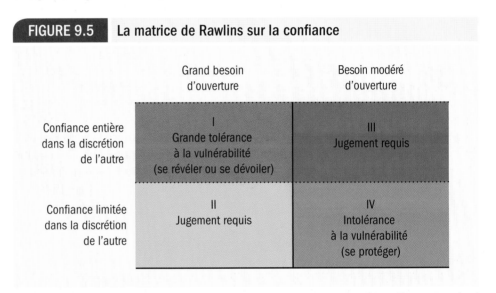

Source : RAWLINS, W. K. (1983b, mars). Openness as problematic in ongoing friendships: Two conversational dilemmas. *Communication Monographs, 50,* 11. Reproduction autorisée par Taylor & Francis Group, LLC, www.taylorandfrancis.com.

Les relations perturbées donnent souvent lieu à l'émission de messages blessants qui visent intentionnellement à déstabiliser ou à faire souffrir l'autre et entravent encore plus sa confiance. Si les messages reçus sont excessifs et que l'on peut difficilement les ignorer ou les oublier, ils empoisonnent la relation en empêchant toute intimité et satisfaction futures.

Comment réagir à un message blessant ? Selon les chercheurs Vangelisti et Crumley (1998), plus un message est blessant, moins on risque d'être capable d'y répondre à cause de l'intensité émotionnelle qu'il peut provoquer. Inversement, moins le message est offensant, plus il y a de chances qu'on puisse y répondre activement sans se laisser submerger émotionnellement. Lorsque la relation est saine et satisfaisante, il est probable que les partenaires réagiront de façon dynamique aux messages blessants. Qu'une relation soit saine ou dysfonctionnelle, elle évolue toujours en suivant différentes étapes. Nous verrons dans la prochaine section les déterminants de l'évolution d'une relation ainsi que les stades de celle-ci. Nous aborderons également les étapes d'une relation dysfonctionnelle.

9.4.3 La conversation

Selon Robert E. Nofsinger (1991), presque toutes nos actions impliquant d'autres personnes s'appuient sur la conversation. On parle pour entrer en relation, et les échanges verbaux ponctuent toute notre vie. Parler représente la pierre angulaire de toute relation : qu'elle soit nouvelle, stable ou sur le point de se terminer (Cameron, 2000).

En général, plus on passe de temps à parler de notre journée avec nos partenaires relationnels, plus notre relation est saine (Vangelisti et Banski, 1993). La plupart des conversations suivent un modèle en cinq étapes, et leur durée peut varier. Il s'agit de : 1) l'entrée en matière, 2) les attentes, 3) la définition de l'objectif, 4) le retour sur les propos antérieurs, et 5) la clôture. L'entrée en matière comporte généralement une formule de salutation verbale (« Bonjour ») et non verbale (poignée de main). Vous vous présentez, posez une question ou faites un commentaire pertinent. Si vous êtes en ligne, vous pouvez amorcer la conversation avec une formule de salutation agrémentée d'une binette. À l'étape des attentes, vous pouvez recourir à la **communication phatique** : « Que fais-tu de bon ? », « Comment vas-tu ? », ou vous pouvez parler du temps qu'il fait. La troisième étape consiste à expliquer votre but ou votre intention en énonçant des faits – « Je suis inscrit à deux cours de psycho avec Gabriel et je veux l'aider dans ses travaux » –, des opinions – « Je suis d'accord avec l'idée de Gabriel » –, ou des sentiments – « Je suis vraiment attirée par Gabriel ». La quatrième étape permet, quant à elle, de revenir sur ce dont vous avez parlé, par exemple : « Es-tu d'accord avec les idées de Gabriel seulement parce que tu es amoureuse de lui ? » Au dernier stade de la conversation, vous concluez et prenez congé de l'autre en recourant, ici encore, à des messages verbaux ou non verbaux.

Communication phatique
Échange de banalités, de clichés destiné à maintenir les canaux de communication ouverts

Dans une conversation, on s'attend à ce que les deux locuteurs parlent et écoutent à tour de rôle. En étant successivement émetteur et récepteur, en alternant la prise de parole ou en refusant de le faire (silence ou interruption), on influence la direction des échanges et des relations. Certains signes non verbaux peuvent indiquer à l'autre qu'on a fini de commenter et qu'on lui cède la parole. Par ailleurs, si l'on ne tient pas compte des messages verbaux et non verbaux de l'interlocuteur lorsqu'il demande un tour de parole et que l'on continue de dominer la conversation (mise en vedette), cela augure mal de l'avenir de notre relation.

L'habileté à alimenter une conversation, en recourant peut-être à des techniques d'ouverture de soi pour amener l'autre à y prendre part, augmente les chances de voir les échanges évoluer vers une amitié (Shafer, 1993). Nous allons maintenant explorer deux contextes conversationnels particuliers : les rumeurs et les mensonges.

Les rumeurs

Un moulin à rumeurs est le réseau sur lequel se répandent des informations dont la véracité demeure incertaine. Lorsqu'on parle à quelqu'un d'une personne absente, on a beau croire que l'on ne fait que papoter, en fait, on participe au commérage. Pourquoi les humains passent-ils autant de temps à répandre des potins sur leurs semblables ? Si le commérage est aussi prédominant dans notre société, c'est peut-être parce qu'on en est devenu dépendant. Les sociologues estiment que les ragots constituent les deux tiers de tous les échanges verbaux. Les commérages ciment les relations en nous introduisant dans des cercles intimes où l'on recueille encore plus d'informations intéressantes à propager. Lorsqu'on transmet un potin, on indique à notre interlocuteur que l'on se fie à lui pour ne pas utiliser cette information contre nous (McAndrew, Bell et Garcia, 2007). De quoi parlent les hommes et les femmes lorsqu'ils potinent ? L'exercice 9.3 vous propose une réflexion à ce sujet.

EXERCICE 9.3	Mieux se connaître

Le potinage selon le sexe

Les énoncés suivants sont-ils des sujets de potinage masculin ou féminin ?

  1. Collègues de travail   H ou F
  2. Santé   H ou F
  3. Problèmes professionnels   H ou F
  4. Politique   H ou F
  5. Sports   H ou F
  6. Relations amoureuses et sociales   H ou F
  7. Sexualité   H ou F
  8. Voisinage   H ou F
  9. Mode   H ou F
 10. Vie des artistes   H ou F

Comparez maintenant vos réponses avec celles des autres étudiants. Qu'est-ce qui différencie les potins racontés par les femmes de ceux racontés par les hommes ? Pourquoi ? Quels sont les sujets de potinage entre un homme et une femme ?

Une proportion des ragots colportés tant par les hommes que par les femmes va plus loin qu'une simple vérification de leurs perceptions ou que l'annonce anodine d'un mariage ou d'une naissance. Dans l'esprit de l'émission *Beautés désespérées,* les papotages englobent aussi des conjectures sur les faits et gestes d'amis, de politiciens, de vedettes de cinéma, d'athlètes célèbres ou de proches. La commère émet des hypothèses sur le comportement d'un absent et propage des rumeurs malveillantes ou des informations fausses sur la personne. Par conséquent, si faire des commérages lui confère un sentiment d'importance éphémère, il est probable aussi que cela nuira à sa réputation (Turner, *et al.,* 2003). Divulguer des potins est risqué pour une relation, en particulier lorsque ceux-ci sont faux. En effet, les mensonges et les messages équivoques peuvent blesser et mettre en péril une relation, puisqu'ils sont généralement mal intentionnés et mal interprétés.

Les mensonges et les messages équivoques

De nos jours, on modifie numériquement des photos afin d'influer sur la perception des gens. De grands gestionnaires de fonds de placement (par exemple, Vincent Lacroix, Earl Jones) ont été accusés de tromper les actionnaires et le public, des journalistes inventent des histoires, et l'industrie du divertissement conçoit certaines émissions de téléréalité sur la capacité des participants à mentir.

Les mensonges ne sont pas exclusivement l'apanage du monde artistique ou politique, puisque l'on ment souvent dans nos échanges quotidiens. On peut tous admettre avoir déjà menti à nos parents, à un professeur, à un patron, à un ami ou à soi-même. La sincérité et le mensonge sont deux manières d'entrer en relation, que l'on utilise pour parvenir à nos fins (Knapp, 2008). Est-il immoral de mentir consciemment ? Y a-t-il des occasions où vous préféreriez que l'on vous mente ?

Différents types de mensonges existent selon l'objectif poursuivi. Un **mensonge déloyal** est la divulgation délibérée d'une information que l'on sait fausse ou incomplète. On peut aussi mentir par omission, ce qui consiste à cacher délibérément des informations pertinentes, amenant ainsi les autres à tirer des conclusions erronées. Par exemple, vous rencontrez un collègue de classe absent au dernier cours, qui vous demande: «Est-ce qu'il y avait un devoir à faire?» Parce que vous ne l'aimez pas, vous lui répondez «Non», alors qu'en réalité il y a un travail qui compte pour 15% à remettre au prochain cours. Lorsqu'on ment par commission (ou calomnie), on ajoute plutôt délibérément des renseignements que l'on sait être faux. Par exemple, vous pouvez prétendre avoir vu la copine d'un collègue que vous trouvez séduisant embrasser un autre gars alors qu'il n'en est rien.

Selon certains chercheurs, le mensonge sert à plusieurs fins. En effet, on ment pour continuer à combler ses besoins d'inclusion, de contrôle et d'affection, pour renforcer ou affaiblir des affiliations, pour protéger son estime de soi et pour atteindre des buts personnels (Camden, Motley et Wilson, 1984).

Le plus souvent, les mensonges profitent à leur auteur. Une fraction des mensonges vise toutefois à protéger le ou les récepteurs, ce que l'on appelle un **mensonge de politesse**. Répondre à sa mère, qui demande si l'on a aimé son souper, que c'était excellent, alors que l'on pense exactement le contraire en est un. On a parfois recours à l'**ambiguïté**, c'est-à-dire à un langage confus utilisé pour se dérober ou éviter de révéler à l'autre une vérité déplaisante. Par exemple, dire à une amie, qui nous demande notre avis sur son nouveau *look,* que celui-ci est «très spécial». En restant délibérément vague, on ménage les sentiments du récepteur et l'on ne culpabilise pas. Lorsqu'on demande aux gens s'ils préfèrent l'ambiguïté au mensonge, ils affirment qu'ils préfèrent entendre la vérité (Bavelas, *et al.,* 1990). Les croyez-vous?

Parfois, on utilise également l'**insinuation** dans le but de modifier le comportement de l'interlocuteur parce qu'on n'ose pas lui faire une demande directement. Par exemple, au lieu de dire clairement à quelqu'un: «Je ne veux pas que tu fumes chez moi», on utilise l'insinuation suivante: «Les effets de la fumée secondaire sont désastreux.» Ainsi, on suppose que l'autre va décoder notre message et se conformer à nos attentes.

Quel effet le mensonge a-t-il sur une relation une fois qu'il est dévoilé? La gravité et la fréquence des mensonges ainsi que la façon dont on apprend la vérité influencent sans doute la réaction que l'on a. Imaginez que vous entretenez une relation dans laquelle vous ne pouvez jamais vous fier aux paroles ou aux gestes de votre partenaire. L'information échangée dans cette relation ne revêt aucune valeur, et les sentiments exprimés n'ont pratiquement aucune signification. Comme Sissela Bok (1989) l'a observé, les personnes qui découvrent qu'on leur a menti sont pleines de rancœur, déçues et méfiantes. Elles ont le sentiment d'avoir été trompées et se méfient encore plus à l'avenir. Elles ont aussi tendance à passer en revue leurs croyances et actions passées à la lumière des mensonges découverts. Bien que fausser la vérité pour préserver une relation soit une pratique courante, en l'absence de confiance et de sincérité, ce n'est qu'une question de temps avant que ce lien ne se brise. De nombreuses ruptures s'expliquent par la découverte d'une tromperie majeure (*voir l'encadré 9.4, p. 208*). Selon vous, quel type de message équivoque les sauveteurs, dont on a parlé en début de chapitre, ont-ils utilisé pour sécuriser les mineurs chiliens? L'ambiguïté? Le mensonge par omission ou par commission? Le mensonge de politesse? Depuis que le gouvernement chilien a annoncé une compensation monétaire pour les mineurs rescapés, ceux-ci sont assaillis de toutes parts par des gens qui affirment être un cousin, un frère ou une maîtresse. Ces gens sont-ils tous honnêtes?

Mensonge déloyal
Le fait de divulguer volontairement des informations fausses, inventées ou exagérées (mensonge par commission) ou de propager des informations incomplètes (mensonge par omission)

Mensonge de politesse
Mensonge que l'on fait pour une raison moralement acceptable afin d'éviter de blesser l'autre

Ambiguïté
Message imprécis qui provoque la confusion chez l'interlocuteur, mais qui ne vise pas à modifier le comportement de celui-ci

Insinuation
Message imprécis d'avertissement ou de recommandation qui vise subtilement à obtenir une réaction particulière de l'interlocuteur

TOUT LE MONDE EN PARLE

LA VÉRITÉ BLESSE-T-ELLE ?

Une émission de télévision intitulée *Vérité choc*, diffusée au canal V, a laissé derrière elle une traînée de relations endommagées. Dans l'espoir de gagner beaucoup d'argent, les participants acceptaient de répondre en toute franchise à des questions personnelles devant des proches, des amis et leur conjoint ou conjointe. Ils pouvaient abandonner la partie à tout moment et garder l'argent gagné jusque-là s'ils décidaient de ne pas répondre à une question par peur de nuire à l'une de leurs relations. Toutefois, si le détecteur de mensonges indiquait qu'un participant mentait, il était éliminé et repartait les mains vides. Poussés par l'appât du gain, des participants ont admis entre autres avoir trompé leur conjoint, souhaité épouser quelqu'un d'autre et comptabilisé leurs conquêtes sexuelles. Quels sont les avantages et les désavantages d'une émission comme celle-ci selon vous ? Que se passe-t-il quand la vérité blesse vraiment ?

Dans d'autres émissions de téléréalité telles que *Prêt-à-changer*, *On a échangé nos mères* et *Remue-ménage*, les participants se mettent à nu, exposant leurs défauts devant des millions de téléspectateurs dans le but de devenir riches et célèbres tout en profitant des conseils de spécialistes pour résoudre gratuitement des problèmes personnels et familiaux. En réalité, ils lavent leur linge sale devant tout le monde. Sommes-nous devenus une nation d'exhibitionnistes qui ne craignent pas d'aborder des sujets ou d'adopter des comportements qui nous auraient fait mourir de honte autrefois ? En tant que téléspectateurs, sommes-nous voyeurs ? Est-ce que l'on se délecte à regarder des gens se conduire de manière abjecte simplement pour pouvoir se dire que « nous » ne ferions ou ne dirions jamais ça ?

9.5 L'évolution d'une relation

Une relation est dynamique lorsqu'elle évolue selon les interactions vécues, les messages véhiculés et les émotions ressenties. Différents facteurs expliquent cette progression, et nous en verrons deux plus en détail.

9.5.1 Les déterminants de l'évolution d'une relation

Personne ne peut prédire l'avenir d'une relation, mais certains critères peuvent en déterminer la durabilité. En effet, quand on rencontre quelqu'un pour la première fois, celui-ci est un inconnu en qui l'on a peu confiance. Si, en apprenant à le connaître, on arrive à diminuer cette incertitude, cela pourrait aider à prédire l'issue d'une future relation.

La réduction de l'incertitude

Théorie de la réduction de l'incertitude

Théorie qui stipule que les premiers instants d'une relation avec une personne inconnue sont toujours dominés par l'incertitude

Peu importe le degré d'intimité que l'on finit par atteindre avec une personne, on commence toujours d'abord par être des étrangers. Que visez-vous lorsque vous rencontrez quelqu'un pour la première fois ? Vous laissez-vous influencer par votre première impression ? La **théorie de la réduction de l'incertitude** suggère que les premiers instants d'une relation sont toujours dominés par l'incertitude (Maguire, 2007). Comme on préfère le connu à l'inconnu, un des objectifs communicationnels est de réduire l'incertitude à l'égard de cette nouvelle personne (Berger et Calabrese, 1975). Pour mieux comprendre un individu, on doit apprendre à le connaître. On veut découvrir sa personnalité et déterminer comment se comporter avec lui. Afin de réduire l'incertitude et d'augmenter la prévisibilité d'une relation interpersonnelle, on recourt à trois types de stratégies : 1) des stratégies passives, où l'on observe la personne discrètement pendant qu'elle fait une activité tout en interagissant préférablement avec d'autres ; 2) des stratégies interactives, où l'on communique directement avec la personne en lui posant des questions exploratoires pour l'encourager à parler d'elle-même ; et 3) des stratégies actives, où l'on se renseigne sur la personne auprès d'un tiers ou l'on s'arrange pour qu'une tierce personne nous observe pendant qu'on lui parle. Plus les interactions et les échanges se multiplient et plus on se découvre des points communs, plus l'incertitude décroît. Le fait de partager un réseau social commun, de connaître et d'interagir avec les mêmes personnes, atténue aussi l'incertitude.

La réduction de l'incertitude favorise non seulement l'évolution d'une relation, mais elle peut aussi combler certains fossés culturels (Gudykunst, 1988). Vous arrive-t-il d'être craintif devant des personnes d'origine étrangère ? Vos craintes sont-elles liées à l'ignorance et à l'incertitude ?

L'issue prévue de la relation potentielle

Parmi les facteurs qui influent sur l'évolution d'une relation, on compte l'issue prévue de la relation potentielle. On évalue toujours intérieurement la probabilité qu'une relation donnée soit gratifiante ou non. Comme on dispose généralement de peu d'informations lorsqu'on rencontre la personne, notre jugement initial se base davantage sur l'apparence physique, les comportements observés et les renseignements obtenus auprès de tiers (Sunnafrank, 1984). À mesure que l'incertitude diminue, notre capacité de faire des prédictions justes sur l'avenir d'une relation augmente. Dans quelle mesure avez-vous pu prédire avec justesse le succès d'une interaction dès la première rencontre ?

9.5.2 Les stades de la relation

Il est possible d'analyser tous les types de relations, qu'elles soient amicales, amoureuses ou professionnelles, en fonction des stades qu'elles traversent. Tout en lisant les informations sur chacune de ces étapes, demandez-vous si elles s'appliquent à l'une de vos relations intimes (*voir la figure 9.6*). Les rapports humains sont complexes et en perpétuelle transformation, chaque individu étant un ensemble unique d'expériences, de pensées, d'émotions et de besoins. En effet, à mesure que l'on évolue, les relations se transforment. Elles traversent un certain nombre de stades à mesure qu'elles se solidifient, se stabilisent ou s'affaiblissent (Knapp et Vangelisti, 1992).

FIGURE 9.6   Les stades de la relation

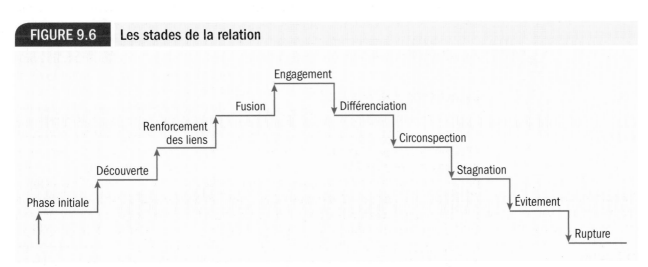

La phase initiale

Cette phase correspond à ce qui se produit lors d'un premier contact alors que l'on cherche des signaux verbaux (réponse à une salutation) ou non verbaux (contact visuel, sourire) qui nous incitent ou non à entamer la conversation. Si l'on décide d'amorcer la discussion, on cherche alors une entrée en matière appropriée, par exemple : « Heureux de vous connaître. »

La découverte

Une fois le premier contact établi, on cherche à en apprendre davantage sur l'autre. C'est l'étape de la découverte. Pour faire connaissance, on échange des banalités (lieu de naissance, occupations, loisirs, etc.) et l'on parle de connaissances communes. Bien que souvent on déteste débiter des clichés (le bavardage de cocktail), ceux-ci remplissent plusieurs fonctions utiles selon Knapp et Vangelisti (1992) :

- Ils permettent de découvrir des sujets susceptibles de mener à des échanges plus profonds.
- Ils peuvent servir à « auditionner » l'autre en vue d'une amitié future ou pour approfondir une amitié existante.
- Ils constituent un procédé sécuritaire pour se dévoiler et indiquer à l'autre comment il peut apprendre à nous connaître (réduction de l'incertitude).
- Ils permettent de maintenir un sentiment de communion avec les pairs.

À l'étape de la fusion, deux individus forment désormais un couple.

Dans un article sur les menus propos, Michael Korda (1986) précise que le papotage sert à mettre les interlocuteurs à l'aise. Il s'agit d'une forme de jeu, comme le tennis, dont le but est de garder la balle dans les airs le plus longtemps possible. Ainsi, ces propos ne sont pas à prime abord destinés à éduquer, à sermonner ou à impressionner, mais seulement à établir un climat de détente. Cette phase est souvent celle où commence la drague. Tout en conversant, les partenaires potentiels se donnent des signes non verbaux indiquant qu'ils sont ouverts à un contact physique : ils se penchent vers l'autre, haussent les sourcils ; les femmes penchent la tête d'un côté et les hommes gardent une position corporelle ouverte. À cette étape, les relations manquent de profondeur, elles sont plutôt informelles et superficielles. La grande majorité d'entre elles ne dépassent jamais ce stade.

Le renforcement des liens

Quand une relation dépasse le stade de la découverte, elle entre dans la phase suivante, celle du renforcement des liens. Les interlocuteurs deviennent amis, bons collègues ou amoureux : ils commencent à échanger des confidences, s'ouvrent davantage et deviennent plus habiles à prédire les comportements de l'autre. Ils peuvent même se donner des surnoms affectueux. En quelque sorte, ils commencent à accepter une identité commune et le « je » commence à devenir « nous ».

La fusion

Le quatrième stade correspond à la fusion des deux « je » ; le « nous » devient plus concret. Les deux partenaires forment désormais une équipe, une paire, un couple. La synchronisation personnelle s'intensifie, et ils peuvent même se vêtir, agir et s'exprimer de manière similaire. Dans le cas d'un couple, ils peuvent partager une chanson (« notre chanson »), un lieu (« notre restaurant »). Ils commencent à parler de projets futurs, comme la planification d'un voyage ou l'achat d'une maison.

L'engagement

À l'étape suivante, celle de l'engagement, les partenaires officialisent leur engagement réciproque. Ils posent des gestes publics ou symboliques (par exemple, fiançailles, signature de contrats notariés) pour montrer les liens qui les unissent. Ils peuvent décider de faire des achats importants ensemble, de partager un compte bancaire, de cohabiter, de se marier ou d'avoir un enfant, etc. La relation est alors régie par des règles spécifiques et parfois même des contrats légaux. Les partenaires peuvent éprouver un sentiment initial d'inconfort alors qu'ils tentent de s'adapter aux changements que l'engagement entraîne.

La différenciation

À l'étape de la différenciation, les partenaires cessent de mettre l'accent sur le « nous » pour essayer de se recentrer sur le « je » et de rétablir leur identité propre. Ils se demandent : « Qu'est-ce qui nous différencie ? », « Comment puis-je me distinguer de toi ? ». À ce stade, les possessions autrefois perçues comme communes s'individualisent : « nos amis » devient « mes amis », « notre enfant » devient « ton fils » (surtout lorsqu'il se conduit mal). Chacun s'éloigne de la perception idéalisée de l'autre (Langis, 2005). Bien que ce phénomène soit assez fréquent (on a besoin d'être à la fois des individus et des partenaires relationnels), il peut indiquer que la relation traverse une crise ou que le processus de séparation est entamé.

La circonspection

L'étape de la circonspection est marquée par un déclin de la qualité et de la quantité des échanges entre les partenaires. Ces derniers font parfois un effort conscient pour limiter les sujets de discussion à ceux qu'ils jugent anodins. Parfois, l'étendue des sujets abordés ne varie pas, mais leurs échanges n'ont plus aucune profondeur. Autrement dit, les partenaires dévoilent moins d'informations personnelles, ce qui indique que l'un ou les deux individus ont choisi de se retirer mentalement ou physiquement de la relation (Rosenfield et Bordaray-Sciolino, 1985). On remarque moins de communication dynamique et d'engagements entre eux. Leur rapport commence à être marqué par l'inertie, un désintérêt mutuel et un sentiment général d'épuisement.

La stagnation

Si l'étape de la circonspection se prolonge, la relation devient stagnante. À ce stade, les deux parties ressentent moins le besoin de se parler parce qu'elles savent d'avance comment l'interaction se déroulera et préfèrent ne rien dire. La communication en est à un point mort. La relation n'est plus que l'ombre d'elle-même : les comportements deviennent routiniers et les partenaires ne ressentent presque plus rien. En réalité, ils sont comme des étrangers habitant une coquille vide. Ils vivent dans le même environnement, mais ne partagent presque plus rien et refusent de prendre de nouveaux engagements ou même de respecter les anciens.

L'évitement

Lorsqu'ils se trouvent dans la phase de l'évitement, les partenaires font tout pour ne pas se retrouver ensemble. Leurs échanges deviennent parfois si désagréables qu'une ou les deux personnes ne peuvent plus jouer la comédie, la conduite stratégique n'étant plus efficace.

Les messages pour éviter l'autre peuvent apparaître ambigus – « Il faut que je travaille plus tard ce soir », « Je ne suis pas disponible ce week-end » –, ou clairs et directs – « Je ne veux plus te voir », « Je ne veux plus poursuivre cette relation ». Cette situation laisse présager une remise en question, des conflits et éventuellement une rupture si rien n'est fait pour améliorer la situation.

Refuser de discuter est un signe que la relation se détériore.

L'absence de communication n'indique rien de bon pour l'avenir d'une relation.

La rupture

À l'étape de la rupture, les liens qui maintenaient la relation sont brisés, et cette dernière prend fin. Selon les circonstances, cette étape peut être courte ou s'étirer dans le temps. Elle peut être vécue avec cordialité ou amertume dépendamment si la rupture est signifiée en personne, par téléphone, par courriel ou au moyen d'un document légal. Même si toutes les relations sont condamnées à finir un jour, pour cause de séparation ou de décès (*voir l'encadré 9.5*), cela ne veut pas dire que se quitter est facile ou agréable (Rosenfield et Bordaray-Sciolino, 1985).

En discutant de toutes ces étapes, il faut comprendre qu'une relation ne cesse de se transformer, mais qu'elle peut se stabiliser temporairement à n'importe laquelle de ces étapes. Certains rapports ne dépassent jamais le stade de la découverte; d'autres se maintiennent plus ou moins longtemps au stade du renforcement des liens, de la fusion, et ainsi de suite. Lorsque les partenaires ne s'entendent pas sur le point de stabilisation, ils rencontrent des difficultés. Une relation peut aussi évoluer vers une nouvelle étape ou régresser vers une phase antérieure, et tout ça se fait au rythme de chacun. Lorsqu'on envisage que les rapports seront limités dans le temps, ils évoluent plus rapidement. Toutefois, la vitesse à laquelle les partenaires se rapprochent ou se séparent dépend généralement de leurs besoins individuels.

PENSEZ-Y !

LE PROCESSUS DE DEUIL

ENCADRÉ 9.5

Que se passe-t-il quand la mort emporte un être cher ? Elisabeth Kübler-Ross (1969) a été l'une des pionnières à étudier le processus de deuil. Les cinq étapes qu'elle a observées peuvent commencer avant même le décès, soit au moment du diagnostic de la maladie. La première est le déni: on nie ce qui se passe et l'on refuse de croire la réalité trop difficile à supporter: «C'est impossible, ça ne peut être terminé.» Le déni s'atténue lorsqu'on reconnaît l'impact de la perte et les sentiments qui l'accompagnent. Dans la deuxième étape, on ressent de la colère contre soi-même, sa famille, les médecins, etc. On se sent coupable de certaines choses que l'on a dites ou faites à la personne malade ou décédée. Vient ensuite la troisième étape, celle du marchandage où l'on veut gagner du temps: «Peut-elle vivre jusqu'à la naissance de notre petite-fille?» On a aussi l'impression que certaines affaires sont restées en suspens: «Si au moins j'avais pu lui dire une dernière fois que je

l'aimais.» À la quatrième étape, celle de la dépression, on a l'impression que l'on ne s'en sortira jamais. On est incapable d'envisager l'avenir, se sentant seul, vide et isolé: «Que vais-je faire sans toi? Tu étais toute ma vie.» On entre ensuite dans la cinquième étape, celle de l'acceptation: bien que rien ne sera plus jamais pareil, on croit que l'on pourra s'en sortir et continuer à vivre (Kushner, 1981). On s'adapte graduellement à une nouvelle vie sans l'autre: «La vie continue, je dois continuer, c'est ce qu'elle aurait voulu.» Croyez-vous que l'on peut appliquer ces étapes de deuil à une rupture? Une personne endeuillée traverse-t-elle nécessairement toutes ces phases? dans le même ordre? Avec de l'aide et du soutien, les personnes de tous âges peuvent faire face à leur chagrin, qui diminue graduellement, et elles pourront continuer leur vie. Une partie du processus consiste à construire une image du défunt que la personne endeuillée peut conserver avec elle dans sa nouvelle vie (Goode, 2000).

Communication toxique

Message qui englobe le recours constant à la violence verbale (insultes, intimidation, accusations) et à la violence non verbale (abus physiques ou sexuels)

9.5.3 **Les stades d'une relation dysfonctionnelle**

Le bien-être des partenaires est plus grand si leur relation évolue dans la direction qu'ils souhaitent (Holmberg, 2001). Malheureusement, tous les rapports amoureux ne sont pas sains. Certains deviennent sombres et destructeurs. Une relation dysfonctionnelle se caractérise par la **communication toxique**, une forme de communication qui recourt constamment aux agressions verbales ou non verbales. Bien que la violence conjugale soit beaucoup trop répandue, elle est fréquente chez les conjoints de fait (Lloyd et Emery, 2000). En effet, au Canada, il y a trois fois plus de violence conjugale au sein des unions libres que dans les mariages (Statistique Canada, 2004).

À l'instar des rapports amoureux, les relations dysfonctionnelles traversent divers stades (*voir la figure 9.7*). Au premier stade, les tensions s'accumulent chez l'agresseur, qui rejette la responsabilité des problèmes du couple sur sa ou son partenaire et cherche des prétextes pour extérioriser sa colère. Au deuxième stade, les tensions explosent sous forme d'agressivité verbale, physique ou sexuelle. Au troisième stade, l'agresseur demande pardon et promet de réparer ses torts en assurant à la victime qu'il ne recommencera pas. Au quatrième stade, la violence connaît une période d'accalmie au cours de laquelle la victime se sent de nouveau aimée. Après un certain temps, les tensions relationnelles s'accumulent de nouveau, et le cycle de la violence recommence (Wood, 1999).

FIGURE 9.7 Le cycle de la violence

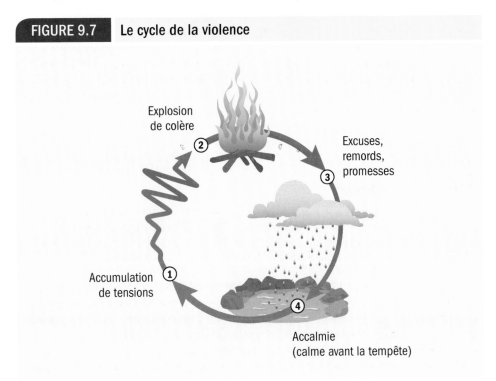

Explosion de colère ②

Excuses, remords, promesses ③

Accumulation de tensions ①

Accalmie (calme avant la tempête) ④

9.6 Les modèles explicatifs du maintien d'une relation

Bien que les relations progressent par étapes, elles ne sont pas toujours prévisibles. Aucune d'entre elles n'est prédestinée à réussir ou à échouer. Elles progressent plutôt en fonction de l'énergie que l'on y investit et des gestes que l'on pose.

9.6.1 La théorie de l'échange

L'amour inconditionnel où un partenaire s'investit dans une relation sans rien attendre en retour existe-t-il réellement? Comme le remarque le psychologue social Eliot Aronson (1980), on aime les gens dont le comportement nous procure un bénéfice maximal à un coût minimal.

Théorie de l'échange
Théorie voulant que l'on
maintienne une relation tant
que les bénéfices retirés sont
supérieurs aux inconvénients
qui y sont rattachés

En vertu de la **théorie de l'échange**, on fait tout pour maintenir une relation tant que les bénéfices que l'on en retire compensent les inconvénients qui y sont liés (Roloff, 1981). Ces bénéfices englobent la confiance en soi, le sentiment d'évoluer et d'être en sécurité, des ressources additionnelles pour accomplir certaines tâches et une plus grande capacité de faire face aux difficultés. En comparaison, le prix correspond aux efforts déployés et aux compromis acceptés pour que la relation fonctionne ainsi qu'au stress psychologique et physique. Lorsque les récompenses égalent ou dépassent notre niveau de comparaison, on est généralement satisfait de la relation. Toutefois, on a aussi un **niveau de comparaison des options**. Si l'on estime qu'une autre relation serait plus avantageuse que l'actuelle, on va probablement abandonner la moins satisfaisante pour s'engager dans une nouvelle qui sera plus avantageuse.

Niveau de comparaison des options
Comparaison des récompenses
procurées par la relation
actuelle avec celles que l'on
pense pouvoir retirer d'une
autre relation

Chaque partenaire cherche à obtenir un certain nombre de bénéfices dans une relation (West et Turner, 2000). Si les coûts dépassent les avantages, les risques de rupture sont élevés.

9.6.2 La théorie des tensions dialectiques

En vertu du modèle des **tensions dialectiques**, les relations ne sont pas linéaires, mais oscillent plutôt entre des objectifs ou des désirs contradictoires. Au cours de l'évolution de leur relation, les partenaires visent des objectifs importants, dont certains sont parfois incompatibles. La rencontre d'objectifs contradictoires crée des tensions dialectiques. Les chercheurs ont mis en lumière trois catégories de tensions dialectiques : fusion ou autonomie ; prévisibilité ou nouveauté ; échange ou retrait (Baxter et Montgomery, 1996). Explorons chacune de ces catégories.

Tension dialectique
Conflit relationnel qui résulte
de l'impossibilité pour les
communicateurs de satisfaire
des désirs ou des objectifs
contradictoires

La fusion ou l'autonomie

On désire à la fois être indépendant de nos proches tout en étant intimes avec eux. Dans une relation, les partenaires éprouvent souvent des désirs divergents de fusion – « On se verrait plus souvent si l'on habitait ensemble » – et d'autonomie – « Je refuse de m'engager tout de suite dans une relation de couple ».

Certes, on veut tisser des liens plus intimes avec nos proches et l'on chérit nos expériences communes, mais on a aussi besoin de préserver notre identité propre. On ne veut pas que nos relations détruisent notre individualité. Certaines d'entre elles ne survivent d'ailleurs pas aux tensions entre la fusion et l'autonomie. Il faut envisager la rupture quand on est incapable de trouver un équilibre acceptable entre l'individualité et l'intimité. Si l'on règle les divergences à cet égard, on peut redéfinir la relation et même se rapprocher encore davantage (Petronio, 1999).

La prévisibilité ou la nouveauté

On souhaite tous vivre à la fois l'excitation qui naît du changement et le confort de la continuité. Une trop grande stabilité peut toutefois créer une impression d'ennui : « On fait toujours les mêmes choses. » La variété pimente la routine. Le défi consiste à trouver le juste milieu entre la prévisibilité et la nouveauté afin que la relation demeure stimulante.

L'échange ou le retrait

Tous les couples sont tiraillés entre l'ouverture de soi et le silence ou la dissimulation. Pour certains, une ouverture totale est impossible à envisager. Même si l'on veut partager son moi profond avec les personnes les plus proches de soi, il y a des moments où l'on ne veut pas échanger et où l'on désire protéger son intimité. Ce besoin intermittent ne signifie pas que le couple bat de l'aile. Il varie plutôt à toutes les étapes d'une relation, car on traverse tous des périodes d'ouverture de soi et de retrait (VanLear, 1991).

Dans une relation harmonieuse, les partenaires arrivent à gérer les tensions dialectiques en recourant à un certain nombre de stratégies. Tout d'abord, ils peuvent négocier un équilibre entre la fusion et l'autonomie, entre la prévisibilité et la nouveauté, et entre l'échange et le retrait. Deuxièmement, ils peuvent choisir de privilégier un aspect de la tension au détriment de l'autre. Ils ont ensuite la possibilité de désamorcer chaque tension dialectique en compartimentant leur relation et en assignant à chaque aspect d'une tension un moment ou une sphère en particulier. Finalement, les partenaires peuvent redéfinir les tensions qui surgissent dans leur couple de manière à en effacer les contradictions évidentes (Wood, *et al.*, 1994). Nier l'existence de tensions dialectiques constitue une façon inefficace de les gérer. Au lieu de faire face aux difficultés qu'ils rencontrent, les partenaires adoptent alors la stratégie de l'autruche.

9.7 Mettre en pratique ses aptitudes à la communication

Les relations sont sources de bonheur ou de malheur, d'exaltation ou de dépression et peuvent être autant stimulantes que destructrices. Voici donc quelques clés qui permettront d'améliorer vos aptitudes à établir des relations plus satisfaisantes.

9.7.1 Chercher activement à mieux connaître les autres

Les personnes qui n'engagent pas la conversation ou ne répondent pas aux propos des autres sont moins susceptibles d'établir des relations efficaces. Bien que l'on traverse tous de courtes périodes de solitude, lorsque celle-ci devient chronique elle peut mener à l'apathie sociale, laquelle accentue en retour la solitude.

9.7.2 Nourrir ses amitiés

Les personnes qui entretiennent une amitié harmonieuse partagent les caractéristiques suivantes : le plaisir (elles apprécient leur compagnie réciproque), l'acceptation (elles s'acceptent comme elles sont), la confiance (toutes deux supposent que chacune agira dans le meilleur intérêt de l'autre), le respect (chacune présume que l'autre fera des choix de vie sensés), l'assistance mutuelle (elles sont prêtes à se venir en aide et à se soutenir), les confidences (elles partagent leurs expériences et leurs sentiments), la compréhension (elles saisissent leurs valeurs et leurs motivations) et la spontanéité (elles se sentent libres d'être elles-mêmes en présence de l'autre).

9.7.3 Reconnaître l'évolution des relations

On vit dans une société en constante transformation technologique où s'adapter aux changements veut aussi dire vivre de nouvelles expériences et rencontrer des personnes d'une nouvelle manière. Soyez prêt à progresser, à faire face aux changements et à reconnaître l'évolution de vos relations.

9.7.4 Savoir quand rompre

Toutes les relations ne sont pas saines et éternelles. Si une relation mine votre énergie et votre confiance en vous ou devient malsaine, vous devez y mettre fin avant qu'elle ne vous détruise.

9.7.5 S'investir dans les relations

Sans communication, les rapports humains s'effritent et meurent. Toute relation qui vaut la peine que vous y investissiez du temps et de l'énergie dépend d'une communication efficace pour la soutenir et la nourrir. Votre motivation et votre désir de communiquer sont des ingrédients-clés de l'établissement et de l'évolution du lien vous unissant à l'autre personne.

En bref

Révision des objectifs du chapitre

1 **Différencier et expliquer les trois principales fonctions des relations : l'inclusion, le contrôle et l'affection.** L'inclusion englobe les besoins d'être compris et accepté, le contrôle inclut les besoins d'influence et de pouvoir et, finalement, l'affection comprend les besoins d'aimer et d'être aimé.

2 **Distinguer les types de relations interpersonnelles : les connaissances, les relations amicales, amoureuses, familiales et professionnelles.** Les relations s'inscrivent dans différents contextes. Il y a d'abord les connaissances, dont l'envergure et la qualité des interactions sont généralement limitées. Certaines d'entre elles finissent toutefois par devenir des amis. À mesure que l'amitié évolue, son étendue et sa profondeur augmentent. L'attente d'une relation durable caractérise les relations amoureuses des autres types de relations. On joue également des rôles dans nos relations familiales et professionnelles. Dans les familles où la communication est saine, les membres s'unissent pour en préserver l'unité. Les employés d'une organisation qui agissent comme des « membres de l'équipe » reconnaissent aussi leur interdépendance.

3 **Reconnaître les facteurs d'attraction et expliquer leur influence sur l'évolution des relations.** Parmi les facteurs qui aident à nouer des relations avec certaines personnes plutôt que d'autres, il y a : l'apparence (préférence pour les personnes séduisantes dotées d'une personnalité agréable), la proximité (interactions avec les voisins et collègues de travail), la similarité (appréciation des gens qui ont des attitudes et des centres d'intérêt semblables aux nôtres), la complémentarité (attirance envers des personnes qui sont différentes

de nous), la compensation (recherche des gens qui nous encouragent) et l'humour (attirance des femmes envers les hommes qui ont le sens de l'humour).

4 **Différencier et expliquer les dimensions d'une relation.** On retrouve d'abord l'étendue et la profondeur des relations qui se mesurent par la quantité et la qualité des sujets de conversation abordés. La confiance est un autre indicateur d'une relation significative. À propos de la conversation, on retrouve les rumeurs, les mensonges et les messages équivoques.

5 **Comprendre les déterminants de l'évolution d'une relation et expliquer les stades d'une relation typique et d'une relation dysfonctionnelle.** Les facteurs favorisant l'évolution d'une relation sont la réduction de l'incertitude et l'issue prévue de la relation potentielle, facteurs qui se précisent à mesure que l'on apprend à connaître l'autre. Les relations typiques évoluent à travers une série de dix stades dont les cinq premiers représentent un rapprochement et une intimité grandissante, alors que les cinq derniers illustrent plutôt un éloignement pouvant aller jusqu'à la rupture. Les relations dysfonctionnelles sont caractérisées par la communication toxique et un cycle de la violence.

6 **Connaître les règles à suivre pour favoriser le maintien de ses relations.** La théorie de l'échange indique que l'on investit dans une relation si l'on en retire également des bénéfices. Le niveau de comparaison des options permet de mesurer ce que l'on retire de la relation actuelle par rapport à d'autres interactions. Finalement, la théorie des tensions dialectiques suggère que, dans une relation, les désirs et les objectifs des partenaires ne sont pas toujours compatibles.

Pour aller plus loin

Chansons

Dans chacune de ces chansons d'amour, trouvez les facteurs d'attraction.

- «Aimer pour deux», Éric Lapointe, *Instinct Musique,* 2010
- «J'aime ses défauts», Jérome Charlebois, *Jérômanime,* 2010
- «Mille raisons», Marc Dupré, *Entre deux mondes,* 2010
- «T'es ma femme, t'es la plus belle», Étienne Drapeau, *Parole et musique,* 2010

Films

Dans les films suivants, analysez l'évolution des relations entre les personnages en faisant ressortir des exemples concrets de différents stades de relations.

- *Un prophète,* Jacques Audiard, 2009
- *500 jours ensemble,* Marc Webb, 2009
- *Les tiens, les miens et les nôtres,* Raja Gosnell, 2005
- *Les 50 premiers rendez-vous,* Peter Segal, 2004

Livres

Dans un des romans suivants, trouvez des passages traitant de différents types de relations.

- *Comme si de rien n'était,* Maxime Collins, 2010
- *Mémoires de quartier,* Louise Tremblay-D'Essiambre, 2010
- *Ru,* Kim Thúy, 2009
- *Un poker à Lascaux,* Normand de Bellefeuille, 2009

Objectifs d'apprentissage

Après avoir lu ce chapitre, vous devriez pouvoir :

1. Définir la notion de conflit;

2. Comprendre et décrire les composantes, les types ainsi que les fonctions des conflits;

3. Définir la communication défensive, expliquer ses conséquences ainsi que les comportements de remplacement;

4. Distinguer les types de réactions devant une situation de conflit et décrire les avantages de l'affirmation de soi;

5. Analyser l'influence du sexe et de la culture sur la résolution des conflits;

6. Différencier l'attitude de compétition de l'attitude de collaboration dans la gestion des conflits;

7. Décrire les avantages et les problèmes pouvant découler des différentes façons de gérer des conflits;

8. Décrire les six étapes d'une résolution de conflit efficace.

Mise en situation

Le psychiatre Pierre Mailloux est un personnage coloré bien connu au Québec. Au mois de septembre 2005, le médecin est invité à l'émission *Tout le monde en parle,* diffusée sur les ondes de Radio-Canada. Lorsque l'animateur Guy A. Lepage l'interroge au sujet de l'une de ses déclarations passées portant sur l'intelligence des personnes de race noire, il affirme sans détour que les Noirs en Amérique présentent un désavantage intellectuel par rapport aux Blancs. Devant des milliers de téléspectateurs, ce psychiatre cite ensuite une étude américaine, portant sur les quatre principaux groupes ethniques du pays, qui aurait démontré que certaines races ont un quotient intellectuel moyen inférieur à d'autres. Ce phénomène tirerait son origine, selon le docteur Mailloux, de l'époque esclavagiste où les maîtres assassinaient les esclaves trop futés afin de pouvoir contrôler le reste du groupe.

Dans les jours qui suivent l'émission, la Ligue des Noirs du Québec et la Société Saint-Jean-Baptiste de Montréal portent plainte au CRTC (Conseil de la radiodiffusion et des télécommunications canadiennes) et au Collège des médecins. Le président de la Ligue des Noirs du Québec, Dan Philip, affirme : « Pour nous, c'est inacceptable d'utiliser ces mots racistes, ces mots blessants. »

À CKAC, la station de radio où Pierre Mailloux anime à l'époque une émission quotidienne, la direction dit accepter les explications fournies par l'animateur. Le directeur des programmes déclare que le psychiatre a répondu à des questions en citant des études. Il n'a donc pas l'intention de le congédier pour les propos qu'il a tenus. Il en va autrement à TQS, un réseau diffusant l'émission de téléréalité *Loft Story* dans laquelle le docteur Mailloux est invité, à titre d'expert, à commenter le comportement des participants. L'animateur des quotidiennes de *Loft Story,* Philippe Fehmiu, qui est noir, demande à ses patrons de choisir entre lui ou le docteur Mailloux. La direction décide finalement de renvoyer l'animateur et le psychiatre. Pierre Mailloux a par la suite été reconnu coupable par le Collège des médecins du Québec de trois chefs de dérogation au code de déontologie de la profession.

- Quels conflits percevez-vous dans cette histoire ?

- Si vous aviez été invité sur le plateau de l'émission en même temps que le docteur Mailloux, comment auriez-vous réagi à ses propos ?

- Comment devrait-on s'y prendre pour résoudre les différents conflits présents dans cette situation ?

eu importe votre sexe, votre âge, votre origine ethnique ou votre orientation sexuelle, vous avez déjà été confronté à des conflits et vous en affronterez durant toute votre vie. Inévitables, ces affrontements mettent à l'épreuve les relations interpersonnelles et permettent d'en évaluer la santé ou l'efficacité. Bien géré, un conflit peut aider chacun des protagonistes à mieux connaître l'autre et ainsi contribuer à solidifier la relation. Mal géré, il peut au contraire créer des divisions, infliger des blessures psychologiques, aggraver l'hostilité et provoquer un ressentiment durable. Comment vivre et gérer ses conflits de manière constructive?

Afin de répondre à cette épineuse question, nous définirons tout d'abord le concept de conflit et nous en décrirons les composantes, les différents types ainsi que les fonctions. Ensuite, nous tenterons de comprendre ce qu'est une gestion productive des conflits et nous discuterons des moyens concrets pour faire en sorte que les conflits contribuent à la croissance plutôt qu'à la destruction des relations interpersonnelles.

10.1 La notion de conflit

Qu'est-ce que le conflit? Est-ce un mal nécessaire? une chose horrible à éviter à tout prix? un défi stimulant? Avant d'aller plus loin, interrogez-vous sur votre propre manière de percevoir les mésententes à l'aide de l'exercice 10.1. Les expériences antérieures exercent en effet une grande influence sur les croyances au sujet des conflits.

EXERCICE 10.1	**Mieux se connaître**

Regardez vos conflits de plus près!

1. Élaborez votre propre définition du conflit et indiquez ce que vous ressentez quand vous êtes impliqué dans un conflit.

2. Complétez les phrases ci-dessous.

- La fois où j'ai eu le plus de difficulté à faire face à un conflit, c'est…
- La fois où j'ai eu le plus de facilité à faire face à un conflit, c'est…
- Je pense que la conséquence la plus importante d'un conflit est…
- Quand quelqu'un essaie d'éviter d'entrer en conflit avec moi, je…
- Ma plus grande faiblesse lorsque je fais face à un conflit est…
- Ma plus grande force lorsque je fais face à un conflit est…

10.1.1 Les origines des conflits

L'origine des conflits est une question qui a, de tout temps, fasciné de nombreux penseurs. Platon parlait déjà, à l'Antiquité, du conflit existant entre la raison et les passions. Marx a fait de la lutte entre les classes sociales le cœur de sa philosophie, tandis que Freud considérait le conflit comme inhérent à la nature humaine, puisque les pulsions inconscientes de vie et de mort s'opposent continuellement à l'intérieur de l'individu.

Selon les théoriciens de l'apprentissage social, tels que Bandura, on apprend à réagir aux conflits en regardant des modèles, notamment médiatiques. Dans une célèbre expérience effectuée en 1963, Bandura, Ross et Ross ont demandé à des enfants de regarder une émission de télévision dans laquelle un personnage était valorisé après avoir battu une poupée gonflable. D'autres enfants devaient regarder une émission qui montrait la personne se faire punir lorsqu'elle adoptait le même comportement. Les chercheurs laissaient ensuite les enfants dans une salle avec le même jouet. Les enfants qui avaient regardé l'émission de télévision qui valorisait la violence adoptaient plus de comportements agressifs à leur tour. Selon Bandura, la façon de réagir aux conflits serait conditionnée par nos observations et les conséquences liées aux comportements que l'on adopte. La télévision et les jeux vidéo peuvent donc, selon les théoriciens de l'apprentissage social, agir comme des modèles qui influent positivement ou négativement sur nos façons de régler les conflits interpersonnels.

10.1.2 Une définition du conflit

Les chercheurs Wilmot et Hocker (2007, p. 8-15) définissent le **conflit** comme « un différend exprimé entre au moins deux parties interdépendantes qui reconnaissent avoir des motivations incompatibles, des ressources limitées et qui ont conscience de l'interférence de l'autre partenaire dans la poursuite de leurs objectifs ».

Regardons de façon plus attentive chacune des quatre composantes de cette définition, en établissant des liens entre elles et la mise en situation de départ.

Un différend exprimé

Pour qu'il y ait un conflit interpersonnel, les deux parties impliquées doivent prendre conscience qu'il y a mésentente. Dans l'exemple vu plus tôt, Dan Philip (le président de la Ligue des Noirs du Québec) et Philippe Fehmiu ont tous deux exprimé leur désaccord avec les propos du docteur Mailloux. S'ils s'étaient contentés de penser que le docteur dépassait les bornes sans en parler à qui que ce soit, il n'y aurait pas eu de conflit.

L'interdépendance et l'interférence

L'interdépendance est nécessaire à l'apparition d'un conflit, car les deux parties en opposition dépendent l'une de l'autre tout en interférant dans la poursuite des objectifs de chacune. Qu'en est-il du docteur Mailloux ? Prenons l'exemple de son lien avec la Ligue des Noirs du Québec. Cette association défend les droits des personnes de race noire dans la province. Le succès des campagnes de sensibilisation de la Ligue dépend de l'appui de la population à la cause. Il va sans dire que l'opinion publique peut être influencée par des commentaires comme ceux émis par le docteur Mailloux. Le psychiatre, pour sa part, dépend des actions que la Ligue pose. Si la ligue porte plainte au CRTC, le médecin risque de perdre certains de ses privilèges et des contrats de radio ou de télévision. On voit donc que, des deux côtés, une partie interfère dans la poursuite des objectifs de l'autre.

Des motivations incompatibles

Un conflit peut survenir lorsque les parties en cause n'éprouvent pas les mêmes besoins et qu'il est impossible de répondre simultanément à ceux-ci de manière satisfaisante. Il est clair que les motivations du médecin sont incompatibles avec celles de Dan Philip : tandis que Pierre Mailloux affirme que les personnes de race noire sont en général moins intelligentes, le président de la Ligue des Noirs soutient qu'il s'agit de propos racistes.

> **Conflit**
> Différend exprimé entre au moins deux parties interdépendantes qui reconnaissent avoir des motivations incompatibles, des ressources limitées et qui ont conscience de l'interférence de l'autre partenaire dans la poursuite de leurs objectifs

entrenir une relation

Des ressources limitées

Les conflits surviennent souvent quand les ressources humaines, matérielles ou financières sont limitées. Si vous étiez milliardaire, vous broncheriez probablement peu à l'idée que votre sœur ne vous ait pas encore remis les 10 $ qu'elle vous doit. De même, si vous aviez du temps en quantité illimitée, vous ne réagiriez pas à l'égard du collègue qui est une fois de plus en retard à la réunion que vous avez convoquée. Le temps et l'argent constituant des ressources limitées, il est normal qu'ils fassent souvent l'objet de conflits.

Des ressources psychologiques ou abstraites peuvent aussi apparaître en quantités limitées et devenir sources de conflits. Dans la mise en situation présentée en début de chapitre, la perception positive que l'on peut avoir de la diversité culturelle constitue une ressource limitée. Comme l'a dit Einstein : « Il est plus facile de désagréger un atome que de se défaire d'un préjugé. » Même dans une société ouverte et multiculturelle comme la nôtre, les stéréotypes et les préjugés liés à la couleur de la peau sont nombreux. La tolérance et l'acceptation mutuelle des différences sont des ressources limitées et c'est pour cette raison que l'intervention de Pierre Mailloux a déclenché un conflit.

Un examen attentif des conflits dans lesquels vous êtes ou avez été impliqué peut s'avérer une expérience positive. L'exercice 10.2 vous aidera à disséquer un affrontement que vous avez vécu en distinguant ses différentes composantes.

EXERCICE 10.2 | **Mieux se connaître**

L'anatomie d'un conflit

Choisissez un conflit que vous avez vécu récemment. Décrivez en quelques mots la situation. Êtes-vous capable de reconnaître, dans cette situation :

- un différend exprimé ;
- des parties interdépendantes ;
- une interférence de chacun dans la poursuite des objectifs de l'autre ;
- des motivations incompatibles ;
- des ressources limitées ?

Comparez vos réponses avec celles de vos collègues. Si vous vous en sentez capables, faites cet exercice avec une personne avec qui vous avez été récemment en conflit et comparez vos réponses. Sont-elles similaires ? différentes ? Qu'est-ce qui explique ces différences ?

10.1.3 Les composantes des conflits

Bien que la définition de Wilmot et Hocker (2007) soit souvent utilisée pour décrire un conflit interpersonnel, il en existe plusieurs autres. Par exemple, pour la chercheuse québécoise Solange Cormier (2004), le conflit comporte deux niveaux : le contenu, qui correspond à l'objet officiel du conflit, et la nature de la relation entre les protagonistes, qui influe sur l'expression du conflit. Mastenbroek (1987) décortique, pour sa part, le conflit en trois composantes : l'objet du conflit, le pouvoir et l'émotion, qui se retrouvent dans des proportions différentes selon le type de conflit vécu.

L'objet du conflit

L'objet du conflit désigne la raison de la mésentente. Prenons, par exemple, un conflit se déroulant dans le milieu du travail. Une tâche désagréable doit être effectuée. Un conflit organisationnel aura comme objet la tâche comme telle ou la manière dont celle-ci devrait être accomplie. Qui fera quoi, à quel moment et de quelle façon ? Toutes ces variables, si l'on ne s'entend pas à leur sujet, peuvent provoquer un conflit.

Le pouvoir

Pour Solange Cormier (2004), il ne faut jamais négliger la notion de pouvoir, car « tout conflit implique une bataille pour décider quelle vision de la réalité est la meilleure, la vraie ». Combien de fois avez-vous entendu ces commentaires : « Tu vois, j'avais raison » ou « Je te l'avais dit » ? Une personne qui se sent privée de tout pouvoir n'osera pas entrer en conflit avec qui que ce soit. À l'opposé, la personne agressive peut penser que la seule façon de montrer son pouvoir consiste à le verbaliser haut et fort. Le pouvoir désigne, de façon positive, la prise en charge de sa vie de manière autonome, responsable et lucide. Considéré de manière plus négative, il représente, pour Cormier, l'idée de force, de contrôle, d'intimidation et de manipulation. Dans un conflit, cette notion s'avère capitale, puisque la perception que la personne a de son propre pouvoir lui permettra de prendre sa place, tout d'abord dans sa famille, puis dans les institutions sociales (Landry, 1991, cité dans Cormier, 2004).

L'émotion

Cormier (2004) soutient que « l'objet d'un conflit, bien que réel, n'est que le symptôme d'un fort conflit émotif ». C'est ce qui arrive lorsqu'on dit qu'une personne nous « tape sur les nerfs ». Peu importe ce qu'elle fait, elle provoque en nous une certaine irritation. Le jour où cette personne, par exemple, passe devant nous dans une file d'attente, on risque d'éclater. On peut facilement remarquer qu'un contexte émotif sous-tend ce conflit qui, pourtant, a comme prétexte une situation assez banale.

Bodtker et Jameson (cités dans Cormier, 2004) affirment que les conflits se rapportant à l'identité, à l'image de soi, aux valeurs et aux idéologies sont souvent chargés d'émotions. La mise en situation en début de chapitre illustre bien ce phénomène. Il est certain que, dans un pays multiculturel comme le Canada, la question de l'égalité raciale est émotionnellement chargée, même si les droits de tous sont en général protégés par la loi.

Ce conflit est-il cognitif ou relationnel ? Pourquoi ?

Les différentes combinaisons de ces trois composantes donnent lieu à deux genres de conflits : le conflit cognitif et le conflit relationnel. Le **conflit cognitif** concerne la tâche qui est l'objet du conflit. Le **conflit relationnel**, quant à lui, a trait surtout aux relations avec les autres ; les questions du partage de pouvoir et des émotions revêtent ici une importance particulière. Souvent, le conflit relationnel survient lorsqu'une personne est convaincue que les autres portent atteinte à ses droits. Chaque protagoniste blâme alors l'autre, se met en colère, boude et essaie par tous les moyens de démontrer que l'autre est « le méchant ». Il s'agit, selon Deutsch (1973), de conflits subjectifs, la perception que l'on a de l'autre étant directement impliquée. De quelles composantes sont formés les conflits que vous vivez ? Un conflit peut-il être à la fois cognitif et relationnel ? Pour réfléchir plus en profondeur sur ce sujet, répondez aux questions de l'exercice 10.3 (*voir p. 224*).

Conflit cognitif

Conflit centré sur la tâche qui est l'objet de la mésentente

Conflit relationnel

Conflit qui concerne surtout les relations avec les autres, généralement le partage du pouvoir et les émotions

EXERCICE 10.3 | **En pratique**

Les conflits autour de vous

Feuilletez un exemplaire récent d'un journal et choisissez un article discutant d'un conflit qui se déroule ici ou ailleurs. Vous pouvez aussi interviewer une personne de votre entourage à propos d'un conflit qu'elle a vécu.

1. Quel est l'objet de ce conflit?

2. Comment le pouvoir est-il réparti entre les différentes parties se trouvant en opposition?

3. Quelles émotions sous-tendent ce conflit?

4. Est-ce un conflit cognitif ou relationnel? Justifiez votre réponse.

10.1.4 Les types de conflits

Il existe plusieurs types de conflits: le conflit de travail, le conflit international et le conflit d'intérêts ne sont que quelques exemples de confrontations. Dans ce manuel, nous nous contenterons d'aborder des mésententes se rapportant directement à la personne et à ses relations sociales, soit le conflit intrapersonnel et le conflit interpersonnel.

Le conflit intrapersonnel

Le conflit n'oppose pas toujours deux ou plusieurs personnes; on peut effectivement être en désaccord avec soi-même. L'individu vit un conflit intérieur lorsqu'il lui faut choisir entre deux ou plusieurs options qui s'excluent mutuellement et qui peuvent s'exprimer ainsi: «Je m'achète une voiture neuve ou usagée?», «Je m'inscris à un cours enrichi ou régulier?», «Je sors avec Simon ou Olivier?», «Est-ce que j'étudie ou je vais souper avec mes amis un soir de semaine?». Le tiraillement interne provoqué par cette situation est appelé «**conflit intrapersonnel**». Nous n'aborderons toutefois pas ce sujet en profondeur dans ce manuel. Si le sujet vous intéresse, vous pouvez lire les ouvrages de nombreux psychologues, tels Sigmund Freud et Carl Rogers, qui se sont intéressés à la question.

Conflit intrapersonnel

Conflit qu'une personne vit intérieurement lorsqu'elle se sent tiraillée entre deux ou plusieurs options, émotions, idées ou choix inconciliables

Conflit interpersonnel

Type de mésentente qui oppose deux ou plusieurs personnes

Le conflit interpersonnel

Le **conflit interpersonnel**, sur lequel nous nous attarderons davantage, désigne un type de mésentente qui oppose deux ou plusieurs personnes. Comme nous l'avons vu précédemment, un conflit interpersonnel peut résulter d'une situation de concurrence, d'une divergence de perceptions et d'intérêts, ou des ressources humaines, matérielles, financières ou temporelles limitées. Dans la mise en situation présentée en début de chapitre, Dan Philip, le président de la Ligue des Noirs était en total désaccord avec les propos du docteur Mailloux, provoquant ainsi un conflit entre eux. Les personnes impliquées dans un conflit intrapersonnel ou interpersonnel se sentent généralement tiraillées dans des directions opposées. Souvent, la communication est la seule façon pour des personnes qui ont des positions inconciliables d'arriver à s'entendre et de trouver une solution à leur problème. Cependant, il est intéressant de se poser la question suivante: Tous les conflits peuvent-ils se régler grâce à la communication? Pour vous aider à prendre position sur ce sujet, lisez l'encadré 10.1.

ENCADRÉ 10.1

PENSEZ-Y !

LA COMMUNICATION RÉSOUT-ELLE TOUS LES CONFLITS ?

Selon Adams et Galanes (2009), il existe plusieurs mythes au sujet des conflits. Un de ceux-ci concerne la croyance selon laquelle tous les conflits découlent d'une mauvaise communication. Si l'on se fie à une autre fausse croyance, la communication, telle une panacée, aurait le pouvoir de régler tous les conflits interpersonnels.

Regardons ces mythes un à la fois. Est-ce qu'une mauvaise communication constitue la cause de tous les conflits ? Bien qu'il en soit ainsi pour certains, ce n'est pas une règle générale. On peut communiquer impeccablement une information à un interlocuteur qui la saisira parfaitement et quand même être en conflit. Les valeurs, les besoins et les émotions de chacun peuvent être si diamétralement opposés que, même si la communication est adéquate, un conflit persiste. Que faire alors ? Accepter le conflit et vivre avec celui-ci, à moins que l'on ne mette fin à la relation s'il touche une partie vitale de celle-ci. La question de la fidélité dans une relation amoureuse peut très bien servir d'exemple dans ce cas-ci. Un couple peut communiquer parfaitement : une personne est en faveur de la fidélité et l'autre, non. Si la personne s'opposant à la fidélité entend avoir des relations avec d'autres partenaires, il se peut que la relation ne survive pas, même si la communication fonctionne efficacement.

Cet exemple nous amène vers le deuxième mythe entourant le concept de conflit. La communication est-elle une panacée pouvant régler tous les problèmes ? Si une personne prône la fidélité et que l'autre membre du couple la trompe à droite et à gauche, il est évident que la communication seule ne pourra régler le différend. Une personne devra changer ses comportements ou ses attentes si le couple désire rester ensemble.

Qu'en pensez-vous ? Pouvez-vous trouver d'autres exemples de conflits dans lesquels la communication n'est ni une cause ni une solution ?

Qu'est-ce qui déclenche les conflits que vous vivez au quotidien ? Certaines personnes ont l'impression d'être impliquées dans un conflit si un de leurs besoins, par exemple de sécurité ou d'appartenance, n'est pas satisfait. Comme nous l'avons vu au chapitre 6, certains détestent que quelqu'un empiète sur leur territoire. Pensez à votre réaction lorsqu'une personne entre dans votre bulle ou emprunte quelque chose sans vous en demander la permission. Aurez-vous alors tendance à entrer en conflit ? Si, pour vous, la territorialité est importante, il est probable que vous réagissiez mal à de telles intrusions.

Prenez quelques instants pour explorer les sources de vos propres conflits. Cette réflexion vous permettra de comprendre les types de problèmes qui créent une discordance en vous et avec autrui ainsi que de voir comment vous avez tendance à réagir dans une situation conflictuelle.

10.1.5 Les fonctions des conflits

Le conflit est un désaccord entre des croyances, des valeurs, des besoins, des émotions et des buts incompatibles. La plupart du temps douloureux, est-il pour autant inutile ? Malgré la souffrance infligée, la mésentente remplit trois fonctions que nous allons maintenant aborder.

Le conflit sert, premièrement, à entretenir les relations. Toute relation qui vaut la peine d'être conservée traverse inévitablement des crises. Comme l'observait David Johnson, en 1972, « au fond, l'absence de conflit au sein d'une relation est plutôt le signe d'une absence de relation que d'une bonne relation ». Dire qu'il ne devrait pas y avoir de conflit revient à dire que l'on devrait toujours être d'accord. Dans une relation saine, des problèmes surgissent régulièrement, mais ils sont gérés efficacement. Ce n'est donc pas nécessairement le désaccord qui enrichit la relation, mais la façon dont il est résolu.

Ensuite, les conflits peuvent servir à approfondir les relations avec les autres. Durant et après une mésentente, on en apprend beaucoup sur soi-même et sur l'autre. Si la situation problématique est bien gérée, il est indéniable que la relation sera éventuellement plus vraie et plus profonde. Pensez-vous qu'il soit nécessaire de vivre des conflits pour entretenir et approfondir vos relations interpersonnelles ?

Finalement, le désaccord a une grande place dans le vécu de groupe. En effet, au sein d'un groupe, les conflits peuvent surgir à tout moment et être déclenchés par n'importe qui. La façon dont un groupe affronte les conflits influe sur la satisfaction de ses membres ainsi que sur l'efficacité du groupe en matière de prise de décision et de résolution de problèmes (*voir le chapitre 11*).

Les conflits sont donc à la fois inévitables et essentiels aux relations interpersonnelles et au vécu d'un groupe. Cependant, plusieurs personnes tiennent à éviter les conflits, car elles croient que les gens sympathiques sont mieux perçus, puisqu'ils ne font pas de remous. Certains pensent que, s'ils ne sourient pas et n'ont pas l'air enjoué, ils auront l'air antipathique et ne seront pas acceptés ou appréciés. Ils n'expriment donc pas leurs désaccords par besoin d'inclusion (*ce dont nous avons déjà parlé au chapitre 9*).

10.2 La gestion des conflits

Bien qu'il soit très intéressant et pertinent de saisir la nature des conflits, la simple compréhension ne suffit pas pour permettre de mieux gérer ceux-ci. Dans un monde idéal, la résolution de conflits se ferait facilement, sans accroc. Or, ce n'est pas toujours le cas. Étant donné qu'à la base de tous les conflits se trouve une opposition, certains obstacles rendent plus difficile la résolution de ceux-ci. Nous allons maintenant regarder plus en profondeur l'un de ces obstacles, le comportement défensif, et nous parlerons ensuite des différentes réactions qui peuvent être observées lors de conflits.

10.2.1 Le comportement défensif

Comportement défensif

Comportement adopté lorsqu'une personne perçoit ou appréhende une menace, réelle ou non

le corps

La personne qui perçoit ou appréhende une menace, réelle ou non, adoptera un **comportement défensif**. En se tenant sur la défensive, on peut constater une ou plusieurs des réactions physiologiques suivantes : une modification de la voix (la nervosité croissante crée une tension dans la gorge et la voix devient plus aiguë), une contraction musculaire qui provoque une certaine raideur dans tout le corps et une montée d'adrénaline associée à une envie pressante de combattre ou de fuir. Examinons maintenant les comportements susceptibles de provoquer ces réactions.

En général, une personne se tient sur la défensive lorsqu'elle a l'impression que les autres attaquent son image de soi. En fait, dans ce genre de situations, on consacre une grande quantité d'énergie à défendre son moi, on réfléchit à la manière dont on est perçu par les autres (*voir la théorie portant sur le jugement réfléchi vue au chapitre 2*) et l'on cherche à tout prix des façons d'améliorer son image aux yeux de son entourage.

Écoute défensive

Réaction du récepteur lorsqu'il perçoit le message de l'émetteur comme une attaque

l'écoute

Si une personne devient obsédée par la nécessité de se protéger, elle peut compenser cette attitude en se retirant ou en critiquant les autres. Cette attitude provoque en retour une **écoute défensive** (*voir le chapitre 7*) chez ceux-ci. Certains indices non verbaux (posture, expressions faciales et vocales, gestes, etc.) qui accompagnent des propos défensifs peuvent aussi accroître la méfiance des autres. Une fois sur ses gardes, la personne ne se concentre plus sur le sens réel des messages que les autres tentent de lui communiquer et tend plutôt à les déformer. Par conséquent, plus les gens sont sur la défensive, moins ils décodent avec précision les émotions, les valeurs et les intentions des autres, ce qui entraîne diverses conséquences : des relations rompues, des conflits constants, une anxiété accrue et une diminution de l'estime de soi.

Avant de chercher à éliminer ou seulement à diminuer ses comportements défensifs, une personne doit reconnaître les stimuli qui la mettent ainsi sur le qui-vive. Le sociologue Jack R. Gibb (1961) a isolé, dans son article *Defensive Communication,* six comportements pouvant provoquer une attitude défensive et six comportements qui réduisent, au contraire, le niveau de menace perçu. Voyons-les plus en détail.

L'évaluation par rapport à la description

Comme l'observe Gibb, « si, à travers ses expressions faciales, son langage, sa voix ou son message verbal, l'émetteur semble évaluer ou juger le récepteur, celui-ci se tiendra sur ses gardes ». Qu'un jugement soit favorable ou défavorable, appréhender d'être jugé peut nuire à l'instauration d'un climat de communication ouvert. Contrairement au jugement, la description retrace des actions, des faits observables sans les étiqueter comme bons ou mauvais. L'émetteur se contente alors de rapporter ou de mettre en doute ce qu'il a vu, entendu ou senti, sans l'évaluer.

Le contrôle par rapport à l'orientation vers la résolution de problèmes

Si les membres d'un groupe sentent que l'émetteur cherche à les dominer, ils vont se tenir sur la défensive. Autrement dit, si votre intention est de contrôler les autres, de les amener à poser un geste contraire à leurs principes ou à modifier leurs croyances, vous vous heurterez probablement à une certaine résistance. Cette résistance sera plus ou moins forte selon que vous les aborderez ouvertement ou que votre comportement les incitera à mettre en doute vos motivations. Lorsqu'une personne croit que son interlocuteur cherche à la dominer, elle aura tendance à conclure qu'il la juge ignorante ou incapable de prendre ses propres décisions.

Par contre, l'orientation vers la résolution de problèmes provoque une réaction opposée. Si l'émetteur signale qu'il n'a pas encore trouvé de solutions et qu'il n'imposera pas son opinion, on se sentira davantage libre de collaborer avec lui pour résoudre les problèmes du moment.

La stratégie par rapport à la spontanéité

Personne n'aime interagir avec quelqu'un qui joue un rôle, encore moins lorsque celui-ci semble avoir de mauvaises intentions. La plupart des gens ont tendance à se méfier des stratégies secrètes ou malhonnêtes (*voir le chapitre 2*). Personne n'aime que les autres décident à sa place, puis tentent de le convaincre que c'est lui qui a fait ce choix. Lorsqu'on a l'impression d'être manipulé, on devient méfiant et l'on cherche à se protéger. En revanche, un comportement spontané, franc et ouvert (présentation de soi authentique) inspire la confiance. Dans ces conditions, le récepteur ne ressent pas le besoin de mettre en doute les motivations de l'émetteur.

La neutralité par rapport à l'empathie

La neutralité est un autre comportement qui suscite la méfiance. Les êtres humains ont en général besoin de sentir que les autres les comprennent, les apprécient et les voient comme des personnes dignes d'être aimées. On veut que les autres s'intéressent à nous et prennent le temps d'établir des liens significatifs. Si, au lieu de témoigner de l'empathie, de l'appréciation et de l'intérêt, une personne demeure neutre et indifférente, cela paraîtra souvent pire qu'un rejet.

La supériorité par rapport à l'égalité

Si quelqu'un montre qu'il se croit supérieur en raison de sa position sociale, de son pouvoir, de sa fortune, de son intelligence, de son apparence ou d'autres attributs, ses pairs ne lui feront pas confiance. Ce genre de message provoque généralement diverses réactions : les récepteurs tentent de faire concurrence à l'émetteur, se sentent frustrés ou jaloux, ignorent ou oublient complètement le message de l'émetteur. Par ailleurs, l'émetteur dont l'attitude indique qu'il est l'égal de tous diminuera la méfiance de la personne qui reçoit son message. Le récepteur sentira alors que l'émetteur est prêt à tenter de résoudre les problèmes, à faire confiance et à passer par-dessus les différences interpersonnelles.

L'intransigeance par rapport à l'ouverture d'esprit

Les personnes dogmatiques qui énoncent des certitudes absolues réussiront sans doute à mettre n'importe qui sur ses gardes. En effet, la plupart des gens se méfient des interlocuteurs qui ont réponse à tout, qui se voient comme des mentors plutôt que comme des pairs et qui rejettent toute information provenant des autres. Au contraire, une attitude d'ouverture et un esprit de collaboration favorisent l'instauration d'un climat de confiance.

On connaît mieux maintenant un obstacle important à la résolution de conflits : le comportement défensif. Il n'est toutefois pas suffisant d'en connaître les entraves, il faut apprendre à gérer de façon productive les différends que l'on vit tous les jours.

Régler efficacement un conflit est un art plus naturel pour certains que pour d'autres, mais dont on peut très certainement en apprendre les rouages. Comme nous l'avons vu précédemment, il y a plusieurs types de mésententes, et il existe différentes manières de les gérer. Passez en revue vos conflits passés et actuels, et réfléchissez à votre façon de les résoudre. Éprouvez-vous parfois le besoin de nier l'existence d'une mésentente, de vous esquiver, de baisser les bras, d'apaiser les tensions ou de faire des digressions dans le seul but d'éviter la confrontation ? Êtes-vous porté à intellectualiser, blâmer, chercher un coupable ou forcer l'autre à accepter vos idées en le dominant physiquement ou psychologiquement ? Dans les pages qui suivent, on verra comment on peut adapter son style de résolution de conflits aux diverses situations que l'on vit.

Une attitude d'ouverture, de la part d'un enseignant, favorise la confiance en soi des élèves.

10.2.2 Les différentes réactions devant des situations de conflit

Imaginez qu'une personne prenne un objet qui vous est cher sans vous en demander la permission. Comment réagiriez-vous à cette intrusion ? Et si l'un de vos collègues parlait en mal de vous à votre patronne, quelle serait votre première réaction ? Les deux situations produiraient-elles le même effet chez vous ? Si vous vous comparez à vos amis, comment pouvez-vous qualifier les réactions de chacun ? Devant de telles situations, plusieurs comportements sont possibles : des comportements passif, agressif, manipulateur et affirmatif.

Le comportement passif

Avez-vous déjà eu de la difficulté à exprimer clairement vos émotions ? Ou encore, avez-vous dû les réprimer pour éviter un rejet ou un conflit ? Craignez-vous parfois de montrer aux autres ce que vous pensez, voulez ou ressentez ? S'il vous est déjà arrivé d'hésiter à extérioriser vos sentiments, d'être intimidé par quelqu'un ou de ne pas protester quand vous sentiez que l'on vous traitait injustement, alors vous savez ce qu'est un **comportement passif**. Les personnes qui adoptent ce type de comportement n'expriment pas leurs véritables sentiments. Elles agissent souvent comme des caméléons afin de s'adapter à la situation en reflétant les sentiments de leur entourage. Malheureusement, comme les personnes passives prennent rarement les mesures nécessaires pour améliorer une relation en difficulté, elles se trouvent souvent dans une situation qui ne leur plaît pas.

En réalité, diverses raisons font que certaines personnes hésitent à s'affirmer dans leurs relations. Parfois, c'est la paresse qui est en cause, car s'affirmer exige parfois de gros efforts. À d'autres moments, c'est l'indifférence qui empêche la personne de s'investir activement.

La peur, particulièrement celle du rejet, peut aussi entraîner un comportement passif. Un homme peut être convaincu qu'il ne possède pas les aptitudes interpersonnelles essentielles à l'affirmation de soi ou que sa partenaire se fâchera s'il dit le fond de sa pensée.

La timidité est une autre cause importante de passivité. Il arrive à tout le monde ou presque de se sentir inférieur, exploité, étouffé ou envahi. Ces sentiments se manifestent sous diverses formes : dépression, faiblesse, sentiment de solitude, mais c'est la timidité qui l'emporte le plus souvent selon le psychologue Philip G. Zimbardo. La personne timide a peur d'être mal à l'aise. Cette peur découle d'une crainte d'apparaître différente de l'image qu'elle désire projeter.

Selon Zimbardo (1990), rares sont les personnes qui considèrent leur timidité comme un attribut positif. Elles la voient plutôt comme une preuve que quelque chose cloche chez elles. Le chercheur observe que la timidité n'est pas un trait permanent, mais plutôt une réaction temporaire provoquée par certaines situations. Ce sentiment désagréable découle d'une faible estime de soi et de la peur de ce que les autres vont penser. La timidité, selon ce chercheur, n'est donc pas un trait, mais bien un état qui peut, grâce à du travail sur soi, être modifié.

Lynn Z. Bloom, Karen Coburn et Joan Pearlman, auteures de *The New Assertive Woman* (1975), croient que la timidité et la passivité sont souvent considérées comme un atout pour les femmes, mais comme un désavantage pour les hommes. Dans quelle mesure votre expérience corrobore-t-elle cette affirmation ? L'ouvrage en question, datant des années 1970, refléterait-il une vision du sexe féminin qui est maintenant dépassée ? Pensez-vous qu'encore aujourd'hui les femmes gagnent davantage que les hommes à ne pas s'affirmer ? Dans quelle mesure ?

Comportement passif

Absence de réaction devant une situation conflictuelle qui fait en sorte que la personne n'exprime pas ses idées, ses besoins ou ses émotions

Être passif provoque des situations désagréables et ne résout rien.

Le comportement agressif

Au contraire de l'individu passif, qui se laisse souvent dominer et qui est incapable d'exprimer ses sentiments, les personnes qui adoptent un **comportement agressif** extériorisent directement leurs idées, leurs besoins et leurs émotions, et insistent tellement pour défendre leurs droits qu'elles violent parfois ceux des autres. Bien que certaines personnes puissent défier consciemment les individus arrogants, ceux-ci parviennent en général à combler un plus grand nombre de leurs besoins que les personnes passives. Malheureusement, ils le font généralement au détriment de quelqu'un. La personne agressive vise toujours à dominer et à gagner dans

Comportement agressif

Réaction d'attaque, lors d'un conflit, qui consiste à exprimer directement ses idées, ses besoins et ses émotions sans tenir compte de ceux des autres une relation; l'égalité ne lui suffit pas. Son message est égoïste: «Je me sens comme ça. Tu es stupide si tu te sens autrement. Voilà ce que je veux. Je me fiche royalement de ce que toi, tu veux.» Contrairement à la personne passive, réticente à communiquer, l'individu agressif commence par attaquer, provoquant aussitôt un conflit. Il n'est pas surprenant que les échanges avec une personne agressive s'enveniment souvent, car sa cible éprouvera probablement le besoin de se venger. Ces situations ne font aucun gagnant et mènent à l'impasse.

On attribue un comportement agressif à un certain nombre de facteurs. Premièrement, Lange et Jakubowski (1976) affirment qu'une personne a tendance à devenir agressive lorsqu'elle se sent vulnérable; elle tente alors de se protéger contre ce sentiment d'impuissance. Les situations émotionnelles, instables et irrésolues peuvent ensuite pousser l'un des protagonistes à réagir de façon excessive lorsque surgit une difficulté dans la relation. En troisième lieu, certaines personnes croient que l'agressivité est la seule façon de communiquer leurs pensées, leurs besoins et leurs sentiments. Elles craignent que l'autre fasse la sourde oreille ou ne réagisse pas si elles s'expriment avec douceur. Ces personnes n'ont peut-être jamais appris à canaliser leurs impulsions agressives ou à les affronter. Elles ne maîtrisent donc pas certaines aptitudes interpersonnelles essentielles. Enfin, l'agressivité est parfois liée à un modèle de passivité répétée. Incapable de réprimer la souffrance, la déception, la confusion et le sentiment de soumission plus longtemps, la personne décharge ses émotions brusquement avec agressivité: le comportement passif a atteint un point de non-retour. Les comportements agressifs nous permettent parfois d'obtenir ce que l'on désire. Seulement, lorsque ces actes isolés deviennent une habitude, ils ont souvent pour effet de détruire les relations.

Les hommes et les femmes expriment-ils leur agressivité de la même façon?

Le comportement manipulateur

Une personne qui résout ses conflits par un **comportement manipulateur** exprime ses idées, ses besoins ou ses émotions de manière détournée plutôt que de s'affirmer directement. Tout en maintenant une façade de gentillesse, le manipulateur envoie des messages qui peuvent aller du sarcasme à une très grande violence. Pensez à l'élève qui est allé rapporter vos actions (peut-être discutables!) à votre enseignant, lorsque vous étiez à l'école primaire et qui vous a souri tout de suite après. Comment vous sentiez-vous lorsque vous l'avez appris? Souvent, le comportement manipulateur soulève colère et indignation chez ceux qui en sont victimes. On se sent berné et trahi par la personne qui pose ce genre de gestes. On qualifie souvent ces personnes d'hypocrite et de «visage à deux faces».

Pourquoi agir de cette façon? Phelps et Austin (1990) croient que plusieurs personnes, surtout des femmes, adoptent ce comportement, car elles ont appris à ne pas montrer leur colère. Parce qu'elles ne peuvent pas assumer ce genre de sentiments, ces femmes tentent de manipuler leur entourage. Elles arrivent à leurs fins, mais leur réputation peut en souffrir, lorsque leurs intentions véritables sont révélées.

Le comportement affirmatif

La personne qui adopte un **comportement affirmatif**, pour sa part, cherche à communiquer ses pensées, ses besoins et ses émotions d'une manière claire, honnête et directe en voulant connaître les idées, les besoins et les émotions des autres, sans les blesser. L'exercice 10.4 vous aidera à mieux comprendre, de manière concrète, les difficultés liées à la résolution de conflits.

EXERCICE 10.4   En pratique

Les obstacles à la résolution de conflits

Plusieurs difficultés peuvent surgir dans une relation de couple, surtout lorsque les personnes sont ensemble depuis quelque temps. Certaines de ces difficultés peuvent s'envenimer et provoquer des conflits. Afin de vous entraîner à reconnaître les conflits et à mieux les gérer, lisez cette histoire et répondez aux questions qui suivent.

Émilie et Marc vivent ensemble depuis cinq ans. Marc est bordélique, tandis qu'Émilie aime que les choses soient en ordre. Lorsque Marc laisse traîner ses vêtements, Émilie l'attaque en l'accusant ou en affichant une attitude manipulatrice. Les rapports entre ces partenaires sont empreints de négativité et de sarcasme. Plus le temps passe, plus le blâme et les comportements irrespectueux se multiplient. Quand Émilie s'adresse à Marc, celui-ci est toujours sur la défensive. Il réplique d'une manière inappropriée en insultant Émilie et se plaint constamment, affirmant qu'il serait bien mieux s'il vivait seul et que celle-ci se prend pour sa mère. Émilie se tait et range l'appartement de manière brusque. Parfois, Marc ne rétorque rien aux remarques d'Émilie et se réfugie devant son ordinateur. Les deux conjoints érigent entre eux un mur de plus en plus difficile à franchir. Ils ne se parlent que si c'est vraiment nécessaire et pensent chacun à la séparation.

1. Quelle est l'origine du conflit vécu par ce couple?
2. Quelle est la fonction de ce conflit, pour chaque individu et pour le couple?
3. Comment peut-on qualifier ce conflit?
4. Quelles attitudes et quels comportements de chacun des partenaires sont des obstacles à la résolution de ce conflit?
5. Que conseilleriez-vous à Marc et à Émilie?
6. Avez-vous déjà vécu une situation similaire? Décrivez les obstacles à la résolution du conflit qui caractérisaient cette dernière.

Les comportements tant passifs, agressifs que manipulateurs sont attribuables, du moins en partie, à des façons moins productives de réagir lors d'échanges interpersonnels. Ces stratégies peuvent venir de l'individu lui-même ou découler de l'observation de modèles. En permettant à la personne d'atteindre ses objectifs, parfois au détriment de ses relations interpersonnelles, ces comportements ont été renforcés. Au contraire, la communication affirmative peut aider une personne à obtenir ce qu'elle désire tout en maintenant des relations interpersonnelles harmonieuses.

Qu'est-ce que l'affirmation de soi? La personne qui adopte un comportement affirmatif ne risque pas d'être prise pour victime; elle comble ses besoins sociaux, prend ses propres décisions, exprime ses pensées et ses émotions, et noue des relations intimes sans empiéter sur les droits d'autrui. S'affirmer, c'est reconnaître que tous les humains ont les mêmes droits fondamentaux et qu'aucun titre ni rôle ne peuvent modifier ce fait. On a tous le droit de tenter d'influer sur le comportement des autres, sans les manipuler, de se protéger contre les mauvais traitements et de réaliser ses objectifs sans se culpabiliser.

Les personnes qui utilisent un comportement affirmatif ont appris à éviter d'émettre des messages passifs ou agressifs inappropriés. Elles expriment leurs idées, leurs besoins et leurs émotions sans s'excuser, mais sans dominer l'autre non plus. Pour cela, elles ont pris l'habitude de dire «non», «oui», «j'aime» et «je pense». Bien sûr, elles utilisent de façon appropriée le «message-je», exploré dans le chapitre 5 portant sur la communication verbale. Ainsi, ni elles ni leurs récepteurs ne se sentent rabaissés.

La négociation est la pierre angulaire de l'affirmation de soi. Les adeptes de ce type de réaction recherchent un équilibre du pouvoir afin d'établir des rapports égaux au sein de leurs relations. Alors que les personnes agressives et manipulatrices blessent souvent directement ou indirectement les autres et que les personnes passives se font du tort à elles-mêmes, les personnes affirmatives se protègent et protègent leurs interlocuteurs. Pour cela, elles sont attentives à leurs propres sentiments ainsi qu'à ceux des autres et mettent à contribution des aptitudes verbales et non verbales précises pour résoudre leurs conflits interpersonnels.

S'affirmer ne consiste pas à se montrer insensible, égoïste, entêté ni arrogant. Cela veut dire être prêt à défendre ses droits et à exprimer ses idées, ses besoins et ses émotions, et à tenter de trouver des solutions mutuellement acceptables aux problèmes et aux conflits interpersonnels. À vous de décider si vous voulez redéfinir votre manière de nouer des rapports avec les autres et si vous devez vous défaire de certains comportements inappropriés et improductifs pour mieux vous affirmer.

Il ne suffit pas d'émettre clairement une opinion pour que celle-ci soit considérée comme de l'affirmation de soi.

Vous rencontrerez peut-être des difficultés lorsque vous tenterez de promouvoir une communication plus harmonieuse et plus ouverte avec les autres. Ces difficultés pourront s'avérer plus ou moins grandes, selon la situation dans laquelle vous vous trouvez. La plupart des situations qui exigent l'affirmation de soi entrent dans au moins une des catégories suivantes : 1) une interaction avec un inconnu à qui l'on demande quelque chose, 2) une interaction avec un ami ou un proche à qui l'on demande quelque chose, 3) une interaction avec un inconnu à qui l'on refuse quelque chose, 4) une interaction avec un ami ou un proche à qui l'on refuse quelque chose (Cotler et Guerra, 1976). On peut représenter ces situations sous la forme de quadrants relationnels (*voir la figure 10.1*).

FIGURE 10.1   Les quadrants relationnels

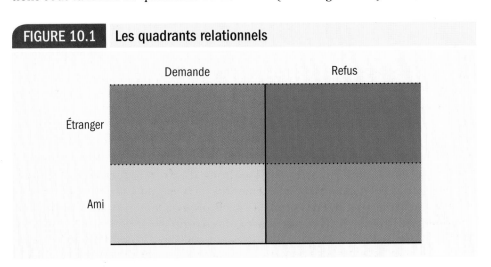

Quel quadrant vous pose plus fréquemment des problèmes? Quel quadrant vous pose le moins de problèmes?

La plupart des gens éprouvent plus de difficultés à s'affirmer dans un ou plusieurs quadrants précis de la fenêtre. Par exemple, pour certains, il est facile de ne pas accéder à la demande d'un inconnu, mais difficile de rejeter celle d'un ami. D'autres n'ont pas de problème à opposer un refus à des proches ou à des inconnus. Par contre, ils peuvent être très anxieux à l'idée d'adresser une demande à quelqu'un. Pour savoir comment vous vous situez par rapport aux divers quadrants relationnels, répondez aux questions de l'exercice 10.5.

EXERCICE 10.5   En pratique

Les quadrants relationnels

À un moment ou à un autre, chaque personne éprouve des difficultés dans au moins un des quadrants.

1. Décrivez une situation illustrant chacun des quadrants relationnels présentés à la figure 10.1. Quel quadrant vous donne le plus de fil à retordre?

2. Une fois que vous aurez déterminé quel quadrant est problématique pour vous, analysez attentivement votre comportement. Vous reconnaîtrez peu à peu les moments où vous ressentez le besoin de vous battre ou de fuir. Comment pouvez-vous changer ces comportements agressifs ou passifs en comportements affirmatifs?

Pour qu'une relation évolue, les partenaires doivent faire preuve d'un degré minimal d'affirmation de soi dans leurs échanges. L'important est de laisser à la fois l'intuition, les circonstances et les gens guider sa conduite. Il n'y a pas une seule bonne façon d'agir dans chaque échange interpersonnel et le choix de notre comportement nous appartient. Toutefois, chacun peut rehausser son estime de soi en apprenant à s'affirmer davantage (Saunders, 1991).

10.2.3 Le sexe, la culture et la gestion des conflits

Lorsque les hommes, les femmes et les membres de diverses communautés culturelles communiquent entre eux, leurs messages véhiculent leurs croyances et leurs perceptions mutuelles. Il devient vite clair que chacun aborde les conflits différemment.

Parlons tout d'abord des différences entre les hommes et les femmes dans la gestion des conflits ainsi que des effets que peuvent avoir les conflits sur les membres des deux sexes. Selon Tannen (1998), dès l'enfance, les hommes manifestent généralement un esprit de compétition plus fort et une plus grande agressivité que les femmes, qui sont plus enclines à collaborer. Comme la plupart des hommes s'intéressent davantage au pouvoir, ils exigent, alors que la plupart des femmes, qui se soucient plus de maintenir les relations, proposent. Les hommes justifient rarement leurs positions, tandis que les femmes le font volontiers. En ce qui a trait à la loyauté, toutefois, le même code comportemental s'applique aux deux sexes. Les hommes comme les femmes peuvent trahir la confiance de quelqu'un tout comme se montrer altruistes et généreux. Si les hommes ont tendance à devenir agressifs verbalement et physiquement, les femmes ont plus souvent recours à la négociation prolongée pour éviter une dispute (Tannen, 1998). Lorsque des chercheurs ont demandé à des femmes de décrire en quoi leur manière de gérer les conflits différait de celle des hommes, ces dernières ont indiqué que les hommes étaient trop préoccupés par le pouvoir et les questions relatives au contenu et pas assez par les questions relationnelles. Ces femmes ont également mentionné qu'au lieu de focaliser sur le contenu, elles se concentraient sur les sentiments (Benenson, Ford et Apostoleris, 1998).

Les hommes, de leur côté, sont plus enclins que les femmes à se retirer d'une situation conflictuelle. De l'avis de Canary, Cupach et Messman (1995), cela peut s'expliquer par le fait que les hommes éprouvent une très forte réaction psychologique et physiologique au cours d'un conflit, et préfèrent parfois se retirer plutôt que de risquer d'être davantage stimulés. Au contraire, pour Lindeman, Harakka et Keltikangas-Jarvinen (1997), les femmes préfèrent parler du conflit dans le but de le résoudre. Lorsqu'il y a mésentente, les femmes sont plus enclines à dévoiler leurs sentiments négatifs et à devenir émotives, tandis que les hommes sont davantage portés à dissimuler ce qu'ils ressentent et à utiliser des arguments logiques (Canary, Cupach et Messman, 1995).

Qu'en est-il de la communication dans un couple? Les interactions conjugales négatives, qui vont d'indices non verbaux de mépris — comme rouler les yeux — jusqu'aux insultes, peuvent avoir un effet négatif sur la santé, en particulier sur celle des femmes. À ce sujet, Oliwenstein (2008) remarque : «Le nombre de fois où votre partenaire roule les yeux permet de prédire la fréquence de vos visites chez le médecin.» Au lieu de vous rendre malade ou de rendre votre partenaire malade, il vaut mieux faire face au conflit et le gérer avec sensibilité. Vous pourrez alors plus facilement clarifier les limites et les normes de la situation, exprimer vos émotions, définir vos besoins et créer un équilibre du pouvoir. De plus, vous poserez ainsi des bases qui vous permettront de mieux résoudre vos conflits à l'avenir.

Qu'en est-il des personnes homosexuelles vivant en couple? Si vous vous interrogez à ce sujet, lisez l'encadré 10.2.

REGARD SUR L'AUTRE

LES CONFLITS DANS LE COUPLE HOMOSEXUEL

ENCADRÉ 10.2

L'orientation sexuelle peut jouer un rôle dans la gestion des conflits. Des recherches ont démontré que les gais et les lesbiennes sont en général plus conciliants que les hétérosexuels lors d'un conflit relationnel. Moins craintifs, belliqueux ou dominateurs, ils sont aussi plus enclins à recourir à l'humour pour apaiser les tensions. Toutefois, comparativement aux lesbiennes et aux hétérosexuels, les hommes homosexuels ont plus de mal à se réconcilier ou à rétablir leur relation une fois le conflit résolu (Gottman et Levinson, 2003).

Comme dans le cas des hommes et des femmes, les diverses cultures conditionnent leurs membres à se comporter différemment en cas de conflit. Alors que les membres des cultures individualistes, comme au Canada, ont tendance à afficher une approche directe découlant de la croyance selon laquelle les individus ont le droit de se défendre, les membres des cultures collectivistes, telles de nombreuses cultures asiatiques, jugent ce comportement déplacé ou grossier. Par exemple, le membre d'une culture individualiste n'hésitera pas à refuser carrément de faire une tâche commandée par son patron s'il juge qu'il n'a pas le temps de la faire. La personne faisant partie d'une culture collectiviste privilégiera plutôt l'harmonie, la retenue et le non-affrontement, et il y a plus de chances qu'elle accepte de faire la tâche. Plutôt que d'opposer un refus direct à une requête, elle dira: «Laissez-moi y réfléchir» (Pennebaker, Rime et Blankenship, 1996).

Pour Jandt (2001), les membres des cultures collectivistes attachent une grande importance à leur réputation et cherchent généralement à créer ou à maintenir une image positive; c'est pourquoi ils sont moins enclins à exprimer ouvertement leur désaccord. Ils critiquent rarement les autres et n'acceptent pas d'être critiqués. Ils font grand cas de leurs relations et manifestent leur respect en évitant de dire ce qu'ils pensent si cela risque de blesser l'autre (Samovar, Porter et McDaniel, 2007).

Dans les cultures collectivistes, il est très mal vu d'exprimer ouvertement son désaccord.

10.2.4 Les attitudes de base de la résolution de conflits

En général, les gens abordent une situation conflictuelle avec l'une ou l'autre des attitudes suivantes: la compétition ou la collaboration. Les personnes qui adoptent une attitude de **compétition** ne voient aucune nuance dans le conflit. Elles sont convaincues qu'elles doivent battre les autres pour gagner et jugent les intérêts de ces derniers incompatibles avec les leurs. Au contraire, les personnes qui affichent une attitude de **collaboration** croient que l'on peut toujours trouver un moyen de partager les bénéfices d'une situation et recherchent des solutions de type «gagnant-gagnant».

Pour qu'un style de résolution de conflits soit défini comme une collaboration, chaque participant doit se montrer disposé à trouver une solution mutuellement acceptable. Si les membres se respectent, évitent de se dénigrer ou de se provoquer mutuellement, et si la communication est ouverte et sincère plutôt que sournoise et fermée, ils pourront régler leur différend amicalement.

Pour faire face à un conflit avec une attitude de collaboration plutôt que de compétition, on doit utiliser des techniques de communication efficaces. On peut se renseigner sur des stratégies viables et s'exercer à les mettre en pratique jusqu'à ce que l'on puisse les utiliser efficacement (Cohen, 2003; Weider-Hatfield, 1981).

L'une de ces stratégies est l'**inversion des rôles**, qui consiste à se mettre à la place de la ou des personnes avec qui l'on est en conflit. Cette stratégie, qui nécessite de l'empathie, peut aider les parties à mieux se comprendre, à trouver des manières créatives d'intégrer leurs intérêts et leurs préoccupations, et à tendre vers un but commun. L'inversion des rôles peut aider à ne pas juger les autres, en permettant de voir la situation de leur point de vue. Lorsqu'on remplace une affirmation comme «Tu as tort» ou «Tu es stupide» par «Ton opinion est différente de la mienne» ou «Je comprends tes arguments», on est en voie d'acquérir une attitude de collaboration.

10.2.5 Les objectifs et les styles de résolution de conflits

Au fil des années, des chercheurs ont élaboré un certain nombre de modèles pour représenter les différentes approches de résolution de conflits. Mentionnons entre autres la **grille des conflits** de Robert Blake et Jane Mouton, conçue en 1970 et retravaillée en 1981 (*voir la figure 10.2, p. 236*). Cette grille comporte deux échelles. L'échelle horizontale mesure à quel point une personne cherche à réaliser ses objectifs personnels. L'échelle verticale, elle, illustre à quel point elle se soucie des autres.

Compétition
Lors d'un conflit, attitude qui consiste à adopter une stratégie gagnant-perdant afin de privilégier ses intérêts personnels au détriment de ceux des autres

Collaboration
Lors d'un conflit, attitude qui consiste à adopter une stratégie gagnant-gagnant afin de privilégier tant ses intérêts personnels que ceux des autres

Inversion des rôles
Stratégie qui consiste pour les personnes en conflit à se mettre à la place de l'autre afin de comprendre son point de vue

Grille des conflits
Modèle qui reflète divers styles de résolution de conflits

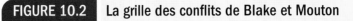

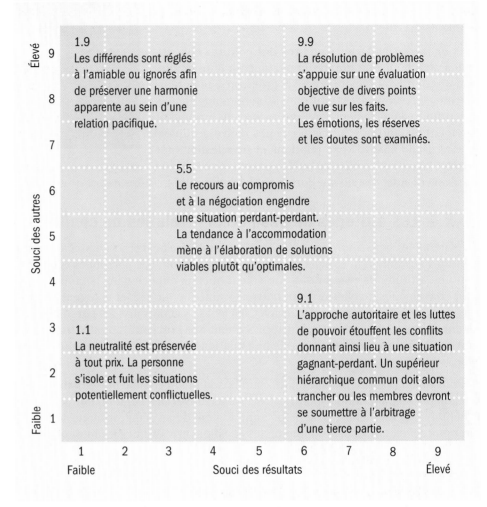

Les deux échelles vont de 1 (faible) à 9 (élevé) et reflètent l'importance croissante que la personne attache à ses objectifs personnels (« souci des résultats »)
et aux autres (« souci des autres »). À partir de cette grille, Blake et Mouton ont
défini cinq grandes attitudes relativement aux conflits. Tout en examinant leur
grille et les descriptions de ces cinq attitudes, essayez de cerner votre propre
style de résolution des conflits.

L'attitude 1.1 en est une d'**évitement** ; elle se résume par les mots « perdre » et
« se retirer ». Si cette approche est la vôtre, vous tentez de rester neutre à tout
prix. Vous voyez sans doute les conflits comme des expériences à éviter. Plutôt
que de tolérer les frustrations associées au conflit, vous vous retirez physiquement ou mentalement de la situation.

L'attitude 1.9 est l'**accommodation**, qui consiste pour l'un des protagonistes
à céder et à perdre. Si une personne adopte un comportement d'accommodation,
cela montre qu'elle privilégie le maintien des relations au détriment de la réalisation de ses objectifs personnels. Son principal souci est de s'assurer que les

Évitement

Lors d'un conflit, attitude
improductive qui consiste
à fuir la situation mentalement
ou physiquement

Accommodation

Lors d'un conflit, attitude qui
consiste à privilégier le maintien
des relations au détriment
de la réalisation de ses
propres objectifs

autres l'acceptent, l'aiment et vivent en paix avec elle. Même si des conflits éclatent dans son environnement, la personne qui fait preuve d'accommodation refuse d'y faire face. Elle ressent le besoin de préserver à tout prix une apparence d'harmonie. Cette divergence crée en elle un état de malaise et de tension caractérisé par de fréquents sourires et des fous rires nerveux.

L'attitude 5.5 est celle du **compromis**, caractérisée par le désir de trouver un terrain d'entente. Si cette approche est la vôtre, vous cherchez une façon de permettre à chaque partie de retirer quelque chose du conflit. Bien sûr, le compromis constitue une stratégie valable dans certains cas. Il peut toutefois devenir problématique si vous optez toujours pour une solution viable de crainte de voir la recherche d'une meilleure solution envenimer le litige. Ce style de résolution des conflits laisse les parties à moitié satisfaites (ou à moitié insatisfaites). C'est pourquoi on considère parfois le compromis comme une stratégie perdant-perdant.

> **Compromis**
> Lors d'un conflit, attitude qui consiste à tenter de trouver un terrain d'entente

L'attitude 9.1 correspond à la compétition (aussi appelée «rapport de force») et à une attitude gagnant-perdant. La personne qui utilise cette approche accorde beaucoup plus d'importance à la réalisation de ses objectifs qu'au sort des autres parties. Elle éprouve un besoin irrépressible de gagner et de dominer les autres; elle défend sa position et se bat contre les autres peu importe ce qu'il lui en coûte ou le tort qu'elle cause.

La collaboration caractérise l'attitude 9.9, et elle correspond à une attitude gagnant-gagnant. Si cette approche vous caractérise, vous cherchez activement à atteindre vos objectifs (par une attitude axée sur les résultats) ainsi que ceux des autres (par une attitude aussi axée sur les personnes). Cette approche est optimale en ce qui touche la résolution de conflits. En tant que collaborateur, vous comprenez que les désaccords sont normaux et peuvent être utiles; vous

La collaboration est une très bonne attitude à adopter, même dans un milieu compétitif.

savez aussi que chaque partie en cause nourrit des opinions légitimes qui méritent d'être exprimées et prises en compte. Vous êtes capable de discuter de vos différends sans recourir aux attaques personnelles.

Selon Alan Filley (1975), les personnes qui parviennent à résoudre leurs conflits efficacement font appel dans une large mesure aux approches 9.9 (résoudre les problèmes) et 1.9 (aplanir les différences), tandis que les «solutionneurs» inefficaces ont en grande partie recours à la force (9.1) ou au retrait (1.1).

Si l'on veut établir et maintenir des relations interpersonnelles significatives, on doit apprendre à gérer les conflits de manière constructive. Un conflit est productif lorsque tous les participants sont satisfaits du résultat et ont l'impression d'avoir gagné quelque chose (Pace, 1991; Wiiteman, 1991). Autrement dit, nul n'est perdant, tout le monde gagne (gagnant-gagnant). En revanche, un conflit est destructeur si tous les participants sont insatisfaits de la résolution et estiment avoir perdu quelque chose (perdant-perdant). L'une des questions les plus importantes que l'on doit se poser est celle de savoir si l'on peut transformer ses conflits en interactions productives plutôt que destructrices. Si vous vous interrogez sur l'effet de la communication virtuelle sur la gestion des conflits, l'encadré 10.3 (*voir p. 238*) traite de ce sujet.

ENCADRÉ 10.3

De nos jours, les groupes tiennent fréquemment des réunions virtuelles: téléconférences, vidéoconférences ou cyberconférences qui rassemblent des participants de régions éloignées. Outre le fait qu'elles facilitent la discussion entre des personnes physiquement distantes, ces techniques permettent à des chefs d'entreprise et à des professeurs, par exemple, de rassembler des personnes qui ne pourraient pas se réunir autrement, de gagner du temps, d'économiser de l'argent et d'accroître leur productivité. Les cyberéquipes sont virtuelles à divers degrés et vont des équipes hybrides qui se réunissent en vis-à-vis et en ligne jusqu'aux membres qui ne se rencontrent jamais en personne. Deux variables favorisent de manière significative le succès d'une cyberrencontre: 1) le sentiment d'appartenance au groupe (Duarte et Tennant Snyder, 2007), et 2) la focalisation sur la tâche et l'efficacité résultant du travail en ligne (Silverman, 2001).

Le travail de groupe en ligne présente plusieurs autres avantages concernant la résolution des problèmes. Lors

d'un conflit, les membres d'une équipe en ligne sont en général moins portés à se laisser influencer par le statut des autres membres et à se laisser régenter par un seul d'entre eux. De plus, ce type de travail offre souvent une plus grande flexibilité en permettant aux participants de réagir à leur propre rythme et en fonction de leurs horaires (Lantz, 2001). Toutefois, les groupes virtuels les plus appréciés sont ceux dont les membres participent activement à la progression de l'équipe en se préparant adéquatement aux réunions et ceux dont les membres affichent une grande réceptivité mutuelle, ce qui facilite la résolution de conflits et favorise la collaboration (Timmerman et Scott, 2006).

Quelles différences y a-t-il entre un conflit en ligne et un conflit en personne? Est-il plus facile de se cacher ou d'adopter un comportement passif dans un groupe dont les membres se rencontrent en ligne que dans un groupe dont les membres se réunissent en personne? Pour quels motifs pourrait-on vouloir se cacher dans un groupe?

10.3 Mettre en pratique ses aptitudes à la communication

Les conflits peuvent être résolus d'une manière productive grâce à l'application des principes de la communication efficace dans un processus nommé «négociation». Voici six règles de base en matière de résolution de conflits.

10.3.1 Résoudre les conflits rationnellement

Reconnaître les comportements improductifs est le premier pas à faire pour apprendre à gérer les conflits plus efficacement. La volonté d'exprimer ses sentiments d'une manière ouverte, franche et constructive sans recourir à des méthodes irrationnelles qui détruisent la confiance et le respect est une condition préalable à une gestion efficace des conflits. Par conséquent, au lieu d'insulter ou d'attaquer les autres ou de vous retirer de la mésentente, soyez prêt à décrire l'action, le comportement ou la situation qui vous perturbe. Faites-le sans porter de jugements négatifs sur les autres et sans les pousser à être sur la défensive. Concentrez-vous sur les problèmes et non sur les personnalités; vous serez ainsi plus objectif et disposé à écouter et à réagir de manière calme et posée aux propos de votre interlocuteur (Adams et Galanes, 2009).

10.3.2 Cerner le conflit

Sachant qu'il est possible de gérer les conflits rationnellement, vous pouvez vous demander: «Pourquoi sommes-nous en conflit? Qui réagit le plus fortement au problème? Que faire?» Ici encore, il est crucial d'émettre des messages à la première personne : « Je trouve injuste de devoir être le seul à faire le ménage », « Je n'aime pas avoir l'impression d'être le seul à travailler dans l'équipe ». Il faut éviter de blâmer les autres : « Tu fais tout de travers », « Tu vas nous faire échouer ». Enfin, exprimez clairement votre intention de vous joindre aux autres membres pour trouver une solution acceptable et bénéfique pour tous, une solution qui fait uniquement des gagnants et qui contribuera non pas à donner raison à l'une des parties, mais bien à régler le problème à la source du conflit.

10.3.3 Vérifier ses perceptions

Une situation n'est conflictuelle qui si elle est perçue comme telle. Dans les moments qui précèdent une situation conflictuelle, on a tendance à déformer le comportement, le point de vue ou les motivations de l'autre partie. En agissant ainsi, on nie la légitimité de tout autre point de vue que le sien. Chaque partie impliquée croit que l'autre adopte des comportements inappropriés ou les deux parties se méprennent sur les sentiments ou les perceptions de l'autre. Voilà pourquoi il importe que chaque personne prenne le temps d'expliquer à l'autre ses perceptions. Chaque partie ayant verbalisé ses idées, ses besoins et ses sentiments, il s'agit maintenant de voir si vous vous comprenez mutuellement. Cette étape exige une écoute active et empathique. L'inversion des rôles peut également aider les parties à se comprendre, car elle permet de se mettre à la place des autres. Si vous êtes prêt à écouter et à regarder la situation dans la perspective d'une autre personne, celle-ci acceptera sans doute de vous écouter et de se mettre à votre place.

10.3.4 Suggérer des solutions

Au stade de la recherche de « solutions possibles », les personnes font un remue-méninges (*voir le chapitre 11*). Il est très important, à cette étape, d'éviter d'évaluer, de condamner ou de refuser l'une ou l'autre des suggestions. Vous devez mettre de côté vos jugements et croire honnêtement qu'il existe plusieurs solutions au conflit.

10.3.5 Évaluer les solutions de rechange et choisir la meilleure

Une fois que vous aurez dressé une liste de solutions possibles, chaque personne doit indiquer celle qu'elle préfère et justifier son choix. Dans la mesure du possible, essayez de classer les solutions selon les catégories suivantes : gagnant-perdant, perdant-perdant et gagnant-gagnant. Votre objectif est de découvrir celles qui sont mutuellement acceptables (l'honnêteté est cruciale durant cette phase). Après avoir évalué toutes les solutions, vous serez en mesure de déterminer si l'une des solutions mutuellement acceptables se distingue avantageusement des autres, c'est-à-dire qu'elle présente plus d'avantages que d'inconvénients. De plus, n'oubliez pas de vérifier qu'il s'agit de la solution la plus constructive et productive en termes de temps, d'énergie et de coûts.

10.3.6 Appliquer la solution et l'évaluer

À l'étape de l'essai, vous pourrez constater l'efficacité de la solution retenue et la pertinence de la répartition des rôles. Vérifiez qui fait quoi, quand, où et dans quelles conditions, et informez-vous des conséquences pour chaque membre du groupe. Vous voulez savoir si les parties impliquées ont pu mener la tâche à bien comme prévu, si la solution adoptée a réglé le problème et si le résultat est satis-faisant pour tout le monde. Dans le cas contraire, il faut recommencer le processus de résolution de conflits.

Ces principes s'appliquent-ils dans la réalité de tous les jours, où très souvent le temps et l'énergie nécessaires afin de gérer efficacement les conflits manquent ? Pour vérifier l'efficacité de ces principes, vous pouvez, par exemple, demander à une personne détenant un poste de gestionnaire du personnel s'ils sont réalistes. Vous serez alors à même de constater si ces principes sont applicables dans le milieu du travail.

En bref

Révision des objectifs du chapitre

1 **Définir la notion de conflit.**   Le conflit est inhérent à toute relation interpersonnelle. Une personne se heurte à des conflits chaque fois que ses idées ou ses actions sont limitées, bloquées ou entravées par les idées, les besoins, les émotions et les actions d'une autre personne. Pour bien résoudre un désaccord, il est important de comprendre sa nature et ses enjeux.

2 **Comprendre et décrire les composantes, les types ainsi que les fonctions des conflits.**   Les composantes des conflits sont l'objet, le pouvoir et l'émotion. Il existe deux principaux types de conflits : les conflits intrapersonnels et les conflits interpersonnels. Bien qu'il ne soit jamais agréable à vivre, le conflit occupe certaines fonctions importantes : il permet, lorsque bien géré, le maintien et l'approfondissement des relations interpersonnelles.

3 **Définir la communication défensive, expliquer ses conséquences ainsi que les comportements de remplacement.**   Souvent, on adopte un comportement défensif sans même le remarquer, afin de se protéger d'attaques réelles ou éventuelles. Cette forme de communication peut permettre de se protéger, mais elle rend la résolution des conflits beaucoup plus ardue. Les comportements de remplacement sont la description, l'orientation vers la résolution de problèmes, la spontanéité, l'empathie, l'égalité ainsi que l'ouverture d'esprit.

4 **Distinguer les types de réactions devant une situation de conflit et décrire les avantages de l'affirmation de soi.**   Pour toutes sortes de raisons, on réagit tous de manière différente aux mésententes. Certaines réactions peuvent nuire à leur résolution. La plupart du temps, la réaction affirmative est celle qui permet à la fois de maintenir des relations interpersonnelles saines et d'obtenir ce que l'on veut.

5 **Analyser l'influence du sexe et de la culture sur la résolution des conflits.**   Le sexe et la culture ont une influence indéniable sur la façon qu'ont les gens de réagir aux problèmes relationnels et sur celle de régler ceux-ci. Il ne faut pas ignorer ces facteurs lorsqu'on essaie de comprendre et de résoudre les conflits. Par exemple, les femmes ont tendance à négocier plus long-temps que les hommes. De même les membres de cultures individualistes adoptent un style de communication beaucoup plus direct que les membres de cultures collectivistes qui sont beaucoup plus réservés dans leurs échanges.

6 **Différencier l'attitude de compétition de l'attitude de collaboration dans la gestion des conflits.**   Quand un conflit est géré de façon constructive, il ne fait que des gagnants. Un conflit peut être destructeur si tous les participants sont insatisfaits de son résultat et estiment avoir perdu quelque chose. Le recours aux méthodes de résolution de problèmes axées sur la collaboration plutôt que sur la compétition, qui créent des situations gagnant-perdant, favorise la résolution constructive des conflits.

7 **Décrire les avantages et les problèmes pouvant découler des différentes façons de gérer des conflits.**   Le recours à des stratégies comme le blâme, le retrait, l'intellectualisation, la distraction ou la force rompt l'harmonie des relations interpersonnelles. En revanche, si les personnes discutent calmement de leurs problèmes, elles peuvent dénouer les impasses et surmonter leurs difficultés. Diverses approches de résolution de conflits peuvent être intégrées à la grille des conflits de Blake et Mouton. L'attitude la plus efficace demeure la collaboration, une approche gagnant-gagnant centrée à la fois sur les résultats et sur les sentiments des autres membres du groupe.

8 **Décrire les six étapes d'une résolution de conflits efficace.** Un certain nombre de techniques de communication peuvent aider à résoudre les conflits. La première étape consiste à reconnaître qu'il est possible de résoudre un conflit rationnellement – en se concentrant sur les problèmes (faits) et non sur les personnalités (jugements). Il faut ensuite cerner le conflit, puis vérifier la justesse de ses perceptions, après quoi on doit suggérer et évaluer diverses solutions pour ensuite retenir la meilleure solution pour tous. Finalement, on applique la solution et l'on évalue son efficacité.

Pour aller plus loin

Chansons

Comment ces chansons traitent-elles des émotions et des réactions liées aux conflits?

- «Je m'en veux», Mélanie Renaud, *Ma liberté,* 2000
- «Isabelle», Jean Leloup, *L'amour est sans pitié,* 1991
- «I will survive», Gloria Gaynor, *Love Tracks,* 1978
- «Help», John Lennon et Paul McCartney, *Help,* 1965

Films

Les films suivants présentent des conflits familiaux. Êtes-vous capable de déterminer dans chacun de ces films les types, les composantes ainsi que les fonctions de ces conflits? Comment pouvez-vous qualifier les réactions des différents personnages mis en scène dans ces œuvres?

- *C.R.A.Z.Y.,* Jean-Marc Vallée, 2005
- *Un air de famille,* Cédric Klapisch, 1996
- *The kids are all right,* Lisa Cholodenko, 2010
- *Billy Elliott,* Stephen Daldry, 2000

Livres

Comment ces livres abordent-ils l'affirmation de soi chez les femmes?

- *Le goût du bonheur* (vol. 1), Marie Laberge, 2000
- *Le chant de Dolorès* (traduction de *She's come Undone,* paru en 1992), Wally Lamb, 2010

Comment ces livres abordent-ils l'affirmation de soi chez les hommes?

- *Carnets de naufrage,* Guillaume Vigneault, 2000
- *L'avaleur de sable,* Stéphane Bourguignon, 1993

11

LA COMMUNICATION EN GROUPE ET LE LEADERSHIP

Objectifs d'apprentissage

Après avoir lu ce chapitre, vous devriez pouvoir :

1. Définir la nature du groupe restreint, son identité et son développement ;

2. Énumérer les avantages et les inconvénients de la prise de décision et de la résolution de problèmes en groupe ;

3. Différencier les rôles liés à la tâche, ceux associés à l'entretien des relations et les rôles individuels ;

4. Expliquer et démontrer les effets d'un climat de collaboration plutôt que de compétition sur les interactions entre les membres d'un groupe ;

5. Comparer les différentes techniques décisionnelles ;

6. Définir le leadership et en distinguer les divers styles ;

7. Décrire comment les théories situationnelle et fonctionnelle permettent de mieux comprendre le leadership ;

8. Comprendre comment améliorer la communication au sein d'un groupe.

Mise en situation

Plusieurs catastrophes ont marqué le début du deuxième millénaire. Parmi celles-ci, pensons au tsunami qui, le 26 décembre 2004, a ravagé plusieurs pays entourant l'océan Indien et enlevé la vie à 230 000 personnes. Cette tragédie illustre très bien comment, grâce aux médias et aux nouvelles technologies, les êtres humains peuvent savoir très vite ce qui se passe à l'autre bout de la planète. Elle permet d'observer l'influence du groupe et du leadership sur de nombreux comportements humains.

À grande échelle, plusieurs gouvernements, organisations humanitaires et particuliers du monde entier ont fait parvenir des dons afin d'offrir une aide financière et matérielle aux régions éprouvées. La Banque mondiale estime d'ailleurs le coût de l'aide humanitaire à cinq milliards de dollars américains.

Il est également possible, dans une telle tragédie, de considérer les comportements des petits groupes. Dans leurs témoignages, de nombreux touristes occidentaux ont insisté sur l'attitude exemplaire des populations locales à leur égard. «Le personnel de l'hôtel s'est rapidement occupé de nous ; ces gens étaient d'une gentillesse. Ils s'inquiétaient», raconte une rescapée suisse, dans le journal *La Liberté* (citée dans Swiss info, 2004). Les manifestations de solidarité exprimées par des groupes de personnes qui vivent elles-mêmes une tragédie ont permis à Jan Egeland, ancien secrétaire général adjoint des Nations Unies (cité par Johann Schaar, 2005), de déclarer : «Nous avons vu le pire visage de la nature et l'humanité sous son meilleur jour. » Par ailleurs, d'autres observateurs sont moins positifs et ont rapporté avoir entendu des groupes de voyageurs se plaindre du fait que leurs vacances au soleil avaient été gâchées.

L'effet du leadership peut également être observé dans de telles situations. Par exemple, il est indéniable que les artistes ont, aujourd'hui, une grande influence sur les comportements des gens. Le 13 janvier 2005, quelques semaines après la tragédie, le chanteur canadien Tom Cochrane a orchestré le spectacle télévisé *Canada for Asia* qui a rassemblé 150 artistes pour un concert-bénéfice regardé par un million de personnes et qui a servi à amasser quatre millions de dollars pour la cause.

- Quel effet la solidarité a-t-elle sur le vécu des personnes vivant une tragédie ?

- Comment le groupe peut-il aider ou empêcher la résolution efficace de problèmes, dans un contexte comme celui du tsunami de 2004 ?

- Quelles qualités doit posséder le leader positif afin d'inciter les gens à être généreux, dans une tragédie comme celle-ci ?

E ssayez d'imaginer ce que serait votre vie personnelle et professionnelle si vous n'apparteniez à aucun groupe, tant réel que virtuel : pas de famille, pas d'équipe de travail, pas de bande d'amis ni de groupe Facebook. Qu'est-ce qui vous manquerait ? Votre existence serait-elle plus simple ?

Dans le milieu professionnel, certaines équipes de travail fonctionnent bien, d'autres, moins. Peu importe si l'on aime le travail de groupe ou non, il est impossible de l'éviter complètement aujourd'hui. Plutôt que d'essayer de s'y soustraire, mieux vaut essayer de comprendre le groupe et de concevoir des stratégies pouvant en améliorer l'efficacité et le climat. Dans ce chapitre, nous définirons tout d'abord le concept de groupe restreint ; nous décrirons ensuite la dynamique particulière à l'œuvre dans le travail en équipe. En troisième lieu, nous aborderons la question du leadership pour finalement essayer de trouver des façons d'améliorer la communication entre les membres d'un groupe.

11.1 Le groupe restreint

Bien que la psychologie des grands groupes et des foules soit fascinante, nous nous concentrerons, dans ce chapitre, sur la nature et le fonctionnement du groupe restreint, car c'est ce genre de rassemblement que vous êtes le plus susceptible de rencontrer, tant à l'école que sur le marché du travail. Qu'est-ce qu'un petit groupe ? Nous allons commencer par répondre à cette question, puis nous verrons les différentes étapes de formation de cette entité collective particulière, et nous discuterons du travail en équipe. Pour commencer à réfléchir plus en profondeur à la place des groupes dans votre vie, répondez aux questions de l'exercice 11.1.

EXERCICE 11.1   Mieux se connaître

Les groupes

Les différents groupes dont vous avez fait partie ont façonné ce que vous êtes aujourd'hui. Réfléchissez à l'importance qu'ils ont eue dans la structuration de votre personnalité.

1. Nommez cinq groupes auxquels vous avez appartenu depuis votre enfance.
2. Lequel de ces groupes vous a-t-il le plus influencé ?
3. Décrivez en quelques mots l'influence de ce groupe sur votre personnalité actuelle.
4. Comment avez-vous influencé ce groupe ?
5. Dans quel(s) genre(s) de groupe aimez-vous et n'aimez-vous pas vous retrouver ? Pourquoi ?

11.1.1 Les caractéristiques du groupe restreint

Reconnaître les caractéristiques communes aux différents groupes permet d'apprendre à se comporter plus efficacement lorsqu'on a à fonctionner à l'intérieur de ceux-ci. Selon Landry (1995), un groupe restreint, au contraire d'un assemblage aléatoire d'individus distincts, est « un système psychosocial pouvant être composé de trois à environ vingt personnes qui se réunissent et interagissent en vue d'atteindre une cible commune ». Pour mieux comprendre la nature de ce groupe, nous allons aborder sa taille, l'interdépendance de ses membres, ses objectifs, sa structure, son climat, ses normes et son identité.

La taille

Quelle est la taille optimale d'un groupe? Dans les équipes centrées sur la tâche, la taille optimale représente le plus petit nombre de personnes capables d'exécuter le travail (Hackman, 1987). Plus le groupe est grand, plus il est difficile de prévoir des réunions, de partager de l'information et d'égaliser les possibilités de participation. Comme vous l'avez peut-être déjà vécu, une tâche aussi simple que celle de choisir rapidement un restaurant peut devenir un défi presque insurmontable lorsqu'on est plusieurs. Un groupe se compose de trois personnes au minimum. Ce nombre est idéal pour réaliser des tâches simples. Pour les tâches plus complexes, les rassemblements de cinq à sept personnes sont plus efficaces (Cragan et Wright, 1999). En effet, les membres peuvent communiquer directement entre eux tout en travaillant à une tâche ou à un objectif de plus grande envergure.

L'interdépendance et les interactions

Nous avons abordé ces concepts dans notre discussion sur les conflits au chapitre 10. Pour Myers et Anderson (2008), une des caractéristiques principales du groupe est l'interdépendance des individus qui le composent. Selon ces chercheurs, le groupe est un système, car l'action d'un ou de plusieurs membres affecte les autres. Pensez à l'effet de l'absence d'un collègue de classe dans la réalisation d'un travail en équipe. Si cette personne a l'habitude de déranger, vous en serez peut-être soulagé. Sinon, vous pourriez être déçu du déclin de la productivité que cette absence pourrait entraîner.

La notion d'interdépendance expliquerait aussi pourquoi l'on est capable, en groupe, d'accomplir des tâches ou de réaliser des défis impossibles à affronter seul. Après le tsunami de 2004, les sauveteurs rassemblés en équipes ont réussi à sauver des vies justement parce qu'ils ont mis en commun leurs ressources. S'ils avaient décidé de travailler seuls, ils n'auraient rien accompli et auraient même mis leur sécurité en danger.

L'interdépendance des membres d'un groupe se caractérise souvent par la qualité et la profondeur des interactions existant entre ceux-ci. Le concept de l'étendue des relations, vu au chapitre 9, s'applique ici: la communication, à l'intérieur d'un groupe, va au-delà des banalités échangées entre deux inconnus, car les participants entretiennent des relations interpersonnelles. Il ne faut toutefois pas confondre interaction et coaction. Des personnes qui sont en coaction ne font que faire la même chose au même moment. Contrairement à ces dernières, les membres d'un groupe échangent de l'information. Des individus qui mangent à la cafétéria sans se parler ou qui attendent l'autobus sans interagir ne font donc pas partie d'un groupe, car leurs interactions et leur interdépendance sont minimales.

Les objectifs et la structure

Les **objectifs du groupe** représentent la raison d'être de celui-ci et le but final qu'il tend à atteindre. Par exemple, l'objectif d'une équipe de soccer peut être de remporter le championnat de sa division. Un groupe se caractérise également par sa **structure**. Celle-ci sert à déterminer les positions et les rôles de chaque membre. Y a-t-il un leader? Qui prend les notes? Comment diffuse-t-on les messages: par courriel, par communiqué, de bouche à oreille ou par des réunions formelles?

Objectif du groupe
Raison d'être, but visé du groupe

Structure du groupe
Positions et rôles des membres

Le climat existant au sein d'un groupe de travail peut avoir un effet important sur la performance de celui-ci.

Le climat

Le **climat du groupe** représente l'atmosphère émotionnelle qui règne au sein de celui-ci. Charles Redding (1972) avance qu'un climat efficace se distingue par: 1) un état d'esprit positif, 2) la prise de décision participative, 3) la confiance entre les membres, 4) l'ouverture et la franchise, et 5) des objectifs de rendement élevés. Et, tandis que les modes d'interaction entre les membres ont un effet sur le type d'atmosphère, le climat, de son côté, influe sur la façon dont les membres communiquent entre eux ainsi que sur le contenu de leurs messages. Plus le climat à l'intérieur du groupe est sain, meilleure en sera la cohésion. Afin de mieux comprendre cette notion, répondez aux questions de l'exercice 11.2.

Climat du groupe

Atmosphère émotionnelle, ambiance durant les interactions du groupe

---

EXERCICE 11.2 | Mieux se connaître

Le climat de groupe

Pensez à un groupe dont vous faites partie actuellement. Il peut s'agir, par exemple, d'une équipe de travail que vous avez dû former dans le cadre d'un cours.

Évaluez le climat du groupe en accordant une note à chacun des énoncés ci-dessous, selon l'échelle de notation suivante: 1 (jamais) à 10 (très souvent).

1. Le climat du groupe est informel, agréable et détendu.

2. Les discussions sont nombreuses et presque tous les membres y prennent part, mais elles demeurent centrées sur la tâche.

3. L'objectif est clair: les membres en ont discuté librement et se sont engagés à l'atteindre.

4. Chacun écoute les autres. Chaque idée a sa place. Les membres ne semblent pas avoir peur d'être jugés; ils exposent leurs idées créatives même si certaines semblent plutôt extravagantes.

5. Les désaccords ne sont pas réprimés ni écartés au profit d'une action prématurée. Le groupe cherche à résoudre les désaccords plutôt qu'à écraser les dissidents.

6. La plupart des décisions se prennent à la suite d'une forme de consensus qui indique que tous les membres sont prêts à suivre le groupe. Les votes formels sont minimaux; le groupe n'accepte pas la majorité simple comme un principe de prise de décision adéquat.

7. Les critiques sont fréquentes, franches et relativement douces. Les attaques personnelles, directes ou détournées, demeurent rares.

8. Lorsque des actions sont menées, les membres distribuent les tâches entre eux.

9. Le chef du groupe ne le domine pas, pas plus que les membres ne s'en remettent complètement à lui. En fait, le leader change de temps en temps en fonction des circonstances. Les luttes de pouvoir sont rares. La question ne consiste pas à savoir qui gouverne, mais comment faire le travail.

Après avoir calculé le total de vos points, comparez vos scores, ligne par ligne, à ceux de vos collègues du groupe. Que remarquez-vous? Que suggéreriez-vous afin que le groupe dont vous faites partie soit plus efficace et harmonieux?

Les normes

Les normes du groupe sont les règles explicites et implicites de comportement intériorisées (acceptées et appliquées) par les membres. Si elles durent, c'est qu'« elles sont nécessaires pour renforcer certaines régularités sociales, sans lesquelles la vie en communauté serait à réinventer toutes les minutes » (Leclerc, 1999).

Tous les groupes se fixent des normes et s'attendent à ce que leurs membres les respectent afin de favoriser une certaine uniformité. Certaines règles sont officielles, pouvant par exemple être énoncées dans un code de règlements. Il s'agit de **normes formelles** (ou explicites). Les **normes informelles**, parfois tout aussi puissantes, ne sont par contre inscrites nulle part. Par exemple, le règlement d'une école ne stipule jamais que les élèves peuvent se permettre de taquiner un professeur et pas un autre, car ce dernier est susceptible. Pourtant, les élèves savent très rapidement ce qu'ils peuvent et ne peuvent pas faire en présence de chacun de leurs enseignants.

Myers et Anderson (2008) proposent une autre classification des normes. Premièrement, les **normes liées à la tâche** concernent les stratégies élaborées pour atteindre un objectif. Si l'on a un travail en équipe à faire, comment peut-on s'y prendre pour déterminer le sujet à traiter ? On pourrait établir une norme selon laquelle personne ne peut critiquer, dans l'étape de recherche de sujet, les idées des autres. Les **normes procédurales** servent ensuite à établir la façon de faire qui sera utilisée. Dans l'exemple du travail en équipe, on peut déterminer que l'on passera au maximum deux heures à chercher des sujets de travail. Finalement, les **normes sociales** servent à définir quelles formes d'interactions sont permises ou non dans le groupe. Peut-on se tutoyer ? Va-t-on prendre un café ensemble après la session de travail ? Les normes sociales encadrent, souvent à notre insu, ce genre de comportements.

Norme formelle
Règle officielle et écrite qui régit les interactions des membres d'un groupe

Norme informelle
Règle non officielle et non écrite, mais suivie par tous les membres d'un groupe

Norme liée à la tâche
Norme qui détermine la façon d'atteindre un objectif

Norme procédurale
Norme qui établit la méthodologie et les procédures utilisées pour atteindre un objectif

Norme sociale
Norme qui régit les relations interpersonnelles entre les membres d'un groupe

L'identité

L'identité d'un groupe sert à tracer la frontière entre les membres et les non-membres. Elle permet au groupe de se démarquer et de se différencier de tous les autres et peut se manifester de façon physique (externe) ou psychologique (interne). En établissant clairement ce qui différencie un groupe d'un autre, les normes constituent des marqueurs d'identité internes (Myers et Anderson, 2008). Par exemple, une équipe de hockey peut se démarquer par son esprit sportif hors du commun. Il sera donc question ici d'une norme (le fait de bien respecter les règlements et de bien se comporter sur la glace) qui illustre l'identité du groupe.

Il existe également des marqueurs d'identité externes. Reprenons l'exemple d'une équipe sportive. Le nom et le chandail de l'équipe servent aussi à se démarquer des autres, mais cette différenciation est à la vue de tous.

11.1.2 L'évolution d'un groupe

Dans le chapitre 9, nous avons vu que les relations se tissent en suivant certaines étapes bien précises. Il en va de même pour les groupes. Selon la théorie reconnue de Tuchman (1965,

Chaque groupe possède une identité propre qui est souvent marquée par des signes extérieurs.

groupe Richelieu

revue dans Wheelen et Hockberger, 1996), les principales phases d'évolution d'un groupe sont: la constitution, la rébellion, la normalisation, la performance et la dissolution.

La constitution

Lorsqu'une personne adhère à un groupe, elle peut, au début, éprouver une certaine confusion, car elle ne sait pas trop comment se conduire avec les autres et ne connaît pas les rôles qu'elle devra jouer. Lorsque la personne a vécu de belles expériences de groupes, elle percevra probablement ce nouveau départ de manière optimiste. Si c'est le contraire, elle risque sans doute d'avoir des appréhensions face au fait de se joindre à un collectif. Bien qu'elle puisse ressentir de l'anxiété et parfois même de la colère, la personne n'en montrera rien, car elle désire se faire aimer, afin de satisfaire son besoin d'approbation. Elle doit aussi tenter de comprendre qui est le responsable et pour quels motifs les membres se réunissent. Dans la phase de constitution, les objectifs principaux du nouveau membre sont donc de s'intégrer, d'être apprécié des autres et de comprendre qui dirige le groupe ainsi que son fonctionnement.

La rébellion

Des conflits éclatent très souvent alors que les membres du groupe déterminent la manière dont ils travailleront ensemble. Il s'agit, la plupart du temps, de mésententes liées à la tâche et de problèmes relationnels. Les tensions surgissent lorsque les membres ne s'entendent pas sur les objectifs et les rôles de chacun au sein du groupe. À cette étape, ils ne cherchent plus à s'intégrer, mais plutôt à consolider leur pouvoir respectif.

La normalisation

Au cours de la phase de normalisation, le groupe définit plus clairement ses normes sociales, en particulier celles qui concernent la gestion des conflits. Peu à peu, une structure émerge, les rôles se précisent et un ou plusieurs leaders se manifestent. C'est à ce moment que les membres du groupe décideront comment ils s'y prendront pour travailler ensemble. De plus, à mesure que les participants prennent conscience de leur interdépendance et de leur besoin de collaborer, un sentiment d'identité apparaît. C'est à cette étape que des comportements de conformité ou de défiance seront remarqués. Les personnes qui se conforment suivront les règlements, tandis que les personnes non conformistes ne les suivront pas ou n'accepteront pas de se soumettre à une décision du groupe. La non-conformité, bien que parfois difficile à vivre, n'est pas toujours négative, car elle peut permettre à un groupe de remettre en cause ses normes et ses objectifs et d'évoluer davantage. Les comportements de violence ou de négligence peuvent cependant empêcher un groupe d'avancer. Avez-vous des exemples de non-conformité constructive et destructive qui vous viennent en tête?

La performance

Au cours de la phase de performance, le groupe se concentre sur l'exécution de la tâche. Souvent perçue comme l'étape la plus importante de la vie du groupe, c'est durant cette phase que les membres combinent leurs compétences et leurs connaissances pour surmonter les obstacles et atteindre les objectifs communs liés à leur projet.

La dissolution

Enfin, après un certain temps, les membres passent en revue leurs réalisations ou leurs échecs et déterminent s'ils doivent rompre leur alliance et, le cas échéant, de quelle manière ils le feront. Il y a plusieurs façons de dissoudre un groupe : en organisant une soirée ou en se disant tout bonnement au revoir. Mais la séparation peut s'avérer plus compliquée et plus longue. En effet, certains groupes choisissent de travailler ensemble sur une nouvelle tâche ou certains membres décident de poursuivre les relations nouées pendant la vie du groupe (Keyton, 1993), notamment en utilisant des réseaux sociaux comme Facebook.

La manière dont un groupe progresse à travers ces étapes déterminera son efficacité. Tous les groupes suivent-ils les mêmes phases ? Pour évaluer la pertinence de cette théorie, nous vous invitons à répondre aux questions de l'exercice 11.3.

EXERCICE 11.3 | En pratique

L'évaluation d'un groupe

Il est intéressant d'analyser les caractéristiques, les forces, les limites et les phases de l'évolution d'un groupe. Choisissez une personne de votre entourage qui a déjà fait partie d'une équipe sportive, d'un groupe de travail ou d'un regroupement artistique telle une troupe de danse ou de théâtre. Demandez-lui de répondre aux questions suivantes :

1. Quels étaient les objectifs de ce groupe ?
2. Comment ce groupe était-il structuré ?
3. Quels étaient les modes de communication de ce groupe ?
4. Quelles étaient les normes liées à la tâche, sociales et procédurales de ce groupe ?
5. Comment qualifier le climat de ce groupe ?
6. Comment l'identité de ce groupe était-elle marquée ?
7. Comment le groupe a-t-il évolué ? Comment a-t-il traversé les étapes de constitution, de rébellion, de normalisation, de performance et, le cas échéant, de dissolution ?
8. Si le groupe existait avant que vous vous y joigniez et qu'il n'a pas cessé d'exister après votre départ, à quelle étape était-il rendu au moment de votre arrivée ou lorsque vous êtes parti ?

Comparez maintenant les réponses que cette personne a données à celles que vous donneriez en pensant à un groupe auquel vous avez appartenu (vous pouvez utiliser l'exemple dont vous avez parlé à l'exercice 11.1). Quelles ressemblances et différences constatez-vous entre ces deux groupes ?

11.2 Le travail en équipe

Selon une étude du Conference Board du Canada effectuée en 2000, et citée dans Bergeron (2004), le travail en équipe fait partie des trois principaux types de compétences recherchées par les employeurs. Au sud de la frontière, plus des deux tiers des entreprises américaines comptent sur des équipes de travail afin de réaliser leurs objectifs (Lancaster, 1996). De nos jours, les travailleurs sont souvent intégrés dans des groupes et assistent à un plus grand nombre de réunions que jamais auparavant. Des comités d'employés prennent couramment des décisions autrefois réservées à des cadres « dictatoriaux ».

Le travail en équipe est l'une des plus importantes aptitudes que vous devez maîtriser afin d'avoir du succès professionnellement. En effet, les organisations recherchent des personnes capables de collaborer avec d'autres afin d'innover, de résoudre des problèmes et de prendre des décisions dans des situations très variées. Les interactions entre les membres d'un groupe déteignent non seulement sur le succès de celui-ci mais aussi sur la décision des participants de rester ou de partir. Aimez-vous le travail en équipe? Êtes-vous un bon coéquipier? Pour réfléchir à ce sujet, répondez aux questions posées dans l'exercice 11.4.

EXERCICE 11.4   **En pratique**

Le travail en équipe : un plaisir ou une corvée?

Si votre professeur vous annonce que le travail que vous devez remettre à la fin de la session doit se faire en équipe et qu'il déterminera si vous passerez ou non votre cours, comment réagissez-vous? Pensez-vous qu'un travail en équipe sera un avantage ou un frein à votre succès? Expliquez pourquoi.

Réfléchissez aux questions suivantes qui vous aideront à cerner ce que vous aimez ou non du travail en équipe et, surtout, comment améliorer vos aptitudes en ce domaine. Vous pouvez faire ce genre de réflexion avec vos coéquipiers avant de commencer le prochain travail.

1. Nommez deux exemples de bonnes expériences de travail en équipe. Comment expliquez-vous ces succès?

2. Nommez deux exemples de mauvaises expériences de travail en équipe. Comment expliquez-vous ces échecs?

3. Avec quel genre de personnes aimez-vous et n'aimez-vous pas travailler en équipe? Pourquoi?

4. Nommez et expliquez vos forces relativement au travail en équipe.

5. Comment pourriez-vous devenir un meilleur coéquipier? Choisissez un objectif à atteindre en ce sens et déterminez les moyens que vous utiliserez, dans votre prochain travail en équipe, pour y arriver.

En répondant aux questions de l'exercice 11.4, vous avez probablement été à même de constater que le travail en groupe peut être à la fois frustrant et gratifiant. Comme nous l'avons vu dans la mise en situation au début de ce chapitre, un groupe peut représenter un moteur de changement. Cependant, le groupe peut parfois se diriger tout droit vers une impasse, même s'il est formé de personnes à la fois intelligentes et compétentes. Dans les pages qui suivent, nous nous pencherons sur la façon dont les groupes peuvent faciliter ou entraver une résolution efficace des problèmes. Nous aborderons ensuite la question de la pensée de groupe, puis celle des rôles. Finalement, nous verrons comment les hommes et les femmes ainsi que des personnes de diverses cultures se comportent en groupe.

11.2.1 Les avantages du travail en petit groupe

À bien des égards, il est plus logique de résoudre un problème complexe en groupe que de tenter sa chance tout seul. Cette forme de résolution de problèmes offre effectivement un certain nombre d'avantages non négligeables.

Premièrement, le travail en équipe peut être gratifiant en soi. Des chercheurs ont observé que collaborer avec d'autres dans un but commun peut représenter une source de plaisir aussi grande que le sont les friandises et l'argent pour beaucoup d'entre nous. Ayant photographié le cerveau à l'aide d'un appareil d'imagerie par résonance magnétique (IRM), des chercheurs ont démontré que les humains éprouvent davantage de plaisir lorsqu'ils mettent de côté leur intérêt personnel immédiat et choisissent plutôt de collaborer avec d'autres pour le bien commun à long terme (Angier, 2002). Le groupe favorise les relations de camaraderie et donne aux individus la chance d'exposer leurs idées et leurs sentiments afin qu'ils soient validés. Il est valorisant de sentir que l'on nous respecte assez pour écouter ce que l'on a à dire.

Deuxièmement, le travail en petit groupe facilite la mise en commun des ressources en permettant à des personnes ayant des expériences et des points de vue variés de participer au processus de résolution de problèmes et de prise de décision. Plus l'éventail de connaissances concernant un problème donné est large, plus la probabilité de trouver une solution efficace augmente.

Troisièmement, l'appartenance à un groupe accroît la motivation individuelle. Les efforts collectifs favorisent souvent un engagement plus grand à trouver une solution, puis à la mettre en œuvre.

Le quatrième avantage concerne plus précisément la tâche à accomplir. Le fonctionnement du groupe fait qu'il est plus facile de trouver et d'éliminer les erreurs avant qu'elles deviennent coûteuses ou néfastes. Les équipes sont souvent mieux armées que les individus pour prévoir les difficultés et les conséquences, détecter les faiblesses et explorer les possibilités. Elles tendent donc à prendre de meilleures décisions et à trouver des solutions plus efficaces.

Finalement, les décisions ou les solutions élaborées par un groupe sont souvent mieux reçues que si elles provenaient d'un seul individu. Les personnes à qui l'on présente une solution concoctée en groupe respecteront le fait qu'un certain nombre d'individus travaillant ensemble ont opté pour la même conclusion.

11.2.2 Les désavantages du travail en petit groupe

Comme vous l'avez probablement constaté depuis le début de votre scolarité ou de votre entrée sur le marché du travail, travailler en groupe ne comporte pas que des avantages, loin de là. La résolution de problèmes en groupe comporte même plusieurs inconvénients.

Tout d'abord, travailler avec plusieurs personnes accroît la tentation de laisser quelqu'un d'autre assumer ses tâches et ses responsabilités. Un membre paresseux peut se la couler douce alors que les autres font tout le travail.

Les intérêts individuels s'opposent aussi parfois à ceux du groupe. Par conséquent, certains membres peuvent tenter d'utiliser l'équipe pour atteindre des objectifs personnels qui pourraient interférer avec ceux du groupe.

En troisième lieu, une poignée de membres énergiques et obstinés peut dominer le processus de prise de décision et de résolution de problèmes, et ne pas prendre le temps d'écouter tout le monde. Aussi, certains peuvent hésiter à critiquer des personnes hiérarchiquement mieux placées et, conséquemment, préférer se taire. Ce phénomène fait en sorte que la position et le pouvoir qu'exerce un individu peuvent permettre ou non aux idées qu'il expose d'être écoutées et acceptées.

Quatrièmement, les individus qui insistent pour imposer leurs idées pourraient être peu enclins aux compromis. Le cas échéant, le processus de prise de décision devient lourd, et les membres ne se rallient pas à une solution. Autrement dit, le groupe se trouve dans une impasse.

Finalement, il faut souvent plus de temps pour prendre une décision en groupe qu'individuellement. Dans le monde professionnel, où le temps est précieux, le groupe peut s'avérer un outil coûteux. Le tableau 11.1 (*voir p. 252*) résume les avantages et les désavantages du travail en équipe.

TABLEAU 11.1	Les avantages et les désavantages du travail en équipe	
Avantages		**Désavantages**
Permet la mise en commun de ressources variées.		Encourage la paresse de certains membres.
Accroît la motivation et l'engagement.		Peut souffrir d'un conflit entre les objectifs individuels et ceux du groupe.
Facilite la détection des erreurs.		Peut être dominé par quelques membres en position d'autorité ou possédant du leadership.
Améliore la réception des idées.		Peut se trouver dans l'impasse à cause de l'entêtement de certains membres.
Procure une satisfaction aux membres de l'équipe.		Alourdit et prolonge le processus de prise de décision.

✱ important ✱ →

Un autre désavantage est important au point qu'il mérite que nous nous y attardions plus en profondeur : il s'agit de la pensée de groupe.

11.2.3 La pensée de groupe

Un certain nombre de recherches suggèrent que « des gens intelligents travaillant ensemble peuvent être plus idiots que la somme de leurs cerveaux » (Schwartz et Wald, 2003). Cette théorie semble pouvoir s'appliquer à la tragédie qui a entraîné la désintégration de la navette spatiale américaine Columbia lors de son retour sur Terre, en 2003. La commission chargée d'enquêter sur les causes de la tragédie a remarqué que la NASA avait accepté d'emblée une analyse précipitée effectuée par les ingénieurs de Boeing qui suggérait que les particules de mousse qui se détachaient du fuselage, dès le décollage, ne compromettaient pas la sécurité de la navette. Or, c'était faux. Le rapport déposé par la commission d'enquête indépendante a révélé que la culture de la NASA en matière de prise de décision était axée sur la pensée de groupe, ce qui a eu de graves conséquences.

La pensée de groupe peut être à l'origine de plusieurs tragédies, comme celle-ci.

Pensée de groupe

Processus par lequel les membres d'un groupe ont tendance à rechercher un consensus au détriment d'une analyse minutieuse et d'une prise de décision rationnelle

Qu'est-ce que la **pensée de groupe** ? Selon Irving Janis, auteur de *Victims of Groupthink* (1972), la pensée de groupe est le processus par lequel les membres d'un groupe ont tendance à rechercher un consensus au détriment d'une analyse minutieuse et d'une prise de décision rationnelle. En réalité, la pensée de groupe constitue un moyen extrême d'éviter les conflits. Bien que la cohésion soit généralement une caractéristique souhaitable au sein d'un groupe, elle peut devenir dysfonctionnelle ou même destructrice si les membres la poussent à l'extrême.

Pourquoi avons-nous autant de mal à exprimer un point de vue différent et à nous distinguer du troupeau ? La réponse réside peut-être dans les résultats de recherche suivants. Lorsqu'on leur a demandé d'évaluer la beauté d'une série de visages pris en photos, de jeunes hommes ont modifié significativement leurs cotes en fonction de leur estimation des cotes attribuées par leurs pairs aux mêmes photos. Cette attitude révélait une prise de décision biaisée par la pression de la conformité. Par ailleurs, les dissidents, ceux qui se distinguent en refusant de s'aligner sur la volonté du groupe, hésitent moins à défier le troupeau s'ils croient avoir des alliés. En effet, si le dissident se sent soutenu par certains membres du groupe, il est plus susceptible de défendre ses positions et de tenter d'influencer les autres (Carey, 2008).

Si leur réflexion manque de rigueur, les membres du groupe peuvent basculer dans l'irrationalité et prendre de mauvaises décisions. Soumis au pouvoir du comportement mimétique, ils peuvent jurer que ce qui est noir est blanc et vice versa, simplement pour se conformer à l'opinion de leurs pairs (Brafman et Brafman, 2008). Réprimer les conflits par conformisme entrave donc la prise de décision rationnelle.

Il nous arrive à tous d'adhérer à la pensée de groupe. Il est intéressant de prendre conscience de sa propre participation à un tel processus afin de l'éviter le plus souvent possible. Pour réfléchir plus en profondeur sur ce sujet, répondez franchement aux questions de l'exercice 11.5.

EXERCICE 11.5 | **Mieux se connaître**

La pensée de groupe et vous

Répondez par oui ou par non à chacune des questions ci-dessous et expliquez vos réponses.

1. Vous est-il déjà arrivé d'être tellement persuadé que la décision du groupe était la bonne que vous avez ignoré tous les signaux d'alarme indiquant qu'elle était mauvaise ? Pourquoi ?

2. Avez-vous déjà contribué à nourrir le sentiment «nous contre eux» en dépeignant vos opposants en termes simplistes et stéréotypés ?

3. Avez-vous déjà exercé une pression directe sur les membres dissidents afin de les amener à se conformer à la décision du groupe ?

4. Avez-vous déjà tenté de préserver la cohésion du groupe en évitant de porter à la connaissance des autres membres des idées ou des opinions extérieures dérangeantes ?

5. Avez-vous déjà interprété le silence de certains membres du groupe comme un accord ?

Chaque réponse affirmative indique que vous avez déjà renforcé l'illusion de l'unanimité du groupe. En réalité, vous avez laissé votre tendance à la conformité prendre le dessus sur votre pensée critique. Ce faisant, vous avez adhéré à la pensée de groupe, ce qui a sûrement limité l'efficacité de celui-ci. En effet, quand tous les membres s'alignent sur une pensée unique, aucun ne réfléchit beaucoup.

11.2.4 Les rôles

Les auteurs Logan, King et Fischer-Wright (2008) soutiennent que, bien que les personnes changent d'un groupe à l'autre, les différents rôles attribués demeurent généralement les mêmes. Par exemple, dans chacun des groupes se trouvent un leader, une personne qui écoute et une personne qui seconde le chef. Les rôles constituent des modèles de comportement. Certains sont fonctionnels et les membres doivent absolument les remplir pour favoriser l'efficacité du groupe. D'autres, plus dysfonctionnels, doivent être évités.

Élaboré par Kenneth Benne et Paul Sheats en 1948, le **modèle des rôles fonctionnels** est encore couramment utilisé aujourd'hui. Les deux chercheurs considèrent la réalisation de l'objectif (compléter la tâche) et l'entretien des relations (établissement et maintien) comme les deux principaux buts de n'importe quel groupe. De plus, ils soutiennent que l'élimination des rôles individuels

Modèle des rôles fonctionnels

Modèle qui décrit les comportements que les membres du groupe devraient adopter ou éviter (comportements dysfonctionnels) représente une condition essentielle à la concrétisation des objectifs communs. À partir de ces prémisses, ils ont isolé trois types de rôles : les rôles liés à la tâche, ceux qui concernent l'entretien des relations ainsi que les rôles individuels.

Les rôles liés à la tâche

Pour qu'un groupe atteigne ses buts de manière efficace et productive, certains (et même idéalement la totalité) de ses membres doivent veiller à ce que le travail se fasse bien. Voici donc quelques-uns des **rôles liés à la tâche**.

L'incitation   Le membre définit un problème. Il suggère des méthodes, des objectifs, des procédures et propose un plan qui oriente le groupe vers de nouvelles pistes ou une direction différente.

La recherche d'information   Le membre sollicite des faits ou des données objectives et cherche des renseignements pertinents au sujet du problème.

La recherche d'opinions   Le membre demande des éclaircissements sur les sentiments et les opinions des autres afin de cerner les valeurs qui sous-tendent les efforts du groupe.

L'apport d'information   Le membre propose des idées ou des suggestions, relate des expériences personnelles et énonce des faits.

L'apport d'opinions   Le membre expose ses opinions, ses valeurs et ses croyances et indique comment il se sent par rapport à l'objet de la discussion.

L'élaboration/l'éclaircissement   Le membre approfondit les idées, reformule les propos de chacun, donne des exemples ou des images ; il tente d'éliminer la confusion.

La coordination   Le membre résume les idées et tente d'associer diverses propositions de façon constructive.

L'évaluation   Le membre analyse les décisions de même que les solutions proposées et participe à l'établissement de normes d'évaluation.

La vérification du consensus   Le membre vérifie si le groupe se rapproche d'un consensus et d'une prise de décision.

Les rôles liés à l'entretien des relations

La productivité au sein d'un groupe de travail est essentielle. Cependant, les groupes qui fonctionnent bien sont aussi ceux dont certains membres veillent à l'harmonie des relations interpersonnelles. Plusieurs personnes trouvent très important d'avoir du plaisir à travailler en groupe. Benne et Sheats (1948) considèrent les rôles qui favorisent le fonctionnement harmonieux du groupe comme des **rôles liés à l'entretien des relations**. En voici quelques-uns.

Le soutien/l'encouragement   Le membre est chaleureux, réceptif et sensible aux autres.

La vigilance   Le membre garde les canaux de communication ouverts ; il encourage et facilite le dialogue des membres plus silencieux pour empêcher que la discussion soit dominée par un ou deux membres.

L'harmonisation   Le membre arbitre les différends et résout les problèmes ; il tente aussi d'alléger l'atmosphère en recourant à l'humour et à d'autres procédés apaisants aux moments appropriés.

La conciliation   Le membre est prêt à faire des compromis pour préserver la cohésion du groupe ; il admet ses erreurs et modifie ses croyances.

Rôle lié à la tâche
Comportement qui permet au groupe d'atteindre ses objectifs

Rôle lié à l'entretien des relations
Comportement qui favorise le fonctionnement harmonieux du groupe

L'établissement de normes Le membre mesure la satisfaction des autres envers les procédures utilisées et indique que des critères ont été retenus pour évaluer le fonctionnement du groupe.

Les rôles individuels

Certains membres du groupe ne contribuent ni à la productivité ni à l'harmonie de celui-ci. On peut penser à ce coéquipier qui dérange les autres par des commentaires déplacés ou une agressivité destructive. Ces **rôles individuels**, qui impliquent des comportements dysfonctionnels, empêchent le groupe de fonctionner efficacement.

Rôle individuel
Comportement dysfonctionnel qui empêche le groupe de fonctionner efficacement

L'obstruction Le membre se montre désagréable et s'écarte du sujet (par exemple, il parle d'autre chose, prend ses messages textes en plein milieu d'une réunion) afin d'empêcher le groupe de progresser.

L'agressivité Le membre rabaisse les autres afin de rehausser son prestige.

La recherche de reconnaissance Le membre retient l'attention de façon exagérée en se vantant de ses accomplissements au lieu de se concentrer sur la tâche à accomplir; il peut parler fort et adopter un comportement désagréable. Par exemple, une personne pourrait parler contre une autre afin de se montrer supérieure à celle-ci.

La désertion Le membre est indifférent, perdu dans ses pensées; il rêvasse, boude, envoie des messages textes ou dessine sans écouter ce qui se passe autour de lui.

La domination Le membre insiste pour n'en faire qu'à sa tête; il interrompt les autres et donne des ordres dans le but de contrôler le groupe.

L'humour noir Le membre affiche un certain cynisme, fait des blagues de mauvais goût ou adopte des comportements inappropriés, comme rire méchamment des idées d'une personne de l'équipe.

L'autoconfession Le membre s'adresse aux autres comme à un public et leur confie des idées ou des sentiments personnels qui n'ont rien à voir avec les préoccupations du groupe.

La recherche d'aide Le membre essaie de gagner la sympathie ou la pitié des autres.

Outre les divers rôles joués par les membres, la nature des relations qu'ils entretiennent entre eux a aussi un effet significatif sur l'efficacité du groupe. C'est pourquoi les questions suivantes méritent notre attention : Dans quelle mesure les membres collaborent-ils ou rivalisent-ils entre eux ? Dans quelle mesure les membres contribuent-ils à instaurer un climat ouvert ou défensif ?

La collaboration par opposition à la compétition

Il est clair que les objectifs personnels de chacun influent sur le fonctionnement du groupe. Si les membres jugent que leurs objectifs personnels et ceux du groupe sont compatibles, cela peut favoriser un climat de collaboration. En revanche, s'ils estiment que leurs buts sont contradictoires, un climat de compétition s'instaurera. Prenons par exemple un joueur de basketball qui tient plus que tout à être le meilleur marqueur de son équipe. Dans la poursuite de cet objectif, il se peut qu'il fasse moins de passes à ses coéquipiers. Ce faisant, il pourrait nuire à son équipe, car il ne cherche qu'à se démarquer personnellement. Trop souvent, les membres d'un groupe rivalisent entre eux, alors qu'une collaboration serait plus avantageuse pour tous. Les psychologues Linden L. Nelson et Spencer Kagen (1972) affirment que la rivalité entre les membres d'un groupe va à l'encontre des buts recherchés dans les situations qui exigent davantage une collaboration.

Structure d'objectifs coopérative

Structure d'objectifs dans laquelle les membres unissent leurs efforts pour atteindre les objectifs communs

Structure d'objectifs compétitive

Structure d'objectifs dans laquelle les individus minent leurs efforts réciproques pour atteindre l'objectif du groupe

Il y a donc plusieurs façons d'interagir en groupe. Les structures d'objectifs représentent des façons de décrire les schémas d'interactions entre les membres. S'il s'agit d'une **structure d'objectifs coopérative**, les membres unissent leurs efforts pour atteindre leurs buts qui sont perçus comme compatibles ou complémentaires. Les membres partagent volontiers leurs ressources et coordonnent leurs efforts pour réaliser ce qu'ils considèrent comme des buts communs. C'est ce que plusieurs personnes ont fait à la suite du tsunami de 2004.

En revanche, dans un groupe fonctionnant avec une **structure d'objectifs compétitive**, les ressources ne sont pas mises en commun, et les efforts ne sont pas coordonnés. Consciemment ou non, certains individus s'efforcent de miner les efforts des autres. Selon le psychologue Morton Deutsch (1949), les membres qui manifestent un esprit de compétition croient qu'ils ne pourront atteindre leurs objectifs qu'au prix de l'échec des autres. Quelle était la structure des objectifs des groupes dont vous avez fait partie? La culture exerce souvent une influence sur cette dernière, et l'encadré 11.1 en offre un exemple éloquent.

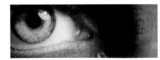

REGARD SUR L'AUTRE

UNE APPROCHE GAGNANT-GAGNANT

ENCADRÉ 11.1

Une jeune enseignante, Marie, commence à travailler dans une réserve navajo. Peu après le début de son contrat, elle observe un phénomène étrange. Tous les jours, Marie demande à cinq de ses jeunes élèves d'aller au tableau pour résoudre un problème mathématique simple tiré de leurs devoirs. Les élèves vont au tableau, mais aucun n'essaie de répondre à la question. Tous restent debout en silence, sans bouger.

Marie est perplexe. Choisit-elle systématiquement des élèves qui ont de la difficulté en mathématiques? «Non, ce n'est pas ça», se dit-elle. Finalement, elle demande à la classe ce qui ne va pas. La réponse des élèves démontre un niveau de compréhension que peu de gens atteignent au cours de leur vie.

Apparemment, ces élèves savent que certains d'entre eux ne pourront pas résoudre correctement le problème au tableau. Ils choisissent donc de respecter l'unicité de chacun. Ils ont compris, malgré leur jeune âge, les dangers d'une approche gagnant-perdant. Comme il n'y aura pas de gagnant si l'un d'eux se sent embarrassé ou humilié au tableau, ils refusent de rivaliser publiquement les uns avec les autres. Oui, les élèves navajos veulent apprendre, mais pas au détriment de leurs pairs.

Qu'en pensez-vous? Est-ce que des élèves typiques de votre école se conduiraient ainsi? Pourquoi? Selon vous, devraient-ils se comporter comme les élèves de Marie?

11.2.5 Les techniques décisionnelles

Tous les groupes ont des objectifs. Cependant, il se peut que deux groupes visent exactement la même chose, mais ne s'y prennent pas de la même manière pour y parvenir. Pensons au fonctionnement d'une équipe de travail qui veut décider du lieu et de la date de son party des Fêtes. Certaines équipes s'en remettront à l'opinion de leur patron et d'autres discuteront durant des heures jusqu'à ce que tout le monde soit d'accord. Pour discuter de la manière dont les décisions se prennent, dans un groupe donné, il est nécessaire de définir les techniques décisionnelles les plus importantes, puis d'observer leurs avantages et leurs inconvénients respectifs.

Les techniques les plus courantes

Un groupe efficace base sa stratégie de prise de décision sur un certain nombre de variables, notamment la nature du problème, le temps dont il dispose pour le résoudre et le climat dans lequel le groupe fonctionne ou préférerait fonctionner.

Parce que plusieurs variables doivent être considérées, on ne peut affirmer qu'il existe une seule et unique façon efficace de prendre des décisions. Dans cette section, nous allons discuter du vote majoritaire, de la prise en considération de l'opinion du leader (ou du spécialiste) et du consensus.

Le vote majoritaire Il s'agit de la méthode de prise de décision la plus courante. En effet, cette technique est employée dans la plupart des élections et pour l'adoption de lois. Un grand nombre de décisions requièrent en effet une acceptation de celles-ci d'au moins 50 % plus une voix des membres du groupe. Bien que cette méthode se révèle généralement efficace, il ne faut pas minimiser l'importance de la minorité, car elle peut, dans certains cas, avoir un poids considérable. L'application de la décision prise peut d'ailleurs se complexifier lorsque le résultat du vote est serré. Si 49 % des personnes rejettent une proposition, elles peuvent remettre en question la décision prise et en retarder la mise en œuvre.

La prise en considération de l'opinion du leader Le groupe se plie au choix de son chef et fait ce qu'il dit. C'est aussi assez courant. Dans ce cas, le groupe délègue simplement son pouvoir décisionnel au membre qui s'y connaît le mieux ou à celui qui joue le rôle de leader. L'un des désavantages de cette méthode tient au fait qu'il est parfois difficile de déterminer qui est le spécialiste ou le chef. De plus, à l'instar des décisions imposées par un leader, cette stratégie laisse de côté les autres membres. Dans bien des groupes, le leader exerce unilatéralement ce pouvoir, en prenant les décisions parfois après discussion, parfois sans discussion, comme le fait un juge.

Le consensus Bien que chacune de ces méthodes puisse être utilisée avec succès par divers groupes, la stratégie la plus efficace demeure, en général, la prise de décision par **consensus**. Lorsqu'un groupe y parvient, tous les membres cautionnent la décision et participent à son élaboration en exprimant leurs sentiments ainsi que leurs divergences d'opinions. Ainsi, tout le monde comprend la décision et s'engage à l'appuyer. La qualité de la décision et la satisfaction des membres sont plus élevées lorsque le groupe recherche un consensus. Ce dernier met ses membres à contribution et permet la discussion, comme dans le cas d'un conseil de famille. Le seul désavantage de cette méthode (et il peut être de taille!) est la longueur probable du processus de prise de décision. Si une solution doit être trouvée rapidement, il se peut qu'il soit impossible d'attendre d'avoir un consensus avant d'agir.

Consensus
Décision que tous les membres comprennent et s'engagent à appuyer, à laquelle ils sont arrivés après avoir exprimé leurs sentiments et leurs divergences d'opinions

Le remue-méninges

Plus les membres s'investissent dans le processus décisionnel, plus il sera efficace. Certes, les décisions prises par le leader, par un spécialiste ou par vote majoritaire ou minoritaire prennent moins de temps que celles issues d'un consensus ; toutefois, c'est au groupe qu'il incombe généralement de mettre la décision en œuvre. Si des membres ne l'approuvent pas ou ne la comprennent pas, ils pourraient ne pas faire beaucoup d'efforts pour l'appliquer avec succès. Un leader peut faire des choix automatiques lorsque le temps manque pour discuter à fond d'une question. La plupart du temps, toutefois, un seul individu ne peut pas constituer la ressource idéale pour résoudre tous les problèmes. Ce n'est pas seulement la décision qui compte dans les interactions en groupe, mais aussi les réactions et les sentiments des membres.

Le remue-méninges peut être très utile afin de stimuler les idées créatrices de tous les membres d'une équipe de travail.

Remue-méninges
Méthode de libération spontanée des idées

Afin de maximiser l'investissement et la créativité des membres, la technique du **remue-méninges** a été élaborée par Osborn en 1957. Elle sert à se libérer des schémas de pensée figés. Un certain nombre de chercheurs avancent que la meilleure façon de trouver une bonne idée est d'en émettre plusieurs. Toutefois, au lieu de mettre leurs jugements de côté et de laisser leurs idées couler librement, les « solutionneurs » de problèmes ont souvent tendance à sauter sur la première solution qui leur vient à l'esprit, à juger prématurément chaque idée et à s'auto-censurer de peur de dire quelque chose pouvant être qualifié de stupide par leur entourage. On peut intégrer cette méthode de libération spontanée des idées au processus de résolution de problèmes. Ainsi, bien que les groupes y aient recours le plus souvent pour trouver des solutions, elle peut aussi servir à isoler les causes d'un problème, les critères auxquels une solution doit répondre et les façons de mettre cette solution en pratique.

Bien qu'aujourd'hui la plupart des gens sachent ce qu'est un remue-méninges, trop rares sont ceux qui ont appris à utiliser cet outil correctement (Spors, 2008). Voici quelques règles à suivre pour qu'une séance de remue-méninges en groupe soit efficace :

- Mettez temporairement vos jugements de côté. Évitez d'évaluer ou de critiquer les idées mises sur la table. Soyez prêt à tout essayer : cela soutiendra le flux d'idées au lieu de l'entraver.

- Encouragez l'imagination. Plus les idées proposées sont folles, mieux c'est. Il est plus facile de dompter une idée extravagante que de remplacer ou de revigorer une idée morne. À ce stade, le caractère pratique d'une idée ne revêt pas une importance cruciale.

- Suggérez le plus grand nombre d'idées possible. C'est la quantité et non la qualité qui compte à ce stade. Plus vous ferez fonctionner votre imagination, plus vous aurez de chances de trouver une bonne solution. Lors d'une séance de remue-méninges, la censure personnelle ou collective est interdite.

- Élaborez, améliorez ou modifiez les idées des autres. Associez des idées jusqu'à ce que vous trouviez des combinaisons intéressantes. Rappelez-vous qu'un remue-méninges est un effort collectif.

- Notez toutes les idées. Le groupe aura ainsi accès à toutes les idées libérées pendant la séance.

- Attendez la fin du remue-méninges pour évaluer l'utilité et l'applicabilité de ce que vous avez trouvé.

Le remue-méninges est efficace parce qu'il lève les inhibitions et facilite l'expression des idées. Il favorise un climat plus chaleureux, enjoué, enthousiaste et coopératif, et il stimule le potentiel créatif de chaque individu. Son avantage le plus important reste tout de même la suspension du jugement.

Phrase assassine
Commentaire négatif qui interrompt le flux des idées

Regard assassin
Regard qui décourage ou freine la libération spontanée d'idées

Trop souvent néanmoins, un ou deux membres récalcitrants étouffent les efforts créatifs du groupe pendant le remue-méninges. Même s'ils suspendent leur jugement pour la forme, ils viennent à la séance de résolution de problèmes avec un esprit critique. Sidney Parnes (1962) a inventé l'expression « **phrases assassines** » afin de décrire cette attitude qui se manifeste par des commentaires défaitistes et dénigrants. Ce type de commentaire interrompt le flux des idées. L'esprit critique atteint le cœur et l'essence du remue-méninges. La phrase assassine accompagne souvent (ou remplace) un comportement non verbal comme le **regard assassin** qui décourage ou freine la libération spontanée d'idées. Selon quelle fréquence les phrases ou les regards assassins font-ils intrusion dans vos expériences de groupe ? Si vous apprenez à reconnaître ces attitudes négatives et leurs effets, vous serez plus à même d'analyser votre comportement et de le modifier au besoin. Afin de réfléchir plus en profondeur au sujet de l'application des remue-méninges dans vos interactions, répondez aux questions de l'exercice 11.6.

EXERCICE 11.6 | En pratique

Un exercice de remue-méninges

Placez-vous en équipe de cinq personnes. Quatre personnes devront faire une démarche de remue-méninges alors qu'une autre jouera le rôle d'observateur.

Choisissez un problème (fictif ou réel). Vous devrez trouver des solutions à ce problème en utilisant la technique du remue-méninges. La personne qui jouera le rôle de l'observateur devra noter si chacun des membres respecte ou non les six principes de la technique. De plus, elle devra prendre en note les phrases assassines et tenter d'observer si des regards assassins sont échangés. Au bout de 20 minutes, l'observateur fera part de ce qu'il a remarqué à l'équipe de travail.

11.2.6 Le sexe et le travail en petit groupe

En général, lorsqu'ils siègent à des conseils d'administration ou à d'autres types de groupe de travail, les hommes et les femmes se concentrent sur des facettes diverses de la vie du groupe et utilisent le pouvoir différemment. Alors que les hommes se concentrent sur un but et sur les questions liées à la tâche, les femmes s'intéressent davantage aux rapports humains et s'appliquent à manifester leur appréciation ou leur affection. De plus, contrairement aux hommes, qui aiment affirmer leur pouvoir ou leur puissance, les femmes se montrent généralement plus patientes et plus douces. Les hommes font aussi des commentaires plus objectifs que les femmes, qui sont plus à l'aise d'exprimer des opinions subjectives (Stewart, *et al.*, 2003).

Contrairement à la plupart des hommes, qui voient le pouvoir comme une chose qu'il faut conserver pour soi et qui sert à rehausser le prestige, la plupart des femmes perçoivent le pouvoir comme une chose illimitée, une ressource que l'on peut partager. De cette façon, les femmes pensent qu'elles peuvent se servir de leur pouvoir pour inspirer les membres de leur entourage à découvrir leurs propres capacités (Helgesen, 1990).

Concernant l'analyse de problèmes, les femmes ont tendance à s'y prendre de manière holistique, tandis que les hommes empruntent une voie plus linéaire en recherchant des liens de cause à effet. Des études menées auprès de groupes mixtes révèlent que, comme les membres des deux sexes apportent une contribution unique au groupe, le fait de combiner leur travail améliore le rendement collectif (Wood, 2006). Êtes-vous d'accord avec ces observations? Aimez-vous mieux travailler avec des gens de votre sexe ou dans des groupes mixtes?

11.2.7 La culture et les comportements en groupe

La culture exerce-t-elle une influence sur notre satisfaction à l'égard du travail en équipe? Y a-t-il des différences entre les membres des cultures individualistes et ceux des cultures collectivistes? Parce qu'ils ont parfois du mal à privilégier les objectifs du groupe plutôt que leurs visées personnelles, les membres des cultures individualistes ont plus de difficulté à travailler en équipe (Materson, 2006).

Les membres des cultures collectivistes comme le Japon, la Chine et le Pakistan sont davantage conformistes que ceux des cultures individualistes comme les États-Unis, la Grande-Bretagne, l'Australie et le Canada, qui attachent une plus grande importance à la compétition et aux divergences d'opinions. Au Japon, par exemple, les employés se sentent redevables à ceux qui leur offrent la sécurité, des soins et un soutien. Conjuguée à un sentiment de dépendance, cette dette de reconnaissance produit une force appelée «*on*» qui unit les membres du groupe pour toujours. En effet, les Japonais se sentent liés par cette dette. Donc, comme aucune décision ne peut être prise sans tenir compte de l'effet qu'aura le résultat sur toutes les parties concernées, la recherche d'un consensus, bien qu'elle prenne du temps, devient une priorité (Cathcart et Cathcart, 1997).

Les collectivistes, basant leur participation sur des normes collectives plutôt que sur des objectifs individuels, sont plus susceptibles de travailler en groupe et de privilégier l'harmonie et la collaboration (Triandis, Brislin et Hul, 1988).

Pour leur part, les individualistes sont plus enclins à dominer les discussions et cherchent davantage à imposer leurs décisions. Ils sont plus susceptibles d'exprimer leurs désaccords, contrairement aux collectivistes, qui préfèrent prendre le temps d'évaluer les sentiments et les humeurs de chacun sans verbaliser leurs objections ou leurs doutes. La recherche d'un consensus n'est par conséquent pas aussi facile pour les individualistes que pour les collectivistes (Cathcart et Cathcart, 1997).

La mondialisation ayant entraîné la création d'un grand nombre de groupes de travail multiculturels, les gestionnaires de tous les horizons se voient forcés d'interagir avec des homologues de diverses cultures. Ainsi, on voit de plus en plus souvent de Français, d'Américains, d'Allemands et de Japonais faire partie de la même équipe de travail. Dans ce contexte, les Occidentaux réalisent rapidement que les membres des cultures collectivistes expriment leurs opinions de manière beaucoup moins directe qu'eux. Afin d'assurer des discussions et des prises de décision efficaces, certaines sociétés occidentales encouragent leurs partenaires orientaux à dire ce qu'ils pensent tout en préconisant la prise de décision par consensus. De leur côté, les Orientaux enseignent aux Occidentaux que des objectifs communs permettent de surmonter plus facilement les différences culturelles (Nakamoto, 2008). Les contacts entre les gens de diverses cultures sont de plus en plus favorisés grâce à l'essor de la communication virtuelle qui efface pratiquement les frontières géographiques. Les groupes formés de cette façon ont toutefois leur dynamique particulière, comme nous le montre l'encadré 11.2.

COMMUNIC@TION

LES GROUPES VIRTUELS

ENCADRÉ 11.2

Sur le Web, la meilleure façon de résoudre un problème est de posséder un vaste réseau de contacts. En effet, dans le monde virtuel, la personne qui vous donne l'information désirée, un conseil ou la solution à un problème peut se situer à l'extérieur de votre cercle d'amis ou même de votre pays. Il en va tout autrement dans le monde réel, où les membres d'un groupe se connaissent généralement mieux. Aujourd'hui, les personnes établissent des contacts grâce aux réseaux sociaux, ce qui leur donne accès à des banques d'information plus vastes (Flynn, 2008). Pensez à Facebook. Combien d'étudiants discutent de leurs travaux et de leurs cours par le biais d'une discussion en public (sur leur mur) ou en privé?

Les personnes qui se rencontrent sur des sites virtuels rapportent qu'elles sont plus à l'aise et moins gênées de s'exprimer, d'exposer leurs idées et de remettre des choses en question que dans le monde réel (Whitehead, 2008). Le réseautage social permet aux employés de se parler, de faire des remue-méninges et de collaborer à tous les niveaux de l'organisation, ce qui favorise le partage d'informations et la collecte d'idées.

Les membres d'un groupe peuvent aussi utiliser Twitter, un réseau social leur permettant d'envoyer des messages textes ou instantanés, de régler des problèmes et d'obtenir une rétroaction immédiate sur leur plan d'action ou leur contribution individuelle à un projet. De plus, parce que les usagers de Twitter doivent s'exprimer en utilisant au maximum 140 caractères, ce réseau favorise la concision (Graham, 2008).

Quelle utilisation faites-vous des réseaux sociaux? Trouvez-vous que ceux-ci aident ou nuisent au fonctionnement des groupes dont vous faites partie? Comment?

Que ce soit dans le monde virtuel ou réel, dans des cultures collectivistes ou non, dans des groupes masculins, féminins ou mixtes, dans des groupes formés d'enfants ou d'adultes, certains rôles sont donc tenus de manière plus ou moins efficace. Penchons-nous maintenant sur un rôle qui est présent dans la majorité des groupes et qui a une influence indéniable sur le fonctionnement de ceux-ci: le leader.

11.3 Le leadership

Quand l'équipe de hockey les Canadiens de Montréal a décidé de ne pas choisir de capitaine lors de la saison 2009-2010, plusieurs personnes ont contesté cette décision. Personne, chez les joueurs du CH, ne semblait prêt à occuper le poste, disait-on. L'équipe a connu un succès mitigé en saison régulière, mais elle a surpris tous

les amateurs en performant de manière remarquable en séries éliminatoires, s'approchant dangereusement de la convoitée coupe Stanley. L'absence de capitaine ne semblait donc pas avoir eu d'effets sur les succès de l'équipe. Or, pour quiconque s'intéressait un tant soit peu aux Canadiens, c'était un secret de polichinelle que les talents naturels de leader de Brian Gionta avaient fait de lui le capitaine officieux dans la chambre des joueurs. Voilà qui démontre bien que, même si personne ne revêt officiellement le titre de leader, il y a souvent une personnalité forte et rassembleuse qui émerge lorsque l'enjeu est important pour le groupe. Cette situation soulève l'importance et la nature du leadership dans notre société. Un groupe se doit-il de posséder un leader afin de bien fonctionner? Qu'est-ce que le leadership? Quelles sont les qualités d'un bon leader? Sont-elles innées ou acquises? Ce sont des questions que nous allons maintenant aborder en discutant de la nature et des types de leadership, des diverses théories le concernant et des différences existant entre le leadership féminin et le leadership masculin.

Même si Brian Gionta ne possédait pas le titre de capitaine des Canadiens, son leadership a été très présent au sein de l'équipe.

11.3.1 La nature du leadership

Le **leadership** est la capacité d'influer sur le comportement des autres. On peut dire que toute personne qui en influence d'autres exerce ce genre d'ascendant (Frank, 2003). Le leadership peut avoir une influence positive en facilitant l'exécution d'une tâche en groupe ou négative en l'entravant. Pour Kaagan (1999), tous les membres du groupe sont des leaders potentiels. Le fait que ce potentiel soit employé efficacement ou non dépend des compétences, des objectifs et de l'engagement de chacun.

Leadership

Pouvoir d'influencer les autres, positivement ou négativement, dans l'exécution d'une tâche ou dans l'atteinte d'un objectif

Les groupes ont souvent besoin d'un leadership efficace pour atteindre leurs objectifs. Celui-ci peut être exercé par un ou plusieurs membres. Notez qu'il y a une différence entre agir en tant que leader désigné et se comporter comme un leader. Lorsque vous agissez en tant que **leader en titre**, vous avez été désigné comme chef; cela signifie que vous avez l'habileté à exercer une influence sur le groupe et que cette habileté vous a été conférée par une autorité.

Leader en titre

Personne désignée pour influencer les comportements des membres du groupe

Cependant, le meneur n'est pas toujours nécessairement choisi officiellement. On pourrait penser au président fondateur d'une entreprise, à un parent ou à Brian Gionta qui a pris le leadership de son équipe sans avoir de lettre C cousue

On a tous expérimenté très tôt dans notre vie le leadership, en tant que meneur ou en tant que suiveur.

à son uniforme. Ces individus sont des chefs, mais n'ont reçu le titre de personne. Si quelqu'un possède du leadership sans avoir été désigné comme tel, il peut être qualifié de **leader**, c'est-à-dire que ses comportements aident naturellement le groupe à réaliser ses buts.

Le leader efficace occupe divers rôles liés à la tâche et à l'entretien des relations. Il contribue à l'établissement d'un climat qui encourage les interactions. Il s'assure qu'un ordre du jour a été élaboré avant une réunion et veille à ce que la communication soit fluide parmi les membres du groupe. Un leader efficace pose des questions pertinentes, résume les principaux points et stimule la discussion. De plus, il contribue à une évaluation et à une amélioration continues au sein du groupe.

Leader

Personne qui fait preuve de leadership sans avoir été désignée comme chef

Leader de type X

Leader qui ne fait pas confiance aux membres du groupe et se préoccupe peu de leur sentiment d'accomplissement personnel

Leader de type Y

Leader qui fait confiance aux membres du groupe et se préoccupe de leur sentiment d'accomplissement personnel

11.3.2 Les styles de leaders

Les théoriciens ont isolé un certain nombre de styles de leadership : le leadership de type X, le leadership de type Y, l'autoritaire, le laisser-faire et le démocratique. Ce sont les attentes envers la façon de travailler en groupe qui ont de l'influence sur le style de leadership adopté.

Les leaders de type X et Y

Selon le chercheur Douglas McGregor (1960), les **leaders de type X** ne délèguent pas facilement leurs responsabilités et se préoccupent peu du sentiment d'accomplissement personnel des autres. Les **leaders de type Y** prennent, pour leur part, davantage de risques que les premiers. Ils laissent les autres membres du groupe exploiter leur potentiel. L'exercice 11.7 vous permet de déterminer à quelle catégorie de leader vous appartenez.

EXERCICE 11.7	En pratique

Êtes-vous un leader de type X ou de type Y ?

Voici huit idées préconçues sur l'attitude et les motivations de l'être humain face au travail. Choisissez les quatre qui vous semblent les plus justes.

1. L'être humain typique n'aime pas le travail et l'évitera s'il le peut.

2. L'être humain typique considère le travail comme une activité naturelle.

3. L'être humain typique doit être forcé à travailler et étroitement surveillé.

4. L'être humain typique peut travailler de façon autonome pour atteindre les normes de rendement et les objectifs du groupe.

5. L'être humain typique doit être menacé de sanctions pour déployer les efforts attendus.

6. L'engagement de l'individu ne dépend pas de sanctions, mais des satisfactions que lui apporte son travail.

7. L'être humain typique n'aime pas les responsabilités et préfère être dirigé.

8. L'être humain typique peut apprendre à accepter les responsabilités et même les rechercher.

Si vous avez arrêté votre choix en grande partie sur des énoncés impairs, vous êtes un leader de type X. Par contre, si vous avez accordé la préférence aux énoncés pairs, vous êtes un leader de type Y. Surpris ?

Trois autres styles ressortent de la plupart des discussions sur les styles de direction : le leadership autoritaire ou autocratique, le leadership du laisser-faire et le leadership démocratique.

Le leadership autoritaire

Le **leadership autoritaire**, ou autocratique, est exercé par un individu dominateur qui considère que son rôle consiste à diriger. Il élabore toutes les politiques et donne des ordres aux autres membres du groupe. Autrement dit, lui seul prend les décisions. Bien que cette approche puisse être efficace lors d'une crise, elle suscite généralement un faible niveau de satisfaction au sein du groupe.

Le leadership du laisser-faire

À l'opposé de ce style de direction se trouve le **leadership du laisser-faire** qui se fonde sur le refus du chef de donner des ordres, de prendre des initiatives ou de faire des suggestions. Son rôle est tellement atténué qu'il devient presque inexistant. Par conséquent, les membres du groupe sont libres d'évoluer, de prendre eux-mêmes des décisions, de déterminer leurs propres procédures et de progresser de manière autonome. Ce style s'avère le plus efficace lorsqu'une ingérence minimale stimule le travail en équipe. Cependant, sous ce type de leadership, les membres dévient parfois tellement de la route tracée que la qualité de leur travail en souffre.

Le leader autoritaire ou autocratique ne se fait pas prier pour exprimer ses désirs et ses opinions.

Le leadership démocratique

Le style de direction intermédiaire entre ces deux extrêmes est le **leadership démocratique**. Menés par un chef qui adopte ce genre de comportement, les membres participent directement au processus de résolution de problèmes. Le pouvoir décisionnel n'est ni détenu uniquement par un patron ni abandonné par un adepte du laisser-faire. Le leader démocratique n'impose pas son point de vue aux membres, mais tente de les orienter pour les amener à exécuter les tâches nécessaires à la productivité et à l'harmonie du groupe. Ce dernier demeure libre de choisir ses propres objectifs, de suivre ses procédures et de tirer ses propres conclusions. La plupart des gens préfèrent les groupes démocratiques. Le moral, la motivation, l'esprit de cohésion et le désir de communiquer s'améliorent sous la tutelle d'un leader démocratique. Afin de réfléchir à l'efficacité des différents styles de direction, répondez aux questions posées dans l'exercice 11.8.

Leadership autoritaire

Leadership exercé par un individu dominateur qui considère que son rôle est directif

Leadership du laisser-faire

Leadership non directif qui laisse le groupe se prendre en charge *un px comme de "Y"*

Leadership démocratique

Leadership qui oriente les membres d'un groupe à prendre leurs responsabilités et à atteindre leurs objectifs

---

EXERCICE 11.8 **En pratique**

La décision

Imaginez que, dans un groupe de travail, une difficulté surgisse. Par exemple, certains membres de l'équipe pourraient se plaindre que d'autres personnes passent leur journée à consulter leur compte Twitter ou à plaisanter au lieu de faire leur travail. Un autre exemple pourrait concerner le comportement sexiste, raciste ou homophobe de certains membres.

Grâce au jeu de rôle, expliquez comment un leader adoptant les différents styles de direction ferait face à cette situation. Si vous pouviez adopter le comportement de l'un des leaders que vous admirez, lequel choisiriez-vous et pourquoi ? Au contraire, certains types de leadership se sont-ils montrés inefficaces ou ont-ils aggravé le problème ? Pourquoi ?

11.3.3 **Les théories du leadership**

D'où vient la capacité d'exercer un ascendant sur les autres ? Pourquoi certaines personnes sont-elles des chefs plus doués que d'autres ? Naît-on leader ou chaque situation engendre-t-elle son propre leader ? S'agit-il d'une question de compétences et de talent ? Au fil des années, les théoriciens ont proposé diverses réponses à ces questions. Les deux principales théories que nous verrons sont la théorie situationnelle et la théorie fonctionnelle.

La théorie situationnelle

Théorie situationnelle

Théorie du leadership selon laquelle l'approche du leader dépend de la situation

La première théorie du leadership est la **théorie situationnelle**. Selon celle-ci, la situation détermine si une personne affichera des compétences et des comportements de leader. Divers facteurs jouent ici un rôle, comme la nature du problème, le climat social, la personnalité des membres, la taille du groupe et le temps dont celui-ci dispose pour exécuter sa tâche. Comme le note le théoricien du comportement organisationnel Keith Davis (1967), le leader et le groupe « interagissent, non pas dans un vide, mais à un moment particulier et dans un contexte précis ». Un leader n'est pas nécessairement « la personne de toutes les situations ».

Chaque leader, selon son style de direction, agit différemment lors d'une prise de décision.

Selon la théorie de Hersey et Blanchard (1988), la capacité des membres à exécuter une tâche détermine si le leader devra, dans une plus grande mesure, encadrer les comportements liés à la tâche ou se centrer sur le maintien de relations interpersonnelles harmonieuses au sein du groupe. Par exemple, dans un nouveau groupe formé de jeunes personnes, un style de leadership directif peut être efficace, car le leader oriente, dirige et donne des instructions. Éventuellement, lorsque les membres accepteront plus de responsabilités et deviendront plus autonomes, une relation plus égalitaire devra s'établir entre le leader et les autres membres. Dans ce cas, le chef aura recours à un style plus démocratique dans lequel la prise de décision est partagée. Enfin, lorsque le groupe sera prêt à se diriger lui-même, un style favorisant la délégation deviendra plus approprié.

La théorie fonctionnelle

Théorie fonctionnelle

Théorie du leadership selon laquelle plusieurs membres d'un groupe devraient être prêts à diriger à différents moments parce que diverses actions doivent être menées pour atteindre les objectifs communs

La deuxième théorie du leadership est la **théorie fonctionnelle**. Contrairement à la première, qui met l'accent sur la désignation d'une seule personne comme chef, la théorie fonctionnelle met en lumière le fait que plusieurs membres du groupe doivent être prêts à diriger parce que diverses actions sont nécessaires pour atteindre les objectifs communs.

Les adeptes de la théorie fonctionnelle croient que le leadership peut s'échanger d'une personne à une autre, selon les défis auxquels doit faire face le groupe. Certes, il arrive qu'un ou deux membres assument un plus grand nombre de fonctions de direction. Un membre peut agir à titre de leader des rôles liés à la tâche, tandis qu'un autre assume la responsabilité de l'harmonie des relations interpersonnelles (Covey, 1989). Selon cette théorie, le leadership ne constitue pas nécessairement une caractéristique innée, pas plus qu'il ne dépend du fait de se trouver à la bonne place au bon moment. En fait, nous sommes tous capables de jouer un rôle de leader. Il suffit de s'affirmer suffisamment et d'être assez sensibles pour exécuter les tâches nécessaires au bon moment. En réalité, cette théorie repose sur le principe qu'un rôle de membre bien joué est un rôle de leader bien joué. L'inverse s'avère aussi vrai : un leader efficace est un membre efficace.

11.3.4 Le leadership féminin et masculin

Comme le monde autour de nous, les interactions de groupe sont en train de se transformer. Mais à quel point ? Sommes-nous en train de nous éloigner de la vision traditionnelle du leadership, qui privilégie les attributs masculins stéréotypés comme l'esprit de compétition, l'agressivité et le contrôle, pour nous rapprocher d'un modèle qui reflète des qualités plus féminines telles que la résolution conjointe de problèmes, l'interdépendance et le soutien ? Claes (2002) affirme que c'est le cas. Les femmes obtiennent un meilleur résultat que les hommes en matière de leadership axé sur les personnes. En effet, elles sont meilleures que les hommes pour témoigner de l'empathie aux autres, pour les tenir au courant et leur donner de la rétroaction, partager des responsabilités, être sensibles aux besoins d'autrui et créer des environnements propices à l'apprentissage, à la croissance, à la réflexion ainsi qu'à la réalisation conjointe (Fletcher, 2003).

Quelques femmes arrivent, aujourd'hui, à occuper des postes liés à l'exercice du pouvoir. Devrait-il y en avoir plus ?

En revanche, les leaders masculins sont encore perçus comme étant de meilleurs planificateurs stratégiques, plus aptes à dominer leurs émotions et prêts à courir le type de risques qui favorisent l'innovation (Kabacoff, 1998). On s'attend à ce que les femmes excellent dans l'établissement de relations et la direction participative, et que les hommes soient travaillants et affirmatifs. Par contre, un homme peut diriger avec un style féminin tout comme une femme peut adopter des comportements masculins. En réalité, le style de leadership le plus efficace fait appel à des qualités tant masculines que féminines.

Néanmoins, les stéréotypes sexuels continuent d'influer sur les perceptions et les attentes relatives aux styles de direction, et les gens évaluent le même message différemment selon qu'il provient d'un homme ou d'une femme (Daniels, Spiker et Papa, 1997). De nos jours, plusieurs femmes occupent des postes de direction. Selon vous, leur leadership est-il différent de celui des hommes ? Pour réfléchir à la place des femmes en politique, lisez l'encadré 11.3.

REGARD SUR L'AUTRE

UNE FEMME OU UN NOIR ?

ENCADRÉ 11.3

En 2008, aux États-Unis, la course qui devait déterminer qui serait le candidat démocrate à la présidence américaine s'est livrée entre deux concurrents : Barack Obama et Hillary Clinton, respectivement le premier Afro-Américain et la première femme à obtenir un aussi grand nombre de votes aux élections primaires. En devenant des candidats sérieux à la présidence des États-Unis, Obama comme Clinton ont dû apaiser les tensions provoquées par leurs candidatures et surmonter les préjugés des électeurs à leur égard. Obama a remis en question la croyance erronée qu'un Afro-Américain ne pouvait pas être pris au sérieux en tant que candidat présidentiel, tandis que Clinton a détruit les préjugés tenaces selon lesquels une femme ne peut aspirer sérieusement à siéger à la Maison-Blanche.

Fait intéressant, le racisme s'est avéré un obstacle moins grand pour Obama que le sexisme ne l'a été pour Clinton. Les critiques ont soutenu qu'Obama avait damé le pion au racisme dans la couverture médiatique, et que cela expliquait, du moins en partie, la défaite de Clinton. Selon Katie Couric, citée dans Seelye et Bosman, en juin 2008 : « Que cela nous plaise ou non, l'une des grandes leçons de cette campagne est le rôle continu — et accepté — du sexisme dans la vie américaine, et en particulier dans les médias. » Par exemple, le commentateur et détracteur de Clinton, Mark Rudov a déclaré, en janvier 2008 : « Quand Barack Obama parle, les hommes entendent "Décollez vers l'avenir". Et quand Hillary Clinton parle, les hommes entendent "Sortez les ordures". » Il faut toutefois noter que les hommes ne sont pas les seuls responsables de la défaite de Clinton, puisque la candidate a recueilli seulement un peu plus de la majorité des votes féminins. Pourquoi les femmes n'ont-elles pas voté pour elle en plus grand nombre ? Dans quelle mesure le sexisme fausse-t-il la perception des électeurs ? Croyez-vous que la situation soit la même au Québec ? Pourquoi ?

11.4 Mettre en pratique ses aptitudes à la communication

Pour qu'un groupe restreint soit efficace dans un cadre réel ou virtuel, il doit posséder certains attributs. Si vous prenez conscience de l'écart existant entre les comportements optimaux de résolution de problèmes et d'autres qui le sont moins, vous pourrez améliorer le mode de fonctionnement de votre équipe. Voici ce qu'il faut pour rendre les interactions du groupe productives.

11.4.1 Avoir une communication de groupe claire

Les objectifs communs doivent être clairs et, idéalement, formulés par tous les membres dans un esprit de collaboration. L'établissement, dans les premiers moments de la formation du groupe, d'un mode de fonctionnement basé sur la communication évitera plusieurs mésententes et conflits éventuels.

11.4.2 Valoriser l'autonomie individuelle

Tous les membres du groupe doivent être encouragés à exprimer librement leurs idées et leurs sentiments. Les mots-clés à utiliser dans ces discussions sont : « Je pense », « Je vois » et « Je sens ». Ces mots révèlent l'expression d'un point de vue personnel et montrent que vous reconnaissez que l'autre peut avoir des perceptions, des pensées et des sentiments différents des vôtres. En les utilisant, vous éviterez de tomber dans le piège de la pensée de groupe, une forme d'unanimité nuisible qui empêche d'autres solutions d'émerger.

11.4.3 Tenter d'atteindre un consensus

Chaque membre doit pouvoir exprimer son point de vue, et la participation de tous est considérée comme cruciale. Par conséquent, la décision n'est pas toujours laissée à un leader qui l'imposera. Il est certain que l'établissement d'un consensus peut parfois sembler long et fastidieux, mais il permet qu'à long terme tous les membres du groupe se sentent solidaires de la décision qu'ils ont contribué à prendre.

11.4.4 Accorder une attention égale aux différents rôles

Lors de la résolution de problèmes, le bien-être des membres est tout aussi important que l'efficacité de la prise de décision. Pour cette raison, il est essentiel, par exemple, de laisser de la place aux gens qui font des blagues, à ceux qui posent des questions ou à ceux qui écoutent les idées des autres. Si l'on accorde une attention égale à tous, le groupe sera plus solide, car il bénéficiera de l'apport de tous.

11.4.5 Préparer ses interventions

Les groupes efficaces établissent une structure de résolution de problèmes et suivent un plan qui facilite la collecte de renseignements pertinents. Le leader du groupe peut avoir une grande importance dans l'établissement de la structure de fonctionnement, mais cette structure sera d'autant plus solide si les interventions des membres sont soigneusement préparées. Très souvent, un travail de groupe comporte autant de travail individuel que de travail effectué à plusieurs!

11.4.6 Se garder très motivé

Les membres d'un groupe satisfaits sont avides d'en savoir plus, parlent franchement, s'écoutent mutuellement et recherchent activement et honnêtement la meilleure solution. Il est facile de reconnaître un groupe qui fonctionne bien. Les gens y semblent heureux et sont contents de se présenter aux rencontres. Si le groupe devient source de frustrations et de malaises, il devient démotivant d'y participer et la situation peut s'envenimer. Il est primordial de remédier rapidement à cette situation en communiquant ensemble.

11.4.7 Évaluer le style de résolution de problèmes du groupe

Un groupe prend un certain temps avant d'ajuster son fonctionnement aux attentes de ses membres. Pour cette raison, ceux-ci doivent isoler et atténuer les facteurs qui entravent l'efficacité du groupe tout en déterminant et en consolidant les facteurs qui l'améliorent.

11.4.8 Encourager un climat d'ouverture

Les membres d'un groupe efficace se sentent libres d'exprimer leurs pensées et leurs sentiments. Ils savent que les autres écouteront ce qu'ils ont à dire. Pour ce faire, ils doivent utiliser des techniques comme le remue-méninges et la reformulation et tenter de ne pas prendre des décisions de manière précipitée.

11.4.9 Favoriser la collaboration

Pour prévenir un climat nocif de compétition et favoriser la collaboration, les membres doivent se montrer confiants et respectueux. La clé du succès demeure la transparence plutôt que la manipulation.

11.4.10 Valoriser l'amélioration continue

Les membres doivent être très attentifs à l'effet qu'auront leurs comportements sur les autres et vice versa. Ils s'efforcent continuellement d'améliorer les interactions du groupe.

En bref

Révision des objectifs du chapitre

1 **Définir la nature du groupe restreint, son identité et son développement.** Un groupe restreint est un petit ensemble de personnes qui interagissent, jouent certains rôles interdépendants et collaborent en vue de réaliser un objectif précis. Les petits groupes possèdent tous des normes et des climats particuliers. Comme un individu, un groupe a une identité qu'il démontre à l'aide de marqueurs internes et externes. Le développement du groupe est marqué, en général, par des stades précis : la constitution, la rébellion, la normalisation, la performance et la dissolution.

2 **Énumérer les avantages et les inconvénients de la prise de décision et de la résolution de problèmes en groupe.** Le travail en groupe permet notamment la mise en commun des ressources et l'accroissement de la motivation des membres. Toutefois, la résolution de problèmes en groupe comporte aussi des inconvénients : elle peut encourager la paresse, par exemple. De plus, les objectifs individuels peuvent entrer en conflit avec les objectifs du groupe. Il existe aussi toujours un risque d'utiliser la pensée de groupe, qui risque de biaiser les informations et les décisions.

3 **Différencier les rôles liés à la tâche, ceux associés à l'entretien des relations et les rôles individuels.** Les membres d'un groupe jouent des rôles précis. Les rôles liés à la tâche et les rôles d'entretien des relations soutiennent l'objectif du groupe. Au contraire, les rôles individuels sont tenus par des personnes présentant des comportements dysfonctionnels qui peuvent saper l'efficacité du groupe.

4 **Expliquer et démontrer les effets d'un climat de collaboration plutôt que de compétition sur les interactions entre les membres d'un groupe.** La collaboration et l'absence de comportements défensifs sont profitables au groupe. Le fait de partager les ressources et de travailler ensemble à la réalisation des objectifs du groupe permet à ce dernier de maintenir sa cohésion. Par contre, la compétition et les jeux de pouvoir nuisent au bon fonctionnement du groupe et suscitent de la méfiance chez ses membres.

5 **Comparer les différentes techniques décisionnelles.** Les groupes ont recours à différentes méthodes de prise de décision : décision prise par un expert, prise par vote majoritaire ou par consensus, imposée par le leader. La prise de décision par consensus est considérée comme la stratégie la plus efficace. Lorsqu'un groupe parvient à un consensus, tous les membres ont participé à l'élaboration de la décision, tous l'acceptent et s'engagent à l'appuyer. Le remue-méninges peut améliorer l'aptitude du groupe à résoudre des problèmes. Cette technique stimule le potentiel créatif de tous les membres, active l'imagination et favorise la découverte de solutions inédites.

6 **Définir le leadership et en distinguer les divers styles.** Le leadership est la capacité d'influencer les autres. Le leader de type X croit qu'il faut surveiller les membres de près. Le leader de type Y croit plutôt que les membres recherchent les responsabilités ainsi que les possibilités de réalisation personnelle.

Le leader autoritaire (ou autocratique) dicte aux membres du groupe ce qu'ils doivent accomplir, tandis que l'adepte du laisser-faire les laisse agir comme bon leur semble. Dans la plupart des cas, on privilégie le leadership démocratique, qui encourage tous les membres à participer de façon constructive à la prise de décision.

7 **Décrire comment les théories situationnelle et fonctionnelle permettent de mieux comprendre le leadership.** Deux grandes théories permettent d'expliquer comment une personne devient un leader. Selon la théorie situationnelle, c'est la situation qui détermine qui exercera le leadership. La théorie fonctionnelle repose sur le principe qu'un certain nombre de membres peuvent et devraient partager les diverses fonctions de leadership pour que le groupe atteigne ses objectifs.

8 **Comprendre comment améliorer la communication au sein d'un groupe.** Que votre groupe se réunisse en face à face ou en ligne, les comportements suivants le rendront plus efficace : formuler clairement des objectifs intelligibles pour tous les membres du groupe, encourager les membres à exprimer librement leurs idées et leurs sentiments, être attentifs aux rôles liés à la tâche comme aux rôles d'entretien des relations, soutenir la motivation des membres, évaluer honnêtement le style de résolution de problèmes du groupe, créer un climat ouvert et encourager la collaboration entre les membres.

Pour aller plus loin

Chansons

Comment ces chansons parlent-elles de la nature, des caractéristiques et des forces du groupe ?

- « Deux par deux rassemblés », Pierre Lapointe, *La forêt des mal-aimés,* 2006
- « Parce qu'on vient de loin », Corneille, *Parce qu'on vient de loin,* 2003
- « La manifestation », Les cowboys fringants, *Break syndical,* 2002
- « Les copains d'abord », Georges Brassens, *Les copains d'abord,* 1964

Films

Quels types de chefs sont représentés dans ces films ?

- *Dédé à travers les brumes,* Jean-Philippe Duval, 2009
- *Maurice Richard,* Charles Binamé, 2005
- *Douze hommes en colère,* Sydney Lumet, 1957
- *Harry Potter et la coupe de feu,* Mike Newell, 2005

Livres

Comment ces biographies de personnages célèbres vous permettent-elles de voir le leadership masculin et féminin ?

- Simonne Monet-Chartrand : *Ma vie comme rivière,* autobiographie, 2003
- John F. Kennedy : *Kennedy, une vie comme aucune autre,* Geoffrey Perret, 2003
- Hillary Clinton : *Mon histoire,* autobiographie, 2003
- Mohandas Karamchand Gandhi : *Vie de M. K. Gandhi,* écrite par lui-même, édition préparée par Charlie Andrews, 1931

CLÉS DE CORRECTION

Solution p.61 : figure 3.5

Un test pour mesurer l'aveuglement

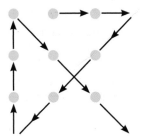

Solution p.62 : exercice 3.4

Le détective

1.	?	7.	?
2.	?	8.	?
3.	F	9.	?
4.	?	10.	?
5.	?	11.	?
6.	V		

GLOSSAIRE

A

Accommodation: Lors d'un conflit, attitude qui consiste à privilégier le maintien des relations au détriment de la réalisation de ses propres objectifs

Allocentrisme: Attitude psychologique qui consiste à prendre les autres comme centre d'intérêt

Ambiguïté: Message imprécis qui provoque la confusion chez l'interlocuteur, mais qui ne vise pas à modifier le comportement de celui-ci

Approche émotivo-rationnelle: Approche thérapeutique cognitive élaborée par Albert Ellis et qui met l'accent sur le caractère irrationnel des émotions

Attention sélective: Tendance à se focaliser sur certains indices et à en ignorer d'autres

Atténuateur: Expression qui marque l'hésitation

Audition: Processus physiologique automatique et involontaire par lequel on perçoit des stimuli sonores

Authenticité: Sincérité, naturel, vérité; concordance entre les pensées, les sentiments et le comportement

Autoefficacité: Confiance que possède une personne en ses propres capacités et en ses propres compétences

Autoréalisation des prophéties: Phénomène qui survient lorsque les attentes d'une personne à l'égard d'un événement contribuent à créer les conditions mêmes qui provoquent cet événement

Aveuglement: Mécanisme par lequel une personne limite inconsciemment ses aptitudes perceptives

B

Besoin d'affection: Besoin d'aimer et d'être aimé

Besoin d'appartenance: Besoin de contacts sociaux

Besoin de contrôle: Besoin de se sentir compétent et responsable

Bruit: Toute perturbation qui nuit à la bonne émission ou à la bonne réception du message

C

Canal: Média qui sert à acheminer le message

Capital social: Relations ou réseaux sociaux

Charisme: Qualité qui permet à son possesseur d'exercer un ascendant, une autorité sur un groupe

Climat du groupe: Atmosphère émotionnelle, ambiance durant les interactions du groupe

Collaboration: Lors d'un conflit, attitude qui consiste à adopter une stratégie gagnant-gagnant afin de privilégier tant ses intérêts personnels que ceux des autres

Communication: Transfert de sens délibéré ou involontaire

Communication non verbale: Expression de réactions comportementales et de messages transmis par des procédés autres que linguistiques

Communication pauvre en contexte: Mode de communication qui encourage le franc-parler

Communication phatique: Échange de banalités, de clichés destiné à maintenir les canaux de communication ouverts

Communication riche en contexte: Mode de communication indirect

Communication toxique: Message qui englobe le recours constant à la violence verbale (insultes, intimidation, accusations) et à la violence non verbale (abus physiques ou sexuels)

Comparaison sociale: Processus par lequel une personne se compare aux autres (groupe de référence ou modèle) pour se définir et ainsi développer son image de soi

Compétition: Lors d'un conflit, attitude qui consiste à adopter une stratégie gagnant-perdant afin de privilégier ses intérêts personnels au détriment de ceux des autres

Comportement affirmatif: Comportement de la personne qui tente de communiquer ses pensées, ses besoins et ses émotions d'une manière claire, honnête et directe sans blesser les autres et sans se laisser blesser tout en cherchant à connaître les idées, les besoins et les émotions des autres

Comportement agressif: Réaction d'attaque, lors d'un conflit, qui consiste à exprimer directement ses idées, ses besoins et ses émotions sans tenir compte de ceux des autres

Comportement défensif: Comportement adopté lorsqu'une personne perçoit ou appréhende une menace, réelle ou non

Comportement manipulateur: Expression de ses sentiments de manière détournée ou insidieuse

Comportement passif: Absence de réaction devant une situation conflictuelle qui fait en sorte que la personne n'exprime pas ses idées, ses besoins ou ses émotions

Compréhension: Deuxième étape du processus d'écoute qui consiste en un rapprochement entre ce que l'on écoute et ce que l'on sait déjà en complétant l'information et en vérifiant celle-ci

Compromis: Lors d'un conflit, attitude qui consiste à tenter de trouver un terrain d'entente

Conduite authentique: Attitude qui consiste à se présenter aux autres sous son vrai jour, en affirmant son identité

Conduite stratégique: Attitude qui consiste à se fabriquer une image positive pour influencer la perception des autres

Conflit: Différend exprimé entre au moins deux parties interdépendantes qui reconnaissent avoir des motivations incompatibles, des ressources limitées et qui ont conscience de l'interférence de l'autre partenaire dans la poursuite de leurs objectifs

Conflit cognitif: Conflit centré sur la tâche qui est l'objet de la mésentente

Conflit interpersonnel: Type de mésentente qui oppose deux ou plusieurs personnes

Conflit intrapersonnel: Conflit qu'une personne vit intérieurement lorsqu'elle se sent tiraillée entre deux ou plusieurs options, émotions, idées ou choix inconciliables

Conflit relationnel: Conflit qui concerne surtout les relations avec les autres, généralement le partage du pouvoir et les émotions

Consensus: Décision que tous les membres comprennent et s'engagent à appuyer, à laquelle ils sont arrivés après avoir exprimé leurs sentiments et leurs divergences d'opinions

Conservatisme cognitif: Tendance à privilégier l'information qui confirme l'image de soi et à fréquenter des personnes qui approuvent ce que l'on croit être

Constance perceptive: Tendance à percevoir nos expériences exactement comme dans le passé

Contagion émotionnelle : Fait d'être envahi par l'humeur positive ou négative de quelqu'un

Contrôle des expressions faciales : Trois techniques (l'intensification, la neutralisation et la dissimulation) qui servent à contrôler les expressions que l'on révèle aux autres

Culture à faible distance hiérarchique : Culture qui croit que le pouvoir doit être utilisé seulement s'il est légitime

Culture à forte distance hiérarchique : Culture qui accepte les différences de pouvoir et dans laquelle les subordonnés et les supérieurs se considèrent comme inégaux

Culture de faible contact : Culture qui privilégie le maintien d'une plus grande distance interpersonnelle

Culture de haut contact : Culture qui encourage les interactions, la proximité et les démonstrations d'affection

Culture dominante : Ensemble de valeurs, de normes et de comportements propres à un groupe majoritaire

Culture féminine : Culture qui privilégie la tendresse et les relations harmonieuses

Culture masculine : Culture qui privilégie l'agressivité, la force et les symboles matériels de la réussite

Cyberlangage : Style de communication informel employé dans Internet

Débit : Rythme d'élocution

Décoder : Analyser le contenu d'un message selon le code partagé par l'émetteur et le récepteur

Démenti : Remarque qui atténue l'importance d'une affirmation

Détracteur : Personne qui nuit à l'image de soi par son attitude non verbale et son expression verbale

Déviation sémantique : Malentendu qui surgit quand deux locuteurs ont l'impression erronée de se comprendre mutuellement

Discours argumentatif : Discours qui vise à convaincre un public en s'appuyant sur divers arguments

Discours informatif : Discours qui vise à transmettre des connaissances à un public

Distance intime : Distance qui va du contact physique jusqu'à 45 cm

Distance personnelle : Distance qui va de 45 cm à 1,20 m

Distance publique : Distance qui va au-delà de 3,60 m

Distance sociale : Distance qui va de 1,20 m à 3,60 m

Domination visuelle : Mesure calculée en comparant les fractions de temps passées à regarder l'autre pendant que l'on parle et pendant que l'on écoute

Écoute : Processus psychologique actif volontaire par lequel on sélectionne, organise, interprète et mémorise des stimuli auditifs

Écoute active : Forme d'écoute aidante qui vise à éclairer le récepteur sur les émotions, les besoins et les idées de l'émetteur

Écoute appréciative : Écoute qui a pour buts le plaisir et la détente

Écoute critique : Écoute qui vise à évaluer positivement ou négativement la valeur d'un message en vérifiant la véracité ou la crédibilité de son contenu

Écoute défensive : Réaction du récepteur lorsqu'il perçoit le message de l'émetteur comme une attaque

Écoute informative : Écoute qui vise à recueillir de l'information (consignes, conseils, indications, etc.) afin de bien accomplir une tâche, une action

Effet de halo : Tendance à percevoir surtout les qualités d'une personne qui nous est sympathique

Effet Galatée : Exemple d'autoréalisation des prophéties selon lequel on réalise ses propres attentes

Effet Pygmalion : Exemple d'autoréalisation des prophéties selon lequel on réalise les attentes des autres

Élément de base de la communication : Élément présent dans chaque situation de communication

Émetteur : Personne qui formule, encode et transmet un message

Émotion : État affectif subjectif dans un contexte précis qui comprend un état physiologique, une interprétation cognitive et des manifestations physiques

Empathie : Aptitude principale de l'écoute active où le récepteur tente de se mettre cognitivement ou émotivement à la place de son interlocuteur

Encoder : Constituer, produire selon un code

Énoncé d'intention : But ou objectif d'un exposé

Entrevue de sélection : Type le plus courant de communication interpersonnelle

intentionnelle, planifiée et décisionnelle, visant à sélectionner un candidat en vue de l'obtention d'un poste

Estime de soi : Jugement positif ou négatif que pose une personne sur son image de soi, indiquant dans quelle mesure cette personne s'aime et s'apprécie, ou se déteste et se dénigre

Étendue : Nombre et choix de sujets abordés avec l'autre

Éthique : Principes de morale, valeurs et croyances que se donne une société

Euphémisme : Mot agréable qui en remplace un autre qui l'est moins

Évaluation : Cinquième étape du processus d'écoute qui consiste à vérifier, en termes de crédibilité par exemple, le contenu d'un message et à l'analyser de façon critique

Évitement : Lors d'un conflit, attitude improductive qui consiste à fuir la situation mentalement ou physiquement

Exposition sélective : Tendance à s'exposer à des informations qui confirment ses attitudes, ses croyances et ses valeurs

Fait : Ce qui existe réellement et peut être observé

Fenêtre de Johari : Différentes façons d'apprendre à se connaître et de se dévoiler aux autres

Grille des conflits : Modèle qui reflète divers styles de résolution de conflits

Groupe de référence : Groupe composé d'un ensemble de personnes avec lequel on se compare et qui varie selon le milieu, la culture ou l'époque

I

Image de soi : Ensemble de perceptions subjectives que l'on a à l'égard de soi-même

Incitation légère : Brève intervention verbale (répétition d'un mot, d'un bout de phrase) ou non verbale (paralangage, hochement de tête, etc.) du récepteur pour attirer l'attention sur un aspect précis du message incitant l'émetteur à poursuivre

Inférence : Proposition, déduction plus ou moins vraie basée sur une perception subjective

Insinuation : Message imprécis d'avertissement ou de recommandation qui vise subtilement à obtenir une réaction particulière de l'interlocuteur

Intelligence émotionnelle : Capacité à se motiver, à maîtriser ses pulsions, à reconnaître et à gérer ses humeurs, à éprouver de l'empathie et à espérer

Interprétation : Quatrième étape du processus d'écoute qui consiste à donner un sens au message

Inversion des rôles : Stratégie qui consiste pour les personnes en conflit à se mettre à la place de l'autre afin de comprendre son point de vue

Investigation : Rétroaction non évaluative qui consiste à interroger l'interlocuteur pour obtenir un supplément d'information

 J

Jargon : Façon de s'exprimer propre à un groupe et difficilement compréhensible pour le profane

Jugement négatif : Commentaire défavorable qui décourage la répétition d'un comportement

Jugement positif : Commentaire favorable qui encourage le maintien d'un comportement

Jugement réfléchi : Tendance à se percevoir de la façon dont on croit que les autres nous voient et à agir en conséquence

 K

Kinésie : Étude de la relation entre les mouvements du corps, ou le langage corporel, et la communication

 L

Langage : Système unifié de symboles qui permet la transmission d'une signification

Langage discriminatoire : Langage qui rabaisse les membres d'une sous-culture

Leader : Personne qui fait preuve de leadership sans avoir été désignée comme chef

Leader de type X : Leader qui ne fait pas confiance aux membres du groupe et se préoccupe peu de leur sentiment d'accomplissement personnel

Leader de type Y : Leader qui fait confiance aux membres du groupe et se préoccupe de leur sentiment d'accomplissement personnel

Leader en titre : Personne désignée pour influencer les comportements des membres du groupe

Leadership : Pouvoir d'influencer les autres, positivement ou négativement, dans l'exécution d'une tâche ou dans l'atteinte d'un objectif

Leadership autoritaire : Leadership exercé par un individu dominateur qui considère que son rôle est directif

Leadership démocratique : Leadership qui oriente les membres d'un groupe à prendre leurs responsabilités et à atteindre leurs objectifs

Leadership du laisser-faire : Leadership non directif qui laisse le groupe se prendre en charge

Loi de la fermeture : Loi de l'organisation perceptive expliquant que l'on a tendance à regrouper ensemble les objets qui semblent former une figure fermée

Loi de la proximité : Loi de l'organisation perceptive expliquant que, dans un groupe d'objets, on tend à regrouper ceux qui sont proches les uns des autres

Loi de la similitude : Loi de l'organisation perceptive expliquant que l'on regroupe les objets selon leurs caractéristiques similaires

 M

Marqueur : Objet utilisé pour délimiter et se réserver un espace

Mémorisation : Troisième étape du processus d'écoute au cours de laquelle le récepteur retient ce qu'il a entendu en vue d'un usage ultérieur

Mensonge déloyal : Le fait de divulguer volontairement des informations fausses, inventées ou exagérées (mensonge par commission) ou de propager des informations incomplètes (mensonge par omission)

Mensonge de politesse : Mensonge que l'on fait pour une raison moralement acceptable afin d'éviter de blesser l'autre

Message : Information transmise lors d'une communication

Message contradictoire : Message dans lequel l'énoncé verbal est contredit par le comportement non verbal

Modèle : Personne déterminante à qui l'on s'identifie et l'on se compare (ami, vedette, héros)

Modèle des rôles fonctionnels : Modèle qui décrit les comportements que les membres du groupe devraient adopter ou éviter

Modèle d'imbrication sociale : Modèle décrivant une relation interpersonnelle selon son étendue (quantité de sujets de conversation) et sa profondeur (qualité des sujets de conversation)

Monitorage de soi : Attention portée aux indices provenant des autres afin d'ajuster ses propres actions

Mot d'alerte : Mot qui fait référence à un préjugé ou à un sujet délicat suscitant des émotions qui empêchent la bonne compréhension

Myopie culturelle : Méconnaissance du fait que l'on n'attribue pas tous la même signification aux mêmes indices comportementaux

 N

Niveau de comparaison des options : Comparaison des récompenses procurées par la relation actuelle avec celles que l'on pense pouvoir retirer d'une autre relation

Norme formelle : Règle officielle et écrite qui régit les interactions des membres d'un groupe

Norme informelle : Règle non officielle et non écrite, mais suivie par tous les membres d'un groupe

Norme liée à la tâche : Norme qui détermine la façon d'atteindre un objectif

Norme procédurale : Norme qui établit la méthodologie et les procédures utilisées pour atteindre un objectif

Norme sociale : Norme qui régit les relations interpersonnelles entre les membres d'un groupe

 O

Objectif comportemental : Objectif qui décrit la réaction ou le comportement attendus des auditeurs à la suite d'un exposé

Objectif du groupe : Raison d'être, but visé du groupe

Ouverture de soi : Habileté à révéler délibérément à l'autre des renseignements sur soi auxquels celui-ci n'aurait pas accès autrement

 P

Paralangage : Indice vocal qui accompagne le langage parlé

Pensée de groupe : Processus par lequel les membres d'un groupe ont tendance à rechercher un consensus au détriment d'une analyse minutieuse et d'une prise de décision rationnelle

Pensée irrationnelle : Selon les cognitivistes, pensée fausse qui est source d'émotions nuisibles

Perception : Processus subjectif en trois étapes, consistant à sélectionner, à organiser et à interpréter des données sensorielles de façon à donner une signification à nos expériences

Phobie sociale : Peur persistante et intense d'une ou de plusieurs situations sociales ou de performance qui peuvent exposer la personne à l'observation attentive d'autrui

Phrase assassine : Commentaire négatif qui interrompt le flux des idées

Pleine conscience : Fait de libérer son esprit de tout souci personnel ou émotion distrayante afin de se concentrer sur l'émetteur et le moment présent

Préjugé : Attitude partiale négative ou positive à l'égard d'un groupe de gens ; opinion préconçue fondée sur l'appartenance à une catégorie sociale

Première impression : Jugement initial que l'on forme sur les autres dès les premières minutes d'une rencontre, parfois difficilement modifiable

Principe figure-fond : Loi de l'organisation perceptive expliquant que l'on ne peut percevoir deux stimuli simultanément, mais seulement en alternance

Profondeur : Mesure de l'importance des sujets abordés avec l'autre en regard du concept de soi

Proxémique : Étude de l'utilisation et de l'organisation de l'espace

 Q

Question primaire : Question qui aborde un nouveau sujet ou explore un nouveau domaine

Question secondaire : Question exploratoire qui vise à étoffer la réponse à une question primaire

Question-tag : Affirmation transformée en question par l'ajout d'une particule interrogative

 R

Réalité virtuelle : Environnement existant sous forme de données informatiques dans un ordinateur

Récepteur : Personne qui reçoit, décode et interprète un message

Réception : Première étape du processus d'écoute qui consiste à sélectionner les sons qui attirent notre attention en filtrant ceux que l'on entend, mais qui ne semblent pas importants

Reflet de sentiments : Outil de l'écoute active qui consiste pour le récepteur à déterminer et à résumer les émotions de l'émetteur afin de vérifier sa compréhension

Reformulation : Outil de l'écoute active qui consiste pour le récepteur à résumer dans ses mots les idées et les besoins de l'émetteur afin de vérifier sa compréhension

Regard assassin : Regard qui décourage ou freine la libération spontanée d'idées

Relation impersonnelle : Relation brève n'ayant généralement pas d'antécédents et qui exige peu d'engagement personnel et de partage d'intimité

Relation interpersonnelle : Lien significatif entre deux partenaires qui échangent des messages personnels et intimes, s'engagent l'un envers l'autre et tentent de combler leurs besoins sociaux réciproques

Remue-méninges : Méthode de libération spontanée des idées

Réponse : Réaction verbale ou non verbale au message de l'émetteur

Restructuration cognitive : Processus par lequel les pensées irrationnelles sont remises en question, modifiées et remplacées par des pensées rationnelles

Rétroaction : Ensemble des messages verbaux et non verbaux qui sont renvoyés par le récepteur en réponse ou en réaction au message de l'émetteur

Rétroaction évaluative : Jugement positif, négatif ou remarque formative que l'on émet sur un sujet ou une personne

Rétroaction externe : Réaction de l'autre personne engagée dans la communication

Rétroaction formative : Remarque aidante donnée au moment opportun qui vise le maintien et l'amélioration d'un comportement

Rétroaction interne : Réaction intérieure d'une personne au cours d'une communication

Rétroaction négative : Réaction qui corrige le comportement en cours

Rétroaction positive : Réaction qui renforce le comportement en cours

Rôle individuel : Comportement dysfonctionnel qui empêche le groupe de fonctionner efficacement

Rôle lié à la tâche : Comportement qui permet au groupe d'atteindre ses objectifs

Rôle lié à l'entretien des relations : Comportement qui favorise le fonctionnement harmonieux du groupe

Rupture : Son ou mot sans signification qui perturbe le flux du discours

 S

Sens connotatif : Définition subjective ou personnelle d'un mot

Sens dénotatif : Définition objective ou descriptive d'un mot

Silence : Absence d'indices paralinguistiques et verbaux

Sous-culture : Ensemble de valeurs, de normes et de comportements propres à un groupe social donné et qui manifeste un écart par rapport à la culture dominante

Soutien : Rétroaction non évaluative qui consiste pour le récepteur à rassurer l'émetteur, à lui offrir sa compréhension et son support

Stéréotype : Généralisation sur une personne, un lieu ou un événement adoptée par un grand nombre de personnes dans une société

Stimulateur : Personne qui contribue positivement à l'image de soi par son attitude non verbale et son expression verbale

Structure d'objectifs compétitive : Structure d'objectifs dans laquelle les individus minent leurs efforts réciproques pour atteindre l'objectif du groupe

Structure d'objectifs coopérative : Structure d'objectifs dans laquelle les membres unissent leurs efforts pour atteindre les objectifs communs

Structure du groupe : Positions et rôles des membres

Sympathie : Attitude qui consiste pour le récepteur à ressentir les mêmes besoins et émotions que l'émetteur et à partager ses opinions et ses croyances

 T

Tension dialectique : Conflit relationnel qui résulte de l'impossibilité pour les communicateurs de satisfaire des désirs ou des objectifs contradictoires

Territorialité : Fait de s'approprier un espace ou de délimiter et de protéger un « territoire »

Théorie de la gestion de la vie privée : Théorie qui traite de l'établissement de frontières physiques et psychologiques que les autres peuvent ou non franchir

Théorie de la réduction de l'incertitude : Théorie qui stipule que les premiers instants d'une relation avec une personne inconnue sont toujours dominés par l'incertitude

Théorie de l'échange : Théorie voulant que l'on maintienne une relation tant que les bénéfices retirés sont supérieurs aux inconvénients qui y sont rattachés

Théorie du particularisme : Théorie selon laquelle les personnes appartenant à une minorité sont plus conscientes de leurs traits distinctifs que des caractères plus courants des membres de leur entourage immédiat

Théorie fonctionnelle : Théorie du leadership selon laquelle plusieurs membres d'un groupe devraient être prêts à diriger à différents moments parce que diverses actions doivent être menées pour atteindre les objectifs communs

Théorie situationnelle : Théorie du leadership selon laquelle l'approche du leader dépend de la situation

Ton : Hauteur de la voix

Ton habituel : Ton caractéristique d'une personne

Tout savoir : Croyance erronée qu'une personne peut tout savoir sur un objet de connaissance

Trac : Peur, d'intensité variable, de prendre la parole devant un auditoire, mais que l'action dissipe généralement

Triangle sémiotique : Modèle d'Ogden et Richards qui explique la relation entre le mot, l'objet et la pensée

Turbulence des frontières : Tension qui existe entre deux partenaires qui ne s'accordent pas sur les règles de gestion de la vie privée

Volume : Degré d'intensité de la voix

Zone aveugle : Partie de soi qui est connue uniquement des autres

Zone cachée : Partie de soi qui est connue de soi, mais non des autres

Zone inconnue : Partie de soi qui est inconnue de soi et des autres

Zone ouverte : Partie de soi qui est connue de soi et des autres

BIBLIOGRAPHIE

[Anonyme] (2000, janvier). Initial minutes of job interview are critical. *USA Today*, 8.

ADAMS, J., *et al.* (2008). How college students spend their time communicating. *International Journal of Listening, 22*, 13-28.

ADAMS, K. et GALANES, G. J. (2009). Communicating in groups (7ᵉ éd.). New York : McGraw-Hill.

ADDISON, P., *et al.* (2003). Worry as a function of public speaking state anxiety type. *Communication Reports, 16*(2), 3-6.

ADLER, R. A. et TOWNE, N. (2005). *Communication et interactions* (3ᵉ éd.), adaptation de C. St-Jacques, E. Roy, et M. Thibault. Montréal : Beauchemin.

AGAR, M. (1994). *Language shock: Understanding the culture of conversation.* New York : Morrow.

AILES, R. (1989). *You are the message.* New York : Doubleday.

ALBADA, K. F. (2002). Interaction appearance theory: Changing perception of physical attractiveness through social interaction. *Communication Theory, 12*, 8-41.

ALLPORT, G. W. (1954). *The nature of prejudice.* Cambridge : Addison-Wesley Publishing Co.

ALTMAN, I. et TAYLOR, D. A. (1973). *Social penetration: The development of interpersonal relationships.* New York : Holt, Rinehart & Winston.

AMAR, P. (2008). *Psychologie du manager : pour mieux réussir au travail.* Paris : Dunod, 89-91.

AMDUR, E. (2005, 17 avril). An interview is a two-way deal, so ask questions. *The Record*, J1- J2.

AMDUR, E. (2007, 5 août). The 10 general rules to help you be a good interviewee. *The Record*, J1- J2.

AMDUR, E. (2008, 23 mai). How workers should prepare for the world in 2050. *The Record*, J1- J2.

ANDERSON, P. (1982). Exploring intercultural differences in nonverbal communication. Dans L. Samovar et R. Porter (dir.), *Intercultural communication: A reader* (3ᵉ éd., p. 272-282). Belmont, Calif. : Wadsworth.

ANDRÉ, C. (2006). De l'estime du soi à l'acceptation du soi. *Cerveau & Psycho, 14*, 14-19.

ANDRÉ, C. (2009). *Imparfaits, libres et heureux.* Paris : Odile Jacob.

ANDRÉ, C. et LELORD, F. (2008). *L'estime de soi : s'aimer pour mieux vivre avec les autres.* Paris : Odile Jacob.

ANDREWS, B. et BROWN, G. W. (1995). Stability and change in low self-esteem: The role of psychosocial factors. *Psychological Medecine, 25*, 23-31.

ANGIER, N. (2002, 23 juillet). Why we're so nice: We're wired to cooperate. *New York Times*, F1-F8.

APPIAH, O. (2002). Americans online: Differences in surfing and evaluating race-targeted web sites by black and white users. *Journal of Broadcasting & Electronic Media, 47*, 537-555.

ARENSON, K. (2002, 13 janvier). The fine art of listening. *New York Times Education Life*, 34-35.

ARONS, B. (1992). A review of the cocktail party effect. *Journal of the American Voice I/O Society, 12*, 35-50.

ARONSON, E. (1980). *The social animal* (3ᵉ éd.). San Francisco : Freeman.

AUGER, L. (1986). *La démarche émotivo-rationnelle en psychothérapie et relation d'aide.* Montréal : Les Éditions Ville-Marie.

AXTELL, R. E. (1998). *Gestures.* New York : John Wiley and Sons.

BANDLER, R. et GRINDER, J. (1975). *The structure of magic I: A book about language and therapy.* Palo Alto, Calif. : Science & Behavior Books.

BANDURA, A. (1997). *Self-efficacy: The exercise of control.* New York : Freeman.

BANDURA, A., ROSS, D. et ROSS, S. A. (1963). Imitation of film-mediated aggressive models. *Journal of Abnormal and Social Psychology, 66*, 3-11.

BARGH, J. A., MCKENNA, K. Y. A. et FITZSIMONS, G. M. (2002). Can you see the real me? Activation and expression of the "True Self" on the Internet. *Journal of Social Issues, 58*, 33-49.

BARKER, J. R. (1999). *The discipline of teamwork: Participation and concertive control.* Thousand Oaks, Calif. : Sage.

BARNES, S. B. (2001). *Online connections: Internet interpersonal relationships.* Cresskill, N.J. : Hampton.

BAUMEISTER, R. F. (1999). *The self in social psychology.* Philadelphia : Psychology Press.

BAUMEISTER, R. F., *et al.* (2003). Does high self-esteem cause better performance, interpersonal success, happiness or healthier lifestyles? *Psychological Science in the Public Interest, 4*, 1-44.

BAUMEISTER, R. F., *et al.* (2005). Exploding the self-esteem myth. *Scientific American, 292*, 84-91.

BAUMEISTER, R. F., SMART, L. et BODEN, J. M. (1996). Relation of the threatened egotism to violence and aggression: The dark side of high self-esteem. *Psychological Review, 103*, 5-33.

BAVELAS, J. B., COATES, L. et TRUDY, J. (2002). Listener responses as a collaborative process: The role of gaze. *Journal of Communication, 52*(3), 566-579.

BAVELAS, J. B., *et al.* (1990). *Equivocal Communication.* Newbury Park, Calif. : Sage.

BAXTER, L. A. et MONTGOMERY, B. M. (1996). *Relating dialogues and dialectics.* New York : Guilford.

BELL, R. A. (1985). Conversational involvement and loneliness. *Communication Monographs, 52*, 218-235.

BELL, R. A. et ROLOFF, M. (1991, hiver). Making a love connection: Loneliness and communication competence in the dating marketplace. *Communication Quarterly, 39*(1), 58-74.

BENENSON, J. F., FORD, S. A. et APOSTOLERIS, N. H. (1998). Girls' assertiveness in the presence of boys. *Small Group Research, 29*, 198-211.

BENNE, K. et SHEATS, P. (1948). Functional roles of group members. *Journal of Social Issues, 4*, 41-49.

BENTLEY, S. C. (1999, novembre). *Listening in the 21ˢᵗ century.* Communication présentée au congrès annuel de la National Communication Association, Chicago.

BERGER, C. R. et CALABRESE, R. J. (1975). Some explorations in initial interactions and beyond: Toward a developmental theory of interpersonal communication. *Human Communication Research, 1*, 98-112.

BERGERON, M. (2004). *Communiquer dans l'organisation.* Boisbriand, Qc : Éditions Pratiko.

BERNE, E. (1964). *Games people play.* New York : Grove.

BERSCHEID, E. et HATFIELD, E. W. (1978). *Interpersonal attraction* (2ᵉ éd.). Reading, Mass.: Addison-Wesley.

BERSCHEID, E. et WALSTER, E. H. (1969). *Interpersonal attraction*. Reading, Mass.: Addison-Wesley.

BINKLEY, C. (2007, 2 août). Heelpolitik: The power of a pair of stilettos. *Wall Street Journal*, D8.

BLAKE, R. et MOUTON, J. (1970). The fifth achievement. *Journal of Applied Behavioral Science, 6*, 413-426.

BLIESZNER, R. et ADAMS, R. G. (1992). *Adult friendship*. Newbury Park, Calif.: Sage.

BLOOM, L. Z., COBURN, K. et PEARLMAN, J. (1975). *The new assertive woman*. New York: Dell.

BODTKER, A. M. et KATZ JAMESON, J. (2001). Emotion in conflict formation and its transformation: Application to organizational conflict management. *International Journal of Conflict Management, 12*(3), 259-275.

BOK, S. (1989). *Secrets*. New York: Random House.

BOOSTROM, R. (1992). *Developing creative and critical thinking*. Lincolnwood, Ill.: National Textbook.

BRADSHAW, D. (2008, 4 février). Old-world leader, new world vision. *Financial Times*, 8.

BRAFMAN, O. et BRAFMAN, R. (2008). *Sway: The irresistible pull of irrational behavior*. New York: Doubleday.

BRANDEN, N. (1994). *The six pillars of self-esteem*. New York: Bantam Books.

BRESSLER, E. R. et BALSHINE, S. (2006). The influence of humor on desirability. *Evolution and Human Behavior, 27*, 29-39. Dans N. Guéguen (2006). *Humour et pouvoir de séduction*. Cerveau & Psycho, *16*, juillet-août.

BRISLIN, R. (1993). *Understanding culture's influence on behavior*. Orlando, Fla.: Harcourt Brace Jovanovich, 47.

BRODY, J. E. (1996, 20 novembre). Controlling anger is good medicine for the heart. *New York Times*.

BROWNELL, J. (2004, 2006). *Listening: Attitudes, principles, and skills* (2ᵉ et 3ᵉ éd.). Boston: Allyn & Bacon.

BRUNNER, B. R. (2008). Listening, communication & trust: Practitioners perspectives of business/organizational relationships. *International Journal of Listening, 22*(1), 73-82.

BRYANT, A. (1997, 9 février). America's latest fad: Modesty it's not. *New York Times*, E3.

BURST MEDIA (2007, juillet). *Online insights*. [En ligne]. www.burstmedia.com/research/archived.asp (Page consultée le 17 janvier 2011)

BUSHMAN, B. J. et BAUMEISTER, R. F. (1998). Threatened egotism, narcissism, self-esteem, and direct and displaced aggression: Does self-love or self-hate lead to violence. *Journal of Personality and Social Psychology, 75*, 219-229.

CALLOWAY-THOMAS, C., COOPER, P. J. et BLAKE, C. (1999). *Intercultural communication: Roots and routes*. Boston: Allyn & Bacon.

CAMDEN, C., MOTLEY, M. T. et WILSON, A. (1984). White lies in interpersonal communication: A taxonomy and preliminary investigation of social motivations. *Western Journal of Speech Communication, 48*, 309-325.

CAMERON, D. (2000). *Good talk? Living and working in a communication culture*. Thousand Oaks, Calif.: Sage.

CANARY, D., CUPACH, W. R. et MESSMAN, S. J. (1995). *Relational conflict*. Thousand Oaks, Calif.: Sage.

CAREY, B. (2008, 6 avril). How to turn a herd on Wall St. *New York Times*, WK1- WK4.

CARNEGIE, D. (2005). *Comment parler en public*. Montréal: Les éditions Quebecor.

CASO, L., *et al.* (2006). The impact of deception and suspicion on different hand movements. *Journal of Nonverbal Behavior, 30*, 1-19.

CATHCART, D. et CATHCART, R. (1997). The group: A japanese context. Dans L. A. Samovar et R. E. Porters (dir.), *Intercultural communication: A reader* (8ᵉ éd., p. 329-339). Belmont, Calif.: Wadsworth.

CHAMBERLAND, L., *et al.* (2007). *Gais et lesbiennes en milieu de travail: les faits saillants*. Montréal: IREF-UQAM.

CHANCE, P. (1989, janvier-février). Seeing is believing. *Psychology Today*, 23-26.

CHENG, C. Y. (1987). Chinese philosophy and contemporary communication theory. Dans D. I. Kincaid (dir.), *Communication theory: Eastern and western perspectives*. New York: Academic Press.

CHEVALIER, C. et SELHI, L. (2008). *Communiquer pour mieux interagir en affaires*. Montréal: Gaëtan Morin éditeur.

CLAES, M. T. (2002). Women, men, and management styles. Dans P. J. Dubeck et D. Cunn (dir.), *Workplace/women's place: An anthology* (2ᵉ éd., p. 121-125). Los Angeles: Roxbury.

COHEN, H. (2003). *Negotiate this!* New York: Warner Business Books.

COHEN, N. (2007, 4 novembre). The global sympathetic audience. *New York Times*, 2ST-8ST.

COLLIER, M. J. (1996). Communication competence problematics in ethnic friendships. *Communication Monographs, 63*, 314-336.

COOLEY, C. H. (1902). *Human nature and the social order*. New York: C. Scribner's Sons.

CORMIER, S. (2004). *Dénouer les conflits relationnels en milieu de travail*. Sainte-Foy, Qc: Presses de l'Université du Québec.

COTLER, S. B. et GUERRA, J. J. (1976). *Assertive training*. Champaign, Ill.: Research Press.

COUPLAND, J., NUSSBAUM, J. F. et COUPLAND, N. (1991). The reproduction of aging and ageism in intergenerational talk. Dans N. Coupland, H. Giles et J. Wiemann (dir.), *Miscommunication and problematic talk* (p. 85-102). Newbury Park, Calif.: Sage.

COVEY, S. R. (1989). The *7 habits of highly effective people*. New York: Simon & Schuster.

CRAGAN, J. F. et WRIGHT, D. W. (1999). *Communication in small groups: Theory, process, skills* (5ᵉ éd.). Belmont, Calif.: Wadsworth.

CROSEN, C. (1997, 10 juillet). Blah, Blah, Blah. *Wall Street Journal*, 1A, 6A.

CUNNINGHAM, J. D. et ANTILL, J. K. (1998). Current trends in nonmarital cohabitation: The great POSSLQ hunt continues. Dans J. Wood et J. L. Locke, *The de-voicing of society: Why we don't talk to each other anymore*. New York: Simon & Schuster.

DALGARD, O. S., *et al.* (1995). Social support, negative life events and mental health. *The British Journal of Psychiatry, 166*, 29-34.

DANCE, F. E. X. (1967). Toward a theory of human communication. Dans F. E. X. Dance (dir.), *Human communication theory: Original essays*. New York: Holt, Rinehart & Winston.

DANIELS, T. D., SPIKER, B. K. et PAPA, M. J. (1997). *Perspectives on organizational communication* (4ᵉ éd.). New York: McGraw-Hill.

DAVIS, K. (1967). *Human relations at work*. New York: McGraw-Hill.

DELLI SANTI, A. (2005, 11 avril). N.J. doctors to learn cultural sensitivity. *The Record*, A3.

DESROCHERS, S. L. (2010). *Les préjugés envers les personnes obèses nuisent à leur santé.* [En ligne]. www.grms.uqam.ca/Pages/faits.aspx (Page consultée le 3 août 2010)

DEUTSCH, M. (1949). A theory of cooperation and competition. *Human Relations, 2*, 129-152.

DEUTSCH, M. (1973). *The resolution of conflict: Constructive and destructive processes.* New Haven, Conn.: Yale University Press.

DIEKSTRA, R. (1993). Haarlemmer Dagblad. Dans L. Derks et J. Hollander (1996). *Essenties van NLP* (p. 58). Utrecht, P.-B.: Servire.

DION-VIENS, D. (2010, 16 septembre). *Le cellulaire a sa place en classe, croit Dalton McGuinty.* [En ligne]. www.cyberpresse.ca/le-soleil/actualites/education/201009/15/01-4316000-le-cellulaire-a-sa-place-en-classe-croit-dalton-mcguinty.php (Page consultée le 17 janvier 2011)

DONOVAN, J. B. (1991). Power to the podium: The place to stand for those who move the world. *Vital Speeches of the Day, 58*, 149-150.

DORTIER, J.-F. (2010, juillet). L'art de séduire des oiseaux aux humains. *Sciences humaines, 217*, 48-51.

DOVIDIO, J. F., *et al.* (1988). The relationship of social power to visual displays of dominance between men and women. *Journal of Personality and Social Psychology, 54*, 233-242.

DROUIN, R. (1991). *La qualité avec le sourire.* Paris: Dunod, 45.

DUARTE, D. L. et TENNANT SNYDER, N. (2007). *Mastering virtual teams* (3e éd.). San Francisco: Jossey Bass.

DUCK, S. (1999). *Human relationships* (3e éd.). Thousand Oaks, Calif.: Sage, 57.

DUQUET, F., GÉLINAS, G. et LACHAPELLE, M. (2009). *Le guide de l'auto 2010.* Montréal: Éditions Trécarré.

DUTTON, D. G. et ARON, A. P. (1974). Some evidence for heightened sexual attraction under conditions of high anxiety. *Journal of Personality and Social Psychology, 30*(4), 510-517.

DWECK, C. S. (2000). *Self-theories: Their role in motivation, personality and development.* Philadelphia: Psychology Press.

EGAN, G. (2005). *Communication dans la relation d'aide* (2e éd.). Laval, Qc: Beauchemin.

EKMAN, P. (1993). Facial expression and emotion. *American Psychologist, 48*, 384-392.

EKMAN, P. (2004). *Emotions revealed: Recognizing faces and feelings to improve communication and emotional life.* Thousand Oaks, Calif.: Owl Books.

EKMAN, P. et FRANK, M. G. (1993). Lies that fail. Dans M. Lewis et C. Saarni (dir.), *Lying and deception in everyday life* (p. 184-200). New York: Guilford.

EKMAN, P. et FRIESEN, W. (1984). *Unmasking the face.* Los Angeles: Consulting Psychology.

ELFENBEIN, H. A. et AMBADY, N. (2003). When familiarity breeds accuracy: Cultural exposure and facial emotion recognition. *Journal of Personality and Social Psychology, 85*, 276-290.

ELLIS, A. (2003). Early theories and practices of rational emotive behavior therapy and how they have been augmented and revised during the last three decades. *Journal of Rational-Emotive & Cognitive Behavior Therapy, 21*, 219-243.

ELLIS, A. et HARPER, R. A. (1992). *L'approche émotivo-rationnelle, une nouvelle façon de vivre.* Montréal: Les Éditions de l'Homme.

ELLISON, R. (2002). *Homme invisible, pour qui chantes-tu?* Paris: Grasset.

ENG, P. M., *et al.* (2003). Anger expression and risk of stroke and coronary heart disease among male health professionals. *Psychosomatic Medicine, 65*, 100-110.

FACKELMANN, K. (2007, 27 août). For lonely hearts, I can be an unhealthy number. *USA Today*, 8D.

FALUDI, S. (2008). *The terror dream: Fear and fantasy in post-9/11 America.* New York: Metropolitan Books.

FESTINGER, L. (1954). A theory of social comparison processes. *Human Relations, 7*, 117-140.

FIEDLER, M., LIGHT, P. et COSTALL, A. (1996). Describing dog behavior psychologically: Pet owners versus non-owners. *Anthrozoös, 9*, 196-200.

FILLEY, A. (1975). *Interpersonal conflict resolution.* Glenview, Ill.: Scott, Foresman.

FINN, A. N., SAWYER, C. R. et BEHNKE, R. R. (2009). A model of anxious arousal for public speaking. *Communication Education, 58*(3), 417-432.

FITZGERALD, M. (2008, 27 janvier). The coming wave of gadgets that listen and obey. *New York Times*, BU-4.

FLETCHER, J. K. (2003). *The paradox of post heroic leadership: Gender matters* (Rapport no 17). Boston: Center for Gender in Organization, Simmons Graduate School of Management.

FLYNN, L. J. (2008, 9 avril). My space mind-set finally shows up at the office. *New York Times*, 7.

FOSS, S., FOSS, K. et TRAPP, R. (1991). *Contemporary perspectives on rhetoric* (2e éd.). Long Grove, Ill.: Waveland Press Inc.

FRAM, A. et TOMPSON, T. (2007). Many teens take IM route to dating, breaking up. *The Record, November 21*, A19.

FRANCIS, C. (1996, 15 février). How to stop boring your audience to death. *Vital Speeches of the Day*, 283.

FRANK, M. S. (2003). The essence of leadership. *Public Personnel Management, 22*(3), 381-389.

FROMME, D. F., *et al.* (1989). Nonverbal behaviors and attitudes toward touch. *Journal of Nonverbal Behavior, 13*, 3-14.

FUNK, L. (2007, 19 septembre). Women on Facebook think provocative is empowering. *USA Today*, 11A.

GERGEN, K. (1991). *The saturated self: Dilemmas of identity in contemporary life.* New York: Basic Books.

GERIKE, A. E. (1997). *Old is not a four-letter word: A midlife guide.* Watsonville, Calif.: Papier-Mache Press.

GIBB, J. R. (1961). Defensive communication. *Journal of Communication, 2*, 141-148.

GIBBONS, D. et OLK, P. M. (2003, janvier). The individual and structural origins of friendship and social position among professionals. *Journal of Personality and Social Psychology, 84*(2), février, 340-352; et The power of nice. *Workforce, 82*(1), 22-24.

GITLIN, T. (2005). Supersaturation, or the media torrent and disposable feeling. Dans E. Bucy (dir.), *Living in the information age: A new media reader* (2e éd., p. 139-146). Belmont, Calif.: Thomson Wadsorth.

GIVSON, J. et HANSON, T. L. (2007). The breakfast of champions: Teaching audience analysis using cereal boxes. *Texas Speech Communication Journal, 31*(1), 49-50.

GLADWELL, M. (2000, 29 mai). What do job interviews really tell us? *New Yorker*, 84.

GLADWELL, M. (2005). *Blink*. New York: Little, Brown Book Group.

GLASSER, W. (1965). *La thérapie de la réalité*. Montréal: Les Éditions Logiques.

GLENN, D. (2009, 20 mars). Anatomy of deception. *The Chronicle of Higher Education*.

GOFFMAN, E. (1959). *The presentation of self in everyday life*. Garden City, N.Y.: Doubleday.

GOLDBERG, J. (2007, 6 décembre). Our gold-star world. *Jewish World Review*. [En ligne]. www.jewishworldreview.com/cols/jonah1.asp (Page consultée le 29 septembre 2010)

GOLDHABER, G. (1988). *Organizational communication* (4e éd.). Dubuque, Iowa: Brown.

GOLEMAN, D. (1997). *Intelligence émotionnelle*. Paris: J'ai lu.

GOLEMAN, D., BOYATZIS, R. et MCKEE, A. (2002). *L'intelligence émotionnelle au travail*. Paris: Village mondial/Pearson Education.

GOODBY, A. K. et MYERS, S. A. (2008). Relational maintenance behaviors of friends with benefits: Investigating equity and relational characteristics. *Human Communication, 11*(1), printemps, 71-85.

GOODE, E. (2000, 28 mars). Experts offer fresh insights into the mind of the grieving child. *New York Times*, F7, F12.

GORDON, T. (1975). *Parent effectiveness training*. New York: Plume.

GOTTMAN, J. M. et LEVINSON, R. W. (2003). Observing gay and lesbian heterosexual couples' relationships: Mathematical modeling of conflict interaction. *Journal of Homosexuality, 45*(1), 711-720.

GRAHAM, J. (2008, 21 juillet). Twitter took off from simple to "tweet" success. *The Record*, 1B-2B.

GRATTON, D. (2009). *L'interculturel pour tous*. Anjou, Qc: Éditions Saint Martin, 137-143.

GREENMAN, C. (1998, 5 novembre). From yakety-yak to clackety-clack. *New York Times*, G1, G7.

GREWEN, K. M., *et al.* (2005). Effects of partner support on resting oxytocin, cortisol, norepinephrine and blood pressure before and after warm partner contact. *Psychosomatic Medicine, 67*, 531-538.

GUDYKUNST, W. B. (1988). Uncertainty and anxiety. Dans Y. Y. Kim et W. Gudykunst (dir.), *Theories in intercultural communication* (p. 123-156). Newbury Park, Calif.: Sage.

GUDYKUNST, W. B. et TING-TOOMEY, S. (1988). *Culture and interpersonal communication*. Newbury Park, Calif.: Sage.

GUÉGUEN, N. (2006, juillet-août). Humour et pouvoir de séduction. *Cerveau & Psycho, 16*.

GUÉGUEN, N. (2010). Les premières secondes de la vie amoureuse. *Sciences humaines, 217*.

GUERRERO, L. K., DEVITO, J. A. et HECHT, M. L. (dir.) (1999). *The nonverbal communication reader: Classic and contemporary readings* (2e éd.). Prospect Heights, Ill.: Waveland.

HAAS, J. W. et ARNOLD, C. L. (1995, avril). An examination of the role of listening in co-workers. *Journal of Business Communication*, 123-139.

HACKMAN, J. (1987). *The design of work teams*. Dans J. Lorsch (dir.), *Handbook of organizational behavior* (p. 315-342). Englewood Cliffs, N.J.: Prentice-Hall.

HALES, D. (1999). *Just like a woman*. New York: Bantam, 136.

HALL, E. T. (1966). *The hidden dimension*. New York: Doubleday.

HALL, E. T. (1976). *Beyond culture*. New York: Doubleday.

HALL, W. C. (2008, 28 février). Do effective speakers make effective presidents? *USA Today*, 11A.

HAMACHEK, D. E. (1992). *Encounters with the self* (3e éd.). New York: Holt, Rinehart & Winston.

HANEY, W. V. (1973). *Communication and organizational behavior* (3e éd.). Homewood, Ill.: Irwin.

HARMON, A. (1999, 20 février). Internet changes language for :) and :(. *New York Times*, B-7.

HAWKINS, K. W. et FULLION, B. P. (1999). Perceived communication skill needs for work groups. *Communication Research Reports, 16*, 167-174.

HAYAKAWA, S. I. (1949). *Language in thought and action*. New York: Harcourt.

HAYAKAWA, S. I. et HAYAKAWA, A. R. (2005). *Language in thought and action* (5e éd.). New York: Harcourt, Brace and Company.

HAYES BRADLEY, P. (1981). The folk-linguistics of women's speech: An empirical examination. *Communication Monographs, 48*, 73-90.

HEADLAM, B. (1998, 17 décembre). Awash in all these words, will we forget how to talk? *New York Times*, G12.

HEALEY, M. K., CAMPBELL, K. L. et HASHER, L. (2008). Cognitive aging and increased distractibility: Costs and potential benefits. Dans W. S. Sossin, *et al.* (dir.), *Progress in brain research, 169* (p. 353-363). Amsterdam: Elsevier.

HEATHERTON, T. F. et POLIVY, J. (1992). Chronic dieting and eating disorders: A spiral model. Dans J. H. Crowther, *et al.* (dir.), *The etiology of bulimia nervosa: The individual and familial context*. Washington, D.C.: Hemisphere.

HECHT, M., RIBEAU, S. et SEDANO, M. (1990). A Mexican-American perspective on interethnic communication. *International Journal of Intercultural Relations, 14*, 31-55.

HELGESEN, S. (1990). *The female advantage: Women's use of leadership*. New York: Doubleday.

HENLEY, N. M. (1986). *Body politics: Power, sex and nonverbal communication*. New York: Simon & Schuster.

HENLEY, N. M. et KRAMARAE, C. (1991). Gender, power and miscommunication. Dans N. Coupland, H. Giles et J. Weimann (dir.), *Miscommunication and problematic talk*. Newbury Park, Calif.: Sage.

HERSEY, P. et BLANCHARD, K. (1988). *Management organizational behavior: Utilizing human resources*. Englewood Cliffs, N.J.: Prentice Hall.

HERZOG, S. (2005, 13 octobre). Once upon a time in Israel and Palestine. *The Globe and Mail*. [En ligne]. www.theglobeandmail.com/news/opinions/once-upon-a-time-in-israel-and-palestine/article345252/ (Page consultée le 3 mars 2011)

HÉTU, J.-L. (2007). *La relation d'aide: Éléments de base et guide de perfectionnement*. (4e éd.). Montréal: Gaëtan Morin éditeur.

HILL, A. J., OLIVER, S. et ROGERS, P. J. (1992). Eating in the adult world: The rise of dieting in childhood and adolescence. *British Journal of Clinical Psychology, 31*, 95-105.

HILLER, M. et JOHNSON, F. L. (1996). *Gender and generation in conversational topics: A case study of two coffee shops*. Communication présentée à la rencontre annuelle de la Speech Communication Association, San Diego, Calif.

HIRSCH, A. (2004, 28 novembre). Tell me about yourself doesn't mean "Tell it all". *The Record*, J1, J2.

HOFSTEDE, G. (1991). *Cultures and organizations: Software of the mind*. London: McGraw-Hill UK.

HOFSTEDE, G. (1998). *Masculinity and femininity: The taboo dimension of national cultures.* Thousand Oaks, Calif.: Sage.

HOFSTEDE, G. (2001). *Culture's consequences: International differences in work-related values* (2ᵉ éd.). Beverly Hills, Calif.: Sage.

HOLMBERG, D. (2001). So far so good: Scripts for romantic relationship development as predictors of relational well-being. *Journal of Social and Personal Relationships, 19*(6), 777-796.

HOLTGRAVES, T. (2002). *Language as social action: Social psychology and language use.* Mahwah, N.J.: Erlbaum.

HORWITZ, B. (2001). *Communication apprehension: Origins and management.* Florence, Ky.: Cengage Learning.

HUFFMAN, K. (2007). *Psychology in action* (8ᵉ éd., p. 148). Hoboken, N.J.: John Wiley and Sons.

INSTITUT NATIONAL DE SANTÉ PUBLIQUE DU QUÉBEC (2007). *Avis de santé publique sur les effets du cellulaire au volant et recommandations.* Québec, Qc: Bibliothèques et archives nationales du Québec.

IZARD, C. E. (1977). *Human emotions.* New York: Plenum.

JACKSON JR., H. (2005, 5 avril). Fear of forgetting. *The Record,* F1, F12.

JACQUES, J. (1998). *Psychologie de la mort et du deuil.* Montréal: Modulo.

JANDT, F. E. (2001). *Intercultural communication: An introduction* (3ᵉ éd.). Thousand Oaks, Calif.: Sage.

JANIS, I. (1972). *Victims of groupthink: A psychological study of foreign policy decisions and fiascos.* Boston: Houghton Mifflin.

JAWORSKI, A. (1993). *The power of silence: Social and pragmatic perspective.* Thousand Oaks, Calif.: Sage.

JAYSON, S. (2005, 16 février). Yep, life'll burst that self-esteem bubble. *USA Today,* L7. [En ligne]. www.usatoday.com/educate/college/firstyear/articles/20050220.htm (Page consultée le 29 septembre 2010)

JAYSON, S. et DE BARROS, A. (2007, septembre). Young adults delaying marriage. *USA Today, 12,* 6D.

JEANNIN, J. (1994, 30 janvier). Sister can you spare a moment? *Sunday Record.*

JOHNSON, C. et VINSON, L. (1990). Placement and frequency of powerless talk and impression formation. *Communication Quarterly, 38,* 325.

JOHNSON, D. W. (1972). *Reaching out: Interpersonal effectiveness and self-actualization.* Englewood Cliffs, N.J.: Prentice-Hall.

JONES, S. G. (1995). *Cybersociety: Computer-mediated communication and community.* Thousand Oaks, Calif.: Sage, 116.

KAAGAN, S. S. (1999). *Leadership games.* Thousand Oaks, Calif.: Sage.

KABACOFF, R. I. (1998). *Gender difference in organizational leadership: A large sample study.* San Francisco: American Psychological Association.

KANTER, R. M. (2004). *Confidence: How winning streaks and losing streaks begin and end.* New York: Crown Business.

KAUFMAN, M. T. (2007, 25 juillet). Albert Ellis, 93, influential psychotherapist dies. *New York Times,* la une.

KEYTON, J. (1993). Group termination: Completing the study of group development. *Small Group Research, 24,* 84-100.

KIEWITZ, C., *et al.* (1997). Cultural differences in listening style preferences: A comparison of young adults in Germany, Israel, and the United States. *International Journal of Public Opinion Research, 9*(3), 233.

KILBOURNE, J. (2004). The more you subtract, the more you add: Cutting girls down to size. Dans J. Spade et C. Valentine (dir.), *The kaleidoscope of gender* (p. 234-244). Belmont, Calif.: Wadsworth.

KLEINFELD, J. (2009). The state of American boyhood. *Gender Issues, 26,* 113-120.

KLUCKHOHN, F. R. et STRODTBECK, F. L. (1960). *Variations in value orientations.* Evanston, Ill.: Row & Peterson.

KNAPP, M. L. (2008). *Lying and deception in human interaction.* Boston: Penguin Academics.

KNAPP, M. L. et HALL, J. A. (2005). *Nonverbal communication in human interaction* (6ᵉ éd.). Belmont, Calif.: Wadsworth.

KNAPP, M. L. et VANGELISTI, A. L. (1992). *Interpersonal communication and human relationships* (2ᵉ éd.). Boston: Allyn & Bacon, 33.

KOHN, A. (1988, février). Girl talk, guy talk. *Psychology Today,* 65-66.

KORDA, M. (1986). Small talk. *Signature,* 78.

KORZYBSKI, A. (1937). *General Semantics Seminar.* Brooklyn, NY: Institue of General Semantics.

KORZYBSKI, A. (1980). *Science and sanity* (4ᵉ éd.). San Francisco: International Society for General Semantics.

KRAMER, C. (1978). Male and female perceptions of male and female speech. *Language and Speech, 20,* 151-161.

KÜBLER-ROSS, E. (1969). *On death and dying.* New York: MacMillan.

KUHL, B. A., *et al.* (2007). Decreased demands on cognitive control reveal the neural processing benefits of forgetting. *Nature Neuroscience, 10,* 908-914.

KUSHNER, H. S. (1981). *When bad things happen to good people.* New York: Schocken Books.

LANCASTER, H. (1996, 14 janvier). The team spirit can lead your career to new victories. *Wall Street Journal,* B1.

LANDRY, S. (1995). Le groupe restreint: prémisses conceptuelles et modélisation. Dans S. Cormier (2004). *Dénouer les conflits relationnels en milieu de travail.* Sainte-Foy, Qc: Presses de l'Université du Québec.

LANGE, A. J. et JAKUBOWSKI, P. (1976). *Responsible assertive behavior.* Champaign, Ill.: Research Press.

LANGER, E. (1992). Interpersonal mindlessness and language. *Communication Monographs, 59,* 324-327.

LANGIS, P. (2005). *Psychologie des relations intimes: l'amour et le couple.* Montréal: Éditions Bayard.

LANTZ, A. (2001). Meetings in a distributed group of experts: Comparing face-to-face, chat, and collaborative virtual environments. *Behavior and Information Technology, 20,* 111-117.

LEATHERS, D. G. (1979). The informational potential of the nonverbal and verbal components of feedback responses. *Southern Speech Communication Journal, 44,* 331-354.

LEAVITT, H. et MUELLER, R. (1951). Some effects of feedback on communication. *Human Relations, 4,* 401-410.

LEBRA, T. S. (1976). *Japanese patterns of behavior.* Honolulu, Hawaii: University Press of Hawaii.

LECLERC, C. (1999). *Comprendre et construire les groupes.* Québec, Qc: Les Presses de l'Université Laval.

L'ÉCUYER, R. (1994). *Le développement du concept de soi de l'enfance à la vieillesse.* Montréal: Les Presses de l'Université de Montréal, 45-52.

LEVENSON, R. W. et RUEF, A. M. (1997). Physiological aspects of emotional knowledge and rapport. Dans W. Ickes (dir.), *Empathic accuracy* (p. 44-72). New York: Guilford Press.

LÉVESQUE, C. (2010, 9 mars). Soirée pour la Québécoise retenue en Arabie Saoudite – La force des mots pour rapatrier Nathalie Morin. *Le Devoir*.

LEWANDOWSKY, S., *et al.* (2005). Memory, fact, fiction, and misinformation: The Iraq war 2003. *Psychological Science, 16*, 190-195.

LIGOS, M. (2001, 8 août). Young job seekers need new clues. *New York Times*, G1.

LINDEMAN, M., HARAKKA, T. et KELTIKANGAS-JARVINEN, L. (1997). Age and gender differences in adolescents' reactions to conflict situations: Aggression, prosociality, and withdrawal. *Journal of Youth and Adolescence, 26*, 339-351.

LIVINGSTON, J. S. (1992). Dans la video, *The Self-Fulfilling Prophecy.* CRM Films.

LLOYD, S. A. et EMERY, B. C. (2000). *The dark side of courtship: Physical and sexual aggression.* Thousand Oaks, Calif.: Sage.

LOGAN, D., KING, J. et FISCHER-WRIGHT, H. (2008). *Tribal leadership: Leveraging natural groups to build a thriving organization.* New York: Collins.

LONG, J. (2002). Symbolic reality bites: Women and racial ethnic minorities in modern film. *Sociological Spectrum, 22*, 299-335.

LORTIE, B. (2002). Your lying eyes. *Bulletin of the Atomic Scientists, 58*.

LUFT, J. (1984). *Group processes: An introduction to group dynamics* (3e éd.). Palo Alto, Calif.: Mayfield Publishing Company.

LUNTZ, F. (2007). *Words that work: It's not what you say, it's what people hear.* New York: Hyperion.

LUTZ, W. (1996). *The new doublespeak: Why no one knows what anyone's saying anymore.* New York: HarperCollins.

MAGUIRE, K. C. (2007). Will it ever end? A (re)examination of uncertainty in college student long-distance dating relationships. *Communication Quarterly*, novembre, 415-432.

MAHEU, M. E. (2009). *Faire la science autrement – Femmes et sciences, l'équation est-elle possible ?* [En ligne]. www.ledevoir.com/societe/education (Page consultée le 29 septembre 2010)

MARTIN, J. et NAKAYAMA, T. (2008). *Experiencing intercultural communication: An introduction* (3e éd.). New York: McGraw-Hill, 91-95.

MARTIN, J. N. et NAKAYAMA, T. K. (2000). *Intercultural communication in contexts* (2e éd.). Mountain View, Calif.: Mayfield, 181.

MASTENBROEK, W. F. G. (1987). *Conflict management and organizational development.* New York: John Wiley.

MATERSON, J. T. (2006). *Communication in small groups: Principles and practices* (8e éd.). Boston: Allyn & Bacon.

MCANDREW, F. T., BELL, E. K. et GARCIA, C. M. (2007). Who do we tell and whom do we tell on? Gossip as a strategy for status enhancement. *Journal of Applied Social Psychology, 37*(7), 1562-1577.

MCGREGOR, D. (1960). *The human side of enterprise.* New York: McGraw-Hill.

MCKENNA, K. Y. A., GREEN, A. S. et GLEASON, M. E. J. (2002). Relation formation on the Internet: What's the big attraction? *Journal of Social Issues, 58*, 9-31.

MCLUHAN, M. (1967). *Understanding media: The extensions of man.* Cambridge, Mass.: MIT Press.

MCQUILLEN, J. (2003). The influence of technology on the initiation of interpersonal relationships. *Education, 1123*, 616-624.

MESTON, C. M. et FROHLICH, P. F. (2003). Love at first fright: Partner salience moderates roller-coaster-induced excitation transfer. *Archives of Sexual Behavior, 32*, 537-544.

MICHAUD, P. (2003). Rencontre avec René L'Écuyer (1938-). *Revue québécoise de psychologie, 24*, 281-292.

MILLER, A. et DENTE ROSS, S. (2002). *They are not us: Faming of American Indians by the Boston Globe.* Communication présentée au congrès annuel de l'Association for Education in Journalism and Mass Communication, Miami, Fla.

MOLLOY, J. T. (1990). *New dress for success.* New York: Warner.

MONBOURQUETTE, J. (2002). *De l'estime de soi à l'estime du Soi.* Ottawa, Ont.: Novalis.

MONBOURQUETTE, J., LADOUCEUR, M. et ASPREMONT, I. (2003). *Stratégies pour développer l'estime de soi et l'estime du Soi.* Montréal: Novalis.

MONK, T. (2004). *Hospital builder.* Hoboken, N.J.: Wiley-Academy Press.

MONOKY, J. F. (1995, avril). Listen by asking. *Industrial Distribution, 123*.

MORIN, M. et LANDRY, Y. (2010). *Les perronismes.* Montréal: Éd. des intouchables.

MORREALE, S. P. et PEARSON, J. C. (2008). Why communication education is important: The centrality of the discipline in the 21st century. *Communication Education, 57*(2), 224-240.

MRUK, C. J. (2005). *Self-esteem research, theory, and practice.* New York: Springer Publishing Company.

MUELLER, B. (2008). *Communicating with multicultural consumers: Theoretical and practical perspectives.* New York: Peter Lang, 12-13.

MULAC, A., BRADAC, J. et MANN, S. (1985). Male/female language differences and attributional consequences in children's television. *Human Communication Research, 11*, 481-506.

MURRAY, A. (2000). *The wealth of choices.* New York: Crown Business.

MURRY, T. et BENNINGER, M. S. (2006). *The performer's voice.* San Diego, Calif.: Plural Publishing.

MYERS, S. A. et ANDERSON, C. M. (2008). *The fundamentals of small group communication.* Thousand Oaks, Calif.: Sage.

NAKAMOTO, M. (2008, 22 mai). Modernisers span a cultural divide. *Financial Times*, 14.

NÉBOIT, M. et VÉZINA, M. (2002). *Stress au travail et santé psychique.* Toulouse (France): Octarès Éditions.

NELSON, L. L. et KAGEN, S. (1972, septembre). Competition: The star spangled scramble. *Psychology Today*, 53-56, 90-91.

NICHOLS, M. (2006, 15 septembre). Listen up for better sales. *Business Week Online*, 12.

NICHOLS, R. G. et STEVENS L. A. (1956). *Are you listening?* New York: McGraw-Hill.

NOFSINGER, R. E. (1991). *Everyday conversation.* Newbury Park, Calif.: Sage, 1.

NOWICKI JR., S. et DUKE, M. P. (1992). *Helping the child who doesn't fit in.* Atlanta, Ga.: Peachtree Publishers.

NUSSBAUM, E. (2004, 11 janvier). My so-called blog. *New York Times Magazine*, 33-37.

NUSSBAUM, J. F. (dir.) (1989). *Life-span communication: Normative processes.* Hillsdale, N.J.: Lawrence Erlbaum Associates.

NUSSBAUM, J. F., THOMPSON, T. et ROBINSON, J.D. (1989). *Communication and aging.* New York: Harper & Row, 21.

OGDEN, C. K. et RICHARDS, I. A. (1923). *The meaning of meaning* (8e éd.). New York: Harcourt, Brace & World, Inc.

OLIWENSTEIN, L. (2008, 28 janvier). Marry me. *Time*, 73-76.

OMDAHL, B. L. (1995). *Cognitive appraisal, emotion, and empathy*. Mahwah, N.J.: Erlbaum.

ORENSTEIN, P. (1994). *Schoolgirls: Young women, self-esteem, and the confidence gap*. New York: Anchor Book Editions.

ORENSTEIN, P. (2008, 10 février). Girls will be girls. *The New York Times Magazine*, 17-18.

OSBORN, A. (1957). *Applied imagination*. New York: Scribner's.

PACE, R. C. (1991). Personalized and depersonalized conflict in small group discussion: An examination of differentiation. *Small Group Research, 21*, 79-96.

PARENT, G. et CLOUTIER, P. (2009). *Initiation à la psychologie*. Montréal: Beauchemin.

PARNES, S. (1962). *A source book for creative thinking*. New York: Scribner's.

PATENAUDE, O. (2008). *Au cœur des soins infirmiers*. Anjou, Qc: Éditions Saint-Martin.

PEARSON, J. C. (1995). *Gender and communication*. Dubuque, Iowa: Brown.

PENNEBAKER, J. W., RIME, B. et BLANKENSHIP, V. E. (1996). Stereotypes of emotional expressiveness of northerners and southerners: A cross-cultural test of Montesquieu's hypotheses. *Journal of Personality and Social Psychology, 70*, 372-380.

PETERSON, K. S. (2003, 11 février). Dating game has changed. *USA Today*, 9D.

PETRONIO, S. (1999). *Balancing the secrets of private disclosures*. Mahwah, N.J.: Erlbaum.

PETRONIO, S. (2003). *Boundaries of privacy: Dialectics of disclosure*. Albany, N.Y.: State University of New York Press.

PETRONIO, S. (2007). Translational research endeavors and the practices of communication privacy management. *Journal of Applied Communication Research, 35*(3), 218-222.

PETRONIO, S., MARTIN, J. et LITTLEFIELD, R. (1984). Prerequisite conditions for self-disclosing: A gender issue. *Communication Monographs, 51*, 282-292.

PHELPS, M. S. W. et AUSTIN, N. (1990). *The assertive woman* (6e éd.). San Luis Obispo, Calif.: Impact Publishers.

PIAGET, J. (1954, 2001). *The construction of reality in the child*. Abingdon, Oxon, R.-U.: Routledge.

PINKER, S. (2007). *The stuff of thought: Language as a window into human nature*. New York: Viking.

PLUTCHIK, R. (1980a). A general psycho-evolutionary theory of emotion. Dans R. Plutchik et H. Kellerman (dir.), *Emotion: Theory, research, and experience: Vol. 1. Theories of emotion*. New York: Academic.

PLUTCHIK, R. (1980b). *Emotion: A psychorevolutionary synthesis*. New York: Harper & Row.

POWELL, J. (1969). *Why am I afraid to tell you who I am?* Allen, Tex.: Tabor Pub.

PRAGER, E. (1994, 17 avril). The science of beauty. *New York Times*.

PUHL, R. M. et HEUER, C. A. (2010). Obesity stigma: Important considerations for public health. *American Journal for Public Health, 100*, 1019-1028.

PURDY, M. et BORISOFF, D. (1997). *Listening in everyday life: A personal and professional approach* (2e éd.). Lanham, Md.: University Press of America.

PUTNAM, R. D. (2000). *Bowling alone: The collapse and revival of American community*. New York: Simon & Schuster.

RAND, C. S. W. et KULDAN, J. M. (1990). The epidemiology of obesity and self-defined weight problems in the general population: Gender, race, age and social class. *International Journal of Eating Disorders, 9*, 329-343.

RATHUS, S. (2000). *Psychologie générale* (4e éd.). Montréal: Éditions Études Vivantes.

RAWLINS, W. K. (1983a). *Friendship as a communicative achievement: A theory and an interpretive analysis of verbal reports* (thèse de doctorat, Temple University, Philadelphia).

RAWLINS, W. K. (1983b, mars). Openness as problematic in ongoing friendships: Two conversational dilemmas. *Communication Monographs, 50*, 11.

REDDING, C. (1972). *Communication within the organization*. New York: Industrial Communication Council.

REMPEL, J. K. et HOLMES, J. G. (1986, février). How do I trust thee? *Psychology Today*.

RICHMOND, V. (2002). Teacher nonverbal immediacy: Use and outcomes. Dans J. L. Chesebro et J. C. McCroskey (dir.), *Communication for teachers* (p. 65-82). Boston: Allyn & Bacon.

RITTS, V., PATTERSON, M. L. et TUBBS, M. E. (1992). Expectations, impressions, and judgments of physically attractive students: A review. *Review of Educational Research, 62*, 413-426.

ROBBINS, S. P. (1996). *Organizational behavior: Concepts, controversies and applications*. Englewood Cliffs, N.J.: Prentice Hall.

ROBINSON, T. N., *et al.* (2007). Effects of fast food branding on young children's taste preferences. *Archives of Pediatrics and Adolescent Medicine, 161*, 792-797.

ROLOFF, M. E. (1981). *Interpersonal communication: The social exchange approach*. Beverly Hills, Calif.: Sage.

ROSENFIELD, L. B. et BORDARAY-SCIOLINO, D. (1985). *Self-disclosure as a communication strategy during relationship termination*. Conférence présentée à l'assemblée annuelle de la Speech Communication Association, Denver, Colo.

ROSENTHAL, R. (2002). The Pygmalion effect and its mediating mechanisms. Dans J. Aronson (dir.), *Improving academic achievement: Impact of psychological factors on education* (p. 25-36). San Diego, Calif.: Academic Press.

ROSENTHAL, R. et JACOBSON, L. (1968, 1992). *Pygmalion in the classroom*. New York: Holt, Rinehart & Winston.

ROSTAND, E. (1897). *Cyrano de Bergerac*. Paris: Librairie Charpentier et Fasquelle.

ROTTER, N. G. et ROTTER, G. S. (1998). Sex differences in the encoding and decoding of negative facial emotions. *Journal of Nonverbal Behavior, 12*, 139-148.

RUBIN, E. (1958). Figure and ground. Dans D. Beardslee et M. Werthimer (dir.), *Readings in perception*. Princeton, N.J.: Van Nostrand.

RUDOV, M. (2008, 4 janvier). *Your world with Neil Cavuto*, États-Unis, Fox News.

RUSSEL, C. G. (2000). Culture, language and behavior: Perception. *ETC, 57*, 189-218.

SAMOVAR, L. A. et PORTER, R. E. (1985). *Intercultural communication: A reader*, 4e éd. Belmont, Calif.: Wadsworth, 62–69.

SAMOVAR, L. A. et PORTER, R. E. (1991, 1994, 1995). *Communication between cultures*. Belmont, Calif.: Wadsworth, 91.

SAMOVAR, L. A., PORTER, R. E. et MCDANIEL, E. R. (2007). *Communication between cultures* (4e éd.). Belmont, Calif.: Thomson Wadsworth.

SANDBERG, J. (2007, 25 septembre). Bad at complying? You might just be a very bad listener. *Wall Street Journal*, B1.

SANTÉ CANADA (2002). *Une image positive de soi et de son corps.* [En ligne]. www.hc-sc.gc.ca/fn-an/nutrition/ weights-poids/leaders_image-chefs_ image-fra.php (Page consultée le 13 août 2010)

SAUNDERS, D. (1991). Exercises in communicating. *Simulation/games for learning, 21*(2), 186-200.

SCHAAR, J. (2005). *La tragédie du tsunami – Solidarité internationale : la protection des êtres humains dans les situations de catastrophe.* [En ligne]. www.ifrc.org/fr/ docs/news/speech05/js100905.asp (Page consultée le 3 février 2011)

SCHACTER, D. (2001). *The seven sins of memory.* Geneva, Ill. : Houghton Mifflin.

SCHNEIDER, B. et BOWEN, D. (1995). *Winning the service game.* Boston : Harvard Business School Press.

SCHUTZ, W. (1966). *The interpersonal underworld.* Palo Alto, Calif. : Science & Behavior Books.

SCHWARTZ, J. et WALD, M. L. (2003, 9 mars). NASA's curse? *New York Times*, WK5.

SEELYE, K. Q. et BOSMAN, J. (2008, 13 juin). Critics and news executives split over sexism in Clinton coverage. *New York Times*, A1-A24.

SELIGMAN, M. E. P. (1994, août). Learn to bounce back. *Success*, 41.

SERVAN-SCHREIBER, J. L. (2002). *Le nouvel art du temps.* Paris : Livre de poche.

SHAFER, K. (1993). Talk in the middle: Two conversational skills for friendship. *English Journal, 82*(1), 53-55.

SHANAHAN, J. et MORGAN, M. (1999). *Television and its viewers: Cultivation theory and research.* New York : Cambridge University Press.

SHAW, L. H. et GANT, L. M. (2002). Defense of the Internet: The relationship between Internet communication and depression, loneliness, self-esteem, and perceived social support. *CyberPsychology and Behavior, 5,* 157-171.

SHENK, D. (1997). *Data smog.* New York : Harper-Edge.

SHIELDS, S. A. (2002). *Speaking from the heart: Gender and the social meaning of emotion.* New York : Cambridge University Press.

SILVERMAN, T. (2001). Expanding community: The Internet and relational theory. *Community, Work, and Family, 4,* 231-237.

SIMON, N. (2003, 18 août). Can you hear me now? *Time,* 1.

SINGER, M. (1985). Culture: A perceptual approach. Dans L. A. Samovar et R. E. Porter (dir.), *Intercultural communication: A reader* (4e éd.). Belmont, Calif. : Wadsworth.

SKAPINKER, M. (2008, 29 janvier). Chief execs should learn the art of oratory. *Financial Times,* 11.

SLACKMAN, M. (2006, 6 août). The fine art of hiding what you mean to say. *New York Times,* WK5.

SMITH, C. D., SAWYER, C. R. et BEHNKE, R. R. (2008). Physical symptoms associated with worrying about giving a public speech. *Communication Reports, 18*(1), 33-41.

SPORS, K. K. (2008, 24 juillet). Productive brainstorms take the right mix of elements, *Wall Street Journal,* B5.

STATISTIQUE CANADA (2004). *L'enquête sociale générale (ESG) sur les victimes de violence conjugale.* Nᵒ 89-630-X.

STATISTIQUE CANADA (2006). *Recensement sur les familles.* Nᵒ 94-576-X2006004.

STATISTIQUE CANADA (2009). *Enquête sur le service téléphonique résidentiel.* [En ligne]. www.statcan.gc.ca/daily-quotidien/090615/dq090615c-fra.htm (Page consultée le 23 novembre 2010)

STERNBERG, R. L. (1988). *The triangle of love: Intimacy, passion, commitment.* New York : Basic Books.

STEWART, C. J. et CASH JR., W. B. (1991). *Interviewing: Principles and practice* (6e éd.). Dubuque, Iowa : Brown.

STEWART, L. P., *et al.* (2003). *Communication and gender* (4e éd.). Boston : Allyn & Bacon.

STOLTZFUS, S. D. (1993, 19 décembre). Meeting a la modem: Personal computer goes interpersonal. *Sunday Record.*

STOUT, M. (2000). *The feel-good curriculum: The dumbing down of America's kids in the name of self-esteem.* Cambridge, Mass. : Perseus Books.

STRAK, S. D. (1997). *Glued to the set: The 60 television shows and events that made us who we are today.* New York : Free Press.

SUNNAFRANK, M. (1984). A communication-based perspective on attitude similarity and interpersonal attraction in early acquaintance. *Communication Monographs, 51,* 372–380.

SUNNAFRANK, M., RAMIREZ, A. et METTS, S. (2005). At first sight: Persistent relational effects of get-acquainted conversations. *Journal of Social and Personal Relationships, 21,* 361-379.

SWISS INFO, (2004, décembre). *Tsunami, des rascapés suisses témoignent.* [En ligne] http://www.swissinfo.ch/ fre/dossiers/tsunami/Tsunami:_ des_rescapes_suisses_temoignent. html?cid=227294 (Page consultée le 17 mars 2011)

TANNEN, D. (1986). *That's not what I meant!* New York : Ballantine.

TANNEN, D. (1990). *You just don't understand: Women and men in conversation.* New York : Morrow.

TANNEN, D. (1991). *You just don't understand.* New York : Ballantine.

TANNEN, D. (1994). *Talking from 9 to 5: How women's and men's conversational styles affect who gets heard, who gets credit, and what gets done at work.* New York : Morrow.

TANNEN, D. (1998). *The argument culture: Moving from debate to dialogue.* New York : Random House.

TAPSCOTT, D. (1998). *Growing up digital: The rise of the net generation.* New York : McGraw-Hill, 100.

TAPSCOTT, D. (2009*). Grown up digital: How the net generation is changing your world.* New York : McGraw-Hill.

THERRIEN, R. (2009, 11 mai). Tout le monde en parle : Jonathan Roy fait son mea-culpa. *Le Soleil.* [En ligne]. www.cyberpresse. ca/le-soleil/arts-et-spectacles/ television-et-radio/200905/10/01-855261-tout-le-monde-en-parle-jonathan-roy-fait-son-mea-culpa.php (Page consultée le 8 mars 2010)

TEXEIRA, E. (2005, 18 février). Multicultural socializing in ads doesn't reflect reality in U.S. *The Record,* A24.

THIBAULT, P., BOURGEOIS, P. et HESS, U. (2006). The effect of group-identification on emotion recognition: The case of cats and basketball players. *Journal of Experimental Social Psychology, 42,* 676-683.

THIBODEAU, D. (2010, 27 août). *Les Nouvelles TVA.*

TIEDENS, L. Z. et FRAGALE, A. R. (2003). Power moves: Complementarity in submissive and dominant nonverbal behavior. *Journal of Personality and Social Psychology, 84,* 558-568.

TIMMERMAN, E. et SCOTT, C. (2006). Virtually working: Communicative and structural predictors of media use and key outcomes in virtual work teams. *Communication Monographs, 73*, 108-136.

TOMKINS, S. S. (1962). *Affect, imagery and consciousness: The positive affects* (vol. 1). New York: Springer.

TOSTI, D. (1983, automne). *Operant conditioning.* Communication présentée au Operant Conditioning Seminar, New York.

TRIANDIS, H. C. (1994). *Culture and social behavior.* New York: McGraw-Hill, 30.

TRIANDIS, H. C., BRISLIN, R. et HUL, C. H. (1988). Cross-cultural training across the individualism-collectivism divide. *International Journal of Intercultural Relations, 12*, 269-289.

TUCHMAN, B. (1965). Developmental sequence in small groups. *Psychological Bulletin, 63*, 384-399.

TURKLE, S. (1995). *Life on the screen: Identity in the age of the Internet* (p. 12, 79, 257). New York: Simon & Schuster.

TURNER, M. M., *et al.* (2003). Relational ruin or social glue? The joint effect of relationship type and gossip valence on liking, trust, and expertise. *Communication Monographs, 70*(2), 129-141.

ULRICH, A. (2006). *Comment gérer les plaintes de ma clientèle.* Montréal: Les éditions Transcontinental.

VÄÄNÄNEN, A. (2010). Psychosocial work environment and risk of ischaemic heart disease in women. *Occupational and Environmental Medicine, 67*, 291-292.

VANDER ZANDEN, J. W. (1987). *Social psychology* (4e éd.). New York: Random House.

VANGELISTI, A. L., *et al.* (2007). Hurtful family environments: Links with individual and relationship and perceptual variables. *Communication Monographs, 74*, 3 septembre, 357-385.

VANGELISTI, A. L. et BANSKI, M. A. (1993). Couples' debriefing conversations: The impact of gender, occupation, and demographic characteristics. *Family Relations, 42*(2), 149-157.

VANGELISTI, A. L. et CRUMLEY, L. P. (1998). Reactions to messages that hurt: The influence of relational contexts. *Communication Monographs, 65*, 173-196.

VANGELISTI, A. L., KNAPP, M. et DALY, J. (1990, décembre). Conversational narcissism. *Communication Monographs*, 251-271.

VANLEAR, C. A. (1991). Testing a cyclical model of communicative openness in relationship development. *Communication Monographs, 58*, 337-361.

VELAND, B. (1992). Tell me more: On the fine art of listening. *Utne Reader, 54*, 104-109.

VERMETTE, J. (2004). *Parler en public.* Québec, Qc: Les Presses de l'Université Laval.

VICH, C. F. et WOOD, R. V. (1969). Similarity of past experience and the communication of meaning. *Speech Monographs, 36*, 159-162.

VINCENT, L. (2007). *Petits arrangements avec l'amour.* Paris: Odile Jacob.

WADE, C. et TARVIS, C. (1990). *Learning to think critically: The case of close relationships* (2e éd.). New York: HarperCollins.

WALBERG, M. (2009, 4 septembre). Interviewing: Expected the unexpected. *The Record*, A9.

WATZLAWICK, P. (2001). Self-fulfilling prophecies. Dans J. O'Brien et P. Kollock (dir.), *The production of reality* (3e éd., p. 411-423). Thousand Oaks, Calif.: Pine Forge Press.

WEIDER-HATFIELD, D. (1981). A unit in conflict management communication skills. *Communication Education, 30*, 265-273.

WELLMAN, B. et HAYTHORNTHWAITE, C. (dir.) (2002). *The Internet in everyday life.* Oxford, R.-U.: Blackwell Publishing.

WEST, R. et TURNER, L. H. (2000). *Introducing communication theory: Analysis and application.* Mountain View, Calif.: Mayfield.

WHEELEN, S. A. et HOCKBERGER, J. M. (1996). Validation studies of the group development questionnaire. *Small Group Research, 27*(1), 143-170.

WHEELESS, L. R. (1974). The effects of attitude credibility and homophily on selective exposure to information. *Speech Monographs, 41*, 329-338.

WHEELESS, L. R., FRYMIER, A. et THOMPSON, C. (1992). A comparison of verbal output and receptivity in relation to attraction and communication satisfaction in interpersonal relationships. *Communication Quarterly*, printemps, 102-115.

WHITEHEAD, P. (2008, 18 juin). Being lifelike makes the virtual world so compelling. *Financial Times*, 8.

WIITEMAN, H. (1991, février). Group member satisfaction: A conflict-related account. *Small Group Research, 22*, 24-58.

WILDEMUTH, A. S. (2001). Love on the line: Participants' descriptions of computer mediated close relationships. *Qualitative Research Reports in Communication, 2*, 89-95.

WILMOT, W. W. et HOCKER, J. L. (2007). *Interpersonal conflict* (6e éd.). New York: McGraw-Hill.

WINTERS, R. et ORECKLIN, M. (2000, 21 août). Beware of the in crowd. *Time*, 69.

WOLVING, A. et GWYNN COAKLY, C. (1988). *Listening* (4e éd.). Dubuque, Iowa: Brown.

WOOD, A. F. et SMITH, M. J. (2001). *Online communication: Linking technology, identity and culture.* Mahwah, N.J.: Erlbaum.

WOOD, J. T. (1994, 1999, 2006, 2007, 2009). *Gendered lives.* Belmont, Calif.: Wadsworth.

WOOD, J. T. (2004). Buddhist influences on scholarship and teaching. *Journal of Communication and Religion, 27*, 32-39.

WOOD, J. T. (2009). *Interpersonal communication in everyday encounters* (5e éd.). Belmont, Calif.: Wadsworth.

WOOD, J. T., *et al.* (1994). Dialectic of difference: A thematic analysis of intimates' meanings for differences. Dans K. Carter et M. Presnell (dir.) (1994). *Interpretive approaches to interpersonal communication* (p. 115-136). New York: State University of New York Press.

WOODZICKA, J. (2008). Sex differences in self-awareness of smiling during a mock job interview. *Journal of Nonverbal Behavior, 32*, 109-121.

YUKI, M., MADDUX, W. et MASUDA, T. (2007). Are the windows to the soul the same in the East and the West? *Journal of Experimental Social Psychology, 43.*

ZIMBARDO, P. G. (1990). *Shyness: What it is and what to do about it.* New York: Addison Wesley.

ZIMBARDO, P. G. et BOYD, J. (2008). *The time paradox.* New York: Free Press.

ZUK, M. (2005, 30 mai). A case of "unwarranted self-regard". *The Record*, L7.

SOURCES ICONOGRAPHIQUES

Couverture : (de gauche à droite et de haut en bas)
istockphoto • olly / Shutterstock • Geoffrey Kuchera / Dreamstime.com.

Partie I : (de gauche à droite et de haut en bas)
Franz Pfluegl / istockphoto • Robert Churchill / istockphoto
• Stephan Hoerold / istockphoto.

Chapitre 1 : p. 2-3 : Damir Cudic / istockphoto • p. 4 : RD / Erik Kabik / Retna Ltd. / Corbis • p. 8h : © Sebastien Nuttin • p. 8b : Kablonk ! / maXx images • p. 10 : Bruno Laporte, © Chenelière Éducation • p. 13 : Scott Gardner / Presse canadienne • p. 16 : Hugh Sitton / Corbis • p. 17h : Chepko Danil Vitalevich / Shutterstock • p. 17b : T. Philiptchenko / Megapress • p. 20 : Strauss / Curtis / Corbis.

Chapitre 2 : p. 24-25 : Nadya Lukic / istockphoto • p. 26 : AP Photo / Jae C. Hong, © Presse canadienne • p. 28 : Bruno Laporte, © Chenelière Éducation • p. 30 : Volodymyr Goinyk / Shutterstock • p. 33 : Jacques Boissinot / Presse canadienne • p. 34 : A&G Reporter / Photolibrary • p. 39 : Jake Wright / Presse canadienne • p. 41 : maXx images.

Chapitre 3 : p. 48-49 : © Scott Griessel / istockphoto • p. 50 : Rcphotografia / Shutterstock • p. 54 : Bruno Laporte, © Chenelière Éducation • p. 56 : Courtoisie de Município de Melgaço (www.festadoalvarinho.com) • p. 60 : altrendo images / Getty Images • p. 63h : Carolina K. Smith, M.D. / istockphoto • p. 63b : © Laurie S. Fortier • p. 64 : © Laurie S. Fortier • p. 65 : 6Teen, © 2004-5, Nelvana Limited, Tous droits réservés • p. 66 : anonyme.

Chapitre 4 : p. 70-71 : © Aldo Murillo / istockphoto • p. 74 : Bruno Laporte, © Chenelière Éducation • p. 75 : Kazuya Shiota / Photolibrary.com • p. 78 : Amlani / istockphoto • p. 79 : Ramin Talaie / Corbis • p. 80 : Courtoisie des Éditions de l'Homme • p. 81 : Bruno Laporte, © Chenelière Éducation • p. 84 : Mark Romine / Getty Images • p. 86 : Sugar Gold Images / Photolibrary.com • p. 87 : Strauss / Curtis / Corbis.

Partie II : (de gauche à droite et de haut en bas)
Franky De Meyer / istockphoto • Joshua Hodge Photography / istockphoto • Pierre Desvarre / istockphoto.

Chapitre 5 : p. 92-93 : Mandy Godbehear / Shutterstock • p. 95 : somchaij / Shutterstock • p. 98 : © Yoshio Tomii / SuperStock • p. 99 : Nikolay Suslov / Bigstock photo • p. 100 : Collection Christophel • p. 102 : Bruno Laporte, © Chenelière Éducation • p. 103 : Tim Pannell / Corbis • p. 104 : Olivier Lantzendörffer / istockphoto • p. 109 : imagebroker.net / SuperStock • p. 111g : © Bettmann / Corbis • p. 111d : © Roberto Westbrook / Blend Images / maXx images.

Chapitre 6 : p. 114-115 : Gracieuseté du MNQ, © Nicola-Frank Vachon • p. 116 : Bruno Laporte, © Chenelière Éducation • p. 117 : © Getty Images • p. 119 : Walter Weissman / Corbis • p. 120 : Linda Kloosterhof / istockphoto • p. 122 : © auremar – Fotolia.com • p. 123 : Catherine Karnow / Corbis • p. 125 : Mabe123 / Dreamstime.com • p. 127g : Monkey Business Images Ltd / Dreamstime.com • p. 127d : PhotoDisc / Getty Images • p. 129 : AP Photo / Daniel Hambury • p. 132 : AFP / Getty Images.

Chapitre 7 : p. 136-137 : Chris Schmidt / istockphoto • p. 139 : Ocean Photography / Veer / Corbis • p. 142 : AP Photo / Dave Einsel, © Presse canadienne • p. 143 : Rich Legg / istockphoto • p. 146 : Bruno Laporte, © Chenelière Éducation • p. 148 : Steve Debenport / istockphoto • p. 152 : © A. Inden / Corbis • p. 154 : © Rolf Bruderer / Corbis • p. 156 : Image Source / cpimages.com, © Presse canadienne.

Chapitre 8 : p. 160-161 : Courtney Navey / istockphoto • p. 164h : Image Source / Getty Images • p. 164b : Radius Images / Photolibrary.com • p. 165 : © François Léger • p. 166 : Cat Gwynn / Corbis • p. 174h : David Boily, La Presse • p. 174b : CP Photo, © Presse canadienne • p. 175 : © Chenelière / McGraw-Hill • p. 181 : Bruno Laporte, © Chenelière Éducation • p. 182 : Nicole Hill / Photolibrary.com • p. 184 : ZoneCreative / istockphoto.

Partie III : (de gauche à droite et de haut en bas)
Joshua Hodge Photography / istockphoto • mediaphotos / istockphoto • RelaxFoto.de / istockphoto.

Chapitre 9 : p. 190-191 : Andresr / Shutterstock • p. 195 : Eastwest Imaging / Dreamstime.com • p. 196 : Roy Botterell / Corbis • p. 197 : Candybox Photography / Dreamstime.com • p. 199 : Diaphor / maXx images • p. 200 : Hugo Infante / Gouvernement du Chili / Rex Features • p. 210 : Dmitriy Shironosov / Shutterstock • p. 211 : Bruno Laporte, © Chenelière Éducation • p. 212 : Bruno Laporte, © Chenelière Éducation.

Chapitre 10 : p. 218-219 : Diego Cervo / istockphoto • p. 223 : Andreas Kuehn / Getty Images • p. 228 : Kablonk ! / maXx images • p. 229 : Bruno Laporte, © Chenelière Éducation • p. 230 : Roy Morsch / Corbis • p. 232 : Bruno Laporte, © Chenelière Éducation • p. 235 : Charles Gupton / Getty Images • p. 237 : Sean Locke / istockphoto.

Chapitre 11 : p. 242-243 : Matt Trommer / istockphoto • p. 246 : Pali Rao / istockphoto • p. 247 : Jacques Boissinot / Presse canadienne • p. 252 : Julie Dermansky / Corbis • p. 257 : Banana Stock / Photolibrary.com • p. 261 : AP Photo / Susan Walsh • p. 262 : Mike Timo / Getty Images • p. 263 : Bruno Laporte, © Chenelière Éducation • p. 264 : Bruno Laporte, © Chenelière Éducation • p. 265h : Jacques Boissinot / Presse canadienne • p. 265b : Rex Features (2005), Tous droits réservés.

INDEX